JN411370

개정증보판

불법행위법의 경제학

이 도서의 국립중앙도서관 출판시도서목록(CIP)은 e-CIP홈페이지(http://www.nl.go.kr/ecip)에서 이용하실 수 있습니다. (CIP제어번호 : CIP2010000918)

개정증보판

불법행위법의 경제학

이종인 지음

한울
아카데미

개정증보판을 펴내면서

펴낸 지 4년이 지난 책의 개정증보판 출간을 앞두니 감회가 새롭다. 이 책의 초판에는 적지 않은 오탈자뿐 아니라 미숙하거나 정리되지 않은 내용이 있어 늘 마음이 편치 못했다. 또한 '제목이라도 일반인이 쉽게 접근할 수 있으면 좋겠다'는 의견을 포함한 독자들의 고마운 제언이 있었다(제목은 '경제분석'을 '경제학'으로 바꾸는 것 외에 달리 마땅한 아이디어가 떠오르지 않았다).

이번 개정증보판에서는 초판의 전체적인 구성은 유지하되 각 절의 내용을 대폭적으로 수정·보완하고 다양한 정보를 추가하고자 했다. 그동안 저자는 여러 연구자들과 교류하면서 그리고 이 책을 강의교재로 활용하면서 적지 않은 코멘트를 받을 수 있었는데, 당시 틈틈이 메모해놓은 아이디어들이 집필에 도움이 되었다. 또한 1년간 일본의 히토쓰바시(一橋) 대학 법학연구과에서 연구하면서 얻은 지식을 활용했다. 덧붙여 ≪법경제학연구≫ 제6판의 1호와 2호에 각각 게재한 저자의 논문을 발췌·요약하여 추가했다.

개정증보판의 특징 중 하나는 내용의 다각화를 시도한 것이다. 즉, 초판이 영미법(common law) 체계에 바탕을 둔 여러 연구문헌에서의 이론적 토대를 단순히 우리 민법상의 일반 불법행위법 체계에 맞춘 것임에 반해, 개정증보판에서는 다양한 사건 판례와, 우리와 유사한 법체계를 가진 일본의 사례 분석을 통해 다채로운 내용의 입문서 모양을 갖추고자 했다.

책의 제목에서 느껴지듯이 전문적인 주제를 다루다보니 독자가 한정될 수밖에 없고 따라서 책에 대한 수요가 그다지 높지 않음에도 이 책의 학술적 가치에 공감하고 개정증보판의 출간 요청을 흔쾌히 받아들여준 도서출판 한울의 김종수 사장님과 편집부원 여러분께 감사드린다.

최근에 저자는 2000년에 출간했던 『법경제학(Law and Economics)』 주해역서의 출판권을 원저자인 쿠터·율렌 교수와 저자의 의지에 상관없이 제3자들에게 '빼앗기는' 황당하기 이를 데 없는 일을 겪었다. 학문 세계에서나 출판 도의상 있어서는 안 되는 부끄러운 일이 아닐 수 없다. 그 와중에서도 계획했던 『불법행위법의 경제학』의 출간 일정에 차질이 생기지 않아 다행이다. 또한 이 책의 출간을 통해 초판의 부족한 부분을 채울 수 있게 됨으로써 그동안 독자들(특히 이 책을 강의교재로 활용한 학생들)에게 진 빚을 조금이나마 갚을 수 있게 되어 기쁘다. 부족한 부분은 앞으로도 계속 보완해갈 것을 약속드리며, 독자 여러분의 관심과 비평을 바란다.

2010년 2월 14일
경신년 새해 아침에 연구실에서
이종인 씀

책을 펴내면서

법은 경제학자들에게 매우 이상적인 연구 분야의 하나이다. 인간의 합리적 행위를 이끌어내기 위해 장기간에 걸쳐 정착되어온 제도적 장치가 바로 법이라고 할 수 있는데, 법에는 경제학적 분석이 요구되는 다양한 개념과 상황이 존재하기 때문이다. 우리가 알고 있는 '정의실현의 수단'으로서의 법규범은 사실상 인간의 행동 변화를 위한 유인책(incentives)이나 효율성, 분배정의 등과 같은 경제정책 목표들의 달성을 위한 도구로 바라볼 수 있는 것이다.

이와 같이 법이나 제도에 대해 경제적 관점, 특히 미시경제학의 분석기법을 이용하여 접근하는 연구 분야가 이른바 '법경제학(法經濟學)' 내지 '법의 경제분석'이라는 학제 간 연구(interdisciplinary study) 분야이다. 법경제학은 지난 수십 년 동안 영미법(英美法, common law)계의 국가들을 중심으로 괄목할 만한 발전을 해왔다. 그 결과 그동안 법학의 고유 분야로 간주되어왔던 재산권법(財產權法), 계약법(契約法), 불법행위법(不法行爲法)뿐 아니라 소송법, 형사법, 헌법 등 거의 모든 법 분야에 대한 경제적 접근 내지 분석이 시도되고 있는 실정이다.

이 책은 이러한 여러 법경제학 분야 중에서 전통적인 법학의 핵심 분야의 하나인 불법행위법을 분석의 대상으로 삼고 있다. 우리나라 법체계에서는 민법에 이러한 불법행위법이 규정되어 있다. 즉, '고의나 과실로 위법하게 타인에게 손해를 가하는 행위'를 불법행위로 정의하고 있으며,

불법행위 시 가해자는 피해자에게 그 가해행위로 인한 손해를 배상하도록 하고 있다. 반면에 영미법 체계에서는 결함 제조물로 인한 사고, 의료사고, 교통사고, 환경오염물질 누출사고 등과 같이 주로 사고로 인한 손해에 대해 불법행위 법리를 적용하고 있다. 이러한 사고에 관련된 법적 분쟁들은 원고와 피고가 개인일 경우에는 전통적인 법체계상 사법(私法) 체계인 불법행위법을 적용하게 된다.

예기치 못한 사고에 따른 손해, 즉 개인 간 합의의 범위를 벗어난 손해를 경제학에서는 '어떤 개인의 행위가 제3자의 경제적 후생에 영향을 미치나 그에 대한 적절한 보상이 이루어지지 않는' 이른바 외부효과(externality)의 하나로 본다. 불법행위법의 경제적인 목적은 이러한 외부효과를 가해자가 내부화(internalize)하도록 하기 위한 것이다. 다시 말해 피해자의 손해에 대해 가해자로 하여금 적절히 배상케 함으로써 사회적으로 용인될 수준으로 불법행위를 제한하는 것이다.

경제학은 불법행위의 근본적인 원인을 살펴보고 불법행위법의 목적을 분석하며, 불법행위로 인한 피해자의 손해배상액을 산정하는 기준을 제시할 수 있는 풍부한 이론적 분석방법들을 제공하고 있다. 또한 현실에서의 불법행위에 관련된 법제 — 제조물책임법, 의료과오 관련법, 산업재해 관련법, 환경오염 관련법 등 — 에 대한 다양한 분석 논제를 제시하고 있다. 이 책은 이러한 불법행위법 논제들에 대한 경제적 관점에서의 기존 연구물들과 저자의 연구·강의 결과를 종합하여 체계적으로 엮은 것이다.

이 책은 법학과 경제학 분야에 조예가 있는 법학자와 경제학자뿐 아니라 법률·경제·사회정책에 종사하거나 관심을 가진 여러 독자를 염두에 두고 저술되었다. 제목이나 차례에서 알 수 있듯이 법과 제도를 관찰하는 데 미시경제학 이론을 상당 부분 적용했다. 하지만 법학이나 경제학에 대한 전문적 지식이 많지 않은 경우에도 읽을 수 있는 형식을 택하여 집필했으므로 전공에 관계없이 읽을 수 있을 것이라 생각한다. 예컨대 이 책이 경제학에 바탕을 두고 있음에도 전체적으로 수식의 사용을 최소한으로 제한하여 '경제학은 수학적 분석도구를 사용하는 학문'이라는 저간(這間)의 오해를 받지 않고 쉽게 읽을 수 있도록 되어 있다.

이 책에서는 전문적인 법률 내지 경제학 용어들을 가급적 평이하게 표현하고자 했으며, 같은 용어지만 영미법과 우리나라 법체계 및 법학과 경제학에서의 사용상의 의미가 서로 다른 경우에는 통상적으로 사용되는 용어를 선택했다. 또한 영미법에서만 사용되는 전문용어의 경우 우리말 용어를 함께 병기하거나 각주의 형태로 보완·설명함으로써 독자의 편의를 우선적으로 고려했다.

저자가 이 책을 출간하게 된 데는 저명한 법경제학자로서 오랫동안 버클리(Berkeley) 캘리포니아 대학의 로스쿨〔Boalt Hall〕에서 법경제학을 가르치고 있는 쿠터(Robert D. Cooter) 교수의 영향이 지대했다. 저자는 지난 2000년에 쿠터·율렌 교수의 『법경제학(Law and Economics)』(제2판, 1997)을 완역하여 출간한 바 있으며, 캘리포니아 대학 로스쿨과 동 대학 동아시아연구소에서 객원연구원(research fellow, visiting scholar program)으로 3년간 불법행위법의 경제분석을 포함한 법경제학 분야를 연구했다.

이 책을 출간하는 주된 이유 중의 하나는 저자가 이 분야에 대해 연구를 하거나 대학에서 강의하면서 적절한 입문서 내지 참고서적의 필요성을 절감했기 때문이다. 현재 우리말로 되어 있는 불법행위법에 대한 경제분석 내지 법경제학 학술서는 특정 산업 분야에 대한 사례연구를 제외하고는 전무(全無)한 실정이다. 우리와 유사한 법체계를 갖고 있는 일본만 해도 여러 권의 관련 서적들이 출간된 현실을 감안할 때 관련 연구자들과 학자들의 높은 관심이 요구된다. 덧붙여, 국내 대학의 경제학부 내지 법학부에서 법경제학을 정규 교과목으로 편성하여 가르치는 경우가 소수에 불과하지만, 법학전문대학원(law school)의 도입 등 정부의 사법개혁이 추진됨에 따라 국내 대학들도 곧 법경제학을 정규교과목으로 채택할 것으로 예상될 뿐 아니라, 불법행위법과 같은 개별 법 분야에 대한 경제분석의 수요가 높아질 것을 감안할 때 우리 실정에 맞는 학술서적의 출판이 시급하다고 판단했다.

이 책의 출간은 쿠터 교수 외에도 많은 분들의 도움이 있었기에 가능했다. 늘 소중한 조언을 아끼지 않았던 서울시립대의 박수혁 교수님에게 감사드리며, 한국법경제학회의 윤진수 회장님과 여러 회원님들, 그리고 정다운 벗 호소카와 고이치(細川幸一) 교수의 격려에 감사한다. 특히 이 책의 전체 내용을 읽고 적절한 비평과 제언을 해준 법원공무원교육원의 이성훈 서기관에게 감사하며, 교정의 일을 훌륭히 해준 서울대 박진수 군에게 고마움을 전한다. 덧붙여, 어려운 출판환경 중에서도 이 책의 학술적 가치에 비중을 두어 선뜻 출간을 결정해준 도서출판 한울의 김종수 사장님과 편집부원 여러분께 감사드린다.

이 책을 저술하면서 영미법 체계에 바탕을 둔 다양한 연구문헌들의 이론적 토대를 우리 민법상의 일반 불법행위법 체계에 맞게 전환하고 또 다양한 응용을 통해 독자들의 이해를 돕고자 노력했으나 막상 출간을 앞두고 보니 부족한 부분이 한두 곳이 아니다. 저자의 무지와 능력 부족 탓이며 미흡한 부분은 추후 계속적으로 채워나갈 것을 약속드린다. 이 책에 대한 독자 여러분의 건설적인 지적과 비평을 바란다.

2006년 7월 17일
제58주년 제헌절 아침에 연구실에서
이종인 씀

차례

개정증보판을 펴내면서 5
책을 펴내면서 7

제1부 불법행위법과 법경제학

제1장 법경제학자가 바라보는 불법행위법 ······ 19
1. 불법행위 및 불법행위법의 취지 19
2. 불법행위제도의 경제적 의의 22
3. 불법행위책임의 성립 요건 24
4. 불법행위법의 목적 · 기능 42

제2장 법경제학의 기초 ······ 47
1. 법경제학의 의의와 전개 과정 47
2. 법의 경제분석 사례 53
3. 법경제학의 활용 61

제3장 불법행위법의 경제분석에 대한 역사적 이해 ······ 65
1. 불법행위법에 대한 경제적 접근의 약사(略史) 65
2. 불법행위법의 경제분석 선례(先例) 69

제2부 불법행위법의 경제분석

제4장 사고(事故)의 경제분석을 위한 기본적 모형 ········ 77

1. 캘러브레이지의 사고비용이론 78
2. 사고당사자의 주의 모형 86

제5장 책임법리의 경제분석 ········ 93

1. 각 책임법리의 정의 및 경제적 의의 93
2. 책임법리 간의 효율성 비교 106
3. 기여과실책임과 과실상계 120
4. 사고당사자의 비합리성과 책임법리의 주의 유인 126

제6장 불법행위법의 경제분석 논제 I ········ 135

1. 행위수준과 사고비용 135
2. 징벌적 손해배상의 경제학 139
3. 법원의 과오 148
4. 소송비용과 책임법리의 효율성 152
5. 보험과 불법행위책임 157

제7장 불법행위법의 경제분석 논제 II ········ 165

1. 행정규제와 불법행위책임 166
2. 사용자책임과 사용자의 구상권(求償權) 174
3. 공동불법행위책임 181
4. 배상액의 산정 189

제3부 불법행위법의 경제분석 응용 I

제8장 제조물책임의 법체계 ······ 201

1. 제조물책임의 개념과 유형 202
2. 제조물책임의 역사적 전개과정 207
3. 외국의 제조물책임제도 215
4. 우리나라의 제조물책임 법제화 과정 222

제9장 제조물책임의 경제학 ······ 229

1. 제조물책임법리와 위험 제품의 시장균형 230
2. 제조물책임법과 코즈정리 234
3. 불완전정보하 소비자와 제조물책임의 효과 237

제10장 제조물책임의 경제분석 사례: 안정성효과 분석 ······ 247

1. 안전규제 수단으로서의 제조물책임 247
2. 제조물책임이 제품의 안전성에 미치는 효과 255
3. 제품안전성 증대효과에 관한 경제적 접근 266

제4부 불법행위법의 경제분석 응용 II

제11장 의료과오의 법경제학 ······ 275

1. 의료과오를 둘러싼 법적 · 경제적 쟁점 276
2. 의료과오에 대한 배상책임 282
3. 의료과오의 경제분석 논제 287

제12장 산업재해의 법경제학 ······ 301

1. 법경제학적 분석논제 301
2. 산재문제 해소를 위한 법적 · 경제적 접근방법 303
3. 산업재해에 대한 배상책임의 경제분석 314
4. 산업재해에 대한 사용자책임과 공동불법행위책임 321
5. 다른 경제분석 논제들 326

제13장 환경오염사고의 법경제학 ······ 327

1. 경제학적 시각에서의 환경문제 327
2. 환경오염규제의 당위성 330
3. 환경오염사고의 특성과 불법행위책임 333
4. 환경오염사고에 대한 배상책임법리의 효율성 342
5. 환경오염피해에 대한 구제수단 351

주요 참고문헌 360
판례 찾아보기 367
인명 찾아보기 369
용어 찾아보기 371

여담 차례

여담 하나_철학과 자연과학에서의 인과관계 38
여담 둘_급발진사고, "내 탓이오?" 55
여담 셋_캘러브레이지 교수의 불법행위 강의록 81
여담 넷_합리적 인간(the reasonable man) 128
여담 다섯_장기흡연 폐암여성에게 고액의 징벌배상 평결 147
여담 여섯_심슨(O. J. Simpson) 재판과 소송비용 156
여담 일곱_사용자의 구상권에 관한 사례 180
여담 여덟_일본의 제조물책임법(1995.7.1. 법률 제85호) 전문(全文) 226
여담 아홉_비대칭정보와 행동경제학 244
여담 열_문명의 이기: 악마의 선물 263
여담 열하나_의료과오사건에서 의료인의 과실을 부정한 판례 298
여담 열둘_우리나라 산업재해 현황과 사례 313
여담 열셋_고엽제 사용에 따른 환경오염 피해 341

제1부 불법행위법과 법경제학

제1장 법경제학자가 바라보는 불법행위법

제2장 법경제학의 기초

제3장 불법행위법의 경제분석에 대한 역사적 이해

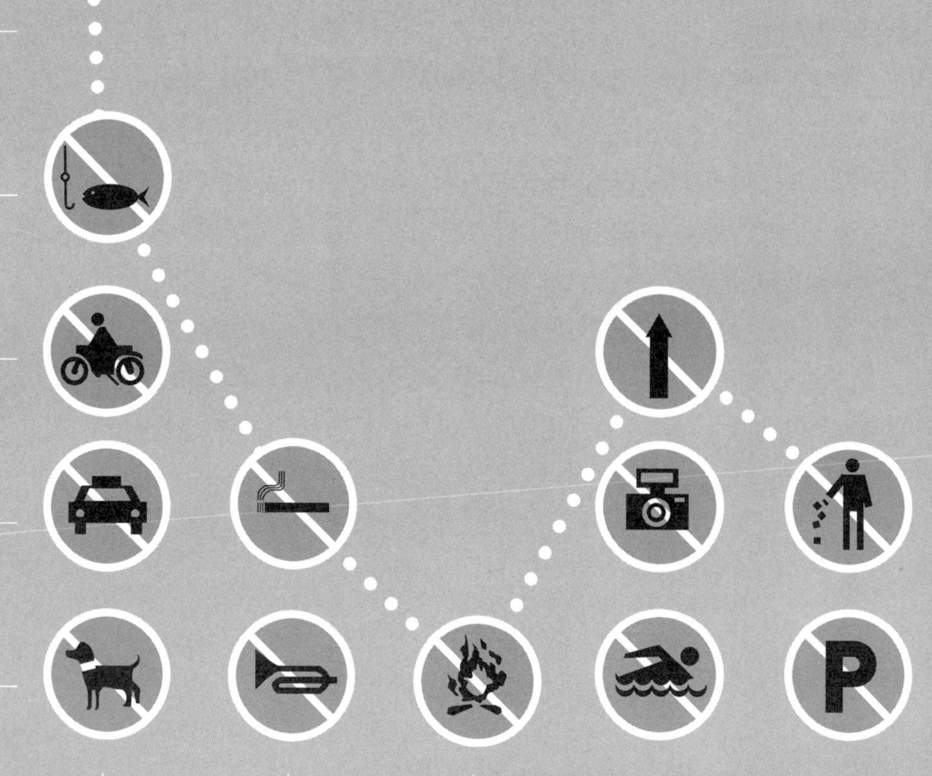

The Economics of Tort Law

제1장

법경제학자가 바라보는 불법행위법

불법행위법은 영미법 체계에서는 사고법(accident law)과 동일한 개념으로 사용되며, 일반적으로 불법행위를 억제(deterrence)하는 기능과 불법행위로 인해 발생한 피해 내지 손해를 보상(compensation)하는 두 가지 주된 기능을 가지고 있다. 우리 민법(民法)에서는 불법행위를 법정채권관계(손해배상채무, 損害賠償債務)의 발생원인의 하나로 규정하고 있다. 이러한 불법행위에 대해 경제학자들은 이른바 외부효과(externality)의 관점에서 바라보고 있으며, 불법행위로 인한 비용을 최소화하는 데 분석의 초점을 두고 있다. 제1장에서는 이 책의 전체 논제인 불법행위법의 경제분석을 위한 기본 사항들을 공부한다. 즉, 법경제학자의 입장에서 바라보는 불법행위법의 실체와 기초적 법경제학 지식, 그리고 불법행위법에 대한 경제분석의 전개 과정에 대해 살펴본다.

1. 불법행위 및 불법행위법의 취지

타인에게 손해를 끼치게 되는 잘못된 행동에는 우발적인 경우도 있지만 경우에 따라서는 고의적인 경우도 있을 수 있으며, 손해의 정도가 매우 큰 경우도 있을 수 있는 반면 그 정도가 경미한 경우도 있다. 또한 범죄(犯罪)에 해당되는 경우도 있지만 경우에 따라서는 범죄는 아니더라도 그러한 행위로 인해 매우 성가신 일을 당하는 경우도 있다. 이때 만일 해당 행위의 피해자가 사법적 구제를 받으려고 한다면 어떤 법률에 의거하여 소송을 제기할 수 있을 것인가?

이들의 경우 피해자(원고)와 가해자(피고) 모두 개인이기 때문에, 전통적인 법체계에 따르면 사법(私法, private law)에 해당한다. 전통적인 법체계상 사법에 속하는 법률 체계에는 개인 사이의 재산에 대한 배타적 지배권에 관한 재산권법(property law)[1]과 개인 사이의 사적인 약속에 대한 법적 강제력의 성립 여부에 관한 계약법(contract law)이 있으며, 본 장에서 구체적으로 소개하고 있는 불법행위법(tort law)이 있다.

위의 물음과 같이 개인의 잘못된 행위로 타인에게 손해를 끼치는 경우들은 대개 재산권 내지 소유권에 관한 사항이 아니므로 재산권법에 의해 피해자가 소송을 제기하기 어렵다. 예컨대 자동차 사고의 경우 피해자(자동차 소유자)는 자동차가 자신의 소유물이므로 재산권법에 의해 소송을 제기할 수 있지만 전통적으로 재산권은 자신의 신체피해에 대한 구체적인 피해구제책이 되지는 못한다. 재산권제도의 취지는 전통적으로 장래의 불법적인 방해 행위를 방지하고자 하는 것이므로, 자동차 사고 피해와 같이 이미 발생된 손해에 대해서는 재산권제도에 따른 구제가 쉽지 않다.

또한 만일 당사자 간의 교섭비용이 매우 높아 서로 협력할 수 없어 개별적인 계약을 맺기 어렵거나 손해의 원인이 계약위반이 아닌 경우에는 계약에 관련된 법률에 의해 소송을 제기하는 것이 곤란할 경우가 많다. 예컨대 자동차 사고의 경우 사고 시 발생하는 사고비용을 가해자와 피해자 간에 어떻게 배분할 것인가에 대해 운전자들이 모두 다른 운전자

---

1) 재산권관련법(property law)은 영미법체계에서는 점유권(占有權), 사용권(使用權), 수익권(受益權), 양도권(讓渡權) 등 제반 권리의 묶음을 의미하는 물권적 제 권리 내지 소유권(property rights)의 개념으로 이해되고 있다.

들과 협상하여 합의를 이끌어낸다는 것은 거의 불가능하다. 또한 모든 운전자들이 자신의 잠재적 잘못된 행위로 피해를 입을 가능성이 있는 모든 보행자들과 계약을 맺을 수도 없다. 따라서 자동차사고 시 이행을 위한 계약이 존재하기 어렵다.

이러한 사실은 개인 사이의 법률관계에 있어서 재산권법과 계약법 이외의 제3의 사법 체계인 불법행위제도가 필요함을 보여주는 것이다.[2)]

불법행위[不法行爲, tort]란, 어떤 사람이 타인에게 손해를 가했을 때, 일정 요건 아래 가해자로 하여금 피해자에게 손해를 배상토록 하는 손해배상의무를 발생시키는 제도를 말한다. 우리나라 법체계에서는 민법(제5장)에 이러한 일반불법행위 규정을 두고 있는데, 민법에서는 불법행위를 법정채권관계의 발생원인의 하나로 규정하고 있다. 즉, '고의나 과실로 위법하게 타인에게 손해를 가하는 행위'를 불법행위로 정의하고 있으며, 불법행위 시 가해자는 피해자에게 그 가해행위로 인한 손해를 배상해야 한다고 규정한다(제750조). 반면에 영미법 체계에서는 불법행위법을 주로 사고(事故)로 인한 손해에 대해 적용한다. 예컨대 제조물책임(product liability), 산업재해, 의료과오(medical malpractice), 교통사고, 환경오염 등에 관련된 손해는 대부분 당사자의 불법행위를 그 원인으로 보게 되는 것이다.

이러한 불법행위법은 일반적으로 불법행위를 억제(deterrence)하는 기능과 불법행위로 인해 발생된 피해 내지 손해를 보상(compensation)하는 두 가지 주된 기능을 가지고 있는데, 이에 대해서는 본 장의 제4절에서 상세

---

2) 어떤 운전자가 운전 중에 도로를 횡단하던 보행자를 치어 중상을 입힌 경우와 같은 자동차사고의 경우 가해자는 사법(私法)상의 법적 책임뿐 아니라, 형사상의 책임을 지게 되는 경우도 있다. 즉, 형법상의 '업무상 과실치상죄'에 해당할 수 있다. 즉, 하나의 사고로 민사상의 책임과 형사상의 책임을 동시에 야기하는 경우이다. 하지만 형사책임의 경우 피해자에게 발생된 손해를 배상해야 하는 민사상의 책임과는 달리, 국가가 범죄의 예방을 위해 범죄행위자를 처벌하는 것이다.

히 살펴보도록 한다.

2. 불법행위제도의 경제적 의의

민법 제750조에서 명시하는 '타인에게 손해를 가하는 행위'나, 이에 대한 '손해배상의무' 등은 법경제학적 입장에서 어떻게 이해될 수 있을 것인가? 신고전학파 경제이론에서는, 재화나 서비스의 생산과 교환, 소비 등 모든 경제활동이 시장에서 이루어짐을 전제하고 있다. 따라서 만일 불법행위의 결과 재화의 교환이 발생했다고 한다면 이를 경제이론으로 설명할 수가 있는 것이다.

개인 간 사전 합의(계약)가 없거나 이를 벗어난 상태에서 발생한 타인의 손해는 일견 재화의 교환이라고 볼 수 없다. 다시 말해 불법행위로 인해 야기된 손해는 재화의 일방적 상실이다. 경제학자는 이러한 불법행위에 의한 손해를 제3자의 경제적 후생에 영향을 미치나 그에 대한 보상이 이루어지지 않는 이른바 외부효과(外部效果, externality)의 관점에서 바라보게 된다. 다시 말해 어떤 사람의 행동이 제3자에게 의도하지 않은 손해를 가져다주는 데도 이에 대한 대가(보상)를 받지 않을 때 외부불경제효과가 발생했다고 하는데,[3] 불법행위법상 손해의 발생 그 자체는 가해자의 과실(過失) 있는 행동이 피해자에게 의도하지 않은 손해를 미친 경우이기 때문에 불법행위는 이러한 외부불경제효과의 대표적인 사례가 된다.[4]

---

3) 외부불경제효과를 부정적 외부효과(negative externality)라고 부르기도 한다. 한편 한 사람의 행동이 제3자에게 이득을 주는 외부효과는 외부경제 또는 긍정적 외부효과(positive externality)라고 한다.

4) 제품의 사고위험에 관련된 책임법리의 문제를 외부효과의 문제로 인식하여 경제이

하지만 불법행위법에서의 '손해배상의무'를 함께 고려하게 되면 신고전학파 경제이론에서 의미하는 '시장에서의 재화의 교환'으로 설명이 가능하게 된다. 즉, 불법행위에 따른 손해와 그에 대한 손해배상의무의 교환이 이루어지게 되는 것이다. 경제적인 관점에서 볼 때 불법행위법은 가해자로 하여금 손해배상의무를 부담케 함으로써 외부불경제효과의 비용을 내부화(internalize)하도록 하기 위한 것이다. 다시 말해 피해자의 손해를 가해자에게 적절히 배상토록 함으로써 외부불경제효과를 내부화하도록 하는 것이다.[5)] 잠재적 가해자에게 손해의 비용을 내부화하는 것은 효율적 수준의 안전성을 가져오는 유인이 된다. 즉, 경제적 관점에서의 불법행위법의 본질은 높은 거래비용으로부터 야기되는 외부불경제효과를 내부화하기 위한 수단으로 손해배상책임을 이용하는 것이다.

이와 같이 불법행위책임(tort liability)은 높은 거래비용에 따른 외부효과를 내부화할 수 있는 여러 정책 수단 중의 하나이다. 불법행위책임 이외에도 손해가 발생하기 전에 위험활동을 통제하는 사전적(事前的, ex ante) 안전규제, 사후적(事後的, ex post) 대처수단인 형법(刑法)에 의한 형사적 처벌, 손해에 대한 위험분산의 수단으로서 사회보험의 활용, 행정부의 조세부과 등의 정책 수단들이 있을 수 있는데, 이 수단들은 각각의 장점과 단점을 가지고 있다. 이 책에서는 불법행위에 따른 외부효과를 내부화하는 여러 수단들 중에서 불법행위책임제도가 갖는 정책적 장점과 약점들

론적으로 접근한 대표적인 학자로는 매킨(Roland N. McKean), 캘러브레이지(Guido Calabresi), 랜즈(William M. Landes), 포스너(Richard A. Posner) 등이 있다.

5) 이와 같은 민간의 자발적 교환거래에 의해 외부효과의 내부화가 이루어질 가능성을 최초로 보여준 학자는 코즈(Ronald Coase)이다. 코즈는 "민간경제 주체들이 자원의 배분과정에서 아무런 비용을 들이지 않고 협상할 수 있다면, 외부효과로 인해 초래되는 비효율성을 시장에서 그들 스스로 해결할 수 있다"라는 이른바 코즈정리(Coase theorem)를 주창했다.

에 대해서도 여러 측면에서 살펴보고 있다.

3. 불법행위책임의 성립 요건

본 절에서는 불법행위법의 구체적인 기능에 대해 경제이론에 기초하여 고찰한다. 이를 위해 우선 고전적인 불법행위 이론에 대해 살펴본다. 오늘날의 불법행위책임 법리(法理) 내지 법원칙의 본질적인 구성요소들은 20세기 초에 이르러서야 법학의 영역에 포함될 수 있었으며, 특히 미국 등 영미법 국가들에서 상당한 부분이 법학의 구성요소로 받아들여졌다. 하지만 계약법 원리들에 관한 고전적 이론들과 같은 일치된 교감은 갖지 못했다.

고전적 불법행위 이론에서 불법행위의 성립, 다시 말해 소송 제기자(원고)가 자신의 권리를 회복하기 위해서는 다음과 같은 세 가지 본질적인 요건을 충족시켜야 한다. 첫째, 원고에게 손해가 발생해야 하고(손해발생 요건), 둘째, 피고의 가해행위(加害行爲)가 원고에게 발생한 손해의 원인이어야 하며(인과관계 요건), 마지막으로 원고에게 손해를 입힌 피고의 행위에 과실(negligence) 내지 의무위반(breach of a duty)이 있어야 한다(과실요건).

우리 민법(제750조 등)에서는 이러한 불법행위의 성립요건을 다음과 같이 다섯 가지로 세분하고 있다. 첫째, 가해자의 고의·과실이 있어야 하고, 둘째, 가해자에게 책임인식능력이 있어야 하며, 셋째, 실제로 피해자에게 손해가 발생해야 하고, 넷째, 가해자의 가해행위가 위법해야 하며,[6] 다섯

6) 일본의 경우 '가해행위의 위법성'을 '권리침해'로 표현하는 것이 주된 학설이며, 이 또한 민법용어의 현대화를 위한 민법개정에 따라 '법률상 보호되는 이익의 침해(法律上保護される利益の侵害)'로 표현하고 있다. 구체적인 사항은 吉村良一, 『不法行爲法(第3版)』(東京: 有斐閣, 2005), p.25를 참고할 수 있다.

째, 가해자의 가해행위와 피해자의 손해 사이에 인과관계가 있어야 한다. 우리 민법상의 이러한 불법행위 성립요건도 영미법상의 고전적 불법행위 이론에서 일컬어지는 세 가지 요건과 그 내용상 차이가 없다고 하겠다.

아래에서 구체적으로 설명하겠지만, 고전적 불법행위 이론에서는 원고가 이러한 세 가지 요건(손해, 인과관계, 과실)을 입증해야 하는 불법행위 책임법리를 '과실책임(過失責任, negligence)'법리 또는 '고의적 불법행위'라고 하며, 세 가지 요건 중 손해와 인과관계에 기초한 책임법리를 영미법상 '엄격책임(嚴格責任, Strict Liability)'법리라고 부른다.[7)]

본 절에서는 이러한 불법행위소송에서의 불법행위 요건들에 대해 경제학자의 관점에서 각각 접근해보겠다.

1) 손해의 발생

(1) 손해증명 및 손해배상의 범위

불법행위에 따른 손해배상책임은 피해자에게 발생된 손해를 보전하기 위한 제도이다. 따라서 가해자에게 손해배상책임을 지우기 위해서 피해자는 자신에게 손해가 발생했음을 증명해야 한다.[8)] 우리 민법에서는 불법행위에 따른 손해를 '만일 가해원인이 없었다면 존재했을 이익 상태와, 가해(불법행위) 후 현재의 이익 상태와의 차'로 정의하고 있다. 이러한 관점에서의 손해를 차액설(差額說)에 의한 손해라고 한다.

우리 민법에서는 이러한 손해를 재산적 손해와 정신적(비재산적) 손해로 구분하고 있다. 즉, 피해자가 입은 손해가 재산적인 권리〔法益〕에 대

---

7) 이 책의 제3장에서 각 불법행위책임법리의 개념과 성격들에 대해 설명한다.

8) 헌법재판소 2003.12.18. 선고 2002헌가23 전원재판부 결정(증권거래법 제186조의 5 등 위헌제청 사건). "손해발생 대상의 특정은 증권거래법상의 손해배상책임이든 민법상의 일반불법행위책임이든 불문하고 모든 손해배상책임에 있어서 꼭 필요하다."

한 손해인 경우를 재산적인 손해하고 하며, 타인의 신체, 자유 또는 명예를 훼손하거나 기타 정신적 고통을 가하여, 피해자의 비재산적 손해를 야기한 경우를 정신적 손해라고 한다(민법 제750조, 제751조).[9] 또한, 재산적 손해의 경우를 적극적 손해와 소극적 손해로 분류하는데, 손해발생 당시의 재산이 현실적으로 감소하는 것을 적극적 손해 내지 통상손해라고 하며(민법 제393조1항), 발생된 사건에 의해 장래 예상되었던 재산적 이익의 상실을 소극적 손해 내지 특별손해라고 한다(민법 제393조2항).[10]

손해가 발생하지 않은 경우는 가해자의 행위가 비록 (과실 또는 고의에 의한) 위험한 행위일지라도 불법행위소송을 통해서는 피고에게 손해배상 책임을 지울 수 없다. 예컨대 가전제품을 생산하는 어떤 제조업체 생산라인에서 수십 명의 근로자가 인체에 유해한 화학물질에 노출되는 사고가 발생했다고 하자. 이 사고에 대해 의료전문가는 이들 중 약 15%는 10년 동안에 말초신경이 마비되는 신경질환을 겪게 될 것이라는 소견을

9) 우리 판례는 민법상 불법행위책임의 근거가 되는 손해를 주로 차액설의 관점에서 파악하고 있다. 예컨대 대법원 1998.4.24. 선고 97다32215 판결은 감사인의 부실감사를 토대로 주식 거래를 한 주식투자자가 부실감사를 한 감사인에 대해 민법상의 불법행위책임을 근거로 배상을 구하는 내용이다. 이 판결에서 손해액은 부실감사로 인해 상실하게 된 주가 상당액이라고 봄이 상당하고, 이러한 주가 상당액은 특별한 사정이 없는 한 그 부실감사가 밝혀져 거래가 정지되기 직전에 정상적으로 형성된 주가와 부실감사로 인한 거래정지가 해제되고 거래가 재개된 후 계속된 하종가를 벗어난 시점에서 정상적으로 형성된 주가와의 차액 상당으로 보았다. 이때 주가가 다시 정상적으로 형성되기 이전에 매도가 이루어지고 그 가액이 그 후 다시 형성된 정상적인 주가를 초과하는 경우에는 그 매도가액과의 차액 상당액으로 보았다.

10) 우리 민법 제750조상 불법행위에 따른 '손해'와 법률상 보호되는 이익의 '침해'의 관계에 대해 논란이 있을 수 있다. 일반적으로 권리나 이익의 침해로 인해 발생되는 손해를 배상해야 한다고 하는 관점에서 볼 때 '손해'와 '침해'를 구별하는 것이 자연스럽다. 하지만 최근에는 권리 내지 법익의 침해 그 자체를 손해로 보는 주장도 있는 등, 손해와 침해의 구별이 애매한 경우도 있다.

보였다. 이 경우 해당 근로자들은 실제로 손해가 발생하지 않았으므로 전통적인 불법행위책임학설 아래서는 자신의 위험노출에 대한 배상을 받을 수 없는 것이다. 다만 추후 신경이 마비되는 질병이 발생한 경우에는 해당 손해에 대해 가해자를 상대로 손해배상책임을 물을 수 있다.[11]

경제학자의 관점에서는 이러한 손해를 소비자의 효용(效用, utility)이론을 응용하여, 우하향하는 피해자의 효용함수로 나타낼 수 있다.[12] 위의 사례에서 신경이 마비되는 손해를 입은 한 피해자, 가령 이(李) 씨라는 사람의 효용을 생각해보자. 이 씨는 질병발생으로 인해 건강(健康)이 나빠지지만, 만일 배상책임소송을 통해 이에 대한 적적한 보상이 이루어진다면 이 씨가 느끼는 만족수준, 즉 효용은 무차별하게 된다. 이러한 관계를 그림으로 나타내 살펴보자. <그림 1-1>은 이 씨의 '건강'과 '부(富, 보상액)'의 두 재화로 구성된 이 씨의 효용함수이다. 그림에서 u_0, u_1과 같은 무차별곡선〔等效用曲線〕은 이 씨에게 동일한 만족수준을 주는 건강과 부의 조합점들이다. 무차별곡선은 두 재화 사이의 대체가능성을 보여준다. 즉, 좀 더 많은 부를 위해 타 재화(건강)를 기꺼이 포기할 의사가 있음을 의미한다. 예컨대 u_0상에서 우하향으로 이동하는 것은 동일한 만족수준 아래 건강을 줄이는 대신 부를 증가시키는 경우이다.

이 씨가 갖고 있는 최초의 건강과 부를 각각 H_0, W_0라 놓으면 $u_0 = u(H_0, W_0)$의 효용함수를 설정할 수 있으며, <그림 1-1>에서 A점에 해당한다. 이제 가전제품 제조업체에서 발생한 유해물질 노출로 인해 이 씨의 건강이 H_1로 나빠지고, 부도 W_1로 감소되었다고 보자. 그러면 이 씨

---

11) 다양한 종류의 법적 손해 개념에 대한 최근의 소개로는 임건면, 「민사법상의 손해의 개념」, ≪비교사법≫, 제8권 2호(통권15호)(비교사법학회, 2001), 439쪽 이하를 참고할 수 있다.

12) 경제학에서 '효용'이란 소비자가 어떤 상품이나 상품묶음을 소비함으로써 얻는 만족감을 나타낸다.

<그림 1-1> 건강과 부의 등효용곡선

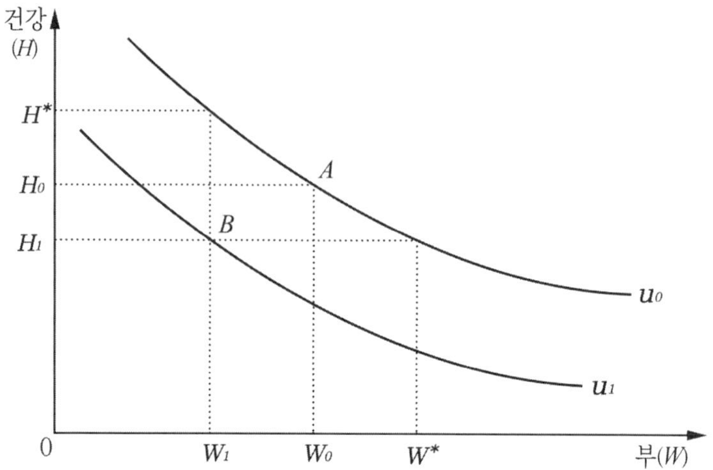

의 효용수준은 <그림 1-1>에서와 같이 u_0에서 u_1로 감소된다. 즉, 이 씨의 효용이 A점에서 B점으로 감소된 것이다.

이때 피해자인 이 씨의 손해에 대한 적절한 보상은 이 씨의 만족수준을 원래 수준인 u_0로 회복시켜주는 것을 의미한다. 만일 이 씨의 손해를 병원치료를 통해 모두 보상할 수 있다고 가정하면, 손해액의 크기는 부의 손실보상분($W_0 - W_1$)과 치료비용($H_0 - H_1$)을 합한 비용이 된다.

이 씨의 건강손실이 병원치료로도 회복될 수 없는 경우에는 어떻게 될 것인가? 이 경우 이 씨의 건강은 H_1 수준에 머물러 있음에도 가해자인 가전제품 제조업체는 이 씨의 만족을 사고발생 이전 수준으로 회복시켜줄 수 있다. 즉, 그림에서 최초 수준인 W_0보다 높은 W^* 수준까지 이 씨의 부를 증가시켜주면 된다.

손해에 관련된 또 하나의 중요한 문제는 발생된 손해에 대한 배상의 범위를 어디까지로 할 것인가의 문제이다(이를 민법상 '손해배상의 책임범위'라고 한다). <그림 1-1>은 경제적 관점에서 완전한 손해배상의 경우를 보인 것이다. 현실적으로 불법행위법에서의 배상의 범위는 '피해자가 가해자로부터 보상받을 수 있는 손해'로 제한된다.

(2) 판결례 분석

불법행위에 관련된 손해배상의 범위에 대해 우리 민법은 제763조에서 채무불이행에 기인한 손해배상의 범위에 관한 제393조의 규정을 준용(準用)하고 있다.[13] 따라서 민법 제393조의 취지에 따르면, 불법행위로 인한 손해배상은 통상의 손해를 그 한도로 하되(제1항), 특별한 사정으로 인한 손해는 불법행위자가 그 사정을 알았거나 알 수 있었을 때에 한하여 배상의 책임이 있다(제2항). 이러한 우리 민법의 태도가 실제로 어떠한 의미를 갖는지 다음 대법원 1996.1.26. 선고 94다5472 판결을 예로 들어 살펴보자.[14]

> 피고 회사의 피용인이 피고 회사 소유의 화물트럭을 운전하여 원고가 경영하는 공장 앞길을 진행하다가 도로변에 정차하던 중 실수로 도로변에 있던 전신주를 충격 파손했고, 이로 인한 정전으로 원고 공장에서는 약 7시간 동안 작업이 중단되었다. 여기서 전신주는 원고가 아닌 한국전력공사의 소유이다. 이로 인해 공장에서 가동 중이던 플라스틱 원료가 굳어져 못 쓰게 되자, 원고는 그 손해로서 재생 가능한 원료를 제외하고 폐기해야 할 원재료비, 생산 중단으로 발생한 영업손실액, 정전으로 인한 기계수리 및 복구작업에 따라 근로자에게 지급한 시간외 근무수당, 정전으로 파손된 모터 및 호스

---

13) 우리와는 달리 일본 민법에는 채무불이행의 경우와는 달리 불법행위에 의한 손해배상의 범위에 관한 명문 규정이 없다.

14) 이 판결에 대한 평석으로는 구남수, 「제3자의 채권침해로 인한 불법행위의 성립과 손해배상의 범위」, 《판례연구》 7집(부산판례연구회, 1997), 161쪽 이하를 참고할 수 있다.

등 수리비, 폐기원료 운송료 등 모두 금 1,228만 원의 피해를 입게 되었다고 주장하면서 그 배상을 피고 회사에 청구했다.

이 사건의 핵심 쟁점은 피고의 피용자가 한 행위 자체는 한국전력공사 소유의 전신주를 들이받은 것인데, 이로 인해 발생한 정전 때문에 원고 공장이 입은 손해까지 배상해야 하는가 하는 점이었다. 이 사건에 대해 대법원은 우선 불법행위의 직접적 손해가 아닌 간접적 손해는 특별한 사정으로 인한 손해로서 가해자가 그 사정을 알았거나 알 수 있었을 것이라고 인정되는 경우에만 배상책임이 있다고 전제했다. 즉, 이 사건에서 피고의 피용인이 피해자의 소극적인 영업상 손실이 발생할 것이라는 것을 알거나 알 수 있었다고 보기 어렵다고 보았다. 하지만 공장지대에 위치한 전신주 충격사고로 전선이 절단되는 경우 이 전신주를 통해 전력을 공급받고 있는 인근 원고의 공장에서 예고 없는 정전으로 공장 내 가동 중인 기계의 고장이나, 작업 중인 재료가 못 쓰게 되는 것과 같은 적극적인 손해가 발생할 수 있을 것이라는 것은 알 수 있었을 것으로 봄이 상당하다고 판단했다.

이처럼 현실적인 법적 손해배상의 범위는 경제적 관점에서의 완전배상과 일치하는 것은 아니다. 차량이 전신주에 충돌하여 전선이 끊어지면 정전이 되고, 정전이 되면 전기에 많은 것을 의존하는 현대 생활의 특성상 일정한 손해가 발생하리라는 것은 상식이고, 이는 분명 경제적 의미에서 손해라고 해야 할 것이다. 하지만 이 손해가 모두 법적 손해에 해당하는 것은 아니라는 것이 판례의 태도이다.

위의 판례에서 보듯이 법원은 전통적으로 손실된 재산의 수리비용이나 의료비용 등과 같이 쉽게 입증될 수 있는 재산적 손해 내지 불이익에 대한 배상은 인정하고 있지만, 감정적 손해나 정신적 손해 등과 같이 손해액의 산정이 어려운 무형(無形)의 손해에 대한 배상에는 신중한 입장을 보이고 있다. 하지만 근래에는 손해배상의 범위를 재산상의 손해 이외의 무형의 경제적 손실까지로 확장하는 경향이 있다.

손해배상범위의 확장에 따른 문제점 중의 하나는 바로 법원이 어떻게 무형의 손실에 대한 금전적 가치를 부여할 것인가, 즉 배상액 산정(賠償額算定)의 문제이다. <그림 1-1>의 완전한 손해배상은 사고 이전의 물질적·신체적 수준에 해당하는 정도로 충분한 금전적 보상을 하는 것을 의미하며, 이는 사고에 의해 발생한 비용[15]을 내부화하기 위해 법원이 추구해야 할 목표이다. 하지만 무형의 손해인 경우 이 목표의 달성이 쉽지 않다. 사실 법원이 실제 소송에서 원고가 주장하는 주관적 손해(정신적 손해,[16] 신체적 고통 등)의 금전적 크기를 정확하게 산정하기는 매우 어려운 일이다.

2) 인과 관계

(1) 머리말

불법행위책임의 두 번째 요건은 가해행위와 손해 사이의 관계에 관한 것이다. 전통적 법이론에 따르면, 피해자가 불법행위소송을 제기하기 위해서는 반드시 자신의 손해가 가해자의 행위에서 비롯되었음을 보여야 한다. 즉, 양자 사이에 인과관계(因果關係, causation)가 존재해야 한다. 하지만 가해행위와 원인·결과 관계에 있는 모든 손해에 대해서 가해자가 배상의무를 부담하는 것은 아니다.

인과관계의 개념은 일견 단순해 보이기도 한다. 독자는 인과관계를 마치 당구공이 서로 부딪히는 현상과 같은 것으로 간주할 수도 있을 것이

---

15) 앞서 소개한 '외부효과'를 의미한다.

16) 정신적 손해에 대한 금전적 배상을 보통 '위자료(慰藉料)'라고 부른다.

나, 반드시 그렇지는 않다. 인과관계는 원래 복잡한 철학적(哲學的)인 개념이며, 이 개념을 법에서 원용한 것이다. 법학에서의 인과관계의 개념은 특히 형사책임과 민사책임 등 법적 책임의 범위를 객관적으로 환기시키는 데 중요한 역할을 한다.

법학자들은 인과관계를 '사실적 인과관계(cause-in-fact)'와 '상당인과관계(proximate cause)'로 구분하여 사용하고 있다. 전자(前者)는 피해자가 가해행위와 손해 사이의 인과관계를 증명하는 것에 관한 관계이고, 후자(後者)는 가해자의 침해행위에 배상책임을 귀속시키기 위한 배상책임의 성립 여부와 손해배상의 범위에 관한 문제이다. 이 두 가지 인과관계의 법적 개념에 대해 경제학적 관점에서 살펴보자.

(2) 사실적 인과관계

사실적 인과관계는 기본적으로는 이른바 '~이 없다면(but-for)' 검증방법을 활용한다. 즉, A라는 행위가 B사건의 사실상의 원인인지 여부를 판단하기 위해서는, 'A행위가 아니었더라도 B사건이 발생할 수 있었겠는가'라는 물음에 대해 '아니다'고 판단될 경우 A행위는 B의 사실상의 원인이 되며, '그렇다'인 경우는 A행위는 B사건의 사실상의 원인이 아닌 것으로 간주한다. 이를 조건설(條件說)에 따른 인과관계라고도 한다. 즉, 사실의 경과를 객관적으로 관찰하여 인과관계의 유무를 판단한다는 의미에서 사실적 인과관계라고 한다.

많은 법률적 사건들이 '~이 없다면'의 기준 내지 조건설에 의해 인과관계의 확인이 가능하다. 예컨대 음료수 병이 폭발하지 않았더라도 원고가 다칠 수 있었을까? 원고가 먹은 불량식품이 아니었더라도 원고에게 식중독 증세가 나타날 수 있었을까?

하지만 이 기준은 경우에 따라서 별 소용이 없거나 오해의 소지가 되는 등 문제가 되기도 한다. 문제 중의 하나는 원고의 손해 원인이 두 가지 이상이어서 서로 동시에 경합하는 경우이다. 예를 들어, 적막한 야산의 초입에 위치한 한 별장이 화재로 소실되었다고 하자. 그런데 인접한 밭의 소유주가 병충해 예방을 위해 두렁에 놓은 불이 갑작스런 바람으로 별장에 옮겨 붙었던 사실과, 마침 별장 내부수리 공사를 하고 있던 인부의 과실로 전기스파크가 발생해 불이 가제도구에 옮겨 붙었다는 사실이 모두 화재의 원인으로 밝혀졌다고 하자. 이 경우 인접한 밭의 소유주의 과실과 공사인부의 과실행위 모두 '~이 없다면' 검증 기준을 만족시킬 수 없다. 왜냐하면 각 가해자 모두 자신의 과실이 아니더라도 화재가 발생했을 것이라고 주장할 수 있기 때문이다.

두 번째 문제는 일련의 여러 사건들이 한 손해의 원인이 되는 경우에 만일 각 원인들이 독립적으로는 손해의 원인이 되지 않을 수 있는 경우이다. 예컨대 *A*가 서 있는 *B*를 밀었는데 동시에 *C*가 *B*가 앉으려고 하던 의자를 빼버리는 바람에 *B*가 엉덩방아를 찧으면서 척추가 상하는 상해를 입었다고 하자. 이 경우 두 가해자 모두 '~이 없다면'의 기준을 만족시키게 된다. 이 경우 문제는 그 책임을 어떻게 배분할 것인가 하는 것이다.

'~이 없다면' 내지 조건설 기준의 또 다른 문제는, 결과에 대해 어떤 자연적 조건을 이루는 것은 모두 인과관계가 있다는 것이기 때문에 인과관계의 범위가 지나치게 넓어질 수 있다는 점이다. 그러다보니 이 기준이 피해자 손해의 법적 원인이 되기 위한 가해자의 행위가 어느 정도 그 손해와 관련되어야 하는지에 대한 명확한 해답을 제시하지 못할 수 있다. 미국의 유명한 판례인 '팰스그라프 대 롱아일랜드철도회사(Palsgraf v. Long Island Railway Co.)'(248 N.Y. 399, 162 N.E. 99, 1928) 사건을 들어 이 문제를 살펴보자. 이 사건의 사실관계는 다음과 같다.

> 원고인 팰스그라프 부인은 록어웨이(Rockaway) 해변행 기차표를 구입한 후 피고의 철도승강장에 서 있었다. 기차가 역에서 잠시 정차한 후 출발하는

시점에 두 명의 남자가 이 기차에 승차하기 위해 승강장으로 뛰어왔으며, 그중 한 명은 이미 움직이기 시작한 열차에 무사히 승차할 수 있었으나, 작은 보퉁이 하나를 가지고 있던 다른 남자는 기차에 올라타기는 했지만 떨어지려고 하고 있었다. 이때 기차 문을 열고 있던 차내 승무원이 그 남자를 끌어당겼고 승강장에 서 있던 다른 안내원도 남자의 등을 떠받쳐 주었다. 이런 와중에 보퉁이가 레일 위에 떨어졌다. 길이가 38cm 정도의 이 작은 보퉁이는 신문지로 포장되어 있었으며 그 보퉁이 속에는 화약이 들어 있었지만 아무도 그 사실을 알지 못했다. 보퉁이가 레일 위로 떨어진 후 곧 폭발했고, 폭발의 충격으로 멀리 떨어져 있던 반대편 승강장의 천평(天秤, scale)들이 떨어졌고, 그 아래에 서 있다가 상해를 입은 원고 팰스그라프 부인이 소송을 제기했다.

이 사건에서, 뉴욕 법원의 카르도조(Cardozo) 판사는 철도 안내원이 승객의 등을 떠받친 행위가 조건설 내지 '~이 없다면'의 검증기준을 만족시키지만(즉, 안내원의 행위가 없었더라면 원고의 손해가 발생하지 않았을 것이지만), 철도회사의 법적 책임은 없다고 판결했다.[17] 이와 같이, 사실적

17) 흔히 이 판결은 많은 학자들에 의해 사실적 인과관계 개념을 포기하고 상당인과관계 개념을 채택한 것으로 해석되는데, 사실 이 판결에서 담당판사(카르도조 판사)의 결정문을 자세히 보면, 이 사안에 있어서 원인(遠因)이든 혹은 근인(近因)이든 간에 인과관계는 아예 다루어야 할 문제가 아니다(The law of causation, remote or proximate, is thus foreign to the case before us.). 불법행위에 기한 손해배상 청구에 있어서 원고가 입증해야 하는 것은 일정한 행위가 어느 누군가에 대해 불법(wrong)이라거나 또는 꼭 어느 누군가에게 불법인 것은 아니라고 하더라도 반사회적이기 때문에 불법적(wrongful)이라는 사실이 아니다. 원고는 그 행위가 바로 자기 자신에 대해 불법이라는 사실을 보여야 한다. 이 사안에서 비록 철도 안내원의 다른 승객을 돕는 행위가 원고의 신체에 대한 위험을 방지해야 할 주의의무를 다하지 못했다는 점에서 과실(negligence)의 존재가 문제될 여지도 있다. 그러나 과실이라는 것은 일정한 관계에서 문제되는 것이다. 구체적 관계로부터 분리된 추상적인 개념으로서의

인과관계 내지 조건설의 범위를 제한하는 것이 아래에 설명하는 법률적 인과관계 내지 상당설(相當說, proximity)의 기준이다.

(3) 상당인과관계

일반적으로 불법행위소송에서 피고의 법적 책임이 성립하기 위해서는 원고의 행위가 피고 측 손해의 '사실적 원인'이어야 할 뿐 아니라, '상당한 원인(原因) 내지 근인(近因, proximate cause)'이어야 한다. 다시 말해 가해자의 행위와 피해자의 손해 사이의 관련성이 너무 약해서는 곤란하다는 것이다.

앞에서 살펴본 조건설에 따른 사실적 인과관계 기준은 결과에 대해 어떤 자연적 조건을 이루는 것은 모두 인과관계가 있다는 것이기 때문에 인과관계의 범위가 지나치게 넓어진다. 따라서 인과관계의 지나친 확대를 방지하기 위해 조건관계의 존재를 전제하면서, 일반적 경험법칙에 비추어 특정 행위에서 특정 결과가 발생할 만하다고 보는 '상당한 원인'인 경우에만 법률적 인과관계를 인정하는 것이 상당설 기준에 따른 법률적 인과관계이다.

불법행위에 기한 손해배상에 있어서의 우리 법원의 인과관계 판단기준은 이른바 상당인과관계설에 입각해 있다고 알려져 있다. 그런데 상당인과관계설의 '상당성'이라는 기준은 상당히 추상적이고 모호하기 때문에 사실적 인과관계를 상당한 정도로 제한하는 것이라는 의미 외에 인과관계 그 자체의 판단과 관련하여 어떤 의미가 있는 것인지는 분명하지 않다.[18] 최근에는 이러한 상당성 인과관계 기준의 문제에 대한 비판이

과실 그 자체를 곧 불법행위라고 할 수는 없다. 이에 카르도조 판사는 이 사안에서 철도 안내원이 다른 승객을 돕는 행위가 원고인 팰스그라프 부인에게 발생한 손해를 야기했다고 해도 이를 그녀와의 관계에서 불법이라고 볼 수는 없으므로, 철도회사에 대해 불법행위에 기한 손해배상책임을 지울 수 없다고 판결했다.

제기되고 있으며 좀 더 구체적이면서도 간단명료한 인과관계의 판단 기준을 정립하려는 법리적 노력이 계속되고 있다.[19]

상당인과관계를 긍정하여 가해자의 불법행위법상의 손해배상책임을 인정한 좋은 예로, 일본의 산업재해 관련 사건판례인 이른바 '덴쓰과로자살사건(電通過勞自殺事件)'으로 알려진 最二小判平成12年3月24日 민사판례집 제54권 제3호(노동판례 제779호 13쪽)를 들 수 있다. 이 사건은 법원에서 사용자의 상당인과관계를 인정해 사용자에게 불법행위법상 손해배상책임을 물은 판례이다. 이 사건의 피해자는 1990년 4월에 덴쓰(電通)사에 입사해 장기간의 잔업 등의 과로가 계속되어 우울증으로 발전했고 이듬 해 8월에 자살했다. 사건의 판결내용을 요약하면 다음과 같다.

피해 근로자(당시 24세)는 1990년 4월에 덴쓰에 입사하여 라디오국에 배속되어 기획입안 등의 업무에 종사했지만, 장시간의 잔업과 심야근무, 휴일출근 등의 과로가 계속되었고, 그런 와중에 우울증으로 이듬해 8월 자택에서 자살했다. 이에 피해자의 부모가 1993년에 도쿄지방법원에 제소했다. 1심(도쿄지방법원)과 2심(도쿄고등법원)에서 사용자 측의 책임을 인정했는데, 2심에서는 부모의 관찰의무태만 등의 부주의를 인정하여 배상액수를 3할 감액했다. 한편 상고심에서는 '회사 측이 장시간 노동과 건강상태의 악화를 인지했으면서도 부담경감의 조치(안전배려 의무)를 취하지 않았던 과실이 있다'라고 판시, 도쿄고등법원에 재심리를 명했다.[20]

---

18) 대법원 1995.1.12. 선고 94다21320 판결의 사례를 참조해보면 상당인과관계설이 가지는 의미, 즉 사실적 인과관계를 상당한 정도로 제한한다는 것이 어떠한 의미인가 하는 점을 엿볼 수 있다.

19) 이학수, 「불법행위 체계에 있어서의 인과관계의 위상과 그 인정기준에 대한 새로운 검토」, ≪판례연구≫ 6집(부산판례연구회, 1996), 205쪽 이하를 참고할 수 있다.

20) http://homepage1.nifty.com/rouben/saiban/000324dentsu.htm 사이트를 참조했다. 상급

이 사건의 판결요지를 보면, 피해자가 우울증에 걸린 점, 피해자의 자살이 피고 작업장에서의 장기간 잔업이나 심야·휴일근무 등의 과로여건에 기인했음을 인정하고 있으며, 피해와 작업여건 간의 '상당인과관계'가 있음을 이유로 피해자의 입증책임을 완화한 것을 읽을 수 있다.

이러한 상당인과관계의 기준은 사실 '사실적 인과관계 내지 조건설'에 의한 인과관계의 지나친 확대를 제한하면서도 피해자의 입증책임을 완화 내지 경감해주는 역할을 한다.

(4) 경제이론적 표현수단

불법행위법상 인과관계의 개념은 경제학에서 함수의 형태로 나타낼 수 있다. 경제학에서 소비자의 선호(preference)는 효용함수로 나타내고, 생산자의 기술(technology)은 생산함수로 표현한다. 소비자는 효용함수에서 자신의 효용을 극대화하는 수준의 변수값들을 선택하고, 생산자는 생산함수에서 자신의 이윤을 극대화하는 변수값들을 선택한다. 어떤 사람(소비자, 생산자)이 타인의 효용이나 생산 수준을 낮추는 변수를 선택하는 경우 이는 타인에게 손해를 입히는 것이다. 예컨대 롱아일랜드철도회사는 자신의 생산수준에 영향을 주는 통제변수들을 선택했지만 이는 또한 팰스그라프 부인의 효용수준에도 영향을 미쳤다. 이와 같이 불법행위법에서의 인과관계는 어느 한 사람의 통제변수가 타인의 효용이나 생산수준에 영향을 미치는 함수관계로 나타낼 수 있는 것이다.

불법행위법에 관련된 대부분의 경제분석에서는 모형의 단순화를 위해 이러한 인과관계를 명시적으로 반영하고 있지 않다. 하지만 인과관계의

심에서의 명에 따라 도쿄고등법원에서 2000년 12년 6월에 다음과 같은 화해가 성립되었다. 즉, "회사는 유족(부모)에 대한 사죄와 함께 사내의 철저한 재발방지책을 마련하고, 1심 판결에서의 배상액(1억 2,600만 엔)에 지연손해금을 가산한 합계 1억 6,800만 엔을 유족에게 지불한다"는 데 합의했다.

문제는 실제 불법행위책임소송에서 매우 중요한 부분이기 때문에 불법행위법의 경제분석에서도 이 문제를 무시할 수 없는 것이다.

여담 하나

철학과 자연과학에서의 인과관계

인과관계에 있어서 원인과 결과는 단지 우연적인 관계가 아니라 어떤 필연적인 관계가 있다고 본다면, 원인과 결과 사이에는 반드시 어떤 필연성이나 법칙성이 있다는 것을 전제해야 된다. 인과관계에 대한 현대철학의 분석에 따르면, 인과성 개념은 근대 자연과학이 수용했던 것 이상으로 넓은 범위를 갖는다.

인과관계란 사건, 상태, 사물 등이 어떤 결과를 야기하는 관계 일체를 가리키는 것이다. 그 직접적 원인은 물리적 힘 외에 의도적 행위일 수도 있고, 지각작용(知覺作用)의 경우 단순히 지각의 대상일 수도 있다. 의도적 행위가 어떤 변화를 가져오는 사태라면, 종래에는 인간의 자유의지를 전제로 한 목적적 관계로 파악하는 것이 일반적이었는데, 오늘날에는 이러한 관계도 행위인과(agent causation)라는 이름 아래 인과적으로 파악하고 있다. 나아가 행위를 신체적 동작으로 환원시켜, 이 행위인과를 사건인과(event causation)로 환원시키려는 이론적 시도마저 있다. 정신활동에 의한 목적적 결정방식마저도 인과적 결정방식으로 해석하려는 이러한 시도는 이른바 역진적 인과관계(backward causation)라는 개념까지 등장하게 했는데, 이는 바로 목적적 결정이 시간적 계기 연관에 있어 인과적 결정과 반대방향으로 이루어지는 것이기 때문이다.

이러한 인간의 목적적 활동성뿐 아니라 이른바 어떤 것이 없었다면 다른 어떤 것이 야기되지 않는다는 반사실적(反事實的, counterfactual)인 불가결한 조건; 어떤 일이 일어나면 이 일이 일어나지 않았을 때보다는 다른 어떤 일이 일어날 가능성이 더 높다는 개연성; 또는 변화가 아닌 어떤 상태가 지속적으로 유지될 수 있는 조건 등도 인과성의 개념으로 파악한다.

그러나 근대 경험주의 철학의 전통적 사유에 비추어 볼 때, 가장 전형적인 인과성 개념은 두 유형이나 종류의 사건들 사이에서 확인되는 법칙적 규칙성 혹은 필연성(nomological regularity / necessity)을 포함하는 것이다. 근대의 실증과학은 자연이 인과적으로 결정되어 있는, 완결된 시간-공간적 체계이며, 그 인과관계는 법칙적 구조를 지니고 있다는 철학적 전제를 기초로 하고, 바로 그 인과적 법칙을 탐구하는 일을 과제로 삼는다.

자료: http://web.skku.edu/~dhson/article2.html

3) 의무 위반: 배상책임법리

앞서 살펴본 불법행위의 두 가지 요건인 손해발생 요건과 인과관계 요건이 성립할 경우, 피고에게 불법행위법리에 의한 법적 책임을 지우기에 충분하다. 이와 같이 손해와 인과관계에 기초한 책임법리가 영미법상의 이른바 엄격책임법리(嚴格責任法理, strict liability rule)이다. 예를 들어 도로의 암석을 제거하는 데 폭약을 사용하는 한 건설회사에서 예기치 못한 폭약의 폭발로 상해사고가 발생했다면, 여기에는 영미법상의 배상책임 문제가 뒤따른다. 일반적으로 영미법 체계에서는 폭약의 폭발로 인한 사고와 같은 '예외적인 위험한 행위'에 대해 엄격책임법리를 적용한다.

하지만 일반적인 경우 원고가 피고로부터 손해배상을 받기 위해서는 위에서 본 손해와 인과관계 요건 외에 추가적인 요건을 필요로 한다. 즉, 원고는 피고가 법적 의무를 위반했으며, 자신의 손해는 피고의 그러한 의무위반 내지 위법행위의 결과임을 입증해 보여야 하는 것이다.[21] 예컨대 어떤 사람이 타인으로부터 폭행을 당한 경우 그 피해자는 가해자가 '타인을 폭행하여 상해(傷害)를 입혀서는 안 된다'라는 폭행금지의무를 위반했음을 보여야 한다.

우리 불법행위법상 이러한 의무위반의 요건에 해당하는 것은 객관적 측면에서의 위법성과 주관적 측면에서의 고의 및 과실이다. 불법행위 성립요건으로서의 이 양자의 의미와 지위 및 기능에 대해서는 우리 민법 시행 후 1970년대 말까지만 해도 학설이나 판례상 별다른 견해의 다툼이 없었다. 종래 우리나라 통설은, 민법 제750조에 규정된 '고의'와 '과실'은 불법행위가 성립하기 위한 주관적 요건에 속하고, 위법성은 객관적 요건에 속하는 것으로 보아 위법성과 고의·과실을 엄격히 구별해왔고, 다만 과실의 판단기준 그 자체에 대해서는 이른바 추상적 과실(객관적 과실) 개념을 취해왔다.[22]

---

21) 우리 민법의 제750조에는 가해자의 가해행위가 위법해야 한다고 규정하고 있다. 하지만 어떠한 작위(act) 또는 부작위(failure to act)가 위법성을 갖게 되는지를 구체적으로 규정하고 있지 않다. 참고로, 위법 여부의 판단기준에 대해서는 여러 학설이 있다.

22) 덧붙여, 불법행위의 성립요건으로서 이처럼 가해자의 고의나 과실을 요구하는 것은, 우리 민법도 서구의 근대민법과 마찬가지로 과실책임법리(negligence rule)를 취하고 있음을 의미하는 것으로 보아왔다. 1980년대 초부터 종래의 이러한 견해에 대한 의문과 비판이 일부 학설에 의해 제기되고 있으며, 새로운 견해들도 제시되고 있다.

이와 같이 재판상 원고가 손해, 인과관계, 의무위반(과실)이라는 세 가지 요건을 모두 입증해야 하는 책임법리를 과실책임법리(過失責任法理, negligence rule) 또는 '고의적 불법행위책임의 법리'라고 한다. 과실책임법리는 가해자가 할 수 있는 모든 주의의무를 이행했음에도 사고가 발생했다는 항변을 인정하게 된다.

이러한 과실 요건을 경제학적 관점에서 설명할 수 있다. 일반적으로 과실은 자동차 승객의 안전벨트 착용 혹은 미착용, 수영장의 구명 경보장치의 설치 혹은 미설치 등과 같이 이원적 형태로 판단할 수 있으나, 때로는 과실의 판정을 위한 법적주의기준(法的注意基準, legal standard of care)이 '자동차의 속도'와 같이 연속적인 변수 형태를 띨 수도 있다.

경제학에서는 일반적으로 이와 같은 연속변수들을 사용하여 이론을 구성한다. 예를 들어 설명해보자. 불법행위소송에서 원고는 피고가 자신에 대한 주의의무를 위반했다는 사실을 입증해야 한다. 이때 주의의무는 피고가 부담할 수 있는 최저수준의 법적주의기준에 해당한다. 즉, 가해자의 주의수준이 법적주의기준보다 낮으면 주의의무를 위반(피고의 과실 인정)하는 것이며, 가해자의 주의수준이 법적주의기준보다 높거나 같으면 주의의무를 충족(피고의 과실 불인정)하게 되는 것이다.

과실 여부에 대한 법적인 판단은 국가별로 차이가 있다. 우리나라를 포함한 많은 국가에서는 정부가 도로상 '주행속도제한'과 같은 특정 행위에 대한 행정적 안전규제(safety regulations)를 하고 있으며, 경우에 따라서는 '합리적인 운전자세'와 같은 다소 애매모호한 표현의 법적 의무를 부과하고 있다. '합리적 운전자세'와 같은 어떤 행위에 대해서는 일반적으로 불문율의 사회규범과 '도로교통 원칙'과 같은 사회적 관습에 의존

객관적 과실 개념은 유책성의 개념과 모순되지 않는가, 고의나 과실은 단순히 유책성의 요소나 형태일 뿐이고 위법성과는 무관한 것일까, 따라서 위법성과 고의·과실을 그렇게 준별할 수 있을까 하는 등등의 지적이 그것이다.

한다. 일반적으로 법 관습은 해당 국가의 법체계에 따라 다른데, 우리나라와 같이 대륙법 체계의 국가에서는 민법전(民法典, civil codes)에 해당 주의의무수준에 대해 좀 더 구체적으로 명문화하는 경향이 있는 반면, 영미법 체계하의 국가에서는 '합리적(rational)' 주의의무를 강조하는 편이다.

영미법 국가들의 경우, 이러한 '합리적 주의의무'의 기준에 따라 피고의 실제 주의수준과, 가상적인 '합리적 인간'의 주의수준을 비교하여 과실 여부를 결정하게 된다. 하지만 대륙법 체계 국가들에서는 이러한 영미법 국가들의 '합리적 주의의무' 기준이 국민들에게는 분명한 지침이 되지 못하며, 재판관들에게 지나친 재량을 허용하기 때문에 적합하지 않다고 보는 경향이 강하다.

4. 불법행위법의 목적·기능

앞 절에서는 불법행위법의 기본요건에 대해 살펴보았다. 즉, 손해의 발생, 인과관계의 성립, 법적의무 위반이라는 세 가지 기본 요건이 성립할 경우 피고에게 불법행위법에 따른 책임을 지우기에 충분하게 되는 것이다. 본 절에서는 제1절에서 소개한 경제학적인 관점에서의 불법행위법의 취지에 관해 좀 더 구체적으로 살펴본다.

불법행위법의 목적 내지 기능에 대해서는 다양한 설명이 가능하다. 예컨대 한국의 대표적 법경제학자인 박세일 교수는 불법행위의 방지 기능과 피해자 손해의 보상 기능을 강조하며, 일본의 불법행위법 분야의 대가인 모리시마(森島昭夫) 교수는 피해자 손해의 보전, 불법행위자에 대한 제재, 사고발생의 억제 등 세 가지를 불법행위법의 목적 내지 기능으로 보았다.[23] 또한 불법행위법 분야의 저명학자인 요시무라(吉村良一) 교수는 실제 발생된 손해의 보전이라는 의미에서의 원상회복과 불법행위에 대한 제재 등 두 가지 기능을 제시했다.[24] 이와 같이 법적인 견해에서든 경제적인 관점에서든 관계없이, 불법행위의 억제와 손해의 보상이라는 두 가지 기능으로 구분하는 데는 별다른 이견이 없다.

1) 불법행위의 억제

일반적으로 불법행위는 합법적 행위를 하다가 부수적으로 발생하는 경우가 많다. 예를 들어 소비제품의 생산이라는 합법적 행위 과정에서 공해물질을 배출하여 인근의 민가에 손해를 입히는 불법행위를 초래할 수도 있다. 이러한 경우 불법행위법의 목적 중 하나는 제품 생산이라는 합법적 행위를 할 때 생산자로 하여금 공해물질의 발생을 억제하여 인근 민가에 손해를 입히는 행위를 줄이는 것이다. 즉, 불법행위를 억제 내지 방지(deterrence)하는 기능이다.

이때 이웃하는 민가의 손해와 같은 외부효과를 막기 위한 가장 효과적인 방법은 원인행위인 공해물질의 배출 자체를 금지시키는 것이다. 하지만 이러한 해결책은 사회적으로 바람직한 불법행위법의 목적이 될 수 없다. 왜냐하면 생산과정에서 공해물질의 배출량을 영(zero)으로 하기 위해서는 투입해야 할 비용이 매우 커지기 때문이다.

이 책의 제13장에서 구체적으로 소개하겠지만, 위의 예에서 사회적으로 바람직한 공해물질 배출수준은 인근 민가의 손해 등 공해물질 배출에 따라 야기되는 전체 피해액과, 그러한 공해물질의 배출을 억제하는 데 소요되는 총 억제비용의 합을 최소화하는 수준이다. 즉, 불법행위법의 목적 중의 하나인 억제기능이란 곧 사고(불법행위)의 수준을 사회적으로

23) 森島昭夫, 「損害責任ルールに關するカラブレイジ理論」, 我妻榮追悼論文集, 『私法學の新たな展開』(有斐閣, 1995), p.4.

24) 吉村良一, 『不法行爲法』(有斐閣, 第3版, 2005), p.15.

바람직한 수준으로까지 낮추는 데 있다고 할 수 있다. 불법행위로 인한 손해가 제조물에 관련된 경우라면 이러한 불법행위법의 억제기능을 제조물의 안전성 향상기능으로 이해할 수 있다. 예컨대 제조물책임법(product liability law)이라는 불법행위법은 제조물에 관련된 사고율을 감소시켜 사전적(事前的)으로 제조물의 안전성을 높이기 위한 기능을 하고 있다고 볼 수 있다.[25] 이러한 불법행위의 억제기능은 다음과 같이 경제적 가격기구 내에서 작동됨을 알 수 있다. 즉, 불법행위제도가 기업의 경제활동에 기인된 손해라는 외부효과를 해당 기업으로 하여금 내부화하도록 할 경우 해당 기업의 제품가격 내지 활동의 비용이 증가하고, 결과적으로 시장기구(market mechanism)에 의해 해당 제품이나 활동의 시장수요가 감소된다. 이때 해당 기업은 어쩔 수 없이 그러한 경제활동을 줄이는 등 손해발생의 억제를 위한 조치를 스스로 할 수밖에 없다.

2) 손해의 보상 · 원상회복

불법행위법의 또 다른 기능 내지 목적은 불법행위로 인해 야기된 피해자의 피해 내지 손해를 보상(compensation) 내지 원상회복하는 기능이다. 오늘날에는 교통사고, 불량상품의 제조, 의료과오, 산업재해, 환경공해 등 다양한 유형의 불법행위가 급증하고 있다. 이는 산업화와 도시화 그리고 인구의 증가에 따른 불가피한 현상이다. 문제는 일단 발생한 불법행위로 인해 야기된 피해자의 물질적이고 정신적인 손해를 누가 부담하며, 어떻게 부담하게 할 것인가이다.

불법행위법에서는 이러한 피해자의 손해에 대한 피고의 제 배상책임 법리를 규정하고 있다. 이를 불법행위법의 손해의 보전 내지 보상기능이

25) 이 관점에 대해서는 제조물책임제도에 관한 제8장에서 구체적으로 살펴본다.

라고 한다. 제조물의 하자나 결함으로 소비자의 신체나 재산상 손해가 발생했을 경우에 민법 제750조 내지 제조물책임법상의 불법행위제도는 가해자에게 해당 손해에 대한 배상책임을 지움으로써 피해자의 손해를 구제하게 된다.[26)]

이러한 보상 내지 구제기능에 관련된 경제학적 논점을 생각해보자. 우선, 실제 발생된 손해만을 보전해야 할까 아니면 사회적 관점에서 바람직한 수준까지의 피해의 회복이 필요한가의 문제이다. 경제학에서는 대개 개인적 만족보다는 사회적 후생의 관점이 중요시되고 있다. 따라서 손해배상의 문제 역시 '개인적 피해에 대한 보상'보다는 그 총합인 '사회 전체의 바람직한 배상수준'을 더욱 중시한다고 볼 수 있다. 즉, 사회에 발생된 손해(이를 '외부효과가 발생했다'고 한다)에 대해 합리적 수준의 배상(즉 내부화)을 통해 사회문제를 해결(효율성의 달성)하려는 것이다.

불법행위법의 기능에 관한 또 다른 법경제학적 논점의 하나로서, 불법행위법에 의한 손해배상이 사회보험제도 등 다른 대안적 수단에 견주어 더 효율적 결과를 얻을 수 있을까에 관한 문제를 들 수 있다. 불법행위법의 기능 내지 목적이 단지 손해의 보전 내지 보상에 있다는 관점에서 본다면 불법행위제도보다는 사회보험제도가 더 효과적일 것이다. 왜냐하면 불법행위법에 기초한 규제를 이행하는 데는 여러 형태의 거래비용이 소요되는 반면 보험은 그 비용이 상대적으로 적어 결과적으로 보험가입자인 피해자에게 더 많은 보상이 가능할 수 있기 때문이다.[27)] 하지만 불법행위법을 이러한 보상기능에 더하여 당사자의 위험하거나 부주의한 행동을 억제하는 기능을 갖는 제도로 본다면 사회보험제도보다 더 효율적인 제도로 간주할 수 있다.

---

26) 제조물로 인해 야기되는 손해에 대한 불법행위법으로 '제조물책임법'이 있다.

27) 박세일, 『법경제학』(박영사, 2000), 281쪽의 각주 5를 참고할 수 있다. 이 책의 제6장 제5절에서 보험제도와 관련된 불법행위책임제도의 효율성 문제를 다룬다.

법학계의 시각에서는 불법행위의 예방효과 내지 억제효과는 형벌 등 형사제도에 의해 달성될 수 있다고 보는 경우가 많다. 하지만 손해배상이 없는 형사처분만으로는 실질적으로 불법행위를 억제할 충분한 유인을 제공할 수 없다. 불법행위제도는 누가 어느 정도의 잘못을 했는지에 관한 정보를 당사자에게 자발적으로 제공되도록 함으로써 불법행위가 억제될 수 있도록 하는 동시에, 잠재적 피해자들의 지나친 주의를 억제하는 경제적 유인도 갖는다. 민법 제750조의 이른바 과실책임주의 내지 제396조의 과실상계[28] 등의 배상책임법리는, 다시 말해 불법행위법이 단지 손해의 보상이 목적이라면 가해자의 과실 여부 내지 피해자의 잘못 등에 관계없이 전체 손해를 보상토록 해야 하지만, 가해자 행위의 위법성과 과실 여부 및 정도에 따라 책임을 지움으로써, 불법행위의 억제라는 불법행위법의 목적 내지 기능을 함께 고려하고 있는 것으로 이해할 수 있다.

지금까지 이러한 불법행위법의 두 가지 기능에 이의를 제기하는 경우는 거의 없었으며, 법학적 관점에서는 억제기능보다는 보상기능에 좀 더 비중을 두어왔다. 즉, 불법행위제도는 사회에서 발생한 '손해'라는 외부효과를 합리적인 수준의 '보상'을 통해 내부화하는 제도로 이해되어왔다. 하지만 최근 들어 불법행위법의 목적에 관한 논의의 중심이 사후적 '손해배상'에서 사전적 '불법행위의 억제'로 옮겨가고 있는 추세다. 특히 법학 분야에 대한 경제학적 연구가 활발해지면서 피해의 사후적 보상 문제는 위에서도 간단히 소개했듯이 책임법리에 의하는 것보다 사회보험제도를 활용하는 것이 더욱 효과적이라는 주장들이 제기되고 있다.[29]

---

28) 민법 제763조에 의하면, 채무불이행에 관련된 채권자의 과실문제에 관한 민법 제396조의 이른바 과실상계 규정은 불법행위로 인한 손해배상에도 준용된다.

29) 이준구, 『미시경제학』 제4판(법문사, 2002), 623쪽; 박세일, 『법경제학』, 281쪽.

제2장

법경제학의 기초

법률제도는 일상생활에서 모든 경제행위를 포괄하는 기본질서를 제공하는 매우 중요한 역할을 하고 있다. 일반적으로 법률제도의 변화는 경제학의 관점에서 볼 때도 매우 흥미로운 분석대상이 된다. 제2장에서는 법과 경제 사이를 연결하는 다리 역할을 하는 법경제학의 개념과 역사적 발전과정을 살펴보고 법의 경제분석 사례들을 들어 법경제학에 관한 독자의 이해를 돕고자 한다. 덧붙여 일상생활에서 법경제이론들을 어떻게 활용할 수 있는지 살펴본다.

1. 법경제학의 의의와 전개 과정

1) 법경제학의 의의

우리의 모든 경제생활은 기본적으로 법률제도(legal system)의 틀을 벗어날 수 없다. 대형할인점에서 식료품을 구입하거나 커피전문점에서 에스프레소 커피를 마시는 것과 같은 일상적인 경제행위에도 곰곰이 살펴보면 계약이나 재산권에 관련된 여러 가지 법률행위가 포함되어 있음을 알 수 있다.

법률제도는 모든 경제행위를 통제하는 기본질서를 제공해준다는 점에서 우리 경제생활에서 매우 중요한 역할을 하고 있다. 법률제도의 변화는 경제의 흐름 그 자체를 바꿀 수 있을 만큼 영향력이 매우 크기 때문에 경제학의 관점에서 볼 때도 매우 흥미로운 분석대상이 된다. 오래전부터 경제학자들은 이러한 법률제도에 관해 지대한 관심을 가져왔으며, 법률제도와 관련하여 발생하는 여러 경제사회적 현상에 대해 경제이론을 이용한 분석을 시도해왔는데, 그러한 노력이 축적되어 이른바 법경제학(law and economics) 내지 법의 경제분석(economic analysis of law)이라는 독자적인 학문 분야가 정립되었다고 볼 수 있다.

이러한 법경제학은 지금도 진화하고 있는 학문 분야이므로 한마디로 서술하기 어렵지만, 일반적으로 '현실의 법이나 법제도를 경제학 내지 경제이론적 분석기법을 이용하여 그 의미를 해석하고 이해하는 학문 분야'로 그 개념을 정의해볼 수 있을 것이다. 사실 법경제학은 'law and economics'라는 말 그대로 법학과 경제학을 아우르는 '법과 경제학'으로 이해하는 것이 좀 더 실질적인 의미에 가깝다고 생각된다. 그런 의미에서 일본에서도 '法と経済學(법과 경제학)'이란 명칭으로 불리고 있다. 하지만 우리나라에서는 '법경제학'이라는 명칭이 관행화되어 불리고 있다.[1] 이러한 법경제학은 전통적인 법학의 고유 분야인 불법행위법, 계약법, 재산권제도뿐 아니라 소송법, 형사법, 헌법 등 거의 모든 법 분야를 연구의 대상으로 하고 있다. 또한 법의 제정과 해석의 문제뿐 아니라 법의 집행(law enforcement) 분야에 대해서도 그 경제적 효과를 분석하고 검증하는 등 여러 경제적 측면에 관해 연구한다.

1) '법경제학'이라는 명칭으로 굳어진 이유 중의 하나는 이 분야의 초기 학자들이 대부분 경제학자들이었으며, 국내의 경우도 경제학자들이 처음 소개하고 연구하기 시작했던 것에 기인한다고 생각된다.

2) 전개 과정

나중에 다시 살펴보겠지만 초기의 법경제학은 반독점법(反獨占法, anti-trust law)과 같은 산업규제나 조세제도 등에 대한 관심으로부터 출발했다. 법경제학이 초기단계에서는 이렇게 좁은 범위의 문제에만 관심의 초점을 맞추었기 때문에 하나의 독자적인 분야를 형성하지 못하는 수준이었다. 이때에는 규제철폐, 시장만능론이라는 시카고학파의 사고가 그 뿌리를 이루고 있었다.[2)]

초기단계의 법경제학은 이와 같이 산업조직 이론의 일부분으로 인식되는 좁은 범위의 문제에만 관심의 초점을 맞추었기 때문에 독자적인 학문 분야를 형성할 수 없는 수준이었다.

그 무렵, 법제도 분야에서 제한적으로 경제학을 응용해온 법경제학 연구의 흐름은 1960년대 초에 이르러 급격한 변화를 경험하게 되었다. 당시의 저명한 경제학자인 코즈(Ronald Coase), 캘러브레이지(Guido Calabresi), 그리고 1980년대 이후에는 베커(Gary Becker)와 포스너(Richard Posner), 스티글러(George Stigler) 등이 법경제학의 새로운 흐름을 주도했으며, 이들로 인해 법경제학의 영역을 획기적으로 넓힐 수 있었다. 즉, 재산권제도, 계약법, 불법행위법, 형사법, 헌법 등 그동안 경제학에서 다루어지지 않았던 전통적인 법 분야로 경제학적 분석의 범위가 확대되어갔다.[3)] 이러한

---

2) 細江守紀·太田勝造, 『法の經濟分析 契約, 企業, 政策』(東京: 勁草書房, 2001), p.3. 이와 같이 산업조직 이론의 한 부분으로 인식되던 초기 법경제학의 연구경향을 '구(舊)법경제학(Old Law and Economics)'이라고 부른다.

3) 이러한 흐름에 큰 영향일 미친 논문은 다음 두 가지가 대표적이다. Ronald H. Coase, "The Problem of Social cost," *Journal of Law and Economics*, Vol.3(1960), pp.1~44; Guido Calabresi, "Some Thoughts on Risk Distribution and the Law of Torts," *Yale Law Journal*, Vol.70(1961), pp.499~529.

법경제학 분야는, 특히 코즈와 베커가 법의 경제분석에 기여한 공로로 1991년과 1992년에 각각 노벨경제학상을 받은 후에 좀 더 많은 주목을 받게 되었다. 그들은 자원 배분의 효율성이라는 경제적 관점에서 법률제도를 재검토하는 새로운 법경제학 연구의 방향을 제시해왔다.

이러한 20세기 중반 이후의 법경제학 학자들은 대체로 미국의 시카고 대학과 관계가 깊었으며 그러한 연고로 동 대학이 신법경제학의 메카로 불렸다. 시카고 대학에서 법경제학 연구가 본격적으로 시작된 것은 1946년에 임용된 디렉터(Aaron Director) 교수가 제자들과 함께 경제이론을 이용해 법률관계의 문제를 분석한 시점이라고 볼 수 있다. 그 후 디렉터 교수의 제자 중 한 사람인 코즈(Ronald Coase)가 1963년에 시카고 대학에 취임하여 많은 연구를 수행하게 됨으로써 동 대학이 법경제학의 메카라는 평가를 받는 계기가 되었다. 코즈 교수는 거래비용이 존재하지 않을 경우 법적 재산권을 누구에게 부여하든지 관계없이 효율적인 자원배분이 성립될 수 있다는 주장으로, 당시 학계의 인정을 받고 있던 피구(Arthur C. Pigou)의 이론을 반박했다. 이것이 이른바 '코즈정리'이며, 당시 법과 경제문제를 보는 기본적 시각을 변화시키는 계기가 되었다.

코즈 교수와 함께 당시 법경제학의 흐름에 큰 영향을 미친 학자는 예일 대학의 캘러브레이지(Guido Calabresi) 교수이다. 그는 자신의 1961년 논문에서 법원에서의 불법행위법 적용에 관한 경제이론적 접근을 했다. 즉, 사고와 같은 불법행위 관련법을 평가하기보다는, 효율적인 사고법 체계를 구축하기 위한 기본원리를 이론적으로 제시했다. 그뿐만 아니라 후속 논문과 저술을 통해 재산권, 책임법리, 불법행위법 등에서의 인과관계에 대한 경제적 분석에 큰 공헌을 했다.

한편 그동안 법학계에 격렬한 논쟁을 일으켰을 뿐 아니라 현실의 법제도에까지 큰 영향을 미친 법경제학자는 단연 포스너(Richard Posner) 교수라고 할 수 있다. 포스너 교수는 1962년 하버드 대학 법학전문대학원을 졸업한 후 미연방최고재판소의 조수(lawclerk)로 근무하면서 시카고의 법학전문대학원 강사, 스탠포드 대학의 조교수가 되었으며, 그 후 다양한 법 분야의 여러 법경제학 논문을 발표했다. 포스너 교수는 특히 신고전파 경제학의 분석모형을 유지하면서도 매우 현실적이며 보수적인 결론을 제시하여 당시 진보적 성향의 미국 법학계에 충격을 주었다.

그 외에도 비교적 최근인 1980년대에 들어와 역시 시카고 대학의 스티글러 교수와 앞서 소개한 베커 교수가 법경제학의 흐름에 기여했다.

덧붙여 자신의 저술에서 법경제학을 '20세기 법학 분야에서 가장 중요한 발전'이라고 언급한 예일 대학의 액커먼(Bruce Ackerman) 교수와 브라운(John P. Brown), 셰블(Steven Shavell), 폴린스키(Mitchell A. Polinsky) 등 많은 경제학자들이 다양한 분야에서 법의 경제분석 논제들을 연구해왔다. 또한 캘리포니아 대학(Berkeley) 법학전문대학원의 쿠터(Robert D. Cooter) 교수 역시 저명한 현역 법경제학자 중 한 사람이며, 하버드 대학 법학전문대학원의 캐플로우(Louis Kaplow) 교수와 같은 진보적 성향을 가진 법경제학자의 활약도 적지 않다.[4)]

3) 파급 효과

경제학은 미국 등 영미법 국가들에서 법학의 특성과 법제도의 일반적 특성들을 변화시켜왔으며, 심지어 법의 집행 분야에까지 큰 영향을 미쳤다. 법률 분야에 대한 경제학의 영향은 다음의 사항만으로도 쉽게 짐작해볼 수 있다. 1990년대 이후 미국과 캐나다의 저명한 법학전문대학원(law school)과 많은 유럽의 법학전문대학원에는 적어도 한 명 이상의 경제

4) 이들의 연구업적을 바탕으로 발전되어온 오늘날의 법경제학을 '신법경제학(New Law and Economics)'이라고 부를 수 있겠다.

학자들이 교수로 재직하고 있으며,[5] 많은 유명 대학에서는 법학과 경제학의 복수학위과정(Ph. D. in economics 및 J. D. in law)을 설치하고 있다. 또한 경제학적 접근을 이용한 많은 논문들이 법학 분야 저널에 게재되고 있으며, 주요 법경제학 저널에는 경제학적 접근을 이용한 논문들이 다수 게재되고 있는 실정이다. 미국에 소재하는 법학전문대학원의 학위과정을 보면 법경제학이나 법의 경제분석에 관한 개요를 포함하고 있는 경우가 대부분이며, 유럽과 캐나다, 미국, 라틴아메리카 지역에서 법경제학에 관련된 학회들이 다수 조직되었다.

최근에 이르러 법경제학 분야는 학술적인 연구뿐만 아니라 법의 집행과 공공정책의 수립 분야에까지 다양한 적용이 이루어지고 있다. 예컨대 지난 1980년대 이후 미국에서는 항공, 화물, 철도 등 공공부문의 규제완화가 추진되었는데 법경제학은 이러한 정책들의 추진에서 학문적 기초를 제공했다. 또한 다수의 저명한 법경제학자들이 연방판사로 임용되어 실제 재판에서 경제적 접근방법들을 활용하고 있는 실정이다.[6]

우리나라의 경우는 지난 1985년경 외국의 법경제이론이나 연구 성과들이 간간히 소개되어왔으나 본격적인 학문 분야로 인식되기 시작한 것은 1990년대 중반 이후이다. 그동안 몇몇 대학의 대학원생을 대상으로 법경제학 과목들이 개설되었으며, 최근에 들어와서는 경제학을 포함한 사회과학 분야 학생들을 대상으로 한 법경제이론 강좌가 상당수 개설되었다.

지난 1994년에 우리말로 된 법경제학 저서가 최초로 발간된 바 있으며 2000년 이후에는 세계적으로 널리 알려진 법경제학 교과서와 학술서를

---

5) 캘리포니아 대학(UC Berkeley) 법학전문대학원인 볼트 홀(Boalt Hall)의 경우 네 명의 저명한 경제학자가 법경제학 분야를 전담하고 있다.

6) 저명한 법경제학자인 포스너(Richard Posner) 판사, 캘러브레이지(Guido Calabresi) 판사, 긴스버트(Douglas Ginsburt) 판사가 대표적인 경우이다.

우리말로 옮긴 번역서와 몇몇 산업 분야에 적용한 관련 서적이 출간되기도 했으나, 매년 여러 종의 법경제학 관련 서적이 출간되고 있는 일본의 경우에 비하면 그 수가 매우 적은 편이다. 한편 지난 1990년대 말부터 국내의 여러 법경제학자들이 중심이 되어 법경제연구회가 조직되었으며, 2002년 한국법경제학회로 재출발하여 관련 학회지 ≪법경제학연구≫를 발간하고 아시아법경제학회의 조직과 운영에 앞장서는 등 적극적인 활동을 하고 있다.

2. 법의 경제분석 사례

본 절에서는 법경제학에 대한 이해를 돕기 위해 법의 경제분석에 관한 전통적인 몇몇 사례를 들어 설명한다. 즉, 이 책의 분석대상인 불법행위법에 관한 가상적 사례와 더불어, 이 책에서는 다루지 않지만 주된 법학 분야인 재산권법과 계약법, 그리고 형법 분야의 사례를 들어 법의 경제분석에 관한 독자의 이해를 돕고자 한다. 각 사례에서는 우선 관련 법제도 아래서 기대되는 비용들을 정의한 후, 해당 비용의 크기를 예측해본다. 그리고 효율성의 관점에서 그 효과를 평가해본다.

사례 1 최근 자동변속기 차량의 급발진 사고가 빈발하고 있으며, 국내에서도 차량 제조업체를 상대로 한 소송도 잇따르고 있다. 하지만 자동차업체들은 급발진 사고의 원인을 운전자의 과실이라고 주장하고 있는 반면 피해자들은 차량의 설계나 제조과정에서의 결함이라고 주장하고 있다. 그동안 자동변속 차량의 급발진에 관련된 여러 건의 소송이 제기되었으나 제조업체의 과실이나 결함을 인정한 사례는 없었다. 하지만 지난 2001년의 한 급발진 관련 소송에서는 국내에서 처음으로 차량 제조회사의 책임을 인정한 판결이 내려진 바 있다. 즉, 급발진 사고 원인에 대한 입증책임은 소비자가 아닌 자동차회사에 있다는 판결로 요약된다. 이 판결에 대해 피고 자동차회사는 해당 급발진 사고가 운전자의 과실 때문이며, 건설교통부 등 관계기관의 '차량결함에 의한 급발진은 없다'라는 조사결과를 바탕으로 즉각 항소했고, 결국 제조회사가 승소했다.

이 사례에서는 두 가지 법적 쟁점이 부각된다. 첫 번째는 급발진 사고로 인한 원고의 손해가 차량제조회사의 과실이나 의무위반 행위에 따른 것인지, 혹은 그러한 과실이나 의무위반 행위가 아니라 단지 제조회사의 제품설계나 제조상의 결함(defects)에 기인한 것인지 여부이다. 두 번째 쟁점은 제조회사의 제품설계나 제조상의 결함이 원고의 손해의 원인으로 추정된다면 그러한 원고의 손해의 원인이 되는 결함 여부를 원고와 피고 중 어느 당사자가 입증해야 하는지 여부이다.

이러한 법적 쟁점들에 대해서는 다양한 경제적인 분석이 가능하다. 예컨대 두 번째 쟁점의 경우 만일 상급법원에서 원고의 손해가 제조회사의 결함에 기인할 경우 피고에게 배상책임을 지우는 법원칙(이를 무과실책임 법리라고 한다)을 적용하여 사건을 판단하되 그 결함 유무의 입증책임을 원심에서와 같이 제조회사에 부담시키게 되면, 제조회사는 자사가 만든 차량에 결함이 없음을 증명해 보여야 한다. 이 경우 제조회사는 차량의 설계 내지 제조상의 결함을 줄이거나, 급발진 사고의 제어를 위한 장치를 설치하는 등 좀 더 많은 주의노력을 기울이게 될 것이다. 반면에 소비자는 사고피해를 당하더라도 보상받을 가능성이 높아지기 때문에 무리한 운전을 시도하는 등 이전보다는 주의노력에 소홀해질 것이다. 이때 경제적 관점에서의 효율성은 제조회사가 늘리는 주의수준과 소비자가 줄이는 주의수준 사이의 상대적 크기에 따라 달라진다. 이 책의 제5장과 제6장에서 사고(事故)에 대한 더욱 구체적인 경제분석을 한다.

여담 둘

급발진사고, "내 탓이오?"

미국의 저명한 법경제학자이자 연방법관을 역임한 예일대의 귀도 캘러브레이지(Guido Calabresi) 교수는 자동차를 악마의 선물에 비유한 적이 있다. 자동차는 현대인들에게 없어서는 안 될 문명의 이기지만, 재미있고 스릴감 넘칠수록 더 많은 생명을 담보하는 악마의 유혹이라는 것이다. 최근에 빈발하는 자동변속 차량의 급발진 사고도 이러한 비유로부터 무관하지 않을 것이다.

지난 2005년 김영란 대법관이 탄 관용차가 급발진해 부상을 입었고 1998년에는 유명 탤런트의 승용차가 갑자기 후진해 가족이 사망하는 등 급발진 관련 사건·사고가 끊이지 않고 있다. 필자가 일하는 한국소비자원에 접수된 급발진 사고 상담건수는 2004년 80여 건에서 2006년 112건, 2008년 101건(올 9월까지 48건) 등으로 줄지 않고 있으며, 사고의 피해자가 차량 제조업체나 수입업체를 상대로 한 소송도 잇따르고 있다.

급발진은 주로 자동변속기가 장착된 차량의 시동 때 가속페달을 밟지 않았음에도 차량이 갑자기 돌진하는 현상을 말한다. 1980년대 초 미국에서 처음으로 법정논쟁까지 가서 세계적으로 알려졌지만 지금까지도 그 원인에 대해서는 여러 가지 요인이 추정될 뿐 속 시원히 알려진 것이 없다. 우리나라의 관련 소송에서는 차량의 결함 때문에 급발진이 발생한다는 주장을 인정하지 않고 있다. 하지만 운전자의 조작 미숙이라고 결론짓기엔 미심쩍은 부분이 많다는 것은 누구나 공감하는 일이다. 많은 운전자들이 급발진 사고의 원인이 차체의 설계나 제조과정에서의 결함이라는 의혹의 눈초리를 보내고 있으나 그 누구도 정확한 원인을 입증할 수 없는 상황이다.

이런 현실에서 이번에 서울중앙지법이 급발진 관련 사고의 원인을 운전자가 아니라 차량을 제조·판매한 회사가 입증해야 한다는 매우 의미 있는 판결을 내렸다. 이번 판결은 민법 제750조의 과실책임법리에 따라, 운전자가 자신의 과실 없음을 증명해 보여야 한다는 기존의 대법원 판례를 뒤집은 것이어서 주목된다.

우리나라와는 달리 미국은 이미 1990년대 후반 이후부터 급발진 사고에 관련된 소송에서 '차체 결함이 없음'을 제조사가 입증하도록 하고 있다. 우리나라도 지난 2001년 입증책임이 소비자가 아닌 자동차 회사에 있다는 판결이 있었으나 업체의 즉각적인 항소로 인정되지 못한 적이 있었다. 이번 판결에 대해서도 업계에서는 항소의사를 보일 것으로 예상되지만, 이번 판결이 미국과 같이 입증책임이 소비자에게서 제조사로 상당 부분 전환되는 계기가 되기를 기대한다. 그리하여 그동안 사고를 당하고도 적절한 보상을 받지 못했던 소비자들의 억울함과 불안이 해소되는 한편, 자동차회사들도 급발진 사고 제어장치 설치 등 좀 더 안전한 차량을 생산할 수 있게 되었으면 한다.

자료: 이종인, "독자칼럼", ≪조선일보≫, 2009.10.8. A33면.

사례 2 한 시멘트회사의 생산공장에서 배출되는 공해물질이 인근에 소재하는 세탁소의 세탁물들을 더럽히게 되었다. 이 회사는 공장의 굴뚝 위에 매연방지시설을 함으로써 매연의 배출량을 억제할 수 있고, 세탁소는 자체의 환기장치에 여과시설을 설치함으로써 손해를 줄일 수 있다. 즉, 이러한 장치들을 설치함으로써 매연의 배출을 완전히 제거하거나 세탁물의 손실을 줄일 수 있다고 하자. 이때 세탁소의 여과시설비용이 시멘트공장의 매연방지시설 설치비용보다 더 적으며, 시멘트공장 외에는 세탁물에 영향을 주는 오염원이 없다고 하자. 이러한 상황 아래서 세탁소는 공장의 매연 배출이 자신의 재산권을 침해했다는 이른바 불법폐해(不法弊害) 내지 생활방해(nuisance) 소송을 제기할 수 있다.[7] 만일 소송에서 세탁소 주인이 승소하면 법원은 시멘트공장에 매연을 배출하지 못하도록 명할 것이고, 그 반대의 경우에는 이 분쟁에 법원이 관여하지 않게 될 것이다.

이 사례에서 다음의 두 가지 상황을 설정해볼 수 있다. 첫째, 시멘트공장과 세탁소가 상호 간 교섭이나 협력이 가능하지 않은 경우를 가정해보자. 세탁소가 승소한 경우에 시멘트공장은 법원의 명령에 의해 매연발생 억제를 위해 매연방지시설을 설치해야 한다. 그 결과 자신의 이익이 감소되고 매연은 더 이상 배출되지 않을 것이다. 하지만 세탁소가 패소한 경우 세탁소 주인은 스스로 여과장치를 해야 하므로 자신의 이익이 감소되지만 매연에 따른 손해는 줄일 수 있다. 이때 여과장치의 설치비용이 매연방지시설의 설치비용보다 더 낮다고 가정한다면 세탁소가 패소하는 것이 사회적 관점에서는 좀 더 효율적인 결과가 된다.

두 번째 상황으로서, 소송당사자인 시멘트공장과 세탁소 간 상호교섭이나 협력이 가능한 경우라면 어떤 분석이 가능할 것인가? 만일 그들이 서로 이익이 되는 방안을 모색하고자 합의하고 협력하기로 했다면, 즉 비용이 덜 드는 매연손해 억제수단을 선택하게 되면 그들의 공동이익(시

7) 불법폐해 내지 생활방해의 문제는 물권법상의 상린관계(相隣關係)로서 민법 제217조에 근거하고 있다. 동조 제1항에는 '매연, 열기체, 액체, 음향, 진동 기타 이와 유사한 것으로 이웃 토지의 사용을 방해하거나 이웃 거주자의 생활에 고통을 주지 아니하도록 적당한 조처를 할 의무'를 규정하고 있다.

멘트공장의 이익 + 세탁소의 이익)이 더욱 커질 것이다. 그들은 상호교섭을 통해 이 공동이익을 자신들이 어느 정도 만족할 수 있게 분배할 수 있다. 비용이 적게 드는 방법은 사회적으로도 효율적인 방법이다. 따라서 사례 2에서 효율성은 적용되는 재산권 법리에 관계없이 시멘트공장과 세탁소 간 상호 교섭과 협력이 이루어질 때 달성된다.

사례 3 영국에 소재하고 있는 한 다국적 천연가스사가 지정된 날짜에 러시아에서 프랑스의 한 민간 전력회사[發電會社]로 천연가스를 수송해주기로 계약을 체결했다. 하지만 천연가스가 수송되기 전, 러시아와 내분(內憤) 중인 체첸전사들이 천연가스전을 모두 폭발시킴으로써 천연가스사는 이 계약을 이행할 수 없게 되었다. 그 결과 프랑스의 발전회사는 전력생산 감소에 따른 큰 손실을 입었다. 이 발전회사는 천연가스사의 계약위반에 대해 손해배상 청구소송을 제기했는데, 계약이 이행되었을 경우 실현될 수 있는 이윤과 동일한 수준의 이른바 '기대손해'에 해당하는 금전적 배상을 요구했다.[8] 불행히도 계약서에는 수출국의 분쟁에 따른 계약불이행 위험에 대해서는 명시되어 있지 않았다. 따라서 법원은 단순히 계약내용상의 조건들만으로는 분쟁을 해결할 수 없는 상황이 되었다. 이 분쟁의 해결을 위해 법원은 수출국의 내분에 기인해 계약이행이 불가능하게 된 천연가스사의 책임을 면해줄 것인지 아니면, 천연가스사의 계약파기(契約破棄)를 요건으로 발전회사의 손해에 대한 배상책임을 지울 것인지 여부를 결정해야 할 입장에 놓여 있다.

이 사례에서 경제학적 관점에서의 핵심 사항은 바로 계약의 당사자들이 지역분쟁과 같은 잠재적 위험의 배분 문제에 실패하고 있다는 점이다.

---

8) 이와 같이 기대가치에 근거하여 손해배상액을 산정하는 것을 법률용어로 '적극손해배상(lucrum cessans)'이라고 한다.

체첸공화국과 인접한 지역에서 생산하는 천연가스의 거래는 늘 지역분쟁이라는 잠재적 위험요소를 안고 있기 때문에 거래당사자들 중에서 누군가 이 조건부위험을 부담해야 한다(혹은 양 당사자가 분할하여 부담할 수 있을 것이나 설명의 단순화를 위해 이러한 경우는 배제한다). 계약 시 이러한 잠재 위험의 배분 문제를 소홀히 다룸으로써 결국 사법적 판단이 필요하게 된 것이다. 이때 법원의 결정에 따라 계약의 일방당사자가 그 위험에 따른 비용을 부담하게 될 것이다. 만일 법원이 천연가스사의 계약불이행 책임을 묻지 않는 경우라면 천연가스가 수송되지 않음으로 발생된 손실은 발전회사가 모두 부담해야 한다. 이에 반해, 법원이 발전회사의 손실에 대한 보상책임을 천연가스사에 지운 경우라면 천연가스사가 해당 비용을 부담해야 한다. 즉, 법원의 결정에 따라 계약당사자 간 손해의 배분이 결정된다.

이러한 손해의 배분 문제를 경제적 관점에서 살펴보자. 경제적 효율성의 관점에서 볼 때 법원은 미래의 계약 행태들이 좀 더 효율적일 수 있도록 하는 측면에서 이 문제에 접근해야 할 것이다. 결론적으로 말하면 이 사례의 경우에는 좀 더 적은 비용으로 위험을 부담할 수 있는 당사자에게 계약불이행에 따른 손해를 부담지우는 것이 더욱 효율적이다. 예컨대 천연가스사는 발전회사보다 더 적은 비용으로 전쟁의 위험을 부담할 수 있다고 하자.[9] 이 경우 법원은 천연가스사에게 계약위반에 따른 배상책임을 지도록 결정하는 것이 효율적이다.

사례 4 우리나라 사법제도의 개혁 추진을 위해 설치된 대통령 자문기구인 사법개혁추진위원회(司法改革推進委員會)에서는 형법의 개혁 문제를 논의

9) 일반적으로 분쟁지역에서 비즈니스를 하고 있는 천연가스사는 잠재적 분쟁발발의 위험을 평가하고 이에 대비해 주의를 기울이는 데 있어 프랑스의 발전회사보다 더 유리한 위치에 있을 것이다.

중에 있으며, 범죄행위들에 대한 제반 제재수단의 적정성 여부에 대해 심의하고 있다. 범죄행위에 대한 제재방법에는 신체활동의 자유를 제한하거나 박탈하는 구금형(imprisonment)과 범죄자의 재산적 이익을 박탈하는 벌금형(fine)이 대표적이다. 위원회에서는 회사자금의 횡령과 같은 특정 화이트칼라 범죄에 대해 구금형과 벌금형 중 어떤 유형의 형벌이 좀 더 적절한지에 대해 소속 위원들이 관계 공무원이나 전문가의 의견을 듣는 등 깊이 있는 심의를 하고 있다. 대부분의 위원들은 횡령범죄가 경제에 미치는 악영향이 매우 크다는 이유로 징역과 같은 구금형이 바람직하다는 견해를 보이고 있으나, 일부 위원들은 경제학자들의 자문의견을 내세워 벌금형이 더욱 효율적인 형벌이라고 주장했다.

이 심의회에서 자문을 위해 출석한 경제학자들은 특정 화이트칼라범죄가 발생하는 이유에 대해 단지 '범죄를 저지름으로써 기대되는 이익이 그 기대 비용보다 크기 때문'이라는 견해를 위원회의 위원들에게 피력했다. 이때 기대비용은 '체포되어 기소될 확률'과 '처벌 수준'의 두 가지 요인에 의해 결정된다. 즉, 범죄의 기대비용수준은 처벌 확률과 처벌 수준의 합으로 정의된다. 만일 처벌 확률이 5% 감소되고 처벌 수준이 5% 증가된 경우를 가정해보면, 범죄자에 대한 범죄의 총 기대비용은 바뀌지 않는다. 따라서 범죄자는 같은 수준의 범죄를 계속 범할 의사가 있을 것으로 간주할 수 있다.

위에서 범죄의 처벌에 대한 묵시적 비용을 설명하고 관련 행동의 효과를 예측해보았다. 이제 경제적 효율성에 입각하여 그 효과를 평가해보자. 처벌 확률의 감소가 처벌 수준의 증가와 서로 상쇄되면 범죄자가 판단하는 범죄의 기대비용은 변하지 않는다. 하지만 형사제도상의 행정비용은 달라질 것이다. 기소될 확률은 화이트칼라범죄자들을 체포·기소하기 위해 투입된 자원들 — 예컨대 회계감사인력의 증원, 감사횟수의 증가, 상시감시의 강화, 체포와 기소에 투입된 경찰, 검찰관 등 — 에 대부분 의존한다. 이러한 범죄방지를 위한 자원들의 유지에는 많은 비용이 소요된다. 이와는 반대로, 행정벌(行政罰)에 해당하는 벌금형의 경우 상대적으로 적은 비용이 소요된다.

이러한 사실은 범죄를 최소비용으로 특정 수준으로 낮추기 위한 한 방편을 제시해준다. 즉, 범죄자들을 체포하고 기소하는 데 투자하기보다는 체포된 범죄자에게 엄한 벌금을 부과하는 것이다. 사실, 아주 중대한 법 위반에 대해서는 범법자가 감당할 수 있는 범위 내에서 최대한의 벌금형을 부과할 수 있다.[10] 더욱이, 범법자의 벌금 지불 능력이 완전히 소멸되지 않은 경우에 구금형을 선택하는 것은 화이트칼라범죄뿐 아니라 어떠한 형사범죄에 대해서도 비효율적일 수 있다. 따라서 심의회는 화이트칼라범죄의 처벌에 대해 매우 높은 수준의 벌금형을 권고할 것으로 짐작해볼 수 있다.

3. 법경제학의 활용

법경제학 내지 법의 경제분석 분야는 법학과 경제학의 분석도구를 통합하는 이른바 학제연구(學際研究, interdisciplinary study)의 하나로서, 두 학문 분야에 관해 더 많은 이해를 가능케 해준다.

경제학이라는 사회과학에는 기존의 법학연구에서는 적용하지 못했던 다양한 분석이론이 있으며, 법학의 탐구에 이러한 경제학적 분석기법을 적용함으로써 법과 법제도에 대한 새로운 이해가 가능하게 되었다. 독자

10) 베커(Gary Becker) 교수는 그의 저명한 논문에서 이러한 연구결과 — 노벨상수상위원회가 그에게 노벨경제학상을 수여하면서 인용한 부분 — 를 제시했다.

는 이 책의 전체 내용을 공부하면서, 법학에 대한 경제학적 접근법이 경제학자나 입법담당자뿐 아니라 공공정책 문제에 관심 있는 많은 사람들에게 매우 유익함을 알게 될 것이다.

우리는 이미 법리 내지 법원칙(legal rules)을 사회정의의 실현을 위한 중요한 도구로 생각하는 데 익숙해져 있다. 사실 많은 사람들은 법의 역할을 단지 '사회정의의 구현'을 위한 수단으로 보고 있다. 하지만 불법행위법의 경제분석을 다루는 이 책은 법이 인간의 행동 변화(암묵적 비용)를 위한 하나의 유인책(incentive)이 되며, (효율성의 달성, 분배정의의 실현 등과 같은) 정책 목표의 실현 도구가 될 수 있음을 효과적으로 보여줄 것이다. 이 책은 '불법행위법에 대한 경제학의 역할'에 논의의 초점을 맞추고 있다. 하지만 종종 경제학을 이해하는 데 있어 법이 그 보완적 역할을 할 수 있음도 보여줄 것이다.

법경제학에서는 현실적으로 재산권법(property laws), 계약법(contracts), 불법행위법(tort laws)과 같은 법제도가 국가경제에 큰 영향을 미치고 있는 것이 당연하다고 간주한다. 예컨대 지난 세기 동안 동유럽과 제3세계 여러 국가에서 볼 수 있었던 재산권의 불인정이나 계약의 신뢰성 결여는 결과적으로 이들 국가들의 경제를 파탄에 빠지게 한 주된 원인이 되었다.

한편, 경제학자들은 법학자나 법률가들로부터 학문을 연구하는 기술적인 방법들을 배울 수 있다. 법을 탐구하는 법률가들은 실제적인 문제의 해결을 위해 많은 노력을 기울이게 되는데, 이러한 법률가들의 공헌으로 법을 분석하는 기술적인 방법들이 좀 더 구체화되어왔다고 볼 수 있다. 법 종사자들은 일반적으로 현실과 유리된 추상적 논의를 선호하지 않을 뿐만 아니라, 실천지향적(實踐指向的) 성향을 갖고 있다. 실제 법적 분쟁(소송사건)에 있어 관련된 사안을 어떻게 표현하느냐에 따라 그 소송의 승패가 좌우되기 때문에, 법학도들은 선택하는 용어의 의미에 매우 민감하다. 반면에 경제학자들은 이러한 용어선택상의 문제에는 (상대적으로) 큰 의미를 두지 않으며, 경우에 따라 무시하기도 한다. 예컨대 경제학자들은 이른바 '자발적 교환의 미덕(virtue of voluntary exchange)'이라는 표현을 자주 사용하지만, 실제로 '자발적 교환'이라는 용어의 현실적인 의미를 구체적으로 설명하는 데 익숙하지 못하다. 이러한 경제학자들의 부족한 점을 채워 추상적 이론의 현실적 실천을 위해서는 법학이라는 학문에서의 여러 장점들을 적극적으로 활용할 필요가 있다.

법경제학 내지 법의 경제분석 분야는 매우 다양한 용도로 활용될 수 있다. 우선 전통 법학의 핵심 분야인, 이 책에서 다루고 있는 불법행위법, 그리고 계약법과 재산권법 분야에서의 제반 법학적 사고(思考)에 대한 경제이론적 접근이 가능하며, 일상생활에서 겪는 현실의 여러 법현상에 대해 효율성의 관점에서 재조명해볼 수 있다. 덧붙여 이 책에서의 불법행위법에 대한 경제적 접근과 응용은 독자의 법과 경제학에서의 지평을 넓혀줄 수 있을 것이다.

이러한 관점에서 볼 때 이 책은 그 활용 범위가 불법행위법의 경제학 강좌의 교재에 국한하지 않으며, 법학과 경제학을 탐구하는 학도들뿐 아니라 법제도나 경제정책을 담당하는 정책담당자, 사법실무를 담당하는 법률가들도 필수적으로 읽어보아야 할 필독서가 될 수 있다.

불법행위법의 경제분석에 대한 역사적 이해

경제학적 관점에서 불법행위법을 분석한 최초의 문헌은 1881년에 출간된 홈스(Oliver Wendell Holmes) 판사의 『영미법(英美法, The Common Law)』이며, 체계적인 경제이론을 이용하여 불법행위법을 분석한 최초의 대표적 연구로는 캘러브레이지(Guido Calabresi) 교수의 『사고비용의 법경제적 연구(The Cost of Accidents)』(1970)이다. 제3장에서는 제2장에서의 '법경제학의 전개과정' 중에서 경제학적 관점에서 불법행위법을 분석한 역사적 연구 성과들을 중심으로 개관해보고, 대표적인 경제분석 사례들의 내용을 소개한다.

1. 불법행위법에 대한 경제적 접근의 약사(略史)

경제적 시각에서 불법행위법을 분석한 최초의 문헌은 1881년에 출간된 홈스 미국연방대법원 판사의 『영미법』이다.[1)] 그는 불법행위법상 과실책임법리와 엄격책임〔無過失責任〕법리 사이에 존재하는 유일한 차이점

1) 홈스(1841~1935) 판사는 1867년 하버드대에서 법학박사학위를 받은 후 모교에서 가르치다가 매사추세츠(Massachusetts) 주 대법원 판사를 역임했다. 그 후 루스벨트(Theodore Roosevelt) 대통령에 의해 연방대법원 판사로 지명되었다. 홈스 판사는 『영미법』 외에도 널리 알려진 다수의 연설문과 연구논문을 썼다.

은 무과실책임의 경우 사고에 대한 일종의 보험을 제공하는 것이라고 했다.

그 후 에임스(James Barr Ames)[2]와 테리(Henry T. Terry)가 불법행위법에 대한 경제학적 접근을 심화시켰다. 에임스는 불법행위법은 '공리주의적(utilitarian)'이라 서술했고, 테리는 과실책임법리란 바로 이러한 효용의 균형을 잡는 것이라고 지적했다.[3] 그럼에도 이러한 초기 저술에 아직 반영되지 못했던 한 가지 사고방식은 바로 불법행위법이 경제자원의 효율적 배분을 유도한다는 사실이었다. 다시 말해 불법행위법이 공리주의적 개념에 입각했다는 사실은 인식했지만, 그러한 법리가 공리주의적 기준에서 벗어나는 행위를 억제한다는 점까지 연결시키지 못했다는 의미이다.

앞서 소개했듯이 1950년 이후 미국의 시카고 대학을 중심으로 '법에 대한 경제학적 접근'으로 불리는 새로운 시도가 진행되었으며, 그 주된 분석 대상은 불법행위법 분야였다. 특히 미국에서 이러한 불법행위법에 대한 경제학적 방법론의 도입이 가능했던 것은, 당시 미국의 불법행위법 자체가 그 기능과 목표를 전환하던 시기였음에 기인한다.[4] 즉, 과실책임(negligence)에 기초한 불법행위소송에서 과실의 개념이 주관적 과실에서 객관적 과실로 전환됨으로써, 이전의 가해자에 대한 도덕적 비난가능성이 약화되었으며 그 대신 '합리적 인간'의 기준으로 이행되게 되었다.

그 결과 불법행위소송은 불법행위에 의한 손해를 사회적 관점과 정책적 사고에 의해 적절히 분배하는 기능을 담당하게 되었다. 따라서 불법

---

2) 에임스(1846~1910)는 미국의 저명한 법학자로서 1895년에서 1910년까지 하버드 대학 법학전문대학원에서 가르치면서 법학의 사례연구교수법(case-study method)의 개발 등 많은 업적을 남겼다.

3) Henry T. Terry, "Negligence," *Harvard Law Review*, Vol.29(1915).

4) 이은영, 「불법행위법의 일반론」, 『사법연구 2: 불법행위법의 제 문제』(삼영사, 1983), 31쪽.

행위에 관련된 판결은 해당 소송을 초월해 잠재적 불법행위의 당사자에게 미치는 영향까지도 고려하게 된 것이다. 특히 제2차 세계대전 이후 자동차사고 등 다양한 형태의 사고가 급증하여 피해자에 대한 충분한 보상을 요구하는 사회적 압력이 높아지고, 관련 책임보험제도의 확산에 따라 불법행위소송이 책임보험과 연결하는 역할을 담당하게 되었다. 결과적으로 비난 가능한 가해자 자신에게 손해를 부담지우는 불법행위법의 사고방지의 기능이 약화되었다.[5] 이러한 다양한 사회적 여건 아래 불법행위법의 사고억제 기능에 대한 새로운 접근, 즉 경제학적 분석방법을 이용한 접근방법이 시도된 것이다.

불법행위법에 대한 학문적 열기는 법현실주의 운동이 전개되면서 높아졌다. 법현실주의의 대표적 학자인 그레고리(Gregory, 1951)는 과실(fault)을 사고와 관련시키거나 법을 통해 사고발생 빈도수에 영향을 미친다고 논하는 것은 너무 순진한 발상이라며 비판했다. 그러한 맥락에서 불법행위법이 할 수 있는 유일한 기능은 사회보험을 제공하는 데 있다고 주장했다. 따라서 과실 유무를 불문하고 부유한 가해자에게 책임을 부과하는 것이 사회적으로 바람직하며, 기여과실의 항변을 인정하지 않아야 한다고 역설했다. 이들의 영향을 받은 후기 법현실주의자들은 무과실책임의 보상법리를 옹호하기에 이른다.[6]

불법행위법에 대해 경제이론을 적용하여 체계적으로 분석한 최초의 연구는 앞서도 소개되었던 시카고 대학교(University of Chicago) 코즈(Ronald H. Coase) 교수의 「사회적 비용에 관한 연구」[7]와 예일대(Yale University) 캘

---

5) 같은 글, 31쪽.

6) Charles W. Gregory, "Trespass to Negligence to Absolute Liability," *Virginia Law Review*, Vol.37(1951), p.359.

7) Ronald H. Coase, "The Problem of Social Cost," *The Journal of Law and Economics*, Vol.3(1960), pp.1~44.

러브레이지(Guido Calabresi) 교수의 『사고비용의 법경제적 연구』[8)]이다. 두 논문 모두 사람들이 자신의 효용을 극대화시키려고 노력한다는 신고전학파경제학의 기본 가설로부터 출발했다. 이들은 불법행위법상 배상책임법리가 사고수준에 영향을 미친다는 기본 시각을 견지하고 있으며, 불법행위법을 통해 사회적 비용(social costs) 내지 외부효과(externality)의 내부화가 가능하다는 내용을 담고 있다.

그중 캘러브레이지 교수의 『사고비용의 법경제적 연구』는 현재까지도 불법행위법에 대한 경제학적 분석의 가장 기본적이면서 대표적인 연구이다. 그의 연구에 따르면, 사고법의 목적은 정의·공정 및 사고비용의 감소에 있으며, 그중 사고비용의 감소는 사고로부터 발생하는 손실비용과 사고를 방지하기 위해 소요되는 비용의 합계를 최소화하는 것을 의미한다고 설명하고 있다. 그는 제품에 관련된 사고가 발생한 전후에 있어 거래당사자 간 상호 탐색비용(search costs), 상호 협상비용(bargaining costs), 협상결과의 이행비용(enforcement costs) 등 제반 거래비용이 높은 경우에는 가장 적은 비용으로 해당 사고를 피할 수 있는 주체, 소위 최소비용회피자(the cheapest cost avoider)에게 사고비용을 부담지우는 책임법리가 더욱더 효율적이라고 보았다. 캘러브레이지 교수는 특히 이 논문 및 후속 저술을 통해 불법행위법에서의 인과관계의 경제분석에 관한 지대한 공헌을 했다.[9)]

코즈와 캘러브레이지의 논문이 출간된 이후 지금까지 경제학계의 불법행위법에 대한 관심이 지속적으로 높아져 왔다. 특히 포스너(Richard A. Posner)는 19세기 후반부터 20세기 초반까지의 1,500건 이상 불법행위 관련 판례를 검토하여 과실책임, 기여과실책임, 최종청산가능자(last clear

8) Guido Calabresi, *The Cost of Accidents: A Legal and Economic Analysis* (Yale University Press, 1970).

9) 캘러브레이지의 연구에 대해서는 제4장에서 상세히 소개한다.

chance), 위험감수 등 불법행위법상의 제 원리가 모두 안전과 주의를 위해 경제자원을 효율적으로 배분시키는 수단으로서 고안되었다는 주장을 하게 되었다.[10] 또한 그는 이러한 불법행위법의 경제분석 논의를 무과실책임(strict liability)법리에까지 확대했다.

한편 일본의 경우, 1985년경이 되어서야 외국의 법경제학 이론이 처음 소개된 우리나라에 비해 상당히 이른 1968년에 후지쿠라(藤倉皓一郎) 교수가 「불법행위책임의 전개: 손해배상이론에 관한 일고찰」[11]이라는 논문을 발표한 것이 최초의 법경제학적 연구로 기록되었다. 이후 특히 불법행위에 관한 논점을 중심으로 미국에서의 논의를 소개해왔으나 당시에는 학계의 주목을 끌지 못했다. 하지만 1980년대 후반부터 불법행위법 분야를 포함한 법경제학에 관련된 저작활동이 활발하게 이루어지고 있는 실정이다.

2. 불법행위법의 경제분석 선례(先例)

본 절에서는 불법행위책임을 외부효과(externality)의 문제로 인식하여 경제이론적으로 접근한 몇몇 연구자와 연구의 내용에 대해 개략적으로 살펴본다. 캘러브레이지의 사고비용이론은 불법행위법에 대한 경제분석을 본격적으로 다루고 있는 제2부에서 상세히 설명하도록 하며, 본 절에서는 캘러브레이지를 제외한 다른 경제학자 내지 법경제학자의 선행연구를 선별하여 요약·소개한다.

코즈(Coase, 1960)의 사회적 비용 연구 이후 제조물의 사고 위험에 관련

10) Richard A. Posner, *Tort Law: Case and Economic Analysis* (Little Brown and Co., 1982).

11) 藤倉皓一郎, 「不法行爲責任の展開: '損害負担'理論にかんする一考察」, ≪同志社法學≫, 20卷 1号(1968).

된 불법행위책임에 대해 처음으로 경제이론적으로 접근한 학자로 캘러브레이지 외에도 매킨(Roland N. McKean)과 부케넌(John P. Buchanan)을 빼놓을 수 없다.

매킨(McKean, 1970)은 제품 사용으로 손해를 입었을 때 손해비용을 소비자가 전적으로 부담하는 구매자책임(caveat emptor)법원칙[12]과 생산자가 손해비용을 부담하는 판매자책임(caveat venditor)법원칙[13]의 경우를 각각 분석했다. 즉, '구매자책임'의 경우 소비자는 제품의 안전성 효과를 가장 잘 판단하는 위치에 있으므로 가능한 정보를 가장 효율적으로 사용할 유인을 갖는 반면, '판매자책임'의 경우는 소비자는 주의할 유인이 없어지는 대신 생산자는 더욱 많은 정보를 가지고 있으므로(비록 주의유인이 늘어 주의를 늘리지만) 생산자가 늘리는 주의수준의 폭이 소비자가 줄이는 주의수준의 폭보다 적게 되기 때문에 생산자책임은 덜 안전한 제품의 생산을 유도한다고 보았다. 그러나 그는 이러한 자신의 견해에 대해 명시적으로 분석하지는 못했다.[14]

부케넌(Buchanan, 1970)은 구매자책임법리 아래서는 위험이 내재된 값싼 제품과 안전하지만 비싼 제품이 시장에 동시에 유통될 수 있지만, 판매자책임 아래서는 책임보험료가 제품가격에 전가된 비싼 제품만이 유통되므로 위험회피능력이 있는 소비자집단의 선택의 범위를 제약하는 결과를 초래하게 된다고 보았다. 즉, '구매자책임'의 법리가 좀 더 바람직한 책임법리라고 주장했다.[15]

---

12) 구매자책임은 원래 "구매자에게 배상책임을 지우라(let the buyer beware)"는 의미를 갖고 있다.

13) 판매자책임은 원래 "판매자에게 배상책임을 지우라(let the seller beware)"라는 뜻을 가진 용어이다.

14) Roland N. McKean, "Products Liability: Implications on Some Changing Property Rights," *Quarterly Journal of Economics* (November 1970), pp.612~624.

그 후 브라운(John P. Brown), 오이(Walter Oi), 골드버그(Victor Goldberg)에 의해 좀 더 정형화된 이론적 모형을 이용한 분석이 이루어졌는데, 브라운(Brown, 1973)은 사고회피확률을 생산자와 소비자의 행동수준(주의수준)의 함수로 단순화하여 사회적으로 최적인 책임법리의 유형을 찾아보려 했다.[16] 오이(Oi, 1973)는 완전경쟁 및 위험중립의 조건을 전제로 소비와 생산 측면에서 위험 제품(risky products)에 대해 분석했다. 그는 구매자책임에서 판매자책임으로의 전환이 소비자의 선택의 범위를 감소시킬 뿐 아니라 전체적인 제품의 안전수준을 낮출 수 있다고 보았다. 즉, 정부의 간섭이 소비자 후생의 감소를 초래한다는 견해를 보이고 있다.[17]

골드버그(Goldberg, 1974)는 특정 조건하에서 무책임법리〔消費者責任法理〕가 가장 바람직한 정책이라는 이러한 오이의 견해를 정면으로 반박했다. 즉, 그는 제품의 안전성에 관한 정책결정에서 가장 중요한 고려 요소는 제품 위험에 대한 소비자의 불완전 정보 상황이라고 보았다. 다시 말해 그는 오이가 설정한 조건 중 '거래당사자가 완전정보하에 있다'라는 가정은 현실세계를 정확히 묘사할 수 없으며 따라서 정책적 의미에서는 아무런 의미가 없다고 주장했다. 그는 제품위험에 대한 정보가 불완전한 현실세계에는 두 가지 부류의 소비자가 있을 수 있다고 보았다. 즉, 어떤 부류의 소비자는 특정 제품관련 위험을 정확히 인식하며 따라서 자신의 자유의사에 의해 행동하기를 원하지만, 또 다른 부류는 위험을 부정확하게 인식하고 있기 때문에, 전자를 위해 '선택의 자유'를 높이는 정책(예를 들어 무배상책임 원칙 또는 무규제)은 후자를 위험에 노출시키는 결과를 가

---

15) J. Buchanan, "In Defense of Caveat Emptor," *University chicago Law Review*, Vol.38(1970), pp.64~73.

16) 이 책의 제4장 제1절에서 구체적으로 소개했다.

17) Walter Y. Oi, "The Economics of Product Safety," *Bell Journal of Economics*, Vol.4, No.1 (1973), pp.3~28.

져온다고 했다. 즉, 생산자책임법리는 (전자에 해당하는) 소비자의 선택의 자유를 제약하기는 하지만, (후자의) 소비자의 위험을 감소시켜 제품의 안전수준을 높일 것이라고 보았다. 또한 그는 대부분의 소비자들은 후자의 부류일 것이며 생산자 배상책임법리가 궁극적으로 모든 소비자의 후생을 증가시킬 수 있을 것으로 추측했다.[18)]

그 후 하마다(Hamada, 1976), 히긴스(Higgins, 1978),[19)] 셰블(Shavell, 1980), 폴린스키(Polinski, 1980, 1984), 스펜스(Spence, 1977), 폴린스키·로거슨(Polinsky and Rogerson, 1983), 랜즈·포스너(Landes and Posner, 1985), 마리노(Marino, 1988), 포스너(Posner, 1992), 비스커시(Viscusi, 1993) 등이 각각 다양한 환경을 설정하여 불법행위법상 책임원리들에 관한 여러 경제적 효과 문제들에 대해 분석했다.

하마다(Hamada, 1976)는 브라운의 분석이 시장의 가격기구를 도입한 경우에도 책임법리가 거래당사자인 생산자와 소비자 사이의 잉여의 분배에 영향을 미치지 않음을 보여주었다.[20)]

셰블(Shavell, 1980)은 가격기구가 작동하는 '시장(market)'에서의 사고와 그렇지 않은 '비시장(non-market)'에서 발생하는 사고, 및 완전정보와 불완전정보 등 각기 다양한 상황 아래 책임법리들의 상대적 효율성을 비교했다. 그는 책임법리들의 효율성을 거래당사자(생산자, 소비자)의 '행동수준'과 연계하여 분석했다는 점에서 기존 연구들과 차이를 보이고 있다. 하

---

18) Victor P. Goldberg, "The Economics of Product Safety and Imperfect Information," *Bell journal of economics* (Autumn 1974), pp.683~688. 따라서 그는 책임법리의 전환(소비자 책임 → 생산자책임)이 제품사고율에 미치는 효과에 대해 명시적으로 분석하지는 않았으나, 제품의 사고율을 감소시킬 것이라는 암묵적인 예상을 하고 있다.

19) 이 책의 제10장을 참고하기 바란다.

20) Koichi Hamada, "Liability Rules and Income Distribution in Product Liability," *American Economic Review*, Vol.66, No.1(March 1976), pp.228~234.

지만 그의 논문은 책임법리가 제품의 안전수준에 미치는 효과에 대한 모형을 통한 이론적 고찰을 하지 않았다는 한계가 있다.

포스너(Posner, 1992)는 현실에서는 시장의 실패가 존재하기 때문에 생산자에게 사고의 책임을 지도록 하는 생산자책임법리를 도입해야 그들이 사고방지를 위해 많은 주의를 기울이게 된다고 보았다. 또한 제품 위험도의 차이가 가격에 반영되고 그래야만 소비자들의 제품위험에 대한 인지도가 높아진다는 견해를 보였다.[21)]

21) Richard A. Posner, *Economic Analysis of Law*, 4th Edition(Boston: Little-Brown and Co., 1992), p.181.

제2부 불법행위법의 경제분석

제4장 사고(事故)의 경제분석을 위한 기본적 모형

제5장 책임법리의 경제분석

제6장 불법행위법의 경제분석 논제 I

제7장 불법행위법의 경제분석 논제 II

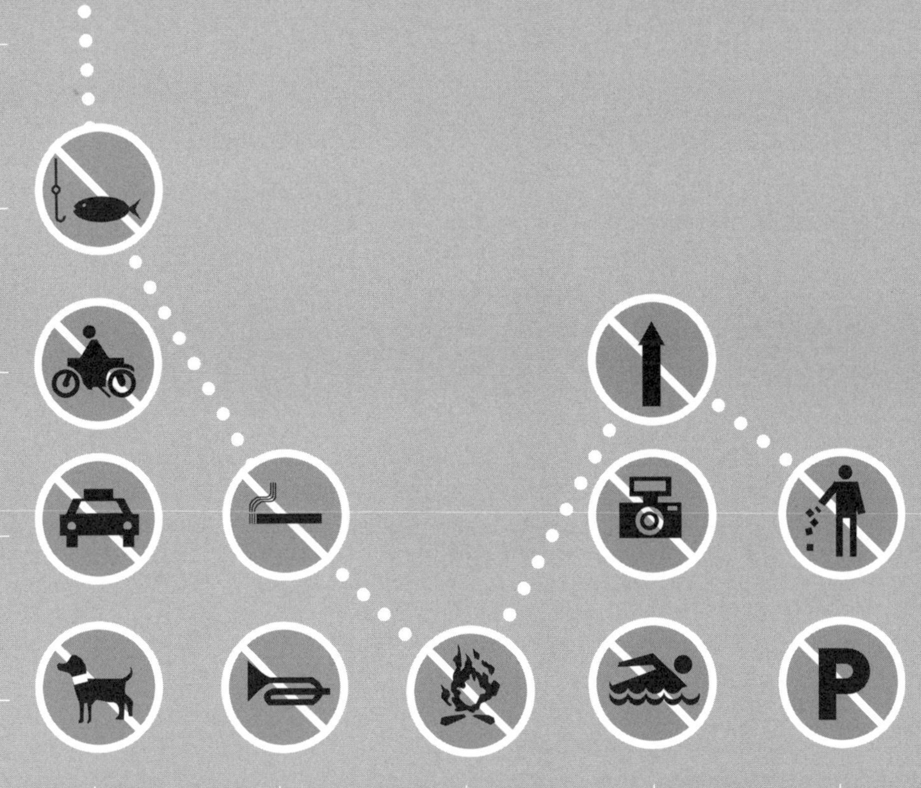

The Economics of Tort Law

제4장

사고(事故)의 경제분석을 위한 기본적 모형

불법행위법에 대한 경제적 분석은 기본적으로 위험한 행위의 결과로 나타난 사회총비용(total social costs)을 최소화할 수 있는 책임법리를 선택하자는 데 있다. 그러한 관점은, 불법행위법에 대한 법경제학적 접근을 최초로 시도한 예일 대학의 캘러브레이지(Guido Calabresi)의 사고비용(costs of accidents)에 대한 연구에 잘 나타나 있다. 그 외에도 여러 학자들이 캘러브레이지와 별로 다르지 않는 관점에서 다양한 연구를 수행해왔다. 예컨대 '불법행위책임 법리의 효율성을 어떠한 기준에 기초하여 정의할 것인가', '여러 책임법리 간의 효율성의 비교가 가능한가?', '특정 책임법리가 시장에 미치는 영향은?', '정보의 비대칭성 등 좀 더 현실적인 여건 아래에서도 책임법리의 효율성을 논하는 것이 의미 있는 일인가?' 등 다양한 논점에 관해 경제학적 접근을 하고 있다.

제4장에서는 이러한 여러 논점들 중 불법행위법이 과연 자원의 효율적 배분을 가져올 수 있도록 하는가 하는 문제, 즉 '효율성의 기준'에 기초하여 불법행위법의 평가문제에 초점을 맞춰 살펴본다. 가능한 한 캘러브레이지의 사고비용에 대한 연구를 중심으로 하여, 불법행위법, 특히 그중에서도 사고법제(事故法制, accident law)에 대해 경제분석 모형을 설정하여 살펴보도록 한다.

우선 사고의 일방 당사자(예를 들어 가해자)만 발생된 사고로 인한 피해자의 손해를 감소시키기 위해 조심〔注意, precaution or care〕할 수 있는 단순화한 경우를 살펴본다. 이어서 좀 더 현실적인 상황으로서 사고의 양 당사자인 가해자와 피해자 모두 주의를 기울일 수 있는 경우로 논의를 확장한다.

1. 캘러브레이지의 사고비용이론

불법행위에 대한 법경제학적 접근을 시도한 최초의 체계적 연구는 앞서 소개한 캘러브레이지 교수의 『사고비용에 관한 법경제학적 분석』이다.[1] 이 책에서 그는 교통사고와 같은 사고에 관련된 법제의 주된 목표를 사고비용과 사고예방비용의 합을 최소화하는 것으로 보았다. 이러한 비용최소화 기준에 따른 불법행위법의 효율성 접근법에서는 다음의 가정들을 암묵적으로 전제하고 있다. 즉, ① 모든 사고피해의 크기를 화폐액으로 나타낼 수 있고, ② 좀 더 많은 자원을 사고예방에 투입할 경우 사고를 줄일 수 있으며, ③ 당사자들의 행동은 이 사고비용의 변동에 영향을 받는다는 가정이다.

캘러브레이지 교수는 사고법제의 목적을 두 가지로 보고 있다. 즉, 정의(justice) 내지 공평(equity, fairness)의 목적과, 사고비용의 저감(총사고비용의 최소화) 목적이다. 그런데 그는 첫 번째 사고법제의 목적, 즉 정의나 공평은 엄밀히 말하여 사고비용의 최소화와 같은 차원의 목적이라고 볼 수 없으며, 오히려 모든 사고 관련 법제가 반드시 갖추어야 할 하나의 최종적 점검항목과 같은 것으로 이해해야 한다고 보았으며, 따라서 사고에 관련된 법제를 분석할 때 우선 '사고비용의 최소화'라는 목적을 중심

1) Guido Calabresi, *The Cost of Accidents: A Legal and Economic Analysis* (Yale University Press: 1970).

으로 분석하고, 그 결과가 우리의 정의감 내지 공평의식에 합당한지를 나중에 평가해보는 순서가 바람직하다고 주장하고 있다. 본 절에서는 캘러브레이지의 글에서 소개하고 있는 사고비용의 최소화 문제에 대해 살펴본다(이어지는 제2절과 제3절에서는, 그러한 사고비용이론에 기초하여 사고에 따른 피해자의 손해를 감소하기 위한 사고의 일방당사자만 주의하는 단순분석모형과, 사고의 양 당사자인 가해자와 피해자 모두 주의를 기울이는 쌍방주의 분석모형을 설정한다).

1) 사고 관련법 체계의 사회적 목표

캘러브레이지 교수는 사고비용과 사고회피비용(the costs of avoiding accidents)의 합인 총사고비용을 최소화하는 것을 사고 관련 법제들의 주된 목적 중의 하나로 보았다. 그런데 그는 이 총사고비용의 최소화라는 사회적 목적의 달성을 위해서는 다음과 같은 사고비용에 관련된 세 가지 부차적 목표(sub-goals)를 설정할 수 있다고 했다.

첫 번째 목표는 사고의 건수〔頻度〕와 크기〔强度〕를 줄이는 일이며, 이를 제1차 사고비용(primary cost of accidents)의 절감문제라고 불렀다. 그는 제1차 사고비용을 줄이는 방법으로 사고발생행위 그 자체를 금지시키는 것과 사고발생행위의 비용을 높여서 사고 야기자들이 스스로 다른 행위를 선택하도록 하는 방법이 있음을 제시했다.

두 번째의 목표는 사고로 인해 발생되는 사회적 비용을 줄이는 일이다. 예컨대 사고피해자에 대한 보상에 관련된 문제로서, 가해자에 대한 과도한 보상부담으로 인한 사회적 비용이나 보상이 지연됨에 따른 사회적 비용의 증가 등이 이에 해당한다. 그는 이러한 사고로 인한 간접비용을 제2차 사고비용(secondary cost of accidents)의 절감문제라고 불렀다. 이러한 제2차 사고비용을 줄이기 위한 방법으로는 보험이나 세금을 통해 위험을 분산시키거나, 좀 더 부유한 사람들에게 부담을 집중시키는 이른바 딥포켓(deep-pocket)의 수단이 가능하다고 보았다.

사고의 사회적 비용의 최소화를 위한 세 번째 목표는 사고에 관련된 행정비용(administrative costs)을 줄이는 것이다. 이는 앞에서 본 제1차 비용과 제2차 비용의 절감을 위해 소요되는 제반 행정비용을 낮추는 문제로서 캘러브레이지는 이를 제3차 사고비용(tertiary cost of accidents)으로 불렀다.[2] 실제 사고에 관련된 효율성 분석 내지 비용편익 분석에서는 이러한 제1차 비용과 제2차 비용뿐 아니라 제3차 비용인 행정비용을 줄이는 문제도 함께 고려하는 것이 좀 더 현실적이다.

캘러브레이지는 사고의 사회적 비용의 최소화를 위한 목적을 달성하기 위해서는 이러한 세 가지 형태의 비용에 관련된 부차적 목표를 달성할 수 있어야 한다고 보았다. 그런데 이 세 가지 부차적 목표 사이에는 필연적으로 상충(trade-off) 관계가 성립한다.

예컨대 교통사고의 경우 제1차 비용을 줄이기 위해 교통단속을 늘리고 관련 교통규칙들을 좀 더 엄격히 시행하면 교통사고의 빈도와 강도는 줄어들 수 있지만, 동시에 행정비용이라는 제3차 비용이 늘어나게 된다. 또한 제2차 비용을 줄이기 위해 배상책임보험제도를 통해 당사자의 위험을 분산시키거나 정부의 재정(財政)을 통해 피해보상을 하는 제도를 시행하게 되면 사고 야기자의 사고예방을 위한 주의노력이 감소되어 결과적으로 제1차 비용이 증가하게 되는 것이다. 그러므로 사고에 관련된 사회적 목표는 이들 세 가지 비용의 합을 최소화할 수 있는 최선의 조합을 이끌어내는 일이다.

---

2) 이 책의 제6장에서 행정비용을 사고의 사회적 비용의 하나로 놓아 불법행위책임법리의 효율성을 분석하고 있다.

여담 셋

캘러브레이지 교수의 불법행위 강의록

예일 로스쿨을 조금이라도 아는 사람이라면 캘러브레이지라는 이름을 들어보았을 것이다. 캘러브레이지 교수는 명성이 대단해서 그가 없는 예일 로스쿨이란 상상하기조차 어려울 정도다. 어린 시절 파시즘의 횡포를 피해 가족과 함께 이탈리아에서 미국으로 망명했고 서른이 채 못 되어 예일 로스쿨 교수로 임용된 그는 법경제학 이론의 체계를 닦은 미국 법학계의 태두이다.

캘러브레이지 교수의 '불법행위' 수업은 명강의로 입소문이 난데다, 그가 과거 예일 로스쿨 학장을 지낸 바 있고 현재 미국 연방법원 판사직을 겸하고 있어 그의 수업을 선호하는 이들이 적지 않다.

그는 학교에서 '귀도'라고 불리는데, 예일 로스쿨을 졸업한 사람에게 이 이름을 대면 아마 빙긋 웃기부터 할 것이다. 그는 자존심이 남달리 강하고 또 그것을 숨길 줄 모르는 성품이어서 그와 얘기를 나누고자 한다면 자화자찬의 세례를 각오해야 하는 것으로 악명이 높기 때문이다.

그는 따뜻한 사람이었고, 언제나 성실한 자세로 학생들을 대했다. 학교에서 130km 떨어져 있는 뉴욕에서 판사로 일하고 있음에도 한 번도 휴강하거나 수업에 늦은 적이 없었다. 강의 중 미처 하지 못한 질문을 하고 싶어 하는 학생이 있을까봐 수업이 끝난 후에도 학생들이 교실에서 다 나가길 기다렸다가 맨 마지막으로 조용히 강의실을 나서곤 했다.

그의 강의는 일흔이 넘은 나이가 무색할 정도로 열정적이었는데, 학생들이 한 명씩 의견을 발표할 때마다 한 마디라도 놓칠세라 확성기를 달듯 오른쪽 귀에 두 손을 모아 얹은 채로 널찍한 계단식 강의실을 가로질러 이 자리 저 자리로 뛰어다니느라 벗겨진 이마에 땀방울이 송글송글 맺히곤 했다. 그리고 무엇보다도 삶에 대한 거시적인 통찰력과 법조인으로서의 소명의식 및 사회적 책임감에 관한 뼈아픈 숙고의 흔적이 묻어나는 그의 강의는 참으로 훌륭했다.

그의 가르침에는 학생들이 사회에 나가 약한 자를 보듬을 줄 아는 지도자가 되길 바라는 스승의 마음이 담겨 있었다. 지도자가 될 만한 재목들이 모여 꿈을 키워가는 학교 곳곳에서 숨 쉬고 있는, 냉철한 이성만큼이나 사람의 인성을 중시하고 학생들에게 그와 같은 가르침을 불어넣어 주기 위해 힘쓰는 학풍, 이것이 예일 로스쿨의 가장 큰 힘이자 미덕 중 하나이다.

자료: ≪조선일보≫(chosun.com), 2004.1.4.
"예일법대 이야기 ③편: 악마의 선물"에서 부분 발췌

2) 사고비용의 최소화 문제

사고에 관련된 세 가지 비용 중 가장 중요한 것은 제1차 비용의 절감 문제이다. 사고 자체의 빈도와 강도가 줄어들면 제2차 비용도 함께 줄어들 뿐 아니라 제2차 비용에 관련된 제3차 비용도 감소된다. 따라서 제1차 비용의 절감문제는 사고법제의 중심과제가 된다. 그런데 사고의 빈도와 강도를 줄이는 방법으로는 다음과 같이 두 가지를 생각해볼 수 있다.

첫째는 사회가 금지해야 한다고 판단하는 특정의 행위 내지 행위의 수준을 집단적으로 정하고 이의 준수를 강제하는 방법이다〔캘러브레이지는 이를 '특정적 방지(special deterrence)'라고 불렀다〕. 예컨대 자동차의 속도제한이나 안전벨트의 착용강제, 및 원자력발전의 금지[3] 등이 좋은 예이다. 둘째는 사고의 비용을 행위자에게 부담케 함으로써 행위자 스스로가 사회적으로 바람직한 행위를 하도록(즉 사고발생을 억제하도록) 유도하는 방법이다〔캘러브레이지는 이를 '일반적 방지(general deterrence) 내지 시장적 접근(market approach)'이라고 불렀다〕. 즉, 사고의 비용을 행위의 가격에 반영시킴으로써 행위자 스스로 사회적 적정수준까지 사고의 빈도와 강도를 줄이도록 하는 경제적 유인을 제공하는 방법이다. 불법행위로 인한 사고손해의 경제분석은 두 번째 방법에 초점을 맞추게 된다.

캘러브레이지는 두 번째 방법, 즉 사고비용 감소를 위한 경제적 유인의 제공 문제와 관련하여 두 가지 문제가 발생한다고 보았다. 첫째는 사고비용을 누구에게 부담지울 것인가의 문제, 즉 최소비용회피자의 문제이며, 두 번째는 사고비용의 크기를 어떻게 정할 것인가, 즉 사고비용의 산정 문제이다. 이 두 가지 문제에 대해 각각 살펴보자.

(1) 최소비용회피자

'일반적 방지'의 사고방식은, 경제행동이라는 것이 희소자원의 선택행동이라는 신고전파이론을 사고방지의 경우에 응용한 것이다. 신고전파이론에 의하면, 경제활동 과정에서 어쩔 수 없이 야기되는 사고는 하나의 '외부효과'이며, 이론상 거래비용이 존재하지 않는 경우라면 이 외부효과가 시장에서 '내부화'될 수 있다. 즉, 각 개인은 잠재적 사고의 비용

3) 실제로 안전을 이유로 원자력발전을 금지하는 경우가 있다. 예컨대 미국의 경우 1970년대 오일쇼크에 대응한 에너지원으로 원자력발전에 크게 의존했으나, 1980년도에 들어와 원전사고가 발생하여 1985년부터 원자력발전을 전면 중지한 바 있었다.

을 지불한 상태에서 거래가 이루어지므로 결국 시장 자체적으로 최적의 선택(내부화)이 달성된다.[4] 하지만 사고에 관련된 정보가 완전하지 않는 현실에서는 거래비용이 존재하기 때문에 사고로 인한 손해(즉, 비용)를 누구에게 부담지울 것인가에 관한 차선의 방책이 필요하게 된다.

이 문제에 대에 캘러브레이지는 가장 적은 비용으로 해당 사고를 회피할 수 있는 이른바 '최소비용회피자(the cheapest cost avoider)'에게 사고비용의 책임부담을 지우는 법원칙이 가장 효율적인 결과를 가져옴을 강조하고 있다. 이 말은 최소비용으로 해당 사고를 피하거나 예방할 수 있는 위치에 있는 당사자에게 사고비용을 부담시키게 되면 불필요한 거래비용을 발생시키지 않게 되므로 해당 사고로 인한 총사회적비용이 줄어들게 됨을 의미한다.

사고와 관련된 불법행위소송에서 법원은 사고의 원인 등 사고 관련 정보를 획득하는 데 누가 가장 유리한 위치에 놓여 있는가를 고려하여

---

4) 예를 들어 설명해보자. 자동차와 보행자 간에 발생하는 사고가 자동차 대당 연간 100만 원인데, 만일 자동차에 신형범퍼를 장착하게 되면 사고비용이 연간 10만 원으로 줄어든다고 하자. 이 신형범퍼의 장착에는 50만 원의 추가비용이 소요된다고 하자. 이때, 만일 별도의 거래비용이 없다고 가정하면, 누구에게 사고의 책임을 부과한다고 하더라도, (코즈정리에 의해) 시장에서는 신형범퍼가 장착되어 사고비용이 절감될 수밖에 없다. 즉, 자동차제조사가 손해배상책임을 지는 경우라면, 제조사는 100만 원의 배상금을 지불하는 대신에 50만 원을 들여 신형범퍼를 장착함으로써 배상책임을 10만 원으로 줄일 수 있으므로 당연히 신형범퍼를 장착하는 선택을 하게 될 것이다. 한편, (불법행위책임법리에 의해) 보행자가 책임을 지게 되는 (억울한) 경우에도 보행자는 자동차제조사에게 50만 원의 장착비용(에 약간의 추가적인 서비스비용)을 전달하여 신형범퍼가 장착되도록 하려 할 것이다. 즉, 100만 원의 손해부담보다는 50만 원 정도를 지불하고서라도 10만 원의 손해부담만 지려 할 것이다. 즉, 양 당사자 모두 시장에서 최소의 비용으로 사고를 회피하는 방법을 취하게 된다. 즉, 최적자원의 배분이 시장에서 이루어진다. 平井宜雄,『現代不法行爲理論の一展望』(東京: 一粒社, 1980), p.183; 岸田雅雄,『法と経濟學』(東京: 新世社, 1996), p.100.

최소비용회피자를 판단할 수 있을 것이다. 예컨대 제조물책임(product liability)에 관련된 소송에서는 생산자(제조자)가 최소비용회피자가 될 가능성이 높다. 왜냐하면 현실적으로 생산자는 제품의 위험에 관련된 정보를 소비자보다 더 많이 소유하고 있기 때문에 상대적으로 적은 비용으로도 사고를 예방할 수 있을 것으로 판단할 수 있다. 다른 예로, 적신호를 무시한 보행자 사고의 경우에는 보행자가 사고의 최소비용회피자가 될 가능성이 높다. 왜냐하면 사고회피를 위해 신호를 준수하는 비용은 일반적으로 크지 않기 때문이다. 그렇지만 대부분의 교통사고에서는 보행자보다는 운전자가 그 입장에 있을 가능성이 높은데 그 이유는 운전자 측이 주의하는 것이 사고회피에 좀 더 적은 비용이 들기 때문이다. 하지만 만일 교통사고의 직접적인 원인이 도로의 설계상의 결함이나 표식상의 하자 등에 있는 경우에는 국가나 지방자치단체가 최소비용회피자의 입장이 된다.

이러한 캘러브레이지의 최소비용회피자 이론에 대한 비판도 만만치 않다. 예컨대 사고 관련 상황이 매우 복잡하여 누가 최소비용회피자인지 판단하기 곤란한 경우도 있으며, 사고에 관련된 비용의 경우도 그 종류와 형태에 따라 최소비용회피자가 달라지는 모순점을 있을 수 있다.[5]

(2) 사고비용의 산정

사고비용의 크기를 어떻게 정할 것인가의 문제는 실제 분쟁에서는 배상액 산정(賠償額算定)의 문제가 된다. 사고비용도 생산물이나 생산요소의 수요공급과 같이 이론상으로는 시장에서 결정되는 것이 바람직할 것

5) 최소비용회피자 이론에 관한 구체적인 비판에 대해서는 다음 문헌을 참고할 수 있다. Richard A. Posner, "Strict Liability: A Comment," *Journal of Legal Studies*, vol.2(1973), p.205; 新美育文, 「不法行爲基礎理論の素描 — 法と経濟學理論」, 森島昭夫教授還曆記念論文集, 『不法行爲法の現代的課題と展開』(日本評論社, 1995), p.33.

이다. 하지만 사고의 경우 공급곡선 자체가 성립될 수 없기 때문에 시장적 방법에 의한 사고비용의 산정은 불가능에 가깝다. 예컨대 어떤 개인의 고의적 불법행위로 인해 가족의 일원이 사망한 경우의 손해배상액은 어떻게 산정할 수 있을까? 즉, '가족의 사망 및 보상'과 '가족의 생존 및 무보상'이 무차별해지는(원고 측이 갖는 효용수준이 동일한) 수준의 보상액(내지 다른 형태의 보상)의 산정이나, 또는 영구적 불구와 같은 원상회복이 불가능한 신체상의 손해에 대한 배상액의 산정은 불가능하거나 거의 불가능에 가깝다. 따라서 행정적 기준이나 사법적 결정에 의한 비시장적(non-market) 방법에 의한 사고비용의 산정이 불가피하게 된다.

하지만 간접적으로 시장평가방식을 활용할 수도 있다. 사고비용의 결정, 즉 불법행위소송에서의 배상액 산정의 문제는 미시경제학에서의 분석기법을 이용하여 사회적으로 바람직한 수준을 산정해낼 수 있다. 이 책의 제7장에서 사고비용의 결정 내지 배상액의 산정에 대해 경제이론적으로 고찰하게 된다.

본 절에서의 논의 중 사고비용의 최소화 문제는 아래의 두 절에서 분석모형을 설정하여 이론적으로 살펴보도록 한다.

2. 사고당사자의 주의 모형

1) 사고의 일방주의(一方注意) 모형

본 절에서는 사고에 관련된 법제의 주요 목적 중의 하나인 총사고비용의 최소화의 의미를, 사고예방비용(costs of precaution)과 사고비용(costs of accidents)의 합을 최소화하는 것으로 본다. 현실에서는 이러한 두 비용 요소 외에도 소송제기 비용, 변호사 수임료 등 여러 가지 비용요소들을 고려해야 할 것이다. 하지만 본 절에서는 이러한 행정적 비용[6] 요소들을 무시하고 사고회피를 위한 주의비용과 사고비용에만 논의의 초점을 맞춘다.

분석모형의 도입을 위해 우선 다음과 같이 각 변수를 정의한다. 이 변수들은 이 책의 전반에 걸쳐 적용되므로, 그 의미에 익숙해지기 바란다.

x = 가해자(혹은 피해자)의 주의수준 내지 주의비용

$p(x)$ = 사고확률

$D(x)$ = 사고로 인한 피해자 손해의 금전적 가치

여기서 $p(x)$가 x의 감소함수(decreasing function)라고 가정한다. 다시 말해 가해자(혹은 피해자)의 주의노력 수준이 증가함에 따라 사고확률(p: probability of accident)이 감소한다는 의미이다. 사고가 발생하게 되면 피해자의 소득 감소, 재산 손실, 의료비 지출 등과 같은 손해(D: damages)가 발생하게 되는데, 이 D와 p의 곱, $p(x)D(x)$는 화폐단위로 나타낸 손해의 기대치(期待値) 내지 기대손해(expected damages)이며, 마찬가지로 x의 감소함수이다. 이때 '기대치' 내지 '기대'라는 말은 '확률적 기대치'를 의미하며, 해당 확률변수의 중심값(central tendency) 내지 평균값(average)으로 이해하면 된다.

이를 그림으로 나타내보자. <그림 4-1>에서 가해자(혹은 피해자)의 주의수준 x를 가로축에 놓고, 기대손해액 $p(x)D(x)$를 포함한 비용요소를 세로축에 놓았다. <그림 4-1>에서 우하향하는 $p(x)D(x)$ 곡선은 주의수준이 증가함에 따라 기대손해액이 감소함을 나타낸다.

주의를 기울이기 위해서는 돈, 시간, 편익(便益)의 감소 등과 같은 비용

---

6) 이러한 제 비용을 경제학에서는 '거래비용(transaction costs)'으로 통칭한다.

<그림 4-1> 사고의 기대사회적비용

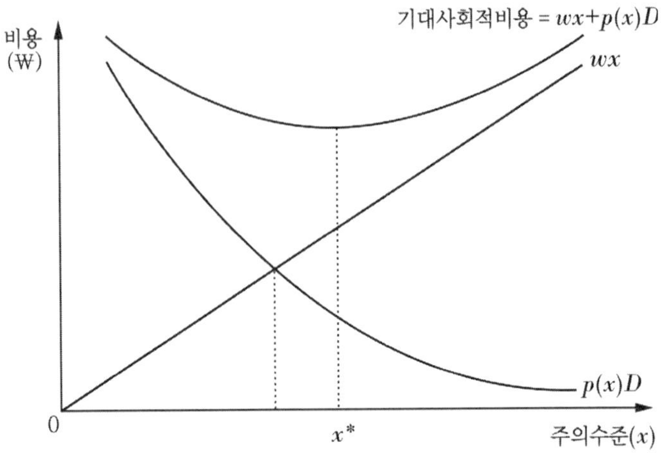

이 소요된다. '주의' 한 단위를 늘리기 위한 비용을 w원이라고 하자. 본 절에서는 분석의 단순화를 위해 w가 고정값을 갖는다고 가정한다. 그러면 wx는 총주의비용이 된다. <그림 4-1>에서 wx 곡선은 w의 기울기를 가진 직선으로 나타난다.

앞서 소개했듯이 캘러브레이지는 자신의 연구에서 사고법제의 주된 목적을 '총사고비용의 최소화'에 있다고 보았으며, 이 목적은 '사고회피비용과 사고비용의 합(the sum of the costs of avoiding accidents and costs of accident itself)'을 최소화하는 것을 의미한다.

<그림 4-1>에는 이 두 가지 종류의 비용이 그려져 있다. 즉, 사고를 회피하기 위한 주의비용(cost of precaution)과 사고로 인한 비용을 의미하는 기대손해비용(cost of expected damages)이 그것이다. 모형의 단순화를 위해 이 두 종류의 비용 이외의 다른 비용은 존재하지 않는다고 가정하자.[7]

---

7) 사고에 관련된 또 다른 비용 요소에는 '행정비용(administrative costs)'이 있다. 아무리 사고비용과 사고회피비용을 낮춘다 해도 이러한 비용을 줄이기 위해 소요되는 행정

그러면 사고로 인한 총사회적비용은 총주의비용과 기대손해액을 합한 $wx+p(x)D(x)$로 나타낼 수 있으며, 이는 곧 기대사회적비용(expected social costs by accident)이 된다. <그림 4-1>에서 기대사회적비용은 각각의 x 수준에 대해 wx선과 $p(x)D(x)$ 곡선을 수직으로 더하여 얻을 수 있으며, U자형의 곡선이 된다.

이 모형에서 사회적 관심은 사고로 인한 사회적 비용을 최소화하는 것이다. 그림에서 기대사회적비용이 U자형이기 때문에 U자의 꼭지점에 대응하는 x값이 존재하는데, 이를 x^*로 놓았다. 이 주의수준이 바로 사고로 인한 기대사회적비용을 최소화하는 주의수준이며, '사회적으로 효율적인 주의수준'이라고 부른다.

그림에서의 x^*를 수학적으로 설명해보자.[8] 사고의 사회적 비용의 최소화는 다음과 같이 간단한 수학식으로 나타낼 수 있다.

$$Min:\ wx+p(x)D(x) \quad \cdots\cdots \text{<수식 4-1>}$$

이 식의 최적해(最適解, optimum solution) 또는 효율적 주의수준인 x^*는 다음과 같이 구할 수 있다. 즉, 주의를 한 단위 더 추가함에 따른 비용(이를 한계비용이라고 한다)은 주의의 단위당 가격인 w원이다. 한 단위의 추가적인 주의는 기대손해비용을 감소(이는 바로 한계편익이 된다)시킨다. 이 때 기대손해비용의 감소는 사고확률의 감소, 즉 $-p'(x)D(x)$를 의미한다.[9]

비용이 너무 크게 되면 사회적 관점에서 아무런 이익이 없을 수 있다. 하지만 본 절에서는 이러한 행정비용을 무시한 모형을 설정하고 있음을 잊어서는 안 된다.

8) 수학적 표현에 익숙하지 않은 독자는 이 부분의 독해를 생략할 수 있다. 하지만 '경제분석'에는 수식과 같은 수학적 표현기법을 통해 간단명료하게 해(solution)를 보여줄 수 있는 장점을 종종 활용하게 되므로, 수식에 익숙하지 않더라도 독해를 시도해보기 바란다.

사회적 비용을 최소화하는 효율적 주의수준에서는 한 단위 주의(한계비용)의 증가분이 기대손해비용의 감소분(한계편익)과 일치하게 된다. 따라서 효율적 주의수준 x^*는 다음 식을 풀어 구할 수 있다.[10]

$$w = -p'(x^*)D(x^*) \cdots\cdots\cdots\cdots\cdots\cdots \text{<수식 4-2>}$$

(한계비용) (한계편익)

만일 주의수준(x)이 효율적 수준보다 적은 경우라면 주의의 한계사회적비용(w)이 한계사회적편익$[-p'(x)D(x)]$보다 적게 된다. 이 경우 주의를 늘림으로써 사회적 효율성을 달성할 수 있다. 이와는 반대로, 주의수준이 효율적인 수준보다 높으면 한계사회적비용이 한계사회적편익을 초과하게 되는데, 이 경우는 주의를 줄임으로써 사회적 효율성을 달성할 수 있다.

2) 사고의 쌍방주의(雙方注意) 모형

<그림 4-1>은 사고당사자 중 일방의 주의수준이 사고의 사회적 비용에 어떤 영향을 미치는지 잘 보여준다. 하지만 <그림 4-1>과 <수식 4-1>, <수식 4-2>에서는 사고의 다른 당사자의 주의수준은 반영되어 있지 않다. 현실적으로 사고가 발생했을 경우 사고당사자 중 일방에서만 주의하는 경우도 있을 수 있지만, 대부분의 사고는 그 손해를 줄이기 위해 잠재적 가해자와 잠재적 피해자 모두 주의를 하게 되는 쌍방이 주의하는 경우일 것이다.

---

9) $-p'(x)D(x)$에서 $p'(x)$는 $p(x)D(x)$ 곡선의 기울기를 나타낸다. <그림 4-1>에서 기울기가 음이므로 $-p'(x)$는 양의 값을 갖는다.

10) <수식 4-1>을 변수 x에 대해 1차 미분하면 <수식 4-2>가 된다.

이와 같이 사고의 양 당사자가 모두 주의하는 모형을 설정하기 위해서는 다음과 같이 몇 가지 변수를 추가하거나 앞서 설명한 일방주의 모형에서와는 다르게 정의할 필요가 있다.

x = 가해자의 주의수준 또는 주의비용

y = 피해자의 주의수준 또는 주의비용

$p(x, y)$ = 사고확률

이때 사고로 인한 기대손해의 크기는 $p(x, y)D(x, y)$가 되며, 이는 x뿐 아니라 y의 감소함수이다. 즉, 기대손해비용은 피해자의 주의수준과 가해자의 주의수준에 음(陰, negative)의 상관관계를 갖는다. 따라서 쌍방주의의 경우 사고로 인한 사회적 비용을 최소화하는 주의수준은 다음 식을 만족시키는 x와 y값이다.

$$Min : wx + wy + p(x, y)D(x, y) \cdots\cdots \text{<수식 4-3>}$$

이 식을 만족하는 x와 y를 각각 x^*, y^*라 하면, 이들은 모두 양의 값을 갖는다. <수식 4-3>으로부터 x^*와 y^*를 얻기 위해서는 다소 복잡한 수학적 설명을 필요로 하지만 여기서는 생략하기로 한다.[11)]

지금까지 살펴본 사고의 사회적 비용의 극소화 모형은 불법행위법에서의 여러 책임법리를 경제학적으로 이해하는 데 가장 기본적인 사항이다. 이러한 사고에 관련된 사회적 비용의 최소화 모형은 실제로 캘러브

---

11) <수식 4-3>을 그림으로 나타내기 위해서는 <그림 4-1>을 3차원 형태로 수정해야 한다.

레이지 이후의 법경제학자들에 의해 다각도로 응용되는 등 불법행위책임법리의 경제학적 이해에서 가장 기본적인 사항이다. 다음 장에서는 이러한 경제분석 모형을 이용하여 불법행위법에서의 여러 책임법리에 대해 법경제학적으로 접근해보겠다.

The Economics of Tort Law

제5장

책임법리의 경제분석

지금까지의 법과 경제학에 관한 이론적 배경을 바탕으로 제5장에서는 본격적인 불법행위책임법리에 대한 경제분석을 한다. 우선 분석을 위한 기본적 변수와 모형을 도입하여 손실부담기준에 따른 기본적 책임법리인 무책임법리, 과실책임법리, 무과실책임법리, 기여과실책임법리와 과실상계 등 제반 책임법원칙들을 정의한 후에, 각 책임법리 아래서의 행위자의 주의유인과 효율성 문제를 검토한다. 이에 더하여 이미 잘 알려진 핸드 판사 공식(Hand's Rule)의 경제적 의의와 기여과실책임과 비교과실책임〔過失相計〕의 효율성의 크기를 비교분석한다.

1. 각 책임법리의 정의 및 경제적 의의

1) 경제적 관점에서의 책임법리의 구분

책임법리 내지 책임법원칙(liability rules)은 앞서 고전적 불법행위책임이론에서도 살펴보았듯이 가해자의 불법행위로 인해 피해자가 손해를 입었을 때 양 당사자 중 누구에게 어느 정도의 책임을 부담하도록 할 것인가에 대한 법적 기준을 의미한다.[1] 즉, 책임법리는 사고피해의 비용을 사고의 (양) 당사자에게 배분하는 하나의 기준이 된다. 소송에서 법원은 사고로 인한 손해비용의 배분을 결정할 때 일정한 책임법리(예컨대 과실책임법리, 무과실책임법리 등)를 적용하게 되는 것이다.[2)]

우리 민법 제750조는 "고의 또는 과실로 인한 위법행위로 타인에게 손해를 입힌 자는 그 손해를 배상할 책임이 있다"고 규정하여 불법행위의 개념과 가해자의 배상책임을 나타내고 있다. 이때 '고의'적인 위법행위의 경우 가해자에게 손해배상책임을 물리는 것이 당연하지만, 위법적 '과실' 행위의 경우에는 어떤 기준으로 과실 여부를 결정하느냐가 중요한 법정책적 과제가 된다. 민법 제750조에 대한 일반적인 법해석에 따르면 과실 유무(過失有無)의 판단기준은 보통사람(일반인 혹은 평균인)의 주의수준을 다했는지 여부를 그 기준으로 하고 있으며, 이는 영미법 국가들의 불법행위법에서의 과실책임법리(negligence rule)에 해당한다. 책임법리의 종류는 연구자의 학문 분야나 관점에 따라 달리 나타날 수 있지만, 일반적으로 무책임법리, 무과실책임법리(엄격책임법리), 과실책임법리, 기여과실책임법리 및 과실상계(비교과실책임법리) 등으로 구분해볼 수 있으며, 이들 책임법리는 간단한 수식과 그림을 통해 그 의미를 비교해볼 수 있다.

우선 설명을 위해 몇 가지 변수와 가정을 도입한다. 앞 장에서 소개한 쌍방주의의 경우와 같이, 사고의 양 당사자가 모두 사고발생에 기여할 수 있다고 가정한다. 그리고 법원에서 제시하는(불법행위법이 요구하는) 보통사람의 주의수준, 즉 법적주의기준 내지 법적주의의무수준(legal care level or level of legal precaution)은 사고의 총비용을 최소화하는 효율적인 주의수준(x^*)과 일치한다고 가정한다.[3)] 가해자의 실제 주의수준을 x, 피

---

1) 책임법리는 배상책임법원칙의 줄임말이며, 논자(論者)에 따라 책임법리, 책임원리, 책임법원칙, 책임법규범 등의 용어로도 쓰이고 있다.

2) 책임법리의 도입과 법제화는 행정부와 입법부의 역할이다. 법원은 관련 소송에서 이러한 책임법원칙에 따라 판단하고 적용하는 역할을 담당한다.

3) 법원에서 가해자의 주의수준이나 피해자의 주의수준을 판단하거나 책임법리를 적용

해자의 실제주의수준을 y, 가해자의 법적주의기준을 x^*, 피해자의 법적 주의기준을 y^*라고 하자. 그리고 사고로 인한 손해의 가해자 책임비율을 $l^x(x, y)$, 피해자의 책임비율을 $l^y(x, y)$라 하자〔이때 $l^x(x, y) \geq l^y(x, y)$이고, $l^x + l^y = 1$이다〕. 이러한 기본적인 가정을 도입하여 다음과 같이 각 책임법리를 정의할 수 있다.[4)]

2) 손실부담기준에 의한 기본적 책임법리

(1) 무책임법리

'가해자의 책임 없음'을 의미하는 무책임법리(no liability rule)는 사고손해의 배상에 관해 아무런 법적 구속이 없을 때, 모든 사고의 책임은 피해자가 스스로 부담하며, 사고의 야기자는 아무런 법적 구속을 받지 않는 경우이다. 역사적으로 볼 때 근세 이전의 자급자족의 농경사회에서부터, 대부분의 소비제품이 농수산물이나 가내수공품과 같은 단순구조를 가진 19세기 중반까지는 이러한 무책임법리가 주된 불법행위 배상책임법리였다고 볼 수 있다.[5)]

하는 데 오류가 없다는 의미이다.

4) 경제모형을 통해 여러 책임법리를 비교 분석한 최초의 연구는 John P. Brown, "Toward an Economic Theory of Liability," *Journal of Legal Studies*, Vol.2, No.2(1973), pp.323~349이다. 본문에서의 설명은 브라운의 연구와 박세일, 『법경제학』(박영사, 2000), 292~296쪽; 이종인, 「제조물책임 원칙이 제품 안전성에 미치는 효과에 관한 연구」(박사학위논문, 1999), 58~61쪽 등을 참고했다.

5) 무책임법리가 적용되는 경우는 오늘날에도 없지 않다 .예컨대 뉴질랜드의 경우 1972년 사고보상법에 의해 무과실보상제도(no-fault compensation system)를 도입했는데, 이 제도에 따르면 취업 중의 사고와 교통사고 가운데 인적사고에 대하여는 당사자의 과실 유무 등을 묻지 않고 모든 일반취업자와 자동차 소유자로부터 거두어들인 공동기금에서 피해를 보상하게 된다. 따라서 적어도 인적사고에 대하여는 더 이상 불법행

무책임법리는 구매자책임법리(*caveat emptor*: let the buyer beware)와 같은 의미로 사용되는데, 이를 간단한 수식으로 나타내면 다음 식과 같다.[6]

$$l^x(x, y) = 0 \; ; \; l^y(x, y) = 1 \text{ for } all\,(x, y)$$

이 식의 의미는, 모든 가해자와 피해자의 주의수준에 대해, 사고손해의 가해자 책임비율이 0인 반면에 피해자 책임비율이 1이라는 것이다. 이를 그림으로 나타내면 <그림 5-1>의 (1)에서와 같이 가해자의 책임부담을 의미하는 음영 부분이 전무(全無)하게 나타난다.

이러한 무책임법리 아래서 가해자는 본인이 야기한 사고로 인한 피해자의 손해에 대해 아무런 법적 구속이 없으므로 사고를 회피할 어떠한 유인도 없다. 이론적으로는 만일 사고의 피해자가 최소비용회피자의 위치에 있다면 무책임법리도 사고의 총비용을 최소화하는 효율적인 책임법리가 될 수 있다.[7] 하지만 그러한 보장이 없는 한 무책임법리는 경제적 효율성을 갖지 않는다.

(2) 무과실책임(엄격책임)법리

무과실책임법리(無過失責任法理) 내지 엄격책임법리(嚴格責任法理, strict liability rule)는 앞의 무책임법리와는 정반대의 경우로서, 모든 사고손해에 대해 그 배상책임을 전적으로 가해자에게 부담시키는 경우이다.[8]

위제도상의 책임법리의 의미가 없게 되었다. 박세일, 『법경제학』, 281쪽; 이종인, 「의료과오에 있어서의 배상책임에 관한 법경제학적 고찰」, ≪법경제학연구≫, 제6권 제2호(한국법경제학회, 2009), 10쪽.

6) John P. Brown, "Toward an Economic Theory of Liability," p.328.

7) 이 책의 제4장에서 살펴본 캘러브레이지 교수의 '사고비용이론'을 재음미하기 바란다.

8) 이 책에서는 무과실책임법리와 엄격책임법리를 동의어로 간주하여 필요에 따라 혼

<그림 5-1> 각 책임법리하 가해자의 책임 영역

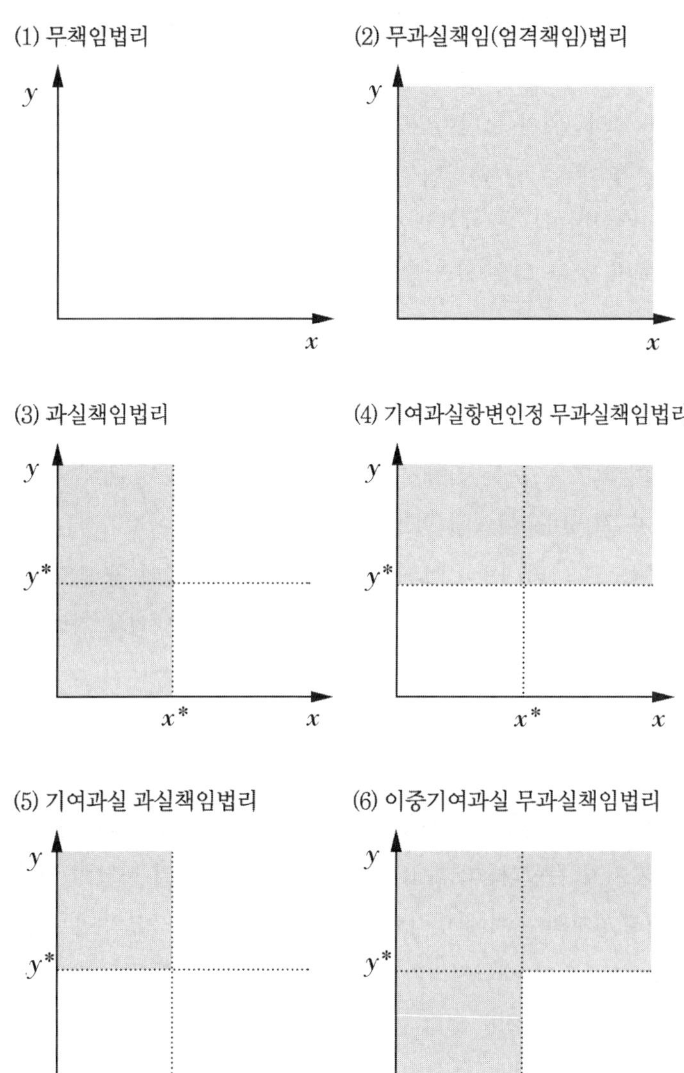

용(混用)하도록 한다.

역사적으로는 미국의 경우 1960년대 들어 제품의 결함에 대해 생산자의 과실 여부에 관계없이 생산자에게 배상책임을 지울 수 있는 무과실책임법리가 일반화되기 시작했으며, 1965년에 있었던 미국법률협회(American Law Institute)의 제2차 불법행위법 리스테이트먼트(2nd Restatement of Torts)를 통해 이러한 무과실책임법 원칙이 정착되어갔다고 볼 수 있다.[9]

무과실책임법리는 생산자책임법리 또는 판매자책임법리와 같은 의미로 사용되며, 이를 다음 식과 같이 간단한 수식으로 나타낼 수 있다.[10]

$$l^{x}(x, y) = 1 \,;\, l^{y}(x, y) = 0 \ \text{ for } \ all\,(x, y)$$

이 식의 의미는, 모든 가해자와 피해자의 주의수준에 대해, 사고손해의 가해자 책임비율이 1인 반면에 피해자 책임비율이 0이라는 것이다. 이를 그림으로 나타내면 <그림 5-1>의 (2)에서와 같이 양 당사자의 주의수준(x, y)의 크기에 관계없이 피해자 손해의 모든 책임을 가해자가 부담하는 것으로 나타나 있다.

이러한 무과실책임법리 아래서 잠재적 가해자는 본인이 야기한 사고로 인한 피해자의 손해에 대해 전적으로 책임을 져야 하므로 사고를 회피할 유인을 갖게 되는 반면에 잠재적 피해자는 사고를 회피할 아무런 유인을 가지지 못한다. 따라서 이론적으로 볼 때 만일 사고의 가해자가 최소비용회피자의 위치에 있다면 무과실책임법리도 사고의 총비용을 최소화하는 효율적인 책임법리가 될 수 있지만, 그렇지 않은 경우에는 비효율적인 책임법원칙이 된다.

---

9) 제2차 불법행위법 리스테이트먼트에 대해서는, 제조물책임의 법체계와 역사에 관해 기술한 이 책의 제8장에서 구체적으로 소개했다.

10) John P. Brown, "Toward an Economic Theory of Liability," p.328.

(3) 과실책임법리

과실책임법리(過失責任法理, negligence rule)는 가해자가 법적주의기준(legal care level)에 상당하는 주의를 기울이지 않았을 때에 한하여 사고손해의 배상책임을 가해자에게 지우는 법원칙이다(이를 다른 형태의 과실책임법리와 구분하기 위해 단순과실책임법리라 하기도 한다). 다시 말해 가해자가 적어도 법적주의기준(x^*)만큼의 주의를 기울인 경우라면 사고에 대해 책임을 지지 않아도 되는 것이다. 법원(판사)에서 적용하는 법적주의기준이 사회최적주의수준과 같다는 전제 아래 과실책임법리는 다음 수식으로 표현할 수 있다.[11]

$$l^x(x, y) = 0 \,;\, l^y(x, y) = 1 \ \text{ if } x \geqq x^*$$
$$l^x(x, y) = 1 \,;\, l^y(x, y) = 0 \ \text{ if } x < x^*$$

이를 그림으로 나타내면 <그림 5-1>의 (3)과 같이 x^*의 좌측이 모두 음영으로 나타낸 부분, 즉 가해자가 책임을 져야 하는 부분이 된다.

불법행위에 관련된 법원칙의 역사적 전개과정을 볼 때 이러한 과실책임주의의 사고방식은 19세기에 확립된 자유주의적 세계관에 기초한 것으로서, 기본적으로 개인의 자유로운 활동을 보장하려는 이념에 따른 것이다. 또한 불법행위에 관련된 법원칙의 역사적 전개 과정을 볼 때 19세기 중반 이후에는, 위험한 제품의 사용으로 인해 사고가 발생한 경우에 피해자는 〔가해자와의 직접적인 계약당사자관계(privity of contract)가 없는 경우에도〕 가해자의 불법행위에 대한 손해배상을 청구할 수 있었다. 다만, 가해자의 주의수준이 법적 기준에 미치지 못함, 즉 과실이 있는 사실을 피해자 측에서 입증해야만 했다. 이 책의 제8장에서는 불법행위책임 중

11) 같은 글, p.328.

과실책임에 관한 구체적인 판례를 들어 책임법리의 역사적 전개과정을 설명하고 있다.

3) 기여과실 책임법리의 경제적 의의

(1) 기여과실 책임법리의 유형 구분

기여과실책임법리(寄與過失責任法理)란 '기여과실의 항변(抗辯)이 인정되는 책임법리(rule of liability with contributory negligence)'의 줄임말로서, 주어진 가해자의 배상책임법리를 원칙으로 하되 피해자가 자신에게 부과된 법적주의의무를 다하지 못한 경우, 즉 피해자에게 과실이 있는 경우에는 가해자의 불법행위책임을 모두 면해주는 책임법리를 의미한다. 이 기여과실법리는 대개 '기여과실 항변 무과실책임법리', '기여과실 항변 과실책임법리', '이중기여과실 무과실책임법리' 등으로 세분하여 살펴볼 수 있다.

다른 여러 난해한 법률적 표현과 마찬가지로 '기여과실의 항변 인정(with a defense of contributory negligence)'이란 표현도 법학도가 아닌(경제학도를 포함한) 일반 독자에게는 이해하기 어려운 부분이다. 이에 대한 경제학적 관점에서의 적절한 표현 중의 하나는 '과실입증조건부(過失立證條件附)'가 될 수 있다. 즉, '기여과실의 항변이 인정되는 무과실책임'은 '소비자과실 입증조건부 무과실책임'으로, '기여과실의 항변이 인정되는 과실책임'은 '과실입증조건부 과실책임'으로 이해 또는 표기하면 좋을 것이다. 다시 말해, 피해자의 과실이 인정되는 경우 피해자가 책임을 부담하지만, 피해자의 과실이 인정되지 않는 한 가해자에게 배상책임을 부담시킨다는 의미가 된다.

아래에서는 이러한 여러 기여과실 책임 법리들에 대해 간단한 수식과 그림으로 그 의미를 나타내도록 한다.

① 기여과실 항변 무과실책임법리

기여과실의 항변이 인정되는 무과실책임법리(rule of strict liability with contributory negligence)는 가해자의 무과실책임을 원칙으로 하되 피해자가 법적주의의무를 다하지 못한 것을 가해자가 항변하고 입증한 경우에는 가해자의 책임을 모두 면제해주는 책임법리이다. 이를 다음 식과 같은 간단한 수식으로 나타낼 수 있다.

$$l^{x}(x, y) = 1 \,;\, l^{y}(x, y) = 0 \quad \text{if } y \geqq y^{*}$$
$$l^{x}(x, y) = 0 \,;\, l^{y}(x, y) = 1 \quad \text{if } y < y^{*}$$

기여과실항변의 무과실책임법리를 그림으로 나타내면 <그림 5-1>의 (4)와 같은데, 그림에서 피해자의 법적주의기준(y^{*})의 위쪽은 모두 가해자가 책임을 부담하는 부분이다.

② 기여과실 항변 과실책임법리

기여과실의 항변이 인정되는 과실책임(rule of negligence with a defense of contributory negligence, 이를 '기여과실책임'으로 약칭하기도 한다)은 앞서 설명한 단순과실책임법리를 원칙으로 하되 피해자가 자신에게 부과된 법적주의의무를 다하지 못한 경우에는 가해자의 책임을 모두 면제시켜주는 책임법리이다. 다시 말해, 가해자의 과실이 인정되고 피해자의 과실은 인정되지 않는 경우에만 가해자가 배상책임을 부담하는 경우이다. 이를 수식으로 나타내면 다음과 같다.

$$l^{x}(x, y) = 1 \,;\, l^{y}(x, y) = 0 \quad \text{for } x < x^{*},\ y \geqq y^{*}$$
$$l^{x}(x, y) = 0 \,;\, l^{y}(x, y) = 1 \quad \textit{otherwise}$$

기여과실책임법리를 그림으로 나타내면 <그림 5-1>의 (5)와 같으며, 그림에서 가해자의 법적주의기준(x^*)의 좌편이면서 피해자의 법적주의기준(y^*)의 위쪽이 가해자의 책임영역이 된다.

③ 이중기여과실 무과실책임법리

이중기여과실 무과실책임법리(rule of strict liability with dual contributory negligence)는 가해자가 자신의 법적주의의무를 다했으나, 피해자가 자신의 법적 의무를 다하지 못한 경우에만 가해자의 책임을 면제해주고, 그렇지 않은 모든 경우에는 가해자에게 책임을 지우는 책임법리이다. 다시 말해, 피해자의 과실이 인정되고 가해자는 과실이 인정되지 않는 경우에 피해자에게 책임을 지우는 경우이다. 이를 수식으로 표현하면 다음 식과 같다.

$$l^x(x, y) = 0\,;\, l^y(x, y) = 1 \ \text{ for } y < y^*,\ x \geq x^*$$
$$l^x(x, y) = 1\,;\, l^y(x, y) = 0 \ \ \textit{otherwise}$$

이중기여과실 무과실책임법리를 <그림 5-1>의 (6)과 같이 나타낼 수 있으며, 그림에서 보듯이 x^*의 우편이면서 y^*의 아랫부분을 제외하고는 모든 경우가 가해자의 책임부분이 된다.

(2) 기여과실 책임법리의 효율성

지금까지 여러 기여과실책임 법리의 형태와 경제적 의의에 대해 간략히 살펴보았다. 이러한 기여과실책임법리는 일반 과실책임법리의 비효율성, 즉 과실책임법리하에서 가해자는 법적주의의무의 이행에만 급급하여 효율적인 사고방지방법이 있음에도 그러한 방법을 취할 경제적인 유인이 없어 결과적으로 비효율적인 자원의 배분(즉 더욱 높은 사고발생수준)을 초래하는 문제를 해결하고자 하는 아이디어이다. 다시 말해 사고의 피해자도 필요한 사고회피 노력을 하지 않아서 그것이 사고의 하나의 원인이 되는 경우, 피해자의 기여과실을 인정함으로써 '좀 더 낮은 비용으로 사고를 피할 수 있음에도 필요한 주의하지 않는 비효율'을 줄일 수 있다. 왜냐하면 피해자도 기여과실의 항변을 회피하기 위해 기대사고비용이 사고방지비용보다 큰 경우에는 사고의 방지를 위한 주의를 기울여야 하기 때문이다.

그러므로 직관적인 관점에서도 피해자는 손해 회피를 위한 적절한 행동을 취할 수밖에 없다. 이것은 (이 책의 제5장 제3절에서 살펴보는) 핸드 판사 공식(Hand's Rule)과, 제2차 불법행위법 리스테이트먼트 제466조에 규정된 것과 일맥상통하는 측면이 있다. 그렇다고 하더라도 이러한 기여과실책임법리가 앞서 살펴본 '사고비용의 최소화'라는 효율성 기준에서의 목적과 반드시 일치된다고는 기대할 수 없다. 왜냐하면, 기여과실법리가 적용되는 경우에도 피해자는 이른바 법적주의기준에 해당하는 주의만 기울일 뿐 자신의 행위수준(activity level)을 줄이려는 노력은 하지 않을 것이기 때문이다. 결과적으로 어느 정도의 비효율적인 결과를 가져올 수 있다. 제5장의 제3절에서 이러한 기여과실책임의 효율성 문제를 과실상계의 문제와 비교하면서 검토한다.

4) 과실상계(비교과실책임법리)

(1) 과실상계(비교과실책임법리)의 경제적 의의

불법행위법상 과실상계(過失相計) 내지 영미법상 비교과실책임법리(comparative negligence)는 가해자와 피해자 모두가 법적주의의무를 다하지 아니한 경우에는 자신의 기여도만큼 (비례적으로) 책임을 져야 한다는 법원칙이다. 우리 민법에는 불법행위에 의한 손해배상의 과실상계가 별도로 명시되어 있지는 않으며, 그 대신에 채무불이행에 관련된 과실상계 규정을 준용(민법 제763조)하는 형식을 취하고 있다. 민법 제396조에 따르면 채무불이행에 대해 채권자의 과실이 있을 경우에는 법원은 손해배상의 책임 및 그 금액을 정하는 데 과실을 상계하도록 하고 있다(일본의 경우는 민법 제722조 2항에 직접적으로 규정되어 있다).

경제적 관점에서의 과실상계의 의미는 손해의 발생을 회피하는 데 필요한 주의를 할 능력이 있는 사람이 피해를 당했을 경우 그 피해자의 과실이 그 손해에 어느 정도 기여했는지를 판단하여 손해배상에서 그 기여도만큼의 손해액을 감한다는 것이다. 예컨대 $(x^* - x) / (y^* - y)$ 값이 크면 클수록 $l^x(x, y)$가 커지고, 그 반대이면 $l^y(x, y)$가 많아진다.

과실상계는 과실책임법리와 결합되는 것이 일반적이나 이론적으로는 무과실책임법리와 결합될 수도 있다. 비교과실책임법리의 경제적 의의와 여타 법리와의 상대적 효율성 비교 등에 대해서는 제3절에서 상세히 살펴보기로 하고, 여기서는 과실상계의 두 가지 유형을 구분하여 살펴본다.

① 과실책임과 결합된 과실상계

우선 과실상계가 과실책임과 결합된 경우를 살펴보면, ① $x = x^*$이면 가해자의 책임은 면제되며, ② $x < x^*$, $y \geq y^*$이면 가해자는 전적으로 책임을 부담한다. ③ 만일 $x < x^*$, $y < y^*$인 경우에는 법적주의의무의 불이행 정도에 따라 함께 책임을 부담하는 것이다.

이를 그림으로 나타내면 <그림 5-2>의 (1)과 같다. 그림에서 $(x^* - x) / (y^* - y)$ 값의 크기가 커질수록 a선의 기울기가 완만해져 가해자 책임 부담이 늘어나게 된다. 이때 $y = y^*$이면, 즉 피해자가 법적주의의무를 이행한 경우에는 a선의 기울기가 수평(∞)이 되어 단순과실책임의 경우와 동등해지고, $x = x^*$이면, 즉 가해자가 법적주의의무를 이행한 경우에는 선의 기울기가 수직(0)이 되어 기여과실책임법리의 경우와 같아진다. 그

<그림 5-2> 과실상계하 가해자의 배상책임

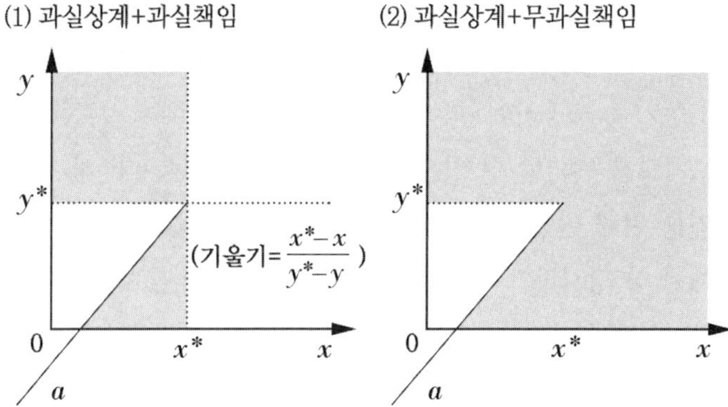

리고 양 당사자의 법적주의의무 불이행 수준이 동등할 경우에 a선은 x축과 y축의 교점인 0을 지나게 되어 각자 50%의 책임을 부담하게 된다.

② 무과실책임과 결합된 과실상계

다음으로 과실상계가 무과실책임법리와 결합된 경우를 보면, ① 원칙적으로 모든 경우에 가해자의 책임이 성립하게 되나, ② $x < x^*$, $y < y^*$인 경우에만 양 당사자의 법적주의의무 불이행 정도에 따라 양 당사자가 함께 책임을 부담하게 된다. 이 경우는 <그림 5-2>의 (2)와 같다.

(2) 과실상계의 효율성

불법행위법상 과실상계의 법원칙은 앞서 검토한 과실기준과 기여과실 기준을 엄격히 적용할 때 나타날 수 있는 '모 아니면 도'의 책임부담 결과의 문제를 시정해줄 수 있다. 따라서 과실상계의 법원칙은 일견 사고 당사자의 과실의 비율에 따라 배상책임을 분담한다고 하는 견지에서 공평한 법원칙이며, 효율성의 기준에서도 (다른 형태의 과실책임법리에 비해) 바람직한 것처럼 보인다. 하지만 그럴 수도 있는 반면 그렇지 않을 수도 있다.

즉, 전술한 캘러브레이지의 사고비용 이론에서 가해자와 피해자 중 사고의 최소비용회피자가 누군지 관계없이 사고의 양 당사자 모두에게 손해회피의 동기를 제공하여 (적어도 기여과실책임에 비해서는) 좀 더 낮은 비용으로 사고를 회피할 수 있는 (효율적인) 결과를 얻는다. 하지만 만일 사고 방지를 위해 일방당사자의 주의만으로도 충분한 경우라면 과실상계 아래에서 양 당사자가 함께 손해회피를 위한 주의를 하게 되어 결과적으로 과다한 주의를 하는 것이 되어 사회적으로 효율적이지 못한 경우도 있을 수 있다.

이와 같은 관점에서 제5장의 제3절에서 과실상계 법원칙의 효율성 문제를 전술한 기여과실책임의 문제와 비교하여 검토하도록 한다.

2. 책임법리 간의 효율성 비교

지금까지 효율적 주의수준을 살펴보고, 각 책임법리에 대해 정의해보았다. 이제 하나의 책임법리가 주어져 있는 상황에서 의사결정자(행위자)의 효율적 주의노력 수준을 얻기 위한 유인 문제를 살펴보고, 그러한 책임법리들 간의 효율성의 문제를 비교 검토한다.

경제학에서의 효율성은 어떤 자원배분의 결과에 의해 사회 전체의 구성원이 향유하는 총이익이 극대화되는 것을 의미한다. 이러한 효율성은 일반적으로 의사결정자가 자신의 행동에 따른 한계비용과 한계편익을 내부화할 때 달성될 수 있다. 즉, 주의유인은 사고를 예방하기 위해 누가 주의할 것인가, 그리고 법이 손해비용의 부담을 누구에게 지우고 있는가에 달려 있다. 본 절에서는 일정한 형태의 책임법리가 주어져 있는 상황에서 (즉, 법원이 적용하는 책임법리가 정해졌다는 관점에서) 행위의 당사자들이 효율적 수준의 주의를 기울이도록 하는 여러 경제적 유인 문제에 관해 검토한다.

1) 일방주의 모형: 무책임법리와 무과실책임법리 간의 주의유인

(1) 피해자의 주의유인 비교

간단한 수식의 형태로 논리를 전개하기 위해 일방당사자의 주의수준 x와 주의비용 w에 피해자(victim)를 의미하는 하첨자 v를 놓으면, x_v의 주의를 기울이는 피해자는 w_v의 주의비용을 부담하게 된다.

우선 주어진 법리가 무책임(no liability)이라고 하면, 다시 말해 법이 사고 피해에 대한 배상책임을 가해자에게 지우지 않을 경우 피해자는 기대손해인 $p(x_v)D(x_v)$를 부담하게 된다. 그러면 피해자가 부담할 전체 비용〔總費用〕은 자신의 주의비용에 기대손해비용을 더한 $w_vx_v + p(x_v)D(x_v)$가 된다.

피해자는 이 총비용을 최소화하는 주의수준을 선택할 것이다(즉 사고의 일방주의모형에서 도출한 <수식 4-1>과 동일하다). 이를 x^*_v라 놓으면, x^*_v는 다음 식을 충족하는 피해자의 주의수준이다.

$$\underset{\text{(피해자의 한계비용)}}{w_v} = \underset{\text{(피해자의 한계편익)}}{-p'(x^*_v)D(x^*)} \quad \cdots\cdots\cdots\cdots \text{<수식 4-2'>}$$

<수식 4-2′>는 제4장에서 설정한 <수식 4-2>에서의 효용조건과 동일하다. 따라서 무책임법리는 피해자가 주의의 한계비용과 한계편익을 내부화하도록 해준다. 다시 말해 피해자가 효율적 주의를 기울이도록 하는 유인을 제공한다.

이제 가해자가 무과실책임(엄격책임)법리하에 놓여 있을 경우 피해자

의 주의유인에 대해서 알아보자. 앞에서 피해자는 $w_v x_v$의 주의비용과 $p(x_v)$D(x_v)의 기대손해비용을 부담하는 것을 보았는데, 앞서 제4장에서 소개한 바와 같이 피해자의 손해 $D(x_v)$는 완전한 보상(perfect compensation)이 가능하다고 하자. 그러면 사고 발생 시 자신의 손해는 완전히 보상받을 수 있으므로 피해자가 부담해야 할 것이라고 기대되는 총비용은 주의비용과 동일하다. 즉, $w_v x_v$이다. 피해자는 이를 최소화하는 x_v수준의 주의를 기울일 것이며, x_v는 음수가 될 수 없으므로 아무런 주의를 기울이지 않을 때 피해자의 총비용이 최소화된다. 다시 말해 $x_v = 0$이다. 따라서 무과실책임법리의 경우에는 피해자는 전혀 주의할 유인이 없다(물론, 손해가 완전 보상된다는 전제가 필요하다).

이상의 분석에서 엄격책임법리와 완전보상의 조건 아래서는, 사고의 발생 여부에 관계없이 피해자에게는 아무런 차이가 없음을 알 수 있다. 엄격책임의 법리 아래 피해자는 자신의 주의비용을 부담하지만 사고확률 감소에 의한 이익은 얻지 못한다. 다시 말해 피해자는 주의비용을 내부화(internalize)하지만 이익을 외부화(externalize)할 수밖에 없다. 따라서 피해자는 주의하지 않으려는 유인을 갖게 된다.

지금까지 피해자에 대한 주의유인의 관점에서 무책임법리와 엄격책임법리의 효과를 분석해보았다. 무책임법리는 피해자가 효율적 주의를 하도록 하는 유인을 제공하는 반면 엄격책임법리하에서는 피해자가 주의할 유인이 없게 된다.

(2) 가해자의 주의유인 비교

이제 두 법리를 가해자의 주의유인의 관점에서 서로 비교해보자.

가해자의 주의수준을 x_i라 놓으면, 가해자가 x_i단위의 주의를 기울일 때 w_i의 주의비용을 부담하게 된다.[12] 하지만 손해 D는 일단 피해자가 부담하게 된다. 이때 법에 의해 D가 재배분되지 않는다면(즉 특정 책임법리가 적용되지 않는다면) 가해자는 D를 부담하지 않으려 할 것이다.

하지만 기대손해가 완전 보상된다는 전제 아래, 엄격책임법리가 적용되고 있다면, 가해자는 사고가 발생할 때마다 그 손해비용을 부담해야 한다. 이때 가해자의 기대책임(expected liability)은 사고확률과 사고손해의 곱[$p(x_i)D(x_i)$]이며, 자신의 총비용은 $w_ix_i + p(x_i)D(x_i)$이다. 가해자는 자신이 부담해야 할 총비용을 최소화하려 할 것이므로 총비용식을 최소화하는 주의수준을 택하게 되며, 이를 x^*_i로 놓자. x^*_i는 가해자의 한계주의비용이 기대손해비용의 감소분(한계편익)과 같게 되는 수준의 주의이다.

$$\underset{\text{(가해자의 한계비용)}}{w_i} = \underset{\text{(가해자의 한계편익)}}{-p'(x^*_i)D(x^*_i)} \cdots\cdots\cdots\cdots\cdots\cdots \text{<수식 4.2″>}$$

<수식 4-2″> 역시 제4장에서 설정한 <수식 4-2>에서 보인 효율성 조건과 일치한다. 그러므로 완전보상하의 엄격책임법리는 가해자가 한계비용과 한계편익을 내부화하도록 한다. 즉, 효율적 주의를 기울이도록 하는 유인이 된다.

이제 가해자의 주의유인의 관점에서 무책임법리의 효과를 살펴보자. 가해자가 x_i의 주의를 기울일 때 w_ix_i의 주의비용을 부담한다. 하지만 무책임법리 아래 사고손해 D는 피해자가 부담하게 되고, 가해자는 손해에 대한 배상을 하지 않아도 된다. 즉, $D = 0$이다. 따라서 가해자의 총비용은 w_ix_i이다. 가해자는 자신의 총비용인 w_ix_i를 최소화하는 x_i의 주의를 기울일 것이다. 이때 x_i는 음수가 될 수 없으므로 가해자의 주의수준이 '0'일 때(즉, $x_i = 0$인 경우)에만 총비용의 최소화가 달성된다. 그러므로 무책임법리 아래서는 가해자가 주의할 아무런 유인을 갖지 못하게 된다.

---

12) 하첨자 i는 가해자(injurer)를 의미한다.

다시 말해 무책임법리 아래 가해자는 사고의 발생 여부가 자신의 효용에 아무런 영향을 미치지 않으므로, 자신의 주의비용을 내부화하는 반면 자신의 편익은 외부화하는 유인을 갖게 된다.

위에서의 논의를 종합해보면, 만일 피해자만 주의할 수 있는 경우라면 무책임법리가 좀 더 효율적인 유인을 제공하며, 가해자만 주의하는 경우라면 완전보상 아래서의 엄격책임법리가 좀 더 효율적인 주의유인을 제공하게 된다고 볼 수 있다. 물론 여기에는 없어서는 안 될 중요한 가정이 전제되어 있다는 것을 잊어서는 안 된다. 즉, 행위자들의 합리성과 완전정보라는 비현실적인 조건을 암묵적으로 전제한 것이다.

이상의 내용은 지나치게 단순하고, 비현실적이며 또 당연한 귀결이어서 사실 분석의 가치가 있는지 의심될 정도이다. 하지만 이 논의는 주어진 책임법리하에서의 행위자들의 자발적 행동의 결과를 비교해볼 수 있는 중요한 분석틀을 제공하고 있다. 이러한 분석틀을 바탕으로 좀 더 현실적인 책임법리하에서의 행위자의 행동을 고찰해볼 수 있으며, 또한 현실성 있는 조건으로서 정보가 완전하지 않는 상황을 설정하여 각 책임법리의 효율성을 검토해볼 수 있을 것이다. 다음 절부터 이러한 문제들을 차례차례 논의한다.

2) 쌍방주의 모형: 과실책임법리하에서의 주의유인

이제 사고의 양 당사자가 모두 주의를 기울이는 좀 더 현실적인 분석모형을 설정하여 책임법리의 효율성 문제를 검토한다. 즉, 과실책임의 법원칙이 피해자뿐 아니라 가해자에게도 효율적 주의유인을 제공하게 됨을 살펴본다.

과실책임의 법 원칙은 면책(免責)을 위해 준수해야 하는 법적주의기준을 가해자와 피해자에게 제시하게 된다. 법원은 일정한 수준의 주의를

<그림 5-3> 과실책임법리 아래 가해자의 기대사고책임

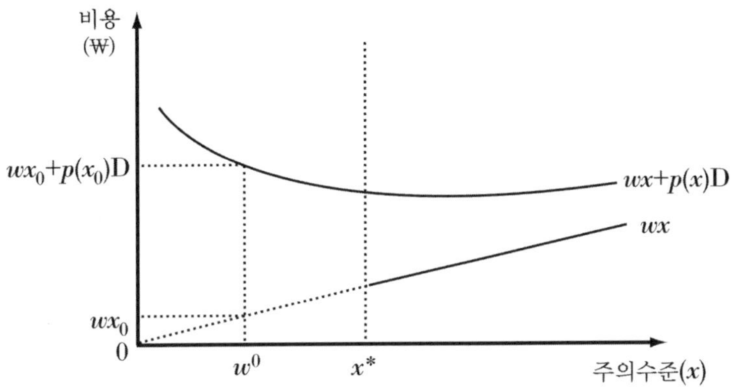

요하는 한정된 기준(legal level)을 적용하게 되는데, 이 기준이 효율적 주의수준(x^*)과 동일하다고 하자.[13] 이 법적주의기준은 <그림 5-1>의 (3)에서 x^*로 나타나 있다. 이 <그림 5-1>의 (3)과 사고의 기대사회적비용을 나타내는 <그림 4-1>을 합쳐 과실책임법리 아래 가해자(및 피해자)의 기대사고비용을 <그림 5-3>과 같이 나타낼 수 있다.

(1) 가해자의 주의유인

앞서 살펴보았듯이, 과실책임법리하 가해자는 x^*의 주의를 함으로써 책임을 면할 수 있다(이 결과는 피해자의 주의 여부에 관계없이 성립한다). 즉, 가해자는 적어도 x^*의 주의를 함으로써 wx의 주의비용만 부담하고 피해자의 손해비용[$p(x, y)D(x, y)$]은 부담하지 않는다. 만일 x^*보다 적은

13) 법원이 법적 기준을 설정하여 적용하는 데 아무런 과오(error)가 없다는 의미이다. 현실에서 법원은 전지전능하지 않기 때문에 법적 기준 설정뿐 아니라 배상액의 산정에 있어서도 다소의 과오를 범하게 된다. 법원의 과오 내지 오판(誤判) 문제는 이 책의 제6장 제3절에서 구체적으로 다룬다.

주의를 할 경우에는 자신의 주의비용과 피해자의 손해비용을 모두 부담해야 한다. 즉, $wx + p(x, y)D(x, y)$이다. 따라서 과실책임법리 아래 가해자의 기대비용은 <그림 5-3>과 같이 완만히 우하향하다가 $x = x^*$에서 뚝 떨어져 우상향하는 직선의 형태를 띠게 된다. <그림 5-3>에서 가해자의 비용곡선은 주의수준이 x^*인 점에서 최저가 된다. 다시 말해 가해자는 과실책임법리 아래 자신의 비용을 최소화하기 위해 법적주의기준 수준의 주의를 기울이게 된다.

이제 가해자가 자신이 선호하는 주의수준을 선택하는 과정을 고찰함으로써 과실책임법리의 유인효과를 살펴보자. <그림 5-3>에서 가해자가 x_0수준의 주의를 하고 있다고 하자. x_0에서 가해자는 $p(x_0)D(x_0)$의 비용을 부담하게 될 것으로 기대한다. 이때 주의수준을 한 단위 추가하면 사고확률이 더 낮아지므로[$p(x_0)D(x_0)$는 주의수준의 감소함수이다], 기대비용은 기대책임의 감소에 따른 편익(savings in expected liability)보다 적어지게 된다. 따라서 합리적인 가해자라면 주의를 더 늘이려 할 것이다. 가해자는 책임이 면제되는 x^* 수준까지 주의를 늘이려 할 것이며, x^* 이상에서는 주의를 증가할 유인이 없어지므로 그 이상으로는 주의하려 하지 않을 것이다.

(2) 피해자의 주의유인

다음으로, 피해자의 선택에 대해 살펴보자. 피해자는 가해자가 사고손해의 책임을 면하기 위해 법적 기준(x^*)의 주의를 하게 될 것으로 예상한다. 즉, 발생된 자신의 손해를 스스로 부담해야 된다고 판단한다(이때 피해자는 자신이 직면하는 법리가 무책임법리와 동일한 것으로 간주하게 된다).[14] 따라서 다음 식을 만족하는 주의노력(y)을 기울이게 된다. 즉, 피해자는

---

14) 앞에서 무책임법리가 피해자에게 효율적 주의유인이 됨을 설명했다.

자신의 손해를 모두 내부화할 것이므로 사회적으로 효율적인 y^*의 주의를 기울일 것이다.

$$Min : y + p(x^*, y)D(x^*, y)$$

일반적으로, 과실책임법리는 가해자가 면책을 위해 법적주의기준을 준수하도록 하는 유인이 되는 동시에 피해자에게도 효율적 수준의 주의를 하도록 하는 유인을 제공한다. 이는 미시경제이론에서 말하는 이른바 내쉬균형(Nash equilibrium) 상태이다.[15] 즉 피해자는 상대방의 전략(법적주의기준 x^*의 준수)이 바뀌지 않는 한 자신의 주의수준 변경을 통한 편익의 증가가 불가능한 상태이다(미시경제이론서를 참고하기 바란다).

지금까지의 살펴본 과실책임의 법원칙에 대한 분석에서는 명시적 내지 묵시적으로 '최적의 주의수준이 법적으로 정해져 있다'는 것을 전제하고 있다. 다시 말해 '법적주의기준'이 경제학에서의 '효율적 주의수준'과 동등하다는 가정이다. 과실책임의 인정 여부에 관한 논의에서는 대개 그러한 법적주의기준의 어떻게 정해져야 하는지, 그리고 그 기준이 경제적으로 효율적일까 등에 관한 논점이 부각되는데, 이러한 과실 유무의 판단기준에 대한 문제는 이른바 핸드 판사 공식(Hand's Rule)이라는 유명한 기준을 통해 설명된다. 이 핸드 판사 공식은 사실상 본 절에서 살펴본 쌍방주의 모형에 해당되지만, 아래와 같이 별도로 구분하여 살펴보도록 한다.

---

15) 내쉬균형이란 각 경기자가 상대방의 전략을 주어진 것으로 보고 자신에게 최적인 전략을 선택할 때, 이 최적전략의 짝을 말한다. 다시 말해 상대방의 전략이 바뀌지 않는 한 누구도 자신의 전략의 변경을 통해 유리하게 될 수가 없는 상태를 의미한다.

3) 핸드 판사 공식: 법적주의기준의 효율성 문제

지금까지 과실책임법리에 관한 고찰에서 법학적 개념인 '법적주의기준'이 경제학에서 의미하는 '효율적(efficient)'인 주의수준과 동일하다고 전제했다. 이제 법원이나 법 실무자가 이 법적 기준을 설정할 때 어떻게 경제적 논리를 활용하게 되는지 살펴보자.

우리 민법의 불법행위 규정을 보면, "고의 또는 과실로 인한 위법행위로 타인에게 손해를 가한 자는 그 손해를 배상할 책임이 있다". 이때 고의로 인한 불법행위의 경우 손해배상책임이 있는 것은 당연하지만, 과실의 경우에는 어떤 기준으로 과실 여부를 결정하느냐가 매우 중요한 법정책 과제이다. 일반적인 법해석에 따르면 과실 유무의 판단기준을 보통인(평균인) 또는 표준인의 주의 정도를 기준으로 하고 있다. 한마디로 개개인의 평상시의 주의 정도를 기준으로 하는 구체적 과실이 아니라 평균인 내지 표준인의 주의 정도를 기준으로 하는 추상적 과실을 기준으로 하고 있는 것이다.

이러한 법 분야에서의 과실에 대한 판단기준의 의미를 좀 더 객관화하여 경제적 논리에 접목한 유명한 기준으로 이른바 핸드 판사 공식(Hand's rule)이 있다. 본 절에서는 이러한 핸드 판사 공식을 소개한 후, 이 공식의 경제적 의의에 대해 살펴본다.

(1) 핸드 판사 공식에 의한 법적주의기준의 설정

미국의 핸드(Learned Hand) 판사는 '미국상선 대 케롤예선회사(United States v. Carroll Towing Co., 159 F.2d 169, 2d Cir. 1947)' 사건에서 유명한 공식을 제시했다. 이 판례의 사실관계는 다음과 같이 비교적 단순하다.

원고가 뉴욕 항의 선창에 여러 바지선을 매어두었으며, 이 중 한 척을

> 예인하기 위해 피고의 예인선 한 척을 고용했다. 예인선의 선원은 예인하려는 바지선에 아무도 없는 것을 확인했고, 그 바지선을 올바른 위치에 정박시키려고 했으나 계선줄이 느슨해져 옆의 다른 배와 충돌하면서 바지선이 선적된 화물과 함께 침몰되어버리는 사고가 발생했다. 침몰된 바지선의 소유자(원고)는 예인선 승무원이 계선줄을 잘못 조정하여 사고가 발생했다는 이유로 예인선의 소유자(피고)를 상대로 소송을 제기했다.

이에 대해 피고인 예인선의 소유자(Carroll Towing Co.)는, 원고 역시 예인선 승무원이 계선줄 조정을 위해 바지선의 계선담당자(bargee)를 찾았으나 담당자가 자리를 비웠다는 과실이 있다고 주장했다. 한편 바지선의 담당자는 당시 계선줄이 정확하게 조정되어 있었다고 주장했다. 이 사건의 판결문에서 핸드 판사는 다음과 같은 바지선 소유자의 과실인정 기준을 제시하고 있다.

> 모든 선박들은 정박 중에 계선줄이 느슨해져 이탈하는 경우가 이따금씩 발생할 수 있는데, 이러한 상황에서 선박 소유자의 의무는 다음과 같은 세 가지 변수의 함수로 볼 수 있다. 즉, ① 선박의 계선줄이 느슨해질(그래서 다른 배에 손해를 입힐) 확률, ② 그러한 사건이 생길 때 다른 선박에 미칠 피해의 정도(gravity of the injury), ③ 그러한 사건을 방지하기 위해 적절한 조치를 하는 데 드는 부담이 그것이다. 이상의 내용을 정식화해보면, 사고확률을 P, 손해를 L, 부담을 B라고 하면 선박 소유자의 책임은 $B<PL$일 때 성립한다.

핸드 판사는 이 사건에서 $B<PL$이라는 이유를 들어, 계선담당자가 근무시간 중 자리를 이탈하는 등 바지선 소유자의 과실이 인정된다고 판결했다. 다시 말해 사고회피비용(B)이 사고의 기대손실($P \times L$)보다 작은데

도 그 사고회피 노력을 하지 않았으므로 과실의 성립을 인정한 것이다. 즉, 과실판단의 기준이 되는 주의의무(법적주의기준)는 사고회피비용이 사고기대손실보다 작은 경우에만 인정되는 셈이다.

(2) 핸드 판사 공식의 법경제학적 의의

핸드 판사 공식은 기본적으로 비용편익분석(cost-benefit analysis)의 한 형태로 이해될 수 있겠는데, 그가 사용하고 있는 개념은 사실상 총비용이나 총편익과 같은 총합적 가치〔總價値, total values〕이다. 일반적으로 비용-편익분석에서는 총합적 가치보다는 한계적 가치〔限界價値, marginal values〕를 사용할 때 좀 더 합리적인 해석이 가능하다. 다시 말해 과실 유무는 추가적인 한 단위 주의노력을 기울일 때 늘어나는 주의비용(한계비용)과 그로 인해 예상되는 사고손실의 감소액(한계편익)을 비교하여 판단하는 것이 더욱 합리적이다.

핸드 판사 공식을 이러한 한계적 개념을 도입한 경제모형으로 전환해 보면 다음과 같이 나타낼 수 있다. 즉, $dB < d(PL)$이면 가해자의 과실이 인정되는 것이다(위의 사건에서는 '원고'가 가해자이다).[16)]

핸드 판사 공식 아래 가해자가 책임을 면하기 위해서는 한계비용과 한계편익이 같아질 때까지 주의수준을 높여야 한다. 즉, $dB = d(PL)$인 수준까지 주의를 늘려야 한다.

이를 그림으로 나타내면 <그림 5-4>와 같다. <그림 5-4>의 (1)은 총비용과 총편익의 관계를, (2)는 한계비용과 한계편익의 관계를 보여주고

---

16) $dB<d(PL)$은 핸드 판사 공식 $B<PL$을 주의수준으로 1차미분한 한계가치로 나타낸 것이다. 이를 앞서 살펴본 단순한 주의수준 모형으로 바꾸어보면, $B=w_i$(한계주의비용), $L=D$(사고손해비용), $P=p'$(한계확률)로 놓을 수 있다. 따라서 핸드 판사 공식은 $w_i<-p'D$로 치환되며, 이 식은 앞서 사고의 사회적 비용을 최소화하는 효율적 주의수준을 나타내는 <수식 4-2>와 동일하다.

<그림 5-4> 핸드 판사 공식

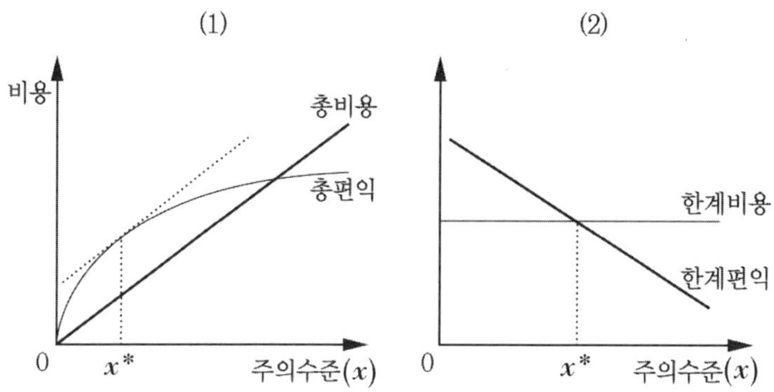

있다. 논의의 편의상 총주의비용은 주의가 늘어남에 따라 일정한 비율로 증가하는 것으로, 총편익은 증가하되 증가율 자체는 감소하는 것으로 놓았다.[17] 따라서 한계주의비용은 <그림 5-4>의 (2)와 같이 주의수준에 관계없이 일정하게, 한계편익은 주의가 늘어남에 따라 체감하는 것으로 그려진다. 이때 그림 (2)에서 한계비용과 한계편익이 일치하는 수준의 주의수준 x^*가 바로 핸드 판사 공식이 요구하는 주의의무 수준인 것이다.

실제로 미국에서는 불법행위소송에서 피고 과실의 문제를 판정하기 위해 이 핸드 판사 공식을 적용하고 있으며, 이 공식은 미국법률협회(American Law Institute: ALI)의 제2차 불법행위법 리스테이트먼트〔2nd Restatement of Torts(1965)〕에서의 제안에 따라 과실책임을 정의하는 하나의 요소 내지 기준으로 인정받게 되었다. 만일 우리가 추상적 과실의 판단기준으로 이 공식을 받아들인다면, 앞에서 언급한 보통인·표준인에게 요구되는 주의의무수준은 바로 이 x^*수준이라 하겠다.

실제 소송에서 핸드 공식을 적용하기 위해서는 주의증가에 따른 추가

17) <그림 5-4>의 (1)의 총편익곡선과 <그림 4-1>의 기대손해비용과의 관계를 생각해 보라.

적인 비용을 기대사고비용의 감소의 크기와 비교해보아야만 한다. 하지만 기대사고비용 $p(x)D(x)$를 산정하기는 쉬운 일이 아니다. 예컨대 독자가 운전속도를 시속 100Km에서 80Km로 줄이는 경우 (잠재적) 사고의 평균적 손실이 얼마나 감소할 것인가와 같은 비용-편익분석에서는 많은 정보의 수집이 요구된다. 불법행위법은 사고관련 정보를 획득하는 데 누가 가장 유리한 위치에 놓여 있는가를 고려해야 한다.[18] 법원이 적절한 비용으로 정확한 사고정보의 수집이 가능할 경우에는 판사가 이 핸드 공식을 반복적으로 적용해봄으로써 효율적 주의수준(x^*)에 접근할 수 있게 될 것이다. 반면에 행정부에서 이러한 사고정보를 용이하게 수집할 수 있는 경우에는 행정적 규제수단을 통해 효율적 주의수준과 동일한 법적 기준을 제시할 수 있을 것이다.

4) 모형의 현실 적용상의 문제들

이와 같이 과실책임법리가 사고손해의 양 당사자에게 효율적인 주의유인이 되는 이유로는, 이 법리가 가해자에게 법적 책임을 면할 수 있도록 하는 기준이 될 뿐만 아니라, 동시에 피해자에게도 실제 배상책임을 묻고 있기 때문이다.

그렇지만 과연 이 과실책임법리가 현실에서도 양방 당사자에게 사회적으로 '효율적'인 주의유인을 부여하게 될까?

사실, 지금까지의 논의는 여러 가지 가정을 암묵적으로 전제한 것이다.

---

18) 앞서 살펴보았듯이 캘러브레이지는 가장 적은 비용으로 해당 사고를 피할 수 있는 주체, 즉 최소비용회피자(the cheapest cost avoider)에게 사고비용의 책임을 지우는 법원칙이 사고의 크기와 사고확률을 줄일 수 있을 것이라고 보았다. Guido Calabresi, *The Costs of Accidents: A Legal and Economic Analysis* (New Haven: Yale University Press, 1970).

그중 중요한 가정은 거래의 양 당사자가 선택에 필요한 정보가 완전하다는 것이었다. 예컨대 과실책임법리 아래 양 당사자는 법원에서 적용하는 법적주의기준을 정확히 알고 있으며, 거래 상대방의 행동(자신의 행동에 따른 반응까지 포함)을 짐작하고 있다는 전제였다. 또 다른 중요한 가정은 경제학에서의 용어인 이른바 '거래비용'이 제로이거나 충분히 낮아서 당사자 간의 자유로운 상호협상이 가능하다는 조건이 암묵적으로 전제되어 있다(거래비용이란 거래당사자 간 거래에 소요되는 제반 비용, 즉 거래를 원하는 당사자를 탐색하는 데 소요되는 비용, 상호협상에 소요되는 제반 비용, 협상 후 합의사항들을 이행하는 데 소요되는 비용을 합한 것을 의미한다).

이러한 완전정보 및 매우 낮은 거래비용의 조건 아래에서는 무책임법리, 무과실책임법리, 과실책임법리뿐만 아니라 여타의 법리 아래에서도 행위자의 합리적 행동이 가능하며, 따라서 양 당사자는 효율적 수준의 주의를 기울이게 될 것이다.

하지만 현실에서는 이러한 가정들이 성립되기 어렵다. 사실 불가능할 수도 있다. 예컨대 제품에 관련된 사고의 경우 제품의 안전성에 대한 정보가 서로 대칭적일 수 없다. 소비자(피해자)는 제품의 생산자(가해자)에 비해 안전에 관련된 정보가 빈약하며, 따라서 부정확하게 인지하는 경우가 적지 않다. 이와 같은 현실의 경우에는 어떠한 책임법리 아래에서도 앞서 설정한 사회적 비용의 최소화가 달성되기 어려울 것이다.

예컨대 과실책임법리 아래의 경우 피해자는 (정보부족이나 비합리적 특성으로 인해) 가해자의 주의수준을 잘못 판단하여 아예 주의를 하지 않거나(가령 $x=x^*$임에도 $x<x^*$로 판단하는 경우) 지나치게 많은 주의를 할 수 있다. 가해자 역시 피해자가 자신의 주의수준(x)을 정확히 인지할 수 없다는 것을 알 경우 적절한 주의를 기울일 유인이 없어지게 된다. 이상의 논의를 정리하면, 사고의 양 당사자가 사고 위험이나 상대방에 관한 정보가 불완전하거나 거래비용이 존재하는 경우라면, 주어진 책임법리의

형태가 무엇이든 당사자들의 효율적인 주의수준을 가져올 수 없다. 즉, 경제적 효율성을 달성하지 못한다는 명제를 도출할 수 있다.

이와 같이 단지 효율성 분석 모형에서는 각 책임법리의 상대적 우위를 비교하기 어렵다. 그렇다면, 어떻게 하면 이 모형을 현실적인 정책에 활용해볼 수 있을 것인가의 문제가 제기된다. 예컨대 정책의 목표가 '피해자에 대한 충분한 보상'이라면 해당 목표의 달성을 위해서는 어떤 형태의 법리가 적용되는 것이 바람직한가. 만일 '제품사고에 관계된 소비자의 안전성 제고'가 정책목표일 경우에는 어떠한 형태의 책임법리 아래서 제품의 사고율이 더 낮춰질 수 있을 것인가.

이러한 정책목표들과 관련된 문제가 현실적으로 더욱 중요한 불법행위 책임법리의 분석 대상이 될 필요도 있을 것이다. 이에 관한 논점들은 본 절의 제4항, 및 제조물책임에 대해 분석하고 있는 제9장에서 좀 더 구체적으로 살펴보도록 한다.

3. 기여과실책임과 과실상계

과실책임법리에 관한 지금까지의 분석에서는 불법행위의 피해자가 어느 정도 주의했는지 관계없이, 가해자가 법적 기준보다 낮은 주의를 할 때 가해자 자신이 사고책임을 부담하게 되는 단순한 유형〔單純過失責任, simple negligence〕에 대해 살펴보았다. 그런데 과실책임법리 중에는 가해자뿐 아니라 피해자도 사고발생에 기여하는 좀 더 현실에 가까운 유형을 설정할 수 있다. 대표적인 경우가 기여과실제도(contributory negligence)와, 과실상계 내지 비교과실책임(comparative negligence)의 법리이다. 이 두 가지 법리에 관해서는 이미 앞에서 정의한 바 있지만, 본 절에서는 그 구체적인 사례를 들어 살펴보고 효율성의 관점에서 서로 비교해본다.

1) 기여과실책임

기여과실의 항변이 인정되는 과실책임법리 내지 기여과실책임법리(rule of negligence with a defense of contributory negligence)에 대해 살펴보자. 과실이 입증된 가해자는 피해자의 주의 정도가 (피해자의) 법적 기준에 미치지 못한다는 것을 보임으로써 자신의 책임을 면할 수 있다. 기여과실책임제도는 19세기 초 영국의 판례인 버터필드 대 포레스터(Butterfield v. Forrester, 11 East 60, K.B. 1809) 사건에서 처음 도입되었다. 즉, 원고가 말을 타고 가다가 피고가 도로상에 내놓은 장애물에 걸려 말이 넘어지는 바람에 상해를 입은 사건이었다. 이 사건에 대해 법원은 비록 피고의 과실을 인정했지만, 피해자인 원고 역시 적절한 주의(due care)를 기울이지 않았으므로 배상을 받을 수 없다고 판정했다.

이러한 기여과실제도는 19세기에서 20세기 중반까지는 영미법 체계 아래서의 지배적인 책임법리의 하나였다.

기여과실 책임법리가 가해자 및 피해자에게 주는 유인이 단순과실책임의 경우와 어떻게 다른지 가상적인 예를 들어 고찰해보도록 하자.

스키 애호가인 국표 씨는 주말을 맞아 여자 친구와 함께 강원도 홍천의 바발도 스키장에 가서 스키를 즐겼다. 하지만 불행히도 최상급 코스의 슬로프에서 하강하다가 미끄러져 심한 허리골절상을 입었다. 당시 슬로프 하강 지점은 눈이 덮여 있긴 했지만 전날 녹은 눈이 얼어붙어 거의 빙판에 가까운 상태였다. 이에 국표 씨는 스키장이 슬로프 하강 지점이 미끄러우므로 주의하라는 경고표시나 스키 금지 등의 안전조치를 하지 않은 과실을 이유로 스키장 주인을 상대로 소송을 제기했다. 스키장 주인은 자신의 과실을 시인하면서도, 국표 씨가 슬로프의 상태에 잘 관찰하지 않고 무리하게 스키를 탄 과실이 있다고 주장했다. 이때 만일 양 당사자 모두의 과실이 인정되는 경우 스키장 주인은 단순과실책임의 법리하에서는 책임을 부담하게 되지만, 기여과실책임법리 아래에서라면 책임을 부담하지 않게 된다.

기여과실책임법리에는 이 외에도 기여과실의 항변이 인정되는 무과실책임(rule of strict liability with contributory negligence), 이중기여과실 무과실책임(rule of strict liability with dual contributory negligence) 형태의 책임법리가 있다. 각 법리의 의의에 대해서는 이미 수식과 그림으로 살펴본 바 있으므로 구체적인 설명은 생략한다.

2) 과실상계[過失相計]

지금까지 공부한 모든 형태의 책임법리는 적어도 이론적으로는 사고당사자 중 일방만 배상책임을 부담하게 되는 이른바 all or nothing의 형태였다. 예컨대 과실책임의 법원칙 아래서는 비록 양 당사자 모두 과실이 있는 경우에도 단지 한 당사자만 사고손해비용에 대한 전적인 책임을 지게 된다. 여러 형태의 기여과실책임법리 아래서도 마찬가지이다.

이와는 달리 <그림 5-3>에 소개했던 과실상계 내지 비교과실책임(comparative negligence)의 법리는 사고의 각 당사자가 자신의 상대적 과실에 따라 비례적으로 손해비용을 분담하는 법원칙이다. 앞서 언급했듯이 미국 등 영미법 국가에서는 20세기에 들어와 그 중반까지 기여과실제도를 포함한 과실책임이 지배적인 책임법리로 채택되었다. 하지만 20세기 후반에 들어와 미국의 대부분의 주(州)에서 입법 또는 법원의 판례변경을 통해 우리나라의 과실상계제도와 유사한 비교과실제도를 채택하기에 이르렀다. 관련 자료에 따르면 1992년까지 미국의 44개 주(州)에서 기존의 과실책임법리 대신 과실상계 형태의 법리를 도입하고 있는 것으로 나타났다. 그 주된 이유는 아마도 손해의 한 당사자만 책임을 부담하는 기존의 과실책임이나 기여과실책임의 법리가 공평의 원리에 맞지 않으며, 당사자들의 책임범위는 해당 과실의 정도에 어느 정도 비례해야 한다는 인식 때문일 것이다.

우리 민법 제396조에 의하면 채무불이행에 관해 채권자에게 과실이 있는 때에는 법원은 손해배상의 책임 및 그 금액을 정함에 이를 참작하도록 하고 있다. 즉, 채무자의 채무불이행에 관해 채권자의 과실이 있는 때에 법원이 이를 참작하여 과실상계토록 한다. 민법 제763조에 의하면 이러한 민법 제396조의 규정은 불법행위로 인한 손해배상에도 준용된다. 따라서 법원은 불법행위에 관해 불법행위에 관련된 손해배상의 채권자인 피해자의 과실이 있는 때에는 이를 참작하게 된다.

민법 제763조의 문언만을 보면 준용대상인 불법행위를 과실에 의한 불법행위만으로 제한하지는 않고 있으므로, 적어도 이론적으로는 과실상계라는 명칭에도 불구하고 고의에 의한 불법행위에 대해도 적용될 수 있다. 하지만 우리 판례는 일정한 경우 고의에 의한 불법행위에 대해는 과실상계를 제한하고 있는 실정이다.[19)]

3) 기여과실책임과 과실상계 간의 경제적 주의유인 비교

공평성의 관점에서는 기여과실책임법리에 비해 과실상계가 좀 더 공정하다는 데는 학자들 간에 이견이 별로 없다. 하지만 양 법리 간 효율성(efficiency)의 차이가 있느냐 없느냐에 대해서는 학자들 간에 견해 차이가 있어 왔다. 예컨대 포스너(Posner, 1972)와 브라운(Brown, 1973)은 과실책임에 비해 과실상계가 비효율적이라는 주장을 했고, 헤독·큐렌(Haddock and Curran, 1985)의 경우는 기여과실책임과 과실상계가 모두 효율적이라는

---

19) 대법원 2000.1.21. 선고 99다50538 판결 참고. 이에 대한 평석으로는 김경호, 「고의에 의한 불법행위와 과실상계」, ≪판례연구≫, 15집(부산판례연구회, 2004.2.), 535쪽 이하를 참고할 수 있다.

입장을 보이고 있다.

하지만 오늘날에는 양 법리 간 효율성의 차이가 없으며, 특히 지금까지 암묵적 또는 명시적으로 가정해온 것과 같이, 사고손해가 완전 보상되고 법적주의기준이 효율적 주의수준과 동일한 경우에는 과실책임의 여러 유형이 모두 가해자와 피해자에게 효율적 주의를 하도록 하는 유인이 된다는 결론에 대부분 공감하고 있는 편이다.

사례를 들어 과실상계의 효율성을 살펴보고, 기여과실책임의 경우와 비교해보자. 어떤 과속운전자가 무단횡단을 하던 행인을 치어 중상을 입혔는데, 그 치료비용이 5,000만 원이라고 하자. 비록 사고 책임의 75%가 과속운전자에게 있음을 판결했더라도 기여과실책임법리 아래서는 피해자가 전혀 보상을 받지 못한다. 하지만 과실상계의 법리를 적용하면 가해자는 전체 피해액의 75%에 해당하는 3,750만 원을 배상해줄 의무가 발생하게 된다.

공평성의 관점에서 볼 때 과실상계의 경우가 좀 더 공정한 법리라고 판단되지만, 과연 효율성의 관점에서도 그러한 주장을 할 수 있을 것인가? 이 문제의 해답을 얻기 위해서는 과실상계 법리하에서의 가해자와 피해자의 주의유인이 어떤지 살펴보아야 한다.

위에서와 같이 가해자와 피해자의 법적주의기준(legal care level)을 각각 x^*와 y^*라고 하자. 과실상계는 가해자와 피해자 모두가 법적주의의무를 다하지 아니한 경우에 자신의 기여도만큼 책임을 져야 한다는 법리이며, <그림 5-2>의 그림 (1)과 같이 나타낼 수 있다. 즉, $x \geq x^*$인 경우에는 피해자의 주의수준에 관계없이 책임을 면할 수 있으며, $x<x^*$, $y \geq y^*$인 경우에는 100% 가해자 책임이다. 반면에 $x<x^*$, $y<y^*$인 경우에는 가해자와 피해자 모두 자신의 과실의 크기만큼 비례적으로 책임을 지게 된다. 예컨대 위의 과속운전자 사례에서 가해자는 3,750만 원을 배상해야 하며, 피해자는 나머지 1,250만 원을 스스로 부담해야 하는 것이다.

과실상계와 과실책임(단순과실책임 및 기여과실책임)법리 사이의 효율성의 크기를 서로 비교해보기 위해 <그림 5-1>의 그림 (3) 및 그림 (5), <그림 5-2>의 그림 (1)을 다시 살펴보자.

세 그림 모두 $x<x^*$, $y \geq y^*$의 경우에는 100% 가해자 책임으로 그려져 있어 가해자의 배상책임의 크기가 동일하다. 하지만 반면에 $x<x^*$, $y<y^*$인 경우에는 서로 다르다. 즉, 과실책임의 경우는 100% 가해자책임이고, 기여과실책임법리하에서는 100 % 피해자책임인 반면 과실상계의 경우는 양자가 비례적으로 배상책임을 진다. 만일 가해자 책임비율이 s라면 피해자책임비율은 $1-s$가 된다. 따라서 과실책임과 기여과실책임의 경우가 과실상계의 특수한 형태의 하나로 볼 수 있다. 예컨대 $s = 1$이라는 말은 양 당사자 모두 과실이 있음에도 가해자가 전체 책임을 부담한다는 말이며, 이는 과실책임법리하에서 성립된다. 반면에 $s = 0$이라면 피해자가 스스로 자신의 피해를 전액 부담해야 하는데 이는 기여과실책임법리하에서 성립한다. 이와 같이 특수한 경우 가해자와 피해자의 효율적 주의수준을 가져오게 되므로, 이들의 일반적인 경우인 과실상계의 경우도 양 당사자의 효율적 주의노력을 하는 유인이 됨은 당연하다 하겠다.[20]

이상의 논의를 요약하면, 과실상계의 법리하에서도 과실책임법리와 기여과실책임법리의 경우와 마찬가지로 가해자와 피해자 모두에게 효율적인 사고방지 노력을 유도하는 경제적 유인이 있다. 특히 지금까지 암묵적 또는 명시적으로 가정해 온 것과 같이, 완전한 손해의 보상, 효율적 수준과 동일한 법적주의기준이 제시되는 경우에는 과실책임의 여러 유형이 모두 가해자와 피해자에게 효율적 수준의 사고예방노력을 기울이도록 하는 유인이 된다는 결론을 이끌어낼 수 있다.[21] 따라서 효율성의

---

20) 과실상계의 효율성은 수식으로도 표현 가능하나 논의를 단순화하기 위해 본문에서는 생략한다.

21) 과실상계가 다른 과실책임법리들보다 우월하다는 견해들도 있다. 예컨대 가해자와

측면에서는 과실상계와 과실책임법리 사이의 차이가 없다고 볼 수 있다.

다만 재판비용 등 제반 거래비용을 감안한다면 과실상계제도의 경우가 상대적으로 비효율적일 수 있다. 하지만 앞서 지적했듯이 공평성의 관점에서 볼 때 과실상계제도가 과실책임이나 기여과실책임법리에 비해 좀 더 선호되기 때문에 오늘날 점차 그 활용의 정도가 넓혀지고 있는 추세이다. 예컨대 미국의 경우, 과실상계의 법원칙을 채택한 주가 1960년대 말까지는 얼마 되지 않았지만, 2007년 말 현재에 이르러서는 46개 주가 종래의 과실책임이나 기여과실책임의 법리 대신에 과실상계의 법리를 취한 것으로 나타났다. 그 주된 이유는 물론 손해의 일방 당사자만 전적으로 책임을 부담하는 기존의 과실책임이 공평성의 원칙에 맞지 않다는 인식 때문인 것으로 보인다.

4. 사고당사자의 비합리성과 책임법리의 주의 유인

신고전파경제이론에 기초한 미시경제이론의 핵심 가정 중의 하나는 의사결정자들이 합리적으로 행동한다는 것이다. 즉, 합리성(合理性, rationality)의 가정이다. 이 가정은 의사결정자들이 안정적이고 질서정연한 선호(preference)를 갖고 있음을 의미한다. 선호가 안정적(stable)이라는 것은 지나치게 선호가 급변하거나 돈키호테식의 불규칙한 형태가 아님을 의미하고, 선호가 질서정연(well-ordered)하다는 것은 A＞B이고 B＞C이면 필연적으로 A＞C임을 의미한다.[22] 합리성의 가정은 특히 의사결정자들이

피해자들이 모두 위험기피(risk averse)적 성향을 가진 경우라면 과실상계가 좀 더 선호되는 법리이며(Landes and Posner, 1987), 법적주의의무 수준이 불분명한 경우에도 과실상계가 좀 더 효율적(Cooter and Ulen, 1986)이라는 주장이 있다.

22) 이를 전통적인 소비자선택이론에서 '이행성(transitivity)'의 가정이라고 한다('A＞B'는

선택 가능한 여러 대안들의 비용과 편익을 스스로 평가할 수 있으며, 그 중 순편익(純便益, net benefits)이 최대인 대안을 선택함을 의미한다고 볼 수 있다.

1) 합리성 가정과 책임법리 분석 모형 간의 관계

합리성의 가정과 불법행위책임의 경제모형 간에는 밀접한 관계가 있다. 당사자들에게 배상책임을 배분하게 되는 책임법리(liability rules)는, 경제학적으로 표현하면, 잠재적 피해자와 잠재적 가해자에게 적절한 주의를 기울이도록 하는 신호(signals)의 역할을 하게 된다. 불법행위책임 제도가 이러한 신호의 기능을 제대로 수행할 수 있도록 하기 위해서는 법이 의도하는 행위자의 행동이 합리적이어야만 한다. 다시 말해, 의사결정자들이 적절한 수준의 주의행위를 할 때 자신들이 부담해야 할 배상책임이 최소화된다는 것을 스스로 알 수 있어야 하는 것이다.

하지만 과연 행위자들이 잠재적 배상책임에 대해 이러한 합리적인 의사결정을 하게 될 것인가? 물론 그러한 사람들도 있을 수 있으며 그렇지 못한 사람들도 있을 수 있을 것이다. 사실 인간의 합리성을 전제하는 대부분의 경제이론은 현실적으로 '합리적일 수 없는' 인간의 행동을 볼 때 한계가 있을 수밖에 없다. 하지만 이러한 합리성의 가정이 경제학 내에서 차지하는 위치에 전혀 흔들림이 없는 것은 그 나름대로의 이유가 있다. 우선 합리성의 가정이 현실의 사회현상에 대해 유용한 예측을 가능케 한다는 사실이다. 예컨대 한 사람의 행동은 비합리적일 수 있지만, 수많은 사람들의 총체적 행동의 결과는 합리적인 행동으로 수렴된다는 것이다. 예컨대 제조물의 결함에 관련된 사고의 경우에 잠재적 피해자는

B보다 A가 선호됨을 나타내는 수학적 표현기호이다).

완전하지 않은 정보 아래에서도 슈바르츠(Alan Schwartz, 1988)나 오이(Walter Y. Oi, 1973)의 견해와 같이 구매 이후 시간의 경과 또는 정기적인 제품구입 경험(learning by doing) 등에 의해 위험제품에 관한 정보를 좀 더 합리적으로 파악할 수 있게 된다(이 문제는 제조물책임에 관해 논하는 제9장 제3절에서 좀 더 상세히 공부한다).[23]

사실 합리성 개념은 인간의 행동에 관련된 것으로서 경제학에서보다는 법학 분야에서 더 많이 사용된다. 영미법 국가들의 법 관습을 보면 이러한 인간의 '합리성'을 판단의 기준으로 삼고 있는 경우가 많다. 예컨대 영미법에서는 불법행위 여부를 판단하는 법적주의기준의 하나로 '합리적 주의의무(rational care duty)'를 강조하고 있다. 즉, 이 기준에 따라 피고의 실제 주의수준과 주어진 상황 아래서의 '합리적 인간(reasonable man)'의 주의수준을 비교하는 것이다. 또한 경제학적 관점에서 책임법리에 관해 고찰한 연구들을 보면 대부분 의사결정자들의 합리성을 암묵적으로 가정하고 있다.

여담 넷

합리적 인간(the reasonable man)

인간은 이성적 동물이며 인간 이성은 합리적이라는 명제가 특히 서구인들이 전통적으로 갖고 있는 생각이다. 서구의 철학(philosophy)과 논리학(logic)에서는 인간 이성이 합리적이라는 전제 위에 인식론을 전

23) Alan Schwartz, "Proposals for Products Liability Reform: A Theoretical Synthesis," *Yale Jaw Journal*, Vol.97 No.3(1988), pp.368~391; Oi, Walter Y, "The Economics of Product Safety," *The Bell Journal of Economics and Management Science*, Vol.4, No.1(1973), p.7.

개했고 사고(thinking)의 논리 규칙들을 도출했다. 이런 입장은 사람들이 주어진 상황에서 논리적 사고와 합리적 판단을 한다는 것을 전제하고 있다. 논리적 규칙에 맞지 않는 사고, 자신의 욕구를 최적화하지 않는 행위의 선택은 비합리적인 사고들이며, 인간 이성이 마땅히 보여야 할 합리성을 벗어난 잘못된 것으로 여겨져 온 것이다.

영미법 국가들의 법 관습에서는 본문에서 살펴보았듯이 이러한 인간의 합리성을 법적 판단의 기준으로 삼고 있는 경우가 많다. 하지만 영미법에서 법적 판단의 기준으로 삼는 이러한 인간의 합리성에 기초한 법원칙들에 대해 비판적인 글들도 적지 않다. 허버트 경(Lord A. P Herbert)이 쓴 『합리적 인간(the reasonable man)』이라는 에세이는 유명한 풍자 글이다. 그중 일부를 소개한다.

"합리적 인간은 이성적이고, 하나의 표준이 되며, 우리들이 지향하고자 하는 선한 시민의 성품을 모두 지닌 존재이다. 합리적 인간을 만나지 않고서는 영국의 영미법을 구성하는 판례의 숲속을 산책하거나 여행하는 일이 불가능하다. (중략) 합리적 인간은 늘 타인을 배려하고, 사리분별(思慮分別)이 바로 자신의 인생지침이며, 안전제일이 인생의 좌우명이다. 그는 자신이 가는 곳을 일정불변하게 주시하고 있으며, (중략) 움직이는 버스에는 결코 승차하지 않으며, 아직 정차하지 않는 기차에서는 절대 내리지 않으며, (중략) 시민들에게 자신의 삶의 모습을 본받으라고 공허하게 애원하면서, 사법부(司法府)의 하나의 기념비로 우뚝 서 있는 사람이다."

자료: 쿠터·율렌(2000: 311).

2) 행위자의 비합리성문제와 책임법리의 주의유인

인간의 행동에 관한 연구조사 결과들을 보면 어떤 행위자가 자기의 의사결정 시 따르는 자신의 비용과 편익을 판단하는 데 다소의 오류를 범하고 있는 것을 알 수 있다. 다시 말해 합리적이지 않다는 의미이다.

예컨대 카너먼·토브스키(Kahneman and Tversky, 1982)는 다음과 같은 두 가지 결과를 보여주고 있다.[24] 첫째, 대부분의 사람들은 확률이 낮은 사건사고에 대해서는 올바른 판단을 하지 못함을 알 수 있다. 이러한 행위자의 불합리성의 배경에는, 관련 정보가 완전하지 않다는 점이 가장 큰 이유가 된다. 일례를 보면, 미국의 '제품안전위원회'의 「제품안전에 관한 최종보고서」(1970)에는 다음과 같이 기술되어 있다. "미국민들은 불합리하게 그리고 불필요하게 위험한 많은 제품에 노출되어 있는 등 심각한 제품안전문제에 직면해 있다. 그 주된 이유는 소비자가 더욱 복잡화되어 가는 여러 제품의 사용에 따른 위험을 인지하지 못하고 있으며, 인지하는 경우에도 적절한 대처능력이 없는 점, 그리고 올바른 정보를 얻으려는 의지가 약하거나 잘못된 광고나 표시에 의해 제품의 안전성을 잘못 판단하는 경우가 많기 때문이다." 이러한 불완전한 정보 아래에서는 불법행위의 당사자가 사고의 위험을 낮게(즉, 사고확률이 0인 것으로) 간주해 버리는 경향도 있다. 또한 사람들은 자신의 정보 부족에 기인하여 제품의 위험정보를 정확히 알 수 없어 제품의 기대손해의 크기를 실제보다 작게 인지하고 경우도 많다.[25]

---

24) Daniel Kahneman and Amos Tversky(eds.), *Judgment under Uncertainty: Heuristics and Biases*(Cambridge Univ. Press, 1982). 또한 Thomas Ulen, "Rational Choice and the Economic Analysis of Law," *Law and Social Inquiry* (Spring 1994)를 참고할 수 있다.

25) 잠재적 피해자가 해당 제품의 위험을 과소인지한다는 관점에서 논의를 전개한 연구들을 소개하면, Anthony M. Marino, "Monopoly, Liability and Regulation," *Southern*

일반적으로 소비자는 통계적으로 낮은 사고발생 가능성을 무시하거나 무감각한 성향을 가지고 있다. 이때 '매우 낮은 가능성을 지닌 위험에 대해 무감각'하다는 것은, 소비자가 제품 위험 관련 정보가 부족하거나 위험수준을 과소평가한다는 것을 설명해줄 수 있는 하나의 가설이다. 이러한 가설을 뒷받침해줄 수 있는 실증적 연구의 예를 들면, 고속도로의 안전에 대한 일반 주민들의 인식을 보기 위한 한 조사에서 대부분의 응답자들은 자신이 사고를 당할 확률을 크게 과소인지하고 있는 것으로 나타났다.[26)]

둘째, 원자력발전소의 핵 누출사고 등과 같이 일반인들에게 잘 알려져 있고 매우 위협적인 사건사고에 대해서는 대부분의 사람들이 사고발생 확률을 조직적으로 과대평가하는 경향이 있다는 것을 보여주었다. 많은 사람들이 사고의 위험을 잘못 평가하게 되면 우리가 지금까지 경제이론적으로 고찰한 순이익과 순편익을 적절히 평가하지 못하게 된다.

이러한 상황을 앞서 살펴본 사고의 사회적 비용 모형 $wx + p(x)D(x)$를 사용하여 설명하면, 실제 사고확률이 '0'보다 커 당사자가 주의해야 함에도 이들이 $p(x) = 0$이라고 잘못 인지하는 경우 이들은 주의를 하지 않게 될 것이다. 그 결과 사고가 (발생횟수나 크기 면에서) 증가하게 될 것이다. 이에 반해 의사결정자가 $p(x)$를 과대인지(excess estimate)하는 경우에는, 이들은 지나치게 많은 주의를 하게 되고 그 결과 불법행위책임제도는 이들

Economic Journal (April 1988), p.913, 921; Polinsky and Rogerson, "Products Liability, Consumer Misperceptions, and Market Power," *Bell Journal of Economics*, Vol.14, No.2(1983), pp.581~589; Landes and Posner, *The Economic Structure of Tort Law* (Cambridge: Harvard University Press, 1987); W. Kip Viscusi, *Reforming product liability* (Cambridge: Harvard university press, 1991) 등이 있다.

26) 이종인, 『제조물책임과 제품안전성의 법경제학』〔한국학술정보(주), 2006〕, 95~100쪽을 참고할 수 있다.

의 사고의 사회적 비용 최소화 행동을 유도할 수 없게 된다. 이와 같이 행위자가 사고위험에 관한 정보가 불완전하여 사고확률과 손실액의 정확한 판단이 어려울 경우에는 효율적 주의를 위한 유인이 당사자들에게 주어지지 않는다.

하지만 특정의 책임법리를 적용하면, 비록 합리성의 가정이 성립하지 않는 경우에도 행위자의 효율적 주의를 유도할 수 있다. 예컨대 피해자가 사고위험 정보가 없어 사고확률을 매우 낮거나 없다고 인지할 경우에는 법원이 무과실책임법리를 적용함으로써 가해자의 효율적 주의를 유도할 수 있을 것이다(물론 피해자의 도덕적 해이가 있는 경우에는 그렇지 않다).

불법행위책임법리의 경제분석에서는 불법행위법을 분석하는 데 있어 합리성 가정의 중요성을 강조해줄 뿐 아니라, 그 가정이 성립하지 않는 경우에 대한 올바른 접근방법도 제시해준다. 즉, 의사결정자들이 사고에 관련된 순비용이나 순편익에 대한 정보가 부족하여 그 크기를 정확히 판단할 수 없는 경우에도 특정 형태의 책임법리 아래서는 효율적 주의를 하도록 하는 유인이 제공됨을 이론적으로 보일 수 있다.

예컨대 전기톱과 같은 가정용 전동기구와 관련된 사고를 억제하기 위해서는 사고의 양 당사자가 모두 주의해야 하는 경우로 생각해볼 수 있다. 다시 말해 제품의 소비자와 제조사 모두 사고발생확률과 사고의 크기를 감소시킬 수 있을 것이다. 따라서 지금까지 이론적으로 살펴본 바와 같이 소비자와 생산자 모두 효율적 주의를 할 수 있도록 하는 과실책임법리나 기여과실 무과실책임법리의 유형이 적용되는 것이 바람직스러워 보인다. 하지만 그 전동기구의 사용상의 위험에 대해 정확히 인지할 수 없는 경우에는 소비자들은 그 제품이 매우 안전하다고 생각하여 사용시 특별한 주의를 기울일 필요성을 느끼지 못하게 될 것이다. 즉, 소비자는 사고확률이 거의 없거나 극단적으로 '0'일 것으로 판단하여 주의를 하지 않게 된다. 이 경우에는 쌍방주의(bilateral precautions) 대신 일방주의

(unilateral precautions)의 상황이 되며, 현실적으로 생산자만이 사고확률 및 사고의 크기를 줄이기 위한 적절한 조치를 할 수 있을 것으로 기대된다. 이러한 경우라면 무과실책임법리의 유형이 더욱더 바람직할 것이다.

불법행위책임법리에 관한 경제분석에서는 이와 같은 사고당사자의 비합리적 판단 아래서도 이들의 효율적 주의와 행위수준을 가져오도록 하는 책임법리의 유인을 분석해볼 수 있다. 본 장에서는 논의의 지나친 확산을 막기 위해 이 합리성의 가정을 암묵적으로 유지해왔다.[27] 하지만 현실에서 의사결정자들이 합리적으로 행동하지 않는다는 것이 입증되는 경우가 많으므로 이 문제는 독자 여러분들이 관심을 갖고 탐구해보기를 권유하는 바이다.

---

27) 불완전정보하에서 사고당사자들의 합리적 판단이 이루어지지 않는 경우 불법행위책임법리의 경제적 효과에 대한 분석은 다음을 참고할 수 있다. 이종인, 「생산물책임법리가 제품 안전성에 미치는 효과에 관한 연구」, 91~117쪽.

제6장

불법행위법의 경제분석 논제 I

제6장과 제7장에서는 앞 장에서 살펴본 여러 유형의 불법행위책임 법리에 대한 이론분석을 바탕으로 하여 불법행위법에 관련된 제반 논제들의 경제이론적 의의와 간단한 경제분석을 하게 된다. 우선 제6장에서는 사고에 관련된 총사회적비용의 중요한 요소로서 행위수준(activity level)이 사고비용에 미치는 효과에 관해 살펴보고, 징벌적 손해배상, 법원의 과오, 소송에 관련된 행정비용에 관련된 경제적 이슈들을 분석한다. 이어 보험이 불법행위책임에 미치는 영향에 대해 살펴본다.

1. 행위수준과 사고비용

지금까지는 불법행위로 인한 사고의 사회적 비용을 분석하면서 당사자의 주의수준(level of precaution)에 초점을 맞추었다. 그렇지만 현실적으로 사고확률과 사고의 크기는 가해자와 피해자의 주의수준뿐 아니라 이들이 위험한 행위를 얼마나 하는가, 즉 행위수준(level of risky activity)에 의해서도 상당한 영향을 받게 된다. 본 절에서는 이러한 행위수준이 사고비용에 미치는 효과에 관해 설명한다.

1) 분석모형의 설정

자동차사고는 운전자의 운전속도나 정비횟수와 같은 주의수준(care level)뿐만 아니라 운행거리와 같은 행위수준(activity level)에 의해서도 영향을 받는다. 연간 1만 5,000km를 운전하는 경우의 사고확률은 1,500km 운전하는 경우보다 10배 내외로 높아질 것이다. 다른 예를 들면, 어떤 위험제품의 결함으로 인한 사고는 제품생산에 기울이는 생산자의 주의와 해당 제품의 판매량에 의해 영향을 받는다. 분석을 위해 우선 사고의 한 당사자만 관여하는 경우(unilateral activity)를 고찰해본 후, 그 결과를 쌍방행위(bilateral activity) 모형으로 일반화할 수 있는지 살펴보겠다.

가해자의 행위수준을 a라 하고, a 행위수준 아래 가해자의 총편익을 $B(a)$라 하자. $B(a)$는 특정 행위수준 a_0에서 최대가 되는 <그림 6-1>과 같은 형태를 띠고 있다고 하자. 만일 어떠한 사고위험도 없는 상태라면 가해자는 a_0 수준의 행위를 하게 될 것이다.

이제 가해자의 행위가 사고비용에 미치는 효과를 살펴보자. 불법행위로 인한 사고의 기대사고비용과 주의비용은 가해자의 행위수준에 비례한다고 하자. 이 가정은 운전자가 운행거리를 두 배로 늘리는 경우 자신의 주의비용과, 피해자의 기대손해액의 크기도 두 배로 된다는 의미이다. 그러면, 총기대사고비용(total expected accident costs)을 $a[wx + p(x)D(x)]$로 놓을 수 있게 된다. 이때 총편익은 $B(a)$이므로, 사회적 목적은 다음 식을 최대화하는 가해자의 행위수준과 주의수준을 구하는 것이다.

$$B(a) - a[wx + p(x)D(x)]$$

위 식의 최적화(最適化) 문제는 두 부분으로 나누어 볼 수 있다. 첫째, 기대사고비용을 최소화하는 주의수준을 구하는 것이다. 사고비용이 가

<그림 6-1> 각 책임법리하 가해자의 행위수준

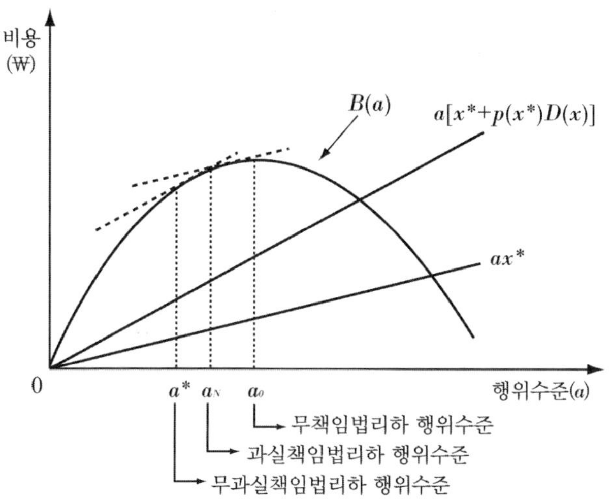

해자의 행위수준에 비례적이라고 가정했으므로 효율적 주의수준 x^*는 a와 독립적이다. 둘째, 주어진 효율적 주의수준하 최적 행위수준(optimal activity level)을 구해야 한다. 최적 행위수준은 위 식의 최적화를 충족하는 행위수준, 즉 해당행위의 한계편익과 한계사고비용이 같아지는 a^*이다.[1)] 이는 <그림 6-1>에서 $B(a)$ 곡선과 총기대사고비용을 나타내는 $a[wx + p(x)D(x)]$와의 수직거리가 가장 먼 a^*로 나타낼 수 있다. 그림에서 보듯이 최적 행위수준은 총편익의 최대점보다 적은 수준이다. 즉, $a^* < a_0$이다.

2) 행위수준 고려 시 책임법리 간 효율성 비교

이제 각 책임법리 아래 가해자의 행위수준에 관해 살펴보자.

1) 즉, 총편익 곡선의 접선의 기울기와 총기대사고비용 곡선의 접선의 기울기가 같아지는 a^*점이다.

먼저 무책임법리 아래의 경우, 가해자는 피해자의 손해에 대한 배상책임이 면제되므로 (주의유인이 없을 뿐 아니라) 과잉 행위수준을 보일 것이다. <그림 6-1>에서 자신의 편익이 최대가 되는 a_0 수준의 행위를 하게 된다.

다음으로 무과실책임(엄격책임)법리와 과실책임법리의 경우를 대비하여 살펴보자. 앞서 일방주의 모형에서 양 책임법리는 모두 가해자가 효율적 주의를 하도록 하는 유인을 제공했다. 무과실책임법리 아래서 가해자는 발생된 손해에 대해 엄격책임을 지게 되므로, 손해의 원인이 주의태만이든지 아니면 행위수준이든지 관계없이 사고의 사회적 비용을 내부화(internalize)하게 된다. 즉, 무과실책임법리는 가해자의 행위수준이 효율적 수준이 될 수 있도록 해준다. 즉, <그림 6-1>에서 a^*수준의 행위를 하게 된다. 하지만 과실책임법리의 경우는 가해자가 효율적 행위수준을 택하지 않을 것이다. 왜냐하면 과실책임법리하 운전자는 자신의 운행거리에 관계없이 법적주의기준(x^*)을 준수함으로써 책임을 면할 수 있으므로, 일단 x^*의 주의를 한 경우에는 자신의 순편익을 최대로 하는 행위수준을 택할 것이다. 즉, <그림 6-1>에서 자신의 편익에서 주의비용을 감한 $B(a) - ax^*$를 최대로 하는 a_N 수준의 행위를 하게 된다.

이상의 결과를 정리하면, 행위수준의 문제라면 무책임, 과실책임, 무과실책임의 법리 중 <그림 6-1>에서 보듯이 무과실책임법리의 경우가 가장 바람직하고 그 다음이 과실책임이며, 무책임법리는 지나친 위험행위를 초래하는 유인이 됨을 알 수 있다.

지금까지 살펴본 사고의 일방 당사자의 행위모형을 가해자뿐 아니라 피해자의 행위도 함께 고려하는 쌍방행위(bilateral activity) 모형으로 확대할 수 있을까? 이 물음에 대한 답은 쉽지 않다. 즉, 지금까지 살펴본 각 책임법리는 가해자 혹은 피해자의 효율적 행위수준을 위한 유인이 되지만, 양 당사자 모두의 효율적 행위수준을 가져오지는 못한다. 달리 말해,

쌍방행위수준의 문제는 법원이나 법실무자들이 직면하는 하나의 딜레마가 된다.[2)] 일반적으로 정책결정자들은 하나의 정책변수를 사용하여 두 목표를 달성하는 데 어려움을 겪게 된다. 두 마리 새를 잡기 위해서는 적어도 두 개의 돌멩이가 필요한 것과 같이 두 정책목표의 달성을 위해서는 두 변수(control variables)가 필요할 수 있다. 양 당사자의 행위수준을 함께 제한하기 위해서는 불법행위법 이외의 추가적인 변수가 필요하다는 의미이다. 예를 들어 자동차 운전자의 운행거리(행위수준)를 제한하기 위해서는 주행세(gasoline tax)를 부과하거나 주행거리에 따른 보험료 할증 등과 같은 정책수단들을 쓸 수 있다.

2. 징벌적 손해배상의 경제학

가해자의 불법행위에 의한 피해자 손해의 배상에는 보상적 배상(compensatory damages)과 징벌적 배상(punitive damages or exemplary damages)이 있다. 사실 지금까지 이 책에서 논의한 사고손해에 대한 배상의 문제는 전적으로 보상적 배상의 경우에만 초점을 맞추어온 것이다.

우리나라에는 아직 도입되지 않았지만, 가해자의 악의적인 불법행위에 대한 징벌적 손해배상제도는 영국과 미국 등 영미법 국가들에서는 오래전부터 시행되고 있다.[3)] 불법행위에 관한 미국의 제2차 리스테이트

---

2) 일반적으로 책임법리의 유형에 관계없이 사고손해의 최종적인 부담자〔이를 최종부담자(residual bearer of damages)라고 한다〕가 사고감소를 위한 자기행위의 이익을 내부화하게 된다.

3) 영국에서는 1763년의 Wilkes v. Wood 사건에서 처음으로 징벌배상이 인정되었지만 극히 한정된 범위에서만 인정되고 있는 반면에 미국은 1784년의 Genay v. Norris 사건에서 최초로 언급된 이래 현재 루이지애나, 매사추세츠, 네브라스카, 뉴햄프셔,

먼트(2nd Restatement of Torts, 1979) 제908조는 징벌적 손해배상을 ① 전보(塡補)적 내지 명목적 손해배상과는 달리 무법한 행위(outrageous conduct)를 한 자를 처벌하고 장래에 해당 가해자 내지 다른 행위자가 그와 유사한 행위를 하지 못하도록 억제하기 위해, ② 타인의 권리에 대한 피고의 악의 또는 무모한 무관심을 이유로 무법적인 행위에 대한 손해배상으로 정의하고 있다.

징벌적 손해배상의 목적은 일차적으로 피고의 잘못된 행위를 벌하기 위한 것이지만 궁극적으로는 위의 리스테이트먼트에서 볼 수 있듯이 유사한 행위에 관여하는 잠재적 가해자들의 불법행위를 억제하는 데 주된 목적이 있다. 이러한 관점에서 볼 때 징벌배상은 형사법에서의 벌금(fine)과 유사한 기능을 담당한다고 볼 수 있겠다.

우리나라의 경우 현행 민법상 손해배상의 원칙은 제한배상주의이며, 불법행위와 상당한 인과관계가 있는 실제 발생된 손해만을 배상토록 하고 있기 때문에 징벌적 요소를 가진 배상제도가 도입되어 있지 않다고 보는 것이 타당하다. 다만 법원에서의 위자료 산정 시나 피해자 구제 시 상징적인 의미에서의 징벌적 배상의 요소들이 가미되는 경우는 있다.[4] 하지만 영미법계인 미국의 경우는 아래 여담(장기 흡연 폐암여성에 고액의 징벌배상 평결)에서 보듯이 징벌적 배상이 인정되는 경우가 적지 않다.

영미법계 국가들에서 징벌배상은 대개 피고의 행동에 악의(惡意, malicious)가 있거나, 압제(壓制, oppressive)했거나, 중과실(重過失, gross)에 해당하거나, 고의적(willful)이고 방종(wanton)한 경우 또는 사기(fraudulent)의 경우에 인정되는 것이 통례이다. 이러한 규정들은 단지 징벌배상의 인정에

워싱턴 등 5개 주(州)를 제외한 45개 주에서 징벌배상제도를 채택하고 있다.

4) 하지만 최근 제조물책임법 시행으로 인해 관련 소송 시 생산자의 책임범위를 확대해 징벌배상에 대한 고려가 다소 반영될 것으로 보이며, 이와 때를 같이 하여 징벌적 배상제도의 도입을 옹호하는 연구논문들이 발표되고 있다.

관한 지침(guidelines)에 불과하다. 지침은 실질적인 법리로 정식화되지 않은 상태이므로 이러한 징벌적 손해배상이 언제 인정되어야 할지 불확실한 경우가 많다. 또한 징벌적 손해배상액의 산정에도 많은 불확실성이 뒤따른다.

실제로 관련 법규에는 징벌적 배상액을 어떻게 산정하는지에 관한 구체적인 설명이 생략되어 있다. 예를 들어 징벌적 배상액이 보상적 배상액의 몇 배가 되어야 할지 확실하지 않다. 제2차 불법행위법 리스테이트먼트(1979)와 각 주의 관련 규정에서 "징벌배상액의 결정 시 피고의 재산상태를 고려할 수 있다" 정도의 추상적인 제시를 하고 있을 뿐이다. 대개 판사들은 배상액 수준에 관한 주관을 갖고 있긴 하지만 배상액을 산정하는 어떠한 원칙도 존재하지 않는다. 따라서 불법행위법에 있어 징벌배상액의 산정에 관한 좀 더 일관된 이론이 필요하며, 경제분석은 이러한 이론을 구축하기 위한 유용한 지침을 제시해줄 수 있다.

따라서 징벌적 손해배상에 대한 경제분석을 위해서는 다음 두 가지 문제를 제기할 수 있겠다. 즉, ① 징벌적 손해배상을 인정할 수 있는 여건이 무엇인지, 그리고 ② 효율적인 징벌적 배상액은 얼마가 될 것인가의 문제이다. 덧붙여 ③ 징벌 배상액의 상한선〔上限, upper limit〕 설정의 경제적 효과도 중요한 경제분석 논제의 하나이다. 본 절에서는 이러한 세 가지 징벌적 배상 관련 논제를 경제학적 시각에서 각각 살펴본다.

1) 징벌배상의 인정 요건

앞서 우리는 불법행위책임제도 아래 보상적 손해배상이 효율적일 수 있음을 살펴보았다. 예컨대 무과실책임(엄격책임)법리하의 경우 가해자는 피해자의 손해를 전적으로 내부화(internalize)하기 때문에 효율적인 배상이 이루어진다. 하지만 이러한 결론은 불법행위책임제도가 완전하다는 암묵적 가정 아래 도출된 것이다. 즉, ① 가해자와 피해자 간 분쟁의 해결에 비용이 들지 않으며, ② 법원의 판단에 착오가 없을 뿐 아니라, ③ 피해자(들)의 모든 손해가 완전히 배상받는다는 조건이 성립하는 경우이다.

하지만 현실의 경우 불법행위책임제도는 완전하지 못하다. 예컨대 어떤 결함 있는 제품에 의해 손해를 입은 두 피해자 중 한 사람만 소송을 통해 배상받게 된다고 가정해보자. 따라서 총 피해자 중 배상받은 피해자 비율〔이를 집행오류(enforcement error)라 한다〕이 2분의 1이다. 이때 소송에서 이긴 원고만이 보상적 배상을 받는다고 가정하면(즉, 두 피해자에 대한 완전보상을 해주지 않아도 되는 것으로 기대하는 경우라면), 가해자인 제조업자는 지나치게 낮은 수준의 주의를 하게 될 것이다.

실제로 1970년대 후반 포드자동차사의 핀토(Pinto)자동차 사건(Grimshaw v. Ford Motor Co.)이나 최근의 미쓰비시사의 자동차 결함으로 인한 소송사건의 경우 자동차설계와 제조상의 중대한 결함이 있었음에도 이를 제때 리콜(recall)하지 않고 발생된 피해나 제소된 사건의 경우에만 대응하는 낮은 주의노력을 하는 경영전략을 선택하고 있었다.[5] 징벌적 배상은 이와 같이 손해의 완전보상이 이루어지지 않는 경우에, 그 배상액 수준을 보상적 배상액 이상으로 높임으로써 가해자의 효율적 주의를 유도할 수 있게 된다.

---

5) 포드사 핀토자동차 사건의 경우 회사가 소송에서 패소하여 거액의 배상을 하게 되었는데, 잘못된 설계에 기초하여 자동차를 만든 데 주된 원인이 있었지만, 사실 재판과정에서 드러난 사항으로서 회사가 판매 초기단계에서 핀토의 가솔린탱크에 결함이 있음을 알고 있었음에도, 제때에 리콜과 같은 적절한 안전조치를 하지 않은 점이 결정적인 패소 요인이 되었다. 당시 재판과정에서, 회사에 불리한 내부 자료가 폭로되었는데 그 내용을 보면, "핀토를 모두 리콜하는 것보다는 제기된 불법행위소송에 대해서만 배상해주는 것이 회사에 더 유리하다"라는 내부 자료였다. 당연히 배심원들은 포드사 경영진들의 도덕성과 안전 불감증을 질타했으며, 통상 배상액(보상적 배상액)보다 훨씬 높은 1억 2,850만 달러의 징벌적 성격의 배상을 평결했다.

2) 효율적 징벌배상액의 산정

징벌배상에 관련된 두 번째 경제분석 논제인 효율적인 징벌배상액의 수준에 대해 살펴보자. 이해를 돕기 위해, 앞에서 공부했던 무과실책임법리 아래 일방주의 모형의 경우를 예를 들어 설명한다.

가해자가 발생된 손해의 집행오류(e) 비율만큼만 책임을 진다고 하자($e<1$). 이때 가해자는 주의비용과 e가 반영된 기대손해비용의 합을 최소화하는 수준의 주의를 하게 된다. 즉, $\text{Min} : wx + p(x)D(x)e$로 놓을 수 있다. 이 식에서의 기대책임은 앞서 공부한 <수식 4-1>에서의 기대책임보다 적기 때문에(왜냐하면 $e<1$이므로) 가해자는 효율적인 수준보다 적은 주의를 하게 된다. 또한 e값이 적으면 적을수록 자신의 주의수준을 더 낮추게 된다. 즉, 집행오류에 의한 사회적 비용을 외부화(externalize)한다.

이러한 이기적인 행위자의 사회적 비용을 내부화하기 위해서는 법원에서 보상적 배상액에 징벌적 배상액을 추가해야 한다.[6] 징벌적 배상액을 R로 놓으면, 가해자의 기대배상책임액은 $p(x)[D(x) + R]e$가 된다. 이때 가해자는 자신의 이 기대책임이 피해자(들)의 전체 손해액과 같은 경우, 즉 다음 식과 같은 경우에만 효율적 주의유인을 갖게 된다.

$$P(x)[D(x) + R]e = p(x)D(x)$$

이 식을 풀어 R을 구하면 다음 식과 같다.

$$R = \frac{1-e}{e}D(x)$$

6) 이러한 가해자의 행위는 도덕적인 관점에서는 '이기적'이어서 비난받을 수 있겠지만 경제적인 관점에서 본다면 주어진 여건하에서 '합리적'인 경제행위라고 볼 수 있다.

<그림 6-2> 집행오류에 따른 징벌배상액 수준

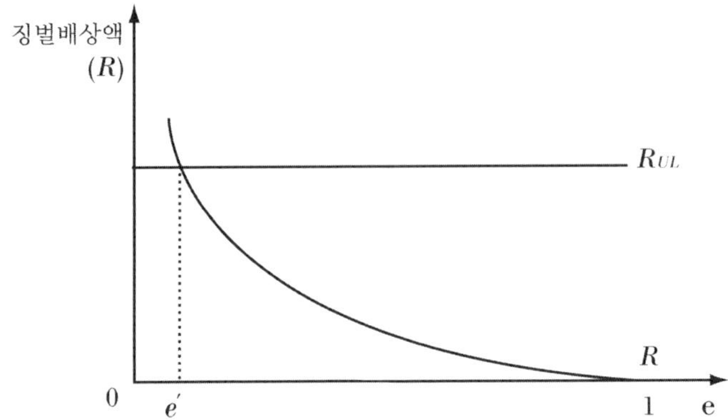

이러한 식은 징벌배상액의 크기가 보상적 배상액의 크기에 $(1-e)/e$의 비율로 비례함을 나타낸다. 이 비율을 징벌승수(punitive multiplier)라고 하자.[7] 앞의 식에서 우리는 징벌배상액(R)이 집행오류(e)의 감소함수이며, 집행상 오류가 없을 때($e=1$)에는 배상액이 '0'이 되며, 집행오류가 $\frac{1}{2}$일 경우에는 배상액이 손해액과 같아짐을 쉽게 알 수 있다. 위 식은 <그림 6-2>와 같이 나타낼 수 있다.

이러한 원칙에 따라 징벌배상액(R)을 구하여 이를 보상적 배상액(D)과 함께 배상토록 하면 불법행위제도의 불완전 집행으로 인한 가해자의 지나친 불법행위 유인의 문제를 해결할 수 있을 것이다.

이러한 경제적 접근은 법원의 징벌적 배상액 결정에 중요한 시사점을 제시해준다. 하지만 현실적으로 영미법계 국가의 법원에서 결정하는 징

7) 경제학에서는 곱셈에서 곱하는 수를 의미하는 승수(multiplier) 개념이 종종 사용된다. 예컨대 1원의 지급준비금으로 은행제도가 창출하는 화폐의 양을 신용승수 또는 예금통화승수(money multiplier)라고 하며, 확대 재정정책으로 인한 소득 증가로 소비지출이 늘어나 총수요가 추가적으로 증가하는 현상을 승수효과(multiplier effect)라고 한다.

벌적 배상책임을 인정하는 여건과 그 배상액의 크기는 이러한 이론적 결론과는 거리가 있어 보인다. 미국의 경우 실제로 많은 불법행위소송에서 배심원의 자의적인 판단과 판사의 주관적 결정에 따라 징벌적 배상액이 결정되는 경우가 많았다. 잘 알려진 대표적인 예로 맥도널드 커피사건이 있다. 이는 미국의 뉴멕시코 주에서 79세 된 할머니가 맥도널드 드라이브인(drive-through) 창구에서 산 커피를 차에서 쏟아 다리와 엉덩이 부분에 3도 화상을 입었던 사건이다. 법원에서는 맥도날드 레스토랑의 제조물책임을 인정하여 총 286만 달러를 배상하도록 평결했는데, 이 중 보상적 배상액은 16만 달러에 불과하고 나머지 270만 달러는 징벌적 배상액이었다. 이 사건에서 D의 약 17배가 되는 R을 결정한 배심원들과 판사의 결정에는 위에서 논의한 이론보다는 자의적인 요소가 훨씬 더 많았던 것으로 보인다.

3) 배상액 제한의 경제적 효과

최근 들어 미국에서는 불법행위에 대한 징벌적 배상액의 상한 제한(upper limit) 등 징벌적 배상제도의 개혁에 대한 연구와 다양한 제도개혁 방안이 논의되고 있다. 일례로, 쿠터(Cooter, 1999) 교수는 현실의 법체계가 배심원들이 사회적 규범에 기초하여 징벌수준과 배상액을 결정토록 하는 데 의존하고 있음을 지적하고, 법원이 배심원들에게 구체적인 징벌 배상액 산정 방법도 제공하지 않은 채 배심원들이 자의적으로 배상액을 결정토록 허용하는 심각한 잘못을 하고 있다고 지적했다.

또한 법원이 가해자의 잘못을 억지(抑止)할 수 있는 징벌배상액의 최고 한도가 설정되어야 한다는 주장이 제기되고 있으며, 미국의 경우 보상적 배상액의 2배 또는 3배의 범위 내에서 징벌배상액이 결정되도록 하는 주장이 설득력을 얻고 있다. 예컨대 미국의 연방법과 각 주의 법들은 2배

내지 3배 배상을 인정하고, 법정배상액 한도를 법정화하고 있는 추세이다. 그러한 배상액한도 설정에 대한 주된 이유는 지나친 소송을 억제하여 행정비용을 줄이자는 것이다. 물론 거액의 징벌적 손해배상액에 의해 기업이 과다한 재정적 부담을 안게 되어 결국 고용감소와 상품가격 상승 및 국민소득 감소 등의 연쇄적 악영향이 우려된다는 정치·경제적 이유가 제기되기도 한다.

하지만 징벌배상액의 한도 설정에 대해 비판적인 입장의 경제학자들은 징벌배상액의 상한이 불법행위의 억제라는 제도의 취지를 약화시킨다는 주장이다. 즉, <그림 6-2>에서의 징벌배상액이 상한액(R_{UL})보다 낮을 경우에는 관계없지만, 불충분한 배상의 경우 즉 $e<e'$인 경우인 $R>R_{UL}$의 범위에서는 불법행위의 과소억제를 초래하게 된다. 따라서 이에 대한 경제적 문제는 소송비용 절감이라는 징벌배상한도 설정의 편익이 불법행위의 과소억제에 따른 사회적 비용보다 클 경우에만 설득력을 갖게 된다는 점이다.

최근 우리나라에서도 제조물책임법의 시행(2002년 7월)과 사법개혁(司法改革) 무드에 때를 맞춰 미국 등 영미법계에서 인정되고 있는 징벌적 배상제도의 도입 필요성에 대한 논의가 제기되고 있다. 예컨대 민법에 일반조항으로 징벌손해배상제도를 신설하거나 아니면 특별법 형태의 단행법을 도입하는 방안 등이 거론되고 있다.

영미법계 국가들에서 인정하듯이 징벌적 배상은 피해자에 대한 피해보상뿐 아니라, 가해자의 불법행위를 억제할 수 있는 하나의 실질적인 정책수단이 될 수 있다. 징벌적 배상제도를 도입할 경우 구체적인 적용범위와 배상액의 결정 등의 쟁점에 있어 본 절에서 고찰한 경제학적 시각에서의 사고방식을 반영해보면 좋을 것이다.

여담 다섯

장기흡연 폐암여성에게 고액의 징벌배상 평결

세계 최대의 미국 담배 제조사인 필립모리스가 40여 년 넘게 자사(自社)의 담배를 피워오다 폐암에 걸린 60대 여성에게 징벌적 손해배상금으로 280억 달러(약 34조 2,000억 원)를 지급하라는 평결을 받았다. 이는 한 개인에게 지급하도록 한 징벌배상액으로는 미국 역사상 가장 많은 액수다.

로스앤젤레스고등법원 배심원단은 베티 블록(64세)이라는 여성이 필립모리스를 상대로 "흡연의 위험을 제대로 경고하지 않았다"며 낸 손해배상소송에서 이런 결정을 내렸다고 《로스앤젤레스타임스》 등이 5일 보도했다. 앞서 배심원단은 이번 평결과는 별개로 블록에게 질병에 걸린 데 대한 보상적 배상액으로 85만 달러를 지급하라고 결정했다.

블록은 17살 때부터 '말보로' 등을 피워오다 지난해 2월 폐암 진단을 받았으며 몇 개월간의 시한부 인생을 살고 있다. 원고 측 변호사는 필립모리스가 흡연과 암이 연관되어 있다는 증거를 고의로 감춰왔다며 애초 66억~200억 달러를 요구했으나, 12명의 배심원단 가운데 11명이 280억 달러로 배상금을 올리는 데 찬성했다. 한 배심원은 "폐암 희생자 2만 8,000명 가운데 1명꼴로 법정에 선다고 들었으며, 필립모리스에 1명당 100만 달러씩 징벌적 배상금을 물리기로 한 셈"이라고 전했다.

필립모리스 쪽은 "원고가 흡연 위험성을 알고 있었다는 점을 배심원단이 살피지 않았고, 징벌배상액은 보상적 배상액의 4배까지만 정하도록 한 연방대법원의 가이드라인을 넘었다"며 항소하겠다고 밝혔다. 지금까지의 담배소송 평결 가운데선 2000년 플로리다 주에서 수천 명의 흡연자에게 1,440억 달러를 지급하도록 한 것이 가장 많은 액수였다.

자료: ≪한겨레신문≫, 2002.10.6.

3. 법원의 과오

불법행위 배상책임문제에 관한 지금까지의 논의에서는 법리를 해석하고 적용하는 법원의 판단에 아무런 오류가 없다고 가정했다. 예컨대 법원이 가해자의 실제 주의수준 내지 사고예방 노력수준을 정확히 파악하고 있으며, 자신의 법적주의기준(legal care level)을 합리적으로 산정하여 적용하고 있다고 가정했다. 하지만 현실에서는 판결의 기준이 되는 법적기준이 애매하여 예측할 수 없는 경우들도 많다. 이를 이론적으로 표현하자면 주의기준 설정상의 무작위과오〔오판(誤判)〕 내지 무작위오류(random errors)가 되겠다.

불법행위책임에 관한 분쟁에서는 이러한 법적주의기준 설정상의 오류뿐 아니라, 사고의 원인, 행위자의 과실, 손해의 내용과 배상액의 산정 등에 관련된 실수 내지 과오를 종종 수반하게 된다. 재판에서 법관과 변호사들은 원고와 피고 등 분쟁의 당사자가 제공하는 정보에 의존할 수밖에 없기 때문에 이러한 과오 내지 오류를 범할 가능성을 배제할 수 없는 것이 현실이다. 불법행위법의 효과와 유인을 분석하는 데 있어서 이러한 법원의 과오 문제는 무시할 수 없는 중요한 영향 요인이 된다.

본 절에서는 법원의 과오 중 ① 법적 기준 설정상의 과오와 ② 배상액 산정에 있어서의 과오문제에 대해 각각 검토해본다.

1) 법적 기준 설정상의 과오

분석을 위해, 가해자가 법원이 적용할 법적 기준에 대해 완전 무작위 오류(perfect random error)를 범하고 있다고 가정하자. '완전무작위'는 양(+)의 오류를 범할 확률과 음(−)의 오류를 범할 확률이 같아 평균적인 오류는 영(0)이 됨을 의미한다〔이를 기술적으로 표현하자면 '오류가 평균이 0인 랜덤분포(random distribution)를 따른다'라고 한다〕.

우선, 과실책임법리 아래 법적 기준 설정상의 무작위오류에 대해 살펴본다. 분석의 단순화를 위해 단순과실책임법리 아래 가해자의 법적주의 기준이 x^*라고 하자. 법원이 법적 기준의 결정에서 무작위과오를 범하거나, 법원이 가해자의 주의 x와 법적 기준 x^*를 비교하는 데 무작위과오가 있다고 가정하자.

이러한 상황 아래 가해자는 자신이 기울이는 특정 주의수준에 대해 법원이 '과실 있음'으로 판정할 것인지 아니면 과실을 면할 것인지에 대해 불확실한 상황에 놓이게 된다. 법원이 가해자의 주의수준이 법적 기준보다 높다고 인정하는 경우 결과적으로 가해자는 불필요한 지나친 주의〔過剩注意, excess care〕를 한 것이 된다. 불필요한 주의에 따른 가해자의 비용은 그다지 크지 않다. 이에 반해 법원이 가해자의 주의수준이 법적 기준에 비해 낮다고 인정하게 되면 가해자는 법적 책임을 지게 되는데, 이때 책임의 비용은 매우 높다. 비용의 비대칭성에 따라 가해자는 법원의 오류 가능성까지 감안하여 자신의 법적 책임을 면할 수 있을 만큼 더 많은 주의를 기울일 유인을 갖는다. 정리하면, 과실책임법리 아래 법적기준 설정상에 다소의 무작위오류가 존재하는 경우, 가해자는 자신의 주의수준을 더욱 늘리게 된다.

이상의 논리를 좀 더 구체적으로 분석해보자. 법원에서 과실책임법리를 적용할 때의 무작위오류는 다음 두 가지 형태가 있을 수 있다. 즉, 가해자가 법적주의기준을 준수하지 못했는데도 법원에서는 '과실 없다'고 판정할 수 있으며〔이를 제1종의 오류(type I error)라 한다〕, 경우에 따라서는 가해자가 주의의무를 준수했는데도 '과실 있다'고 판정할 수 있다〔이를 제2종의 오류(type II error)라 한다〕. 이러한 법원의 판단 착오 문제를 경제이론적 관점에서 접근해보기 위해, 제1종의 오류가 발생할 확률을 q_1, 제2종의 오류가 발생할 확률을 q_2로 놓자.

우선 가해자의 주의유인에 대해 살펴보자. 가해자가 법적 의무를 준수한 경우에 제2종의 오류가 없는 경우에는 가해자는 피해자의 손해를 배상할 책임이 면해지므로 주의유인이 없다. 하지만 만일 제2종의 오류가 있는 경우라면 q_2D의 배상책임을 기대하게 된다. 마찬가지로, 가해자가 법적 의무를 준수하지 않은 경우에 제1종의 오류가 없는 경우에는 자신이 피해자의 손해액인 D를 배상할 것으로 기대한다. 하지만 제1종의 오류가 있는 경우에는 자신은 단지 $(1-q_1)D$만 배상하게 될 것으로 기대한다. 따라서 이러한 제1종 및 제2종의 오류발생 가능성을 모두 감안할 경우 가해자는 다음과 같은 주의에 따른 편익이 발생한다.

$$(1-q_1)D-q_2D$$

위의 식을 정리하면 $(1-q_1-q_2)D$이다. 즉, 오류가 없는 경우에 있어서 주의함으로써 얻는 편익인 D보다 적다. 이 식은 제1종 오류 내지 제2종 오류의 확률이 높을수록 주의에 따른 이익의 크기가 감소함을 보여준다.

2) 손해배상액 산정상의 과오

이제 법원이 원고가 배상해야 할 손해액의 크기를 잘못 추정하는 경우를 살펴보자. 원고의 손해에 대한 법원의 무작위과오 내지 오판은 가해자 또는 피해자의 주의수준에 일정한 영향을 미치게 될 것이며, 주어진 책임법리에 따라 그 효과가 달라질 것으로 짐작해볼 수 있다.

우선 손해에 대한 무과실책임(엄격책임)법리 아래서의 경우를 보자. 우리는 앞에서 손해의 완전보상과 무과실책임 아래서는 가해자의 주의유인이 효율적임을 알 수 있었다. 그런데 만일에 법원이 피해자의 손해를 잘못 추정하여 그 배상액을 완전보상수준과 다르게 설정한다고 가정해보자.

예컨대 만일 법원이 배상액을 완전보상수준보다 낮게 설정하면 가해자와 피해자는 어떻게 행동할까? 가해자의 경우는 사고손해비용의 일부를 자신이 부담하지 않고자(외부화하고자) 할 것이다. 즉, 불충분한 주의노력 유인을 갖게 될 것이다. 반면에 법원이 완전보상수준보다 더 많은 수준의 배상액을 결정하게 된다면 가해자는 당연히 과잉주의를 기울이게 될 것이다. 요약하면, 무과실책임법리 아래서 법원이 피해자에 대한 배상액을 잘못 설정할 경우 가해자는 법원의 과오와 같은 방향으로 주의수준을 늘리거나 줄이려 하게 된다.

다음으로, 과실책임법리 아래서의 경우를 보자. 과실책임법리 아래 가해자가 기대하는 사고책임비용은 제5장 제2절에서 살펴본 <그림 5-3>에서와 같이 법적주의기준(x^*)에서 불연속이다. 즉, 가해자는 자신이 x^*보다 적은 주의노력을 기울인 경우에는 자신의 주의비용과 피해자의 손해비용을 합한 $wx + p(x)D$원을 부담할 것으로 기대하는 반면에, x^*보다 많은 주의를 기울인 경우에는 자신의 주의비용(wx)만 부담할 것으로 기대한다. 따라서 가해자의 기회비용은 자신의 주의가 법원의 법적주의기준과 일치할 때 최소가 된다. 이를 달리 표현하면, 가해자는 법원의 법적 기준에는 민감하게 반응하지만 배상액 산정상의 과오에 대해서는 적절하게 반응하지 않는 것으로 해석할 수 있다.

쿠터와 울렌(2004)은 법원의 과오에 관련한 경제분석에서 다음과 같은 몇 가지 정책적 처방을 제시하고 있다. 첫째, 무과실책임법리 아래 법원의 배상액 산정상의 과오는 가해자의 주의수준을 왜곡시키게 되므로 법원은 이러한 과오를 가급적 피해야 할 것이다. 둘째, 과실책임 아래 법원의 법적 기준 설정상의 과오는 배상액 산정상의 과오보다 더 많이 주의수준의 왜곡을 초래한다. 따라서 법원도 법적주의기준 설정상의 과오를 피하기 위해 각별한 주의를 해야 한다. 이상의 두 처방에 의하면, 법원이 법적 기준의 설정보다 배상액을 더 정확하게 산정할 수 있는 경우 무과실책임이 좀 더 선호되는 법원칙이 된다. 반면에 법원이 배상액 산정보다 법적 기준 설정상에 정확성이 더 높은 경우는 과실책임법리가 더욱 선호된다. 셋째, 과실책임원칙 아래 애매한 기준은 과잉주의를 초래하게 되므로 법원은 과잉주의 문제의 악화를 피하기 위해 애매한 기준은 좀 더 신축적으로 적용해야 할 것이다.[8)]

4. 소송비용과 책임법리의 효율성

1) 행정적 비용과 사고의 사회적 비용

불법행위법의 경제분석에 관한 지금까지의 논의에서 핵심 가정 중의 하나는 소송비용 등 제반 행정적 비용(administrative costs)이 소요되지 않는

8) Robert D. Cooter and Thomas Ulen, *Law and Economics*, 4th Edition(Massachusetts: Pearson-Wesley and Co., 2004), pp.340~341.

다는 가정이었다. 물론 이는 현실과는 거리가 먼 가정이다. 실제 소송에는 많은 비용이 소요되며, 때로는 그 비용의 크기가 소송당사자의 경제적 파멸을 초래할 정도가 되기도 한다. 여담(餘談)에서 소개하는 심슨(O. J. Simpson) 재판의 경우가 그 좋은 예이다. 따라서 불법행위법에서의 책임법리의 효율성을 더욱 잘 분석하기 위해서는 이 소송에 관련된 행정적 비용도 명시적으로 고려해야만 한다.[9] 일반적으로 소송비용은 일방이 덜 주의하는 경우 상대방은 더 많은 주의를 해야 하는 경우가 많으므로, 잠재적 가해자의 의사결정과 잠재적 피해자의 의사결정에 서로 상반되는 영향을 미치는 것이 보통이다. 따라서 소송비용이 들지 않는다는 가정을 완화하거나 해소함에 따른 순효과는 분명하지 않다.

사고에 관련된 행정비용은 사고손해비용을 배분하는 과정에서 소요되는 제 비용이다. 예컨대 사법제도(私法制度)에서는 변호사선임비용이나 재판수수료, 기타 법적 분쟁 해결 관계자들의 비용이 소요되며, 산업재해보상에 관해서는 징세(徵稅), 보상청구에 대한 판단, 보상금의 결정과 지급 등에 관련된 비용들이 소요된다.

사고와 연관된 불법행위는 세 가지 기본적인 비용을 사회에 부담 지우게 됨을 제4장에서 살펴보았다. 즉, 주의비용(precautionary costs), 사고손해비용(costs of accidental harm), 그리고 사고손해의 비용을 누구에게 귀속시켜야 하는가를 결정하는 데 드는 제반 행정적 비용이 그것이다. (그럼에도, 단지 논의의 단순화를 위해 행정비용이 없다고 암묵적으로 가정했다). 따라서 행정비용을 무시했던 지금까지의 분석과는 달리 여기서는, 불법행위책임제도의 경제적 목표를 다음과 같이 수정하여 설정하도록 한다. 즉,

9) Janusz Ordover, "Costly Litigation in the Model of Single Activity Accidents," *Journal of Legal Studies*, Vol.7(1978), p.243; A. Mitchell Polinsky and Daniel Rubinfeld, "The Welfare Implications of Costly Litigation in the Thoery of Liability," *Journal of Legal Studies*, Vol.17(1988), p.151을 참고하라.

불법행위책임법리의 목표는 '주의비용, 사고손해비용 및 행정비용의 합으로 정의할 수 있는 사고의 총사회적비용을 최소화'하는 것이다.

2) 행정적 비용을 고려한 책임법리의 효율성 분석

소송에 관련된 행정적 비용은 가해자의 주의유인을 감소시키는 것이 일반적이다. 엄격책임법리 아래의 일반적 주의모형을 설정하여 이 문제를 살펴보자.

행정적 비용이 높은 경우는 그렇지 않은 경우보다 가해자의 효율적 주의수준이 높게 된다. 왜냐하면 가해자는 엄격책임 아래서 발생한 피해자의 손해에 더하여 가해자 및 피해자의 소송행정비용까지 모두 부담해야 하는 여건에 놓이기 때문이다. 즉, 추가적인 주의를 기울임에 따라 가해자의 한계주의비용은 변하지 않는 반면 한계주의편익은 증가한다.

우선, 각 책임법리 아래서의 행정비용의 크기와 당사자들의 주의유인을 서로 비교해보자. 무책임법리 아래서는 사고손해로 인한 비용이 재배분되지 않고 피해자의 몫으로 돌아간다. 따라서 사고손해비용의 재배분에 관련된 제반 행정비용이 들지 않게 된다. 이와는 반대로, 엄격책임법리와 과실책임법리 아래서는 사고손해비용이 재배분된다. 즉, 무책임법리 아래서는 엄격책임과 과실책임 법리에 비해 행정비용을 줄일 수 있다.

하지만 앞서 살펴보았듯이 무책임법리는 가해자가 주의하도록 하는 유인이 없다는 약점을 가지고 있다. 예를 들어 고가의 스노타이어를 장착한 자동차 운전자의 경우 무책임법리하에서는 더욱 과격한 운전을 하려 할 것이다. 결과적으로 무책임법리는 행정비용을 줄일 수 있는 반면에 가해자의 주의유인을 억제하는 법리라고 볼 수 있다.

이제 엄격책임법리 내지 무과실책임법리 아래서의 행정비용과 과실책임법리에서의 행정비용을 서로 대비해보자. 엄격책임법리 아래 소송의 원고는 '손해의 발생'과 '인과관계'를 입증해야 하는 반면, 과실책임법리 아래서는 손해의 발생과 인과관계뿐 아니라 '과실의 존재'를 원고가 입증해야 한다. 이와 같이 입증요건이 늘어나면 그에 따르는 행정비용 또한 늘어난다. 따라서 엄격책임법리는 과실책임법리에 비해 재판에 관련된 업무가 단순하여 좀 더 적은 행정비용이 소요된다.

이러한 엄격책임법리의 강점은 또한 자체의 약점에 의해 상쇄된다. 엄격책임법리는 과실책임법리에 비해 피해자에게 더 많은 손실보상의 권리를 제공한다. 엄격책임법리는 특히 가해자의 '행위(activity)'에 의해 발생된 모든 피해자의 손해에 대해 보상받을 권리를 부여하는 반면, 과실책임법리는 가해자의 '과실(fault)'에 의한 손해에 대해서만 보상받을 수 있는 권리를 피해자에게 부여하게 된다. 그러므로 과실책임법리는 좀 더 작은 사건에 대해서만 손해비용을 재배분함으로써 엄격책임법리에 비해 적은 행정비용이 들게 된다.

이상의 논의를 요약하면 엄격책임법리는 보다 많은 소송, 보다 쉬운 소송의 해결에 유리한 반면, 과실책임법리는 보다 적은 소송, 보다 복잡한 소송의 해결에 유리하다.

지금까지 엄격책임법리와 과실책임법리의 행정비용에 대해 서로 대조하여 살펴보았다. 행정비용은 이러한 책임법리의 유형 이외에도 법원칙의 단순성(simplicity)과 범위(breadth)에 따라서도 달라진다. 단순한 법리는 비교적 입증이 용이한 사실을 요건으로 하고 있으며, 더욱 광범위한 법리는 각기 다른 많은 사건들이 함께 적용된다. 이에 반해 그 내용이 복잡한 법리는 입증이 곤란한 사실들을 요건으로 하고 있으며, 협소한 법리는 좀 더 한정된 수의 사건에만 적용된다. 단순하고 광범위한 형태의 법리를 일괄적 법리(wholesale rules)라고 하고, 복잡하고 협소한 형태의 법리를 사건별 법리(case-by-case rules)로 부를 수 있다. 일괄법리는 좀 더 적은 비용으로 입법(立法)과 이행(履行) 및 해석(解釋)이 가능하지만, 다양한 효용함수와 비용함수를 가진 사람들을 모두 동일하게 취급함으로써 이들의 유인을 왜곡시킬 수 있다. 반대로 사건별 법리는 그 역의 효과를 초래하게 될 것이다.

배상책임법리는 손해의 비용을 이해당사자에게 배분해줄 뿐 아니라 소송에 소요되는 행정비용까지도 배분하는 역할을 담당하게 된다. 이때 행정비용이 배분되는 방식은 국가마다 차이가 있다. 예컨대 우리나라와 같은 대륙법계 국가들에서는 패소자가 승소자의 사고손해뿐 아니라 소송비용 등 제반 행정비용까지 부담하는 것이 일반적이다. 반면에 미국과 같은 일부 영미법 국가에서는 소송비용은 승소자가 배상받지 못하는 구조이다.

현실적으로 이러한 행정비용의 배분은 피해자로 하여금 소송을 제기할지 여부와, 소송 시 정식 재판 대신에 화해와 같은 소송 외 화해방식이나 대안적 분쟁해결(ADR: Alternative Dispute Resolutions)의 방식을 선택토록 하는 결정적인 역할을 하게 된다.

여담 여섯

심슨(O. J. Simpson) 재판과 소송비용

"미식축구 스타에서 아내 살해 용의자로 전락한 O. J. 심슨이 빈털터리로 거리에 나앉게 될 처지다. 지난 1995년 2월 캘리포니아 주 배심에서 유족 등에게 징벌배상 명목으로 3,350만 달러를 지불하라는 평결을 받은 심슨은 지난 3월 27일 법원으로부터 100여 점의 보석을 포함해 소장한 귀중품을 모두 내놓으라는 명령을 받았다. 배상금 지급에 충당할 재산을 확보한다는 명목이지만, 그에겐 파산선고에 다름 아니다. 더욱이 제출 대상 품목 가운데는 그가 선수시절 받은 최우수선수 트로피까지 들어 있어 왕년의 영광까지도 빼앗길 판이다. 심슨의 총재산은 숨진 전처 브라운 심슨과 이혼소송을 할 당시 1,100만 달러에 달했으나, 4년 만에 절반 가까이 줄어들었다. 부동산 경기 침체로 집값이 폭락한데다, 대략 600만 달러에 이르는 소송비용을 부담해야 했기 때문이다. 재판 과정에서 원고료 등으로 옥중에서나마 200만 달러를 벌었지만, 심슨이 자력으로 배상금을 갚을 가능성은 거의 없다."

위의 내용은 전부인을 살해한 혐의로 기소된 미식축구 스타 출신 영화배우 심슨의 '세기의 재판'에 관한 언론 기사의 일부이다. 이 재판에서 심슨은 일명 드림팀이라 불리는 당대 최고의 변호인단을 구성해 1년 3개월간의 치열한 법정 공방을 승리로 이끌어 형사 재판에서 무죄를 선고받았다. 하지만 위에서 소개한 민사재판에서는 피해자의 부모 등에게 3,350만 달러를 배상하라는 판결을 받아 재정파탄에 이르게 되었다.

자료: CNN 홈페이지(http://www.cnn.com/US/OJ/)

5. 보험과 불법행위책임

대부분의 사람들은 위험에 관련된 행위를 할 때 자신 또는 타인의 잠재적 손해의 보전(保全)을 목적으로 보험을 이용하게 된다. 사고에 관련된 보험은 자동차책임보험과 같이 의무적으로 가입해야 하는 경우도 있는 반면, 임의대물보험(任意對物保險) 상품과 같이 자발적으로 구입하는 경우도 있다. 사실 대부분의 운전자들은 자발적으로 종합보험 형태의 책임보험에 가입함으로써 위험회피(risk averse)적인 성향을 보이고 있다. 기업들 역시 제조물책임을 회피할 목적으로 제조물책임보험(product liability insurance)을 가입하는 경우가 많다.

앞서 소송에 관련된 행정비용에 대한 분석에서는 법원과 기타의 심판기관들에만 논의의 초점을 맞추었으나, 현실에서 사고 관련 행정비용의 상당 부분은 보험회사가 부담하고 있는 실정이다. 따라서 본 절에서는 불법행위의 당사자들이 이러한 보험의 이용이 가능한 경우에 있어서의 불법행위책임에 관련된 여러 논점들에 관해 살펴본다.

1) 완전보험시장 아래에서의 불법행위법의 목적

보험은 보험가입자와의 당사자 계약에 의해 예기치 못한 사고에 관련된 제반 비용을 배분하는 일종의 사적 배상책임(私的 賠償責任, a private liability)제도로 볼 수 있다.[10] 만일 보험시장이 완전경쟁적이라고 가정하면 보험계약자들로부터 받는 보험료의 총액은 요건을 충족한 보험계약자들에게 지급하는 보험금과 보험행정비용의 총 합계와 일치한다. 또한 보험시장이 완전(complete)하다면 모든 사람들이 사고에 대비하여 자신이 원하는 보험을 구입할 수 있다. 이 경우 보험구입자는 어떠한 발생 가능한 사고에 대해서도 보험을 통해 자신 또는 타인의 손해에 대한 완전한 배상이 가능하게 된다.[11]

앞에서 불법행위법의 목적을 주의비용, 사고손해비용 및 행정비용의 총액을 최소화하는 것으로 정식화했다. 만일 이러한 보험의 존재를 인정

---

10) Robert Cooter and Thomas Ulen, *Law and Economics*, 4th Edition(Massachusetts: Pearson-Wesley and Co, 2004), p.355.

11) 쿠터·율렌, 『법경제학』, 이종인 옮김(서울: 비봉출판사, 2000), 355쪽.

하는 경우라면 불법행위법의 목적을 보험에 관한 분석을 가미하여 다시 정의(定義)해야 한다. 완전한 보험은 사고손해비용과 행정비용을 완전히 보상하게 되므로, 불법행위법의 목표를 다음과 같이 정식화할 수 있다. 즉, 완전 경쟁적(complete and compete) 보험시장 아래, 불법행위책임법리는 '주의비용과 사고손해비용 및 행정비용뿐 아니라 보험비용까지 합산한 총비용을 최소화'할 수 있도록 설정되어야 하는 것이다.

(1) 무책임법리와 엄격책임법리 간 비교

이러한 논리를 구체적으로 설명하기 위해 무책임법리와 엄격책임법리(무과실책임법리)의 경우를 서로 비교해보자. 무책임법리는 피해자가 스스로 보험을 구입하도록 유도한다. 무책임법리 및 완전보험시장 아래 사고의 사회적 비용은 피해자의 보험료와 양 당사자의 주의비용의 합계와 같다. 반면 엄격책임법리 아래서는 피해자를 위해 가해자가 보험을 구입하는 것이 일반적이다. 이 경우 엄격책임법리 및 완전보험시장 아래서는 사고의 사회적 비용이 가해자의 보험료와 양 당사자의 주의비용의 합계와 같다.

효율성의 관점에서 바람직한 법원칙은 수반되는 비용이 상대적으로 적은 경우이다. 따라서 학자들 중에는, 특정 손해를 회피하는 데는 생산자에 비해 소비자가 현실적으로 좀 더 저렴한 비용으로 보험을 구입할 수 있다는 측면에서 제조물의 결함에 대한 엄격책임의 법원칙의 적용을 가급적 제한해야 한다는 주장을 하기도 한다.

만일 불법행위의 잠재적 피해자가 보험계약자라면 불법행위책임제도의 효율성이 약화되거나 악화될 것이다. 그 이유를 다음의 세 가지 관점에서 살펴보면, ① 사고 발생 시 피해자는 자기의 보험회사로부터 사고 손실에 대한 보상을 받을 수 있으므로 굳이 가해자에게 보상받으려 하지 않을 것이며, ② 이 경우 가해자는 자신의 잘못된 행동으로 인한 전체

비용을 부담하지 않아도 되기 때문에 사고회피를 위한 자신의 주의수준을 줄이려 하지 않을 것이고, ③ 잠재적 피해자가 주의하면 사고를 줄일 수 있는 경우에도 자신이 보험회사로부터 사고의 손실을 보상받을 수 있는 경우라면, 사고를 줄이기 위해 필요한 만큼의 주의를 하지 않을 것이다. 이른바 잠재적 피해자의 도덕적 해이(moral hazard)가 발생한다.

이상의 세 가지 효과가 복합적으로 작용하여 피해자 보험은 사회적 최적수준보다 높은 사고발생확률과 좀 더 높은 사고수준을 초래한다.

하지만 당사자보험이 위에서 언급한 바와 같은 피해자나 가해자의 주의유인의 변화를 가져오지 않을 것이라는 반론도 만만치 않다. 예컨대 보험회사들은 이러한 보험계약자의 도적적 해이 문제를 충분히 예상하고 있기 때문에 공동보험(共同保險, co-insurance)이나 보험금공제(保險金控除, deductibles)제도를 통해 그 문제를 최소화하려 한다. 즉, 피보험자는 보험금공제제도에 의해 손실의 일정금액을 보험회사에 납부하게 되고, 공동보험에 따라 손실의 고정률을 보험회사에 납부하게 된다. 이 두 가지의 보험제도가 원활히 작동되는 경우 피보험자는 손실발생 확률(likelihood)이나 크기(severity)를 줄이기 위해 필요한 주의를 기울이게 될 것이다.

한편 잠재적 피해자의 보험회사는 사고 시 잠재적 가해자를 상대로 구상권(求償權) 청구소송이 가능하며 따라서 가해자가 주의할 유인을 갖게 되므로, 이른바 대위변제(代位辨濟, subrogation) 조항을 보험계약에 명시함으로써 이러한 유인들을 살릴 수 있다. 대위변제 조항은 가해자에 대한 피보험자의 모든 소송사유를 보험회사에 위임해주게 된다. 보험계약에 그러한 조건이 명시되어 있는 경우 사고 시 피보험자의 손실을 보험회사가 부담하고, 보험회사는 그 부담을 가해자로부터 변제받을 수 있다. 대위변제조항은 부당한 손해에 대한 법적 구제를 위한 유인이 된다. 또한 그 부당 행동으로 인한 손해를 잠재적 가해자가 부담해야 할 가능성을 높여주게 되어 불법행위책임의 사고억제 기능이 제대로 유지될 수 있는 것이다.

(2) 잠재적 가해자의 보험 가입

지금까지의 분석에서는 잠재적 가해자가 책임보험을 들지 않은 것을 전제하여 논의를 전개했다. 이는 사고 야기자와 같은 불법행위자(잠재적 가해자)가 자신의 주의 소홀에 따른 총비용을 부담하게 되는 것으로 가정하기 위한 것이다. 하지만 가해자가 배상책임보험에 들어 자신의 보험회사가 자신의 의무주의수준 미충족에 따른 사고비용을 부담하게 되는 경우에는, 가해자는 주의할 유인이 감소되거나 없어지게 된다. 따라서 가해자의 도덕적 해이가 야기된다.

이 경우에도 보험회사는 가해자의 도덕적 해이 문제를 간파하고 있기 때문에, 보험금공제나 공동보험의 수단을 이용하여 잠재적 가해자의 적절한 주의를 유도할 수 있다. 또한 보험계약자의 부주의가 입증될 경우에는 보험료를 인상하거나 보험계약의 해제가 가능하다. 잠재적 가해자는 보험료의 인상이나 보험의 해약을 원치 않을 것이므로, 사고를 회피하기 위해 주의를 기울이게 될 것이다.

2) 불법행위 배상책임보험의 경제분석 논제

지금까지 일반 불법행위에서의 손해배상책임과 보험의 상호관계에 대해서는 상당히 활발한 논의가 있어 왔다. 특히 셰블(Shavell, 1982)은 가해자가 피해자에게 손해를 배상해줄 충분한 자산을 갖지 않은 경우 가해자가 사고위험을 줄이기 위해 기울이는 가해자의 주의 정도나 위험기피적인 가해자가 보험에 가입할 유인(incentives) 등이 어떻게 영향을 받게 될 것인가의 문제와 관련하여 이론적인 분석을 제시한 바 있다. 그 후에도 샤피로(Shapiro, 1991)[12]와 폴번(Polborn, 1998)[13] 등 여러 학자들이 이와 관련한 논의를 해오고 있다.

불법행위 손해배상책임보험 문제에 대한 경제적 문제로는 여러 가지가 있을 수 있다. 예컨대 배상책임보험의 시장거래는 사회적 후생의 증진에 이바지하게 될 것인가? 만일 가해자가 배상책임보험에 들 수 있을 경우 자신의 사고예방을 위한 주의노력 유인이 감소되어 결국 사회적으로 바람직하지 않은 결과를 가져오지 않을 것인가? 가해자가 자산이 부족하여 자신의 불법행위로 인한 사고손해를 모두 배상할 수 없는 경우에 보험가입을 강제해야 하지 않는가 등의 문제들을 제기해볼 수 있다.

제품의 결함에 관련된 불법행위책임보험의 문제로서, 배상책임을 지는 가해자(기업)가 위험기피적인 성향을 가질 경우 이들은 보험서비스를 이용할 가능성이 높게 된다. 따라서 사회적 후생을 높이게 된다. 그 주된 이유는 가해자의 주의유인을 심각하게 손상하지 않으면서 가해자의 배상책임 위험을 제거 내지 완화시켜주기 때문이다. 이때 보험회사가 가해자의 주의 정도를 관찰할 수 있는 경우에는 보험료가 가해자의 주의 정도에 연계됨으로써, 그리고 가해자의 주의 정도를 관찰할 수 없는 경우에는 앞서 보인 공동보험이나 보험금공제 등 부분보험 수단을 활용함으로써, 가해자의 주의유인은 일정 부분 유지된다.[14)]

이와 같이 잠재적 가해자와 보험회사 사이의 자발적 보험계약은 외부효과를 야기하지 않는 모든 자발적 계약과 마찬가지로 사회적 후생을 높이는 효과가 있다. 따라서 책임보험 시장에 대한 규제가 바람직하지

---

12) Carl Shapiro, "Symposium on the Economics of Liability," *Journal of Economic Perspectives*, Vol.5(3)(1991), pp.3~10.

13) Mattias K. Polborn, "A Model of an Oligopoly in an Insurance Market," *The Geneva Risk and Insurance Review*, Vol.23(1)(1998), pp.41~48.

14) 신도철, 「제조물책임보험의 경제적 분석」, ≪법경제학연구≫, 제1권 제1호(한국법경제학회, 2004), 68~69쪽.

않게 된다. 하지만 배상책임보험의 가입을 강제하는 규제가 사회적 후생을 증대시킬 수도 있는데, 그 대표적인 경우가 기업이 제품에 관련된 사고로 발생한 손해를 배상해줄 충분한 자산을 갖고 있지 않은 경우를 들 수 있다. 이 경우 기업의 입장에서 사고손해의 상당 부분이 외부화(externalize)되어 있어 주의유인이 충분하지 않을 것이며, 만일 보험의 이용이 가능하더라도 기업은 보험에 가입하지 않을 것이다. 이 경우 일정분의 자산보유를 강제하는 규제는 일반적으로 사회후생을 증대시키게 된다. 특히 보험이용이 가능하고 보험회사가 기업의 주의 정도를 관찰할 수 있는 경우에는 그 효과가 클 것이다.

제7장

불법행위법의 경제분석 논제 Ⅱ

제7장은 제6장에서 미처 다루지 못한 불법행위법에 관련된 몇 가지 경제분석 논제에 대해 살펴본다. 즉, 정부가 시장에 개입하여 기업과 개인의 행위를 제약하는 행정규제와 불법행위책임 사이의 상대적 효율성과 이들 사이의 관계에 대해 고찰하며, 제3자의 불법행위에 따른 배상책임의 하나인 사용자책임(使用者責任; vicarious liability)과 사용자의 구상권의 문제를 경제적인 관점에서 살펴본다. 이어서 두 사람 이상이 공동으로 불법행위를 하여 타인에게 손해를 주는 이른바 공동불법행위(joint tort)의 문제에 관해 법경제학적 시각에서 살펴본다. 끝으로 경제이론을 바탕으로 사고의 비용 내지 배상액에 대한 효율적 산정방법에 대해 살펴본다.

제6장과 제7장에서 설명한 여러 논제들은 각각 독립적인 영역이 있는 것이 아니며 현실의 불법행위책임의 문제에서 서로 연계되거나 함께 적용된다. 따라서 제6장과 제7장에서 설명되지 않은 사항이나 논의되었더라도 불충분한 부분은 결함 있는 제조물에 관련된 사고(제조물책임), 의료과오, 산업재해, 환경오염 등 이른바 전형적인 사고형(事故型) 불법행위의 문제에 대한 경제적 분석의 응용편인 제3부와 제4부에서 구체적으로 소개된다.

1. 행정규제와 불법행위책임

1) 행정규제와 책임법리 간의 관계

사고로 인한 손해의 발생을 억제하는 대표적인 수단으로는 사후적(ex post) 피해보상 외에, 사고예방과 재발방지를 위한 정부의 직접적인 '행정규제'를 들 수 있다.[1] 사고발생에 따른 손해를 경제학적 개념인 외부효과(externality)로 나타낼 수 있는데,[2] 행정규제는 이러한 외부효과가 발생되기 전에 관련된 '위험한 행위'를 통제하는 사전적(ex ante) 정책수단이며, 불법행위책임의 부과는 해당 외부효과가 발생된 후 나타난 손해를 규제하는 사후적 정책수단으로 구분해볼 수 있다.

행정규제 내지 정부규제란 일반적으로 '바람직한 경제사회질서의 구현을 위해 정부가 시장에 개입하여 기업과 개인의 행위를 제약하는 것'으로 정의할 수 있다. 즉, 규제의 주체는 정부이며 그 대상은 민간이다. 하지만 이러한 행정규제에 불법행위책임의 문제를 포함한 넓은 의미의 규제를 정의해볼 수 있다. 즉, 각종 재산권의 직간접적인 보호를 위한

---

1) 사후적 손해배상과 행정규제 외에도 간접적 규제로서 위해·위험 정보의 공개와 관련 당사자들에 대한 교육과 홍보 등 정보제공 노력을 들 수 있다. Michael Spence, "Consumer Misperception: Product Failure and Producer Liability," *Review of Economic Studies*, Vol.44(1977), pp.561~563.

2) 어떤 사람의 행동이 제3자에게 의도하지 않은 이득이나 손해를 가져다주는데도 이에 대한 대가를 주지도 받지도 않을 때 '외부효과'가 발생했다고 한다. 이처럼 그 대가를 주고받지 않기 때문에, 시장메커니즘의 경계 밖에 존재하는 현상이라는 의미에서 외부효과라는 이름이 붙여졌다. 불법행위법의 목적을 살펴볼 때(이 책의 제1장 제1절에서도 언급했지만), 불법행위법상 손해는 이러한 외부효과의 대표적인 사례로 볼 수 있다. 왜냐하면 손해의 발생 그 자체는 가해자의 과실 있는 행동이 피해자에게 의도하지 않은 손해를 미친 경우이기 때문이다(고의적 행위와 같은 의도한 행위의 결과로 나타나는 손해는 형사상 범죄이므로 외부효과로 볼 수 없다).

법과 제도를 통칭하는 것을 광의의 규제(regulations)로 정의한다면, 손해 발생 시 해당 손해에 대해서 법원이 책임을 묻고 제재(制裁)하는 불법행위책임도 사후적 규제의 개념에 포함된다.

일반적으로 경제학자들은 불법행위책임의 부과와 행정규제의 수단을 서로 대체재(substitute goods, substitutes)로 간주하는 경향이 있다. 예컨대 대기오염의 경우와 같이 피해자의 범위가 넓고 피해의 형태가 다양한 경우는 피해자를 일일이 법정에 세우는 것보다는 정치(精緻)한 규제가 좀 더 효율적이라는 관점이다. 정책과 관련된 측면에서도, 규제 당사자 사이의 손해발생위험에 대한 정보의 비대칭, 가해자의 자산의 크기, 소송확률, 규제행정비용, 손해발생의 개연성 및 분산도 등 양자 사이의 상대적 효율성의 결정요인들을 기준으로 하여 어느 정책수단이 더욱 효율적인지 여부를 판단하게 된다.

그러나 사고에 관련된 현실의 정책들을 보면 이러한 관점과는 달리 행정규제와 불법행위책임법리가 적절히 보완재(complementary goods)로 활용되도록 함으로써 사회적 효율성을 높이는 경우도 많다. 예컨대 오염물질을 배출하는 합판제조공장과 병원이 서로 인접되어 있는 경우 사전적 규제형태인 조례나 행정지침에 의해, 또한 동시에 외부효과 야기자에 대해 민법 제217조의 물권법상의 상린관계(相隣關係)에 근거한 배상책임을 지움으로써 잠재적인 비효율을 최소화할 수 있다. 따라서 행정규제와 배상책임 간 대체관계에 대한 부분분석뿐 아니라 양자 간의 상호작용과 보완적 관계에 대한 이론적 접근도 필요하다. 즉, 사고에 관련된 위험의 감소요인으로 작용하는 여러 제도적 장치 중 좀 더 효율적인 것으로 규제와 책임법리의 결합 사용에 대한 경제학적 분석이 요구된다.[3]

---

3) 이종인, 「안전규제와 책임원리의 상호관계에 관한 경제학적 분석」, ≪소비자문제연구≫, 제16호(한국소비자원, 1995), 176~177쪽.

아래에서는 앞서 정의한 광의의 규제수단으로써 행정규제와 불법행위 책임법리의 상대적 효율성에 대해 살펴보고, 양 수단 사이의 보완적 관계 및 양 수단을 결합하여 활용하는 경우에 대해서도 간단한 모형을 설정하여 살펴본다.

2) 행정규제와 책임법리의 상대적 효율성

사회적으로 바람직한 규제방식이란 사회후생(social welfare)을 극대화할 수 있는 경우이다. 손해발생 위험을 통제하기 위한 여러 규제방식들은 각각의 비효율성을 내포하고 있다. 예컨대 행정규제의 경우 규제자의 자의성 개입의 여지가 있으며 때로 규제의 이행이 원활히 추진되지 않음으로써 많은 비용이 수반되기도 한다. 또한 정치적인 영향을 받는 경우도 많다. 결과적으로 행정규제는 총규제비용이 타 수단에 비해 상대적으로 클 경우 규제의 비효율이 높아지게 된다. 이러한 경우 행정규제를 불법행위법상 책임법리와 같은 사후적(ex post) 규제방식으로 대체시킬 수 있다. 하지만 책임법리 역시 손해의 규모가 큰 경우 보상 또는 배상이 충분하지 않을 수 있으며, 앞서 살펴보았듯이 법원의 여러 판단상의 과오(errors)와 같은 불확실성이 뒤따른다. 또한 소송비용의 급증문제 등 비생산적 비용의 증대라는 비효율을 내포하고 있다.

행정규제와 책임법리 사이의 상대적 효율성의 비교, 즉 양자 사이의 대체적 관계를 파악하기 위해서는 우선적으로 비교의 결정요인을 살펴보아야 한다.[4)]

---

4) 본문에서 제시하는 기준은 주로 셰블(Shavell, 1984)에 따른 것이다. 이 외에도 피해유발의 개연성, 위험발생의 분산도 등도 행정규제와 책임법리 간 효율성을 비교하는 중요한 결정요인이 될 수 있다. 구체적인 내용은 Steven Shavell, “Liability for Harm Versus Regulation of Safety,” *Journal of Legal Studies* (1984)를 참고할 수 있다.

경제학자들이 고려하는 대표적인 비교의 요소는 해당 규제의 수립과 집행에 드는 비용이다. 즉, 다른 조건이 일정한 경우 규제비용의 크기가 작은 방식을 선택하는 것이 효율적이다. 예컨대 동일한 예산으로 사후책임보다는 예방을 통해 불법행위의 발생을 줄일 수 있다면 사전적 행정규제가 정당화될 수 있다. 반면에 규제행정비용이 클수록 책임법리가 상대적으로 효율적이다. 일반적으로 행정규제는 책임법리와는 달리 손해발생 여부에 관계없이 비용〔規制執行費用〕을 수반하게 된다.

또 다른 주된 효율성 비교요소로는 잠재적 가해자가 사고 손해에 대해 피소되지 않을 가능성이다. 즉, 적어도 소송확률이 100%보다 작은 경우에는 가해자는 책임법리에 따른 주의유인이 작아지게 되며 따라서 예방차원의 행정규제가 좀 더 효율적이게 된다. 일반적으로 잠재적 가해자가 소송당하지 않을 가능성은 피해의 범위가 넓게 확산되어 있거나, 정확한 가해자의 판별이 어려운 경우 또는 피해가 발생하기까지 오랜 시간이 소요되는 등의 경우에 더 높아진다.

이러한 규제비용과 소송확률 외에도 규제자와 피규제자 사이의 손해발생위험에 관련된 정보소유의 차이, (잠재적) 가해자의 자산의 크기 등도 행정규제와 책임법리 사이의 효율성을 비교하는 중요한 결정요인이 된다. 우선 규제자와 피규제자 간의 사고위험에 관련된 정보가 대칭적이지 않을 경우 이는 해당 행위의 편익뿐만 아니라 위험감소비용 내지 위험확률에 영향을 미치게 된다. 만일 피규제자가 규제자보다 많은 사고위험정보를 갖고 있는 경우라면 책임법리가 안전규제에 비해 상대적으로 더 큰 효율성을 갖는다. 극단적인 예로 만일 규제자가 아무런 정보가 없는 상태에서 규제를 시행할 경우 큰 착오가 발생할 것이다. 예컨대 규제자가 잠재적 피해를 과대평가할 경우에는 지나치게 엄격한 규제가 되어 경제활동의 효율성이 크게 떨어질 것이다. 하지만 책임법리, 특히 무과실책임(엄격책임) 아래서는 정보가 비대칭적일 경우에도 적절한 유인책이 될 수 있다. 반면에 규제자가 좀 더 우월한 정보를 가질 경우 규제가 책임법리보다 훨씬 비교우위에 있게 될 것이다. 그러나 현실적으로 규제자가 더 많은 사고의 위험 관련 정보를 갖기는 어렵다. 왜냐하면 그러기 위해서는 많은 집행비용을 투입하여 피규제자의 행태를 끊임없이 파악해야 하기 때문이다.

가해자 자산(資産)의 크기 문제는 가해자의 지불능력의 문제로 생각해 볼 수 있다. 사고위험의 결과 사회에 미치는 총피해액이 가해자의 자산의 크기보다 클 때, 즉 가해자에 대한 민사적 처벌의 최대한계치를 넘어설 경우 사전적 행정규제의 정당성이 존재한다. 예컨대 자동차사고의 경우 잠재적 가해자의 자산액이 잠재적 피해액보다 적다면 책임법리는 비효율적 수단이 된다. 특히 잠재적 가해자가 피해발생 후 배상할 능력이 없으므로 자신이 인식하는 한계비용이 '0'이 되어 주의노력을 증가시킬 유인이 없어진다.[5] 최근의 제품 관련 사고나 환경오염사고 중에는 신체나 재산상의 피해가 매우 큰 경우가 많기 때문에 책임법리의 수단이 효율적인 위험방지의 유인이 되지 못하는 경우가 많다.

이상의 논의를 정리하면 규제집행비용이 적은 경우나 소송확률이 낮은 경우, 피해의 분산도가 낮아 규제자의 정보취득이 용이한 경우, 피해의 규모가 매우 큰 경우에는 책임법리에 비해 행정규제가 좀 더 효율적인 규제방식이 되며, 그와 반대상황의 경우에는 책임법리가 상대적으로 효율적인 정책수단이 된다.

이러한 논의는 행정규제와 책임법리를 서로 대체재(代替財) 관계로 보아 상대적으로 비용이 덜 드는 규제방식을 선택하는 것이 경제적으로

---

5) 이러한 잠재적 가해자의 도덕적 해이 문제를 해소하기 위해서는 민사적 불법행위책임에 더하여 형사처벌을 보완재(supplement)로 활용할 수 있을 것이다. 실제로 인명상해에 관련된 자동차사고 시 금전적 배상이 어려운 경우에 형사적 제재가 수반되는 제도는 운전자의 경솔한 운전행위를 억제하는 효과가 있다.

효율적이라는 관점이다. 만일 양자 중 어느 한쪽에 뚜렷한 비교우위를 판단하기 어려울 때 해결방안 중 하나는 양자를 결합하는 것이다. 즉, 행정규제와 책임법리를 서로 보완재(補完財) 관계로 보는 것이다.

3) 행정규제와 책임법리의 보완적 관계

일반적으로 행정규제는 규제목적의 달성을 위해 특정 행위를 강제하는 방식이기 때문에 그 특성상 상대적으로 획일적이다. 반면에 책임법리에 의한 사후적 대응은 매 사건마다 다양한 사실들에 근거하여 법원의 결정이 내려지므로 통상적인 규제보다 구체적이라 할 수 있다. 사고방지를 위한 당사자의 주의비용이 제각기 다르고 생산 활동에 따른 편익수준도 다양하기 때문에 획일적인 행정규제로는 피규제자의 비효율을 초래하는 경우가 많다. 이 경우 불법행위법상 책임법리를 적절히 보완장치로 사용함으로써 효율성을 높일 수 있다.

위에서 제시한 예를 다시 언급하면, 합판제조공장에서 발생하는 비산먼지〔粉塵〕가 인접 병원에 입원한 환자들에게 피해를 발생시키고 있다고 하자. 이는 이 책의 제13장에서 구체적으로 살펴볼 이른바 생활방해 내지 불법폐해의 경우로서 전형적인 '해로운 외부효과(negative externality)'에 해당한다. 이와 같은 외부효과를 억제하기 위해서는 조례나 행정지침과 같은 행정규제에 의해, 또한 동시에 외부효과 야기자에 대한 사후적 규제수단인 생활방해책임을 물림으로써 잠재적인 비효율을 줄일 수 있다. 이와 같이 두 규제수단을 결합하여 사용하는 경우 행정규제의 비효율 부분을 책임법리가 보완적으로 사용됨으로써 사회적 효율이 높아질 수 있음은 여러 경제학자의 연구에 의해 입증되기도 했다.

예컨대 마리노(Anthony M. Marino)[6]는 여러 가지 사유로 인해 규제가 불가피한 경우에 제품의 안전성(safety characteristics)에 대해 규제하는 것이 사회적 후생을 증진시킨다는 전제 아래, 제품 사고로 인한 손해에 대해 불법행위책임을 부과하는 것이 사회적으로 바람직한지의 여부를 고찰한다. 즉, '행정규제(safety regulation) + 생산자책임(strict liability)'과 '행정규제 + 소비자책임(no liability)' 간 상대적 우위를 결정하는 제 요인들을 고찰하고 있는데, 가장 주된 결정요인은 이른바 '규모 효과(scale effects, 제품생산에 따른 한계위해확률)'[7]와 '제품 위험에 대한 소비자의 무지(ignorance) 정도'임을 보였다.[8]

그의 연구 결과를 보면, 첫째, 소비자가 제품의 예상 손실을 정확히 인지하는 경우 '규모효과'의 방향과 크기에 따라 후생에 미치는 효과가 달라진다. 즉, 사고 확률이 점증하는 경우는 '안전규제 + 생산자책임'이 '안전규제 + 소비자책임'보다 더 큰 후생효과를 가져오며, 사고 확률이 점감하는 경우는 '안전규제 + 소비자책임'이 '안전규제 + 생산자책임'보다 더 큰 후생효과를 가져온다. 그리고 규모 효과가 없는 경우는 책임법리의 유형에 관계없이 사회적 최적주의수준이 달성된다. 둘째 소비자가 위험수준을 과소인지하는 경우는 규모효과의 방향 및 크기, 소비자의 위험 과소인지 정도에 따라 사고율에 미치는 효과가 달라진다. 즉, 점증규모효과(cumulative scale effect)가 소비자의 위험 과소인지의 정도보다 큰 경우 생산자책임이 소비자책임보다 더 큰 후생을 가져옴을 보였다.

---

6) Anthony M. Marino, "Monopoly, Liability and Regulation," *Southern Economic Journal* (April 1988), pp.913~927.

7) 마리노는 제품생산에 따른 한계위해확률(marginal probability of harm with respect to output)을 '규모 효과'로 부르고 있다. 즉, 사고의 효과(사고확률)는 산출량에 따라서 점증(cumulative damage scale effects)하는 경우와 점감하는 경우가 있는데 이러한 효과들을 규모 효과로 불렀다. 같은 글.

8) 그는 소비자가 제품 위험을 정확히 인지하거나 혹은 과소인지하고, 규제당국은 생산자의 행동수준(care level)을 규제하지만 산출량수준은 규제하지 않으며, 생산자의 행동수준 및 산출량 모두 사고확률에 영향을 미치는 형태의 모형을 설정했다.

실제 미국의 법원은 소비제품의 안전문제에 대해 행정규제를 일종의 기초적 기준으로 간주하여 불법행위책임법리의 보완장치로 사용하고 있다.[9] 그 배경에는 행정규제와 책임법리 간의 보완적 관계를 강조하는 경제이론적 뒷받침이 있었을 것이다. 즉, 안전규제가 매우 높은 수준의 위험발생을 방지하기 위한 효과적인 정책수단인 반면에 불법행위책임의 법원칙은 사전적 안전규제가 요구하는 수준 이상의 주의수준을 가져오게 하는 추가적인 유인이 될 수 있는 것이다.

4) 정책적 시사

지금까지 행정규제와 책임법리의 상대적 효율성과 양자의 결합사용에 따른 여러 경제적 의의에 대해 살펴보았다. 이러한 논의에서 우리는 다음과 같은 몇 가지 정책적인 시사점을 이끌어낼 수 있다.

우선 예방위주의 행정규제를 상당 부분 사후적 책임법리의 부과 방식으로 전환할 수 있다는 점이다. 즉, 행정적 규제는 매우 높은 수준의 위험발생을 방지하기 위해 사용할 수 있는 동시에 책임법리는 행정규제가 요구하는 수준 이상의 주의수준을 가져오게 하는 추가적 유인으로 활용될 수 있다. 예컨대 결함제품에 관련된 사고의 피해자에 대한 제조물책임(product liability)법리는 제품의 안전에 관련된 규제와 함께 보완적으로 사회적 효율적인 위험감소 유인을 가져올 수 있을 것이다.

둘째, 책임법리가 강화되거나 새로이 도입되는 경우 기존의 행정규제의 수준을 낮출 필요가 있다는 점이다. 예컨대 상대적으로 사고발생위험이 큰 가해자 내지 위험제품의 생산자는 잠재적 책임 때문에 행정규제가

---

9) Susan Rose-Ackerman, *Rethinking the Progress in Agenda: the Reform of the American Regulatory state*. New york: Rree press, 1992), pp.119~129.

요구하는 수준 이상의 주의를 기울일 것이고 따라서 사회적 최적주의수준 이상의 주의를 기울이게 되므로, 이때 최적주의수준으로의 회귀(回歸)를 위해서는 행정규제의 수준을 적절히 낮출 필요가 있는 것이다. 다시 말해 불법행위에 대한 두 가지 규제방식이 상호 보완적으로 사용된다는 전제 아래에서는 정부규제의 비효율에 관련된 최근의 '규제완화' 논의에 힘을 실어줄 수 있을 것이다.

2. 사용자책임과 사용자의 구상권(求償權)

1) 사용자책임

(1) 법적 의의

어떤 사람의 불법행위에 따라 직접적인 가해자가 아닌 제3자가 배상책임을 지게 되는 상황이 있다. 이러한 경우를 제3자가 '불법행위자(tort-feasor)의 불법행위의 대리(감독)책임(代理責任)을 진다'라고 하고 이를 대위책임(代位責任) 또는 사용자책임(Vicarious Liability)이라고 부른다. 대위책임은 대리인(agent)의 행위에 대한 주인(principal)의 책임 또는 피부양자녀의 행위에 대한 부모의 책임의 경우까지 확대 적용된다. 현실적으로 가장 일반적인 대위책임의 경우는 이른바 "주인에게 대답하게 하라(*respondeat superior*: let the master answer)"의 원칙 아래 노동자의 불법행위에 대한 사용자의 배상책임에서 찾아볼 수 있다.

이 원칙의 핵심은 우리 민법 제756조에 잘 나타나 있다. 즉, 우리 민법에는 "사용자가 그의 업무 또는 영업에 타인을 사용하여 사업을 수행하게 하던 중에 제3자에게 손해를 발생시킨 때에는 그 타인의 책임과는 별도로 피해자에 대신해서 손해배상책임을 부담한다"고 규정되어 있다.

이 경우, 사용자가 피용자의 선임이나 그 사무 감독에 상당한 주의를 기울인 경우 또는 상당한 주의를 했음에도 손해가 발생한 경우에는 대리책임을 지지 않는다.[10] 한편, 민법 제756조 제3항에서는 사용자 내지 대리감독자가 배상했을 경우에는 피용자에 대한 구상권 행사가 가능하다.

(2) 효율성 기준에서의 사용자책임

그런데 이러한 사용자책임의 법원칙이 사용자와 근로자 간의 효율적인 행동을 유도할 수 있을까. 결론적으로 말하자면 이 '불법행위책임' 법리는 적어도 신규근로자의 고용, 다양한 업무의 부여, 사용하는 기계의 선택 등의 경우에서는 사용자가 주의를 기울이도록 하는 유인이 될 수 있다. 따라서 만일 사용자가 이러한 의사결정을 하는 데 근로자보다 우월한 위치에 있는 경우라면, 민법상 사용자책임의 법리는 의사결정자들의 효율적인 행동을 가져올 수 있을 것이다.

사용자책임법리를 정당화하는 주된 논리 중의 하나는, 피해자인 제3자에 대한 피용자의 보상이 불충분한 경우 사용자가 대신하여 배상 내지 변제토록 하는 마치 연대보증인의 역할을 담당하도록 하는 법적 기능을 수행하는 것이다.[11] 이는 민법 제756조 3항에 따라 사용자는 타인의 불법행위에 따른 제3자의 피해에 대해 연대책임을 진다는 의미이다.[12] 이

---

10) 우리 민법 제756조의 단서조항이다.

11) 사용자책임의 법적 성질에 대해서는 이러한 '대위책임설' 외에 '고유책임설'이 있다. 고유책임설은 대위책임설의 문제를 극복하기 위해 사용자 스스로를 불법행위의 당사자로 보고 민법 제756조 대신 제750조에 의거 사용자의 책임을 묻는 관점이다. 고유책임설에 따르면, 사용자책임은 피해자에 대한 관계에서 사용자 자신이 당연히 부담해야 할 배상책임이다. 이 견해에 따르면 사용자책임을 사용자가 피용자의 선임 또는 감독을 제대로 하지 못한 자신의 책임으로 보고 있으므로 사용자는 피용자가 과실이나 책임능력이 없는 경우에까지 책임을 져야 한다.

12) 前田陽一, 『債權各論Ⅱ(不法行爲法)』(東京: 弘文堂, 2007), p.132.

러한 사용자책임은 피해자로 하여금 이른바 자력이 충분한 '딥포켓(deep pocket)'[13]에 해당하는 사용자에 대한 보상청구를 가능토록 하고 있다.

사용자책임은 이러한 불법행위법상 피해보상의 기능을 하고 있지만, 다른 한편으로 직접적 가해자의 손해배상책임을 회피하는 유인을 제공함으로써 효율적인 사고방지 기능을 저해하는 측면도 있다. 하지만 이 경우에 대한 경제적 관점으로부터의 대응이 가능하다. 즉, 사용자는 잠재적 가해자인 근로자의 주의를 유도하기 위한 목적의 근로계약을 이용할 수 있다. 예컨대 사용자는 근로자와 노동력 제공의 대가를 지불하는 고용계약 시 만일 근로자가 규정된 주의의무를 준수하지 않는 등 업무에 태만한 경우 근로계약상의 불이익을 감수하게 하는 근로조건 계약 규정을 둘 수 있다.

(3) 공평성 관점에서의 사용자책임

일반적으로 사용자책임의 존재이유 내지 근거로 손해의 공평한 분배를 들고 있다.[14] 예컨대 작업장에 고용된 트럭운전자가 운전 중 과실로 작업 중이던 인부에게 중상을 입혔을 때에 그 운전자를 고용한 사용자에게 배상책임을 지우는 이유가 피해자에게 충분한 보상을 보장하기 위한 것이라는 주장이다. 피용자인 트럭운전자에게만 책임을 지워서는 피해자의 피해구제가 부족하기 때문에 사용자에게 책임을 지우는, 즉 좀 더 합리적인 부담의 분배가 그 목적이라는 것이다. 이 주장이 옳은 것은 사

---

13) 일반적으로 공동불법행위 소송에서 원고는 2인 이상의 가해자를 상대로 피해액 전부의 배상을 청구하는 소송을 진행할 수 있으며, 그중에서도 임의의 가해자만을 상대로 한 배상청구소송도 가능하다. 미국과 같은 커먼로 국가들에서 원고는 충분한 금전적 보상을 받기 위해 경제적으로 부유한 '딥포켓' 피고를 상대로 소송을 제기하는 경우가 적지 않다.

14) 박세일, 『법경제학』(박영사, 2000), 314쪽.

실이나 충분하다고 생각되지 않는다. 경제학자의 관점에서 볼 때 사용자책임의 주된 목적은 사용자로 하여금 피용자에게 좀 더 안전한 업무를 부과하게 하고 좀 더 안전한 작업방법을 교육토록 하는 등의 안전유인을 갖게 하기 위해서이다. 다시 말해 사용자가 부담해야 하는 사고의 총비용을 낮추기 위해서이다.

민법 제756조 제1항 단서조항을 보면 사용자가 이미 노동자의 선임이나 그 사무감독에 상당한 주의를 기울인 경우 또는 상당한 주의를 했지만 손해가 발생한 경우에는 대위책임을 지지 않도록 하고 있다.

2) 사용자의 구상권

가해자의 불법행위에 따른 사용자책임으로 인해 제3자에게 손해배상의 의무를 다한 사용자는 피용자에게 그 책임을 물을 수 있다. 즉, 위의 트럭운전자 사례나 탱크로리 운전자 판례에서 사용자는 민법 제756조 제3항에 따라 가해원인을 제공한 트럭운전자에게 손해배상금의 구상(求償, contribution)을 청구할 수 있다. 이러한 사용자의 구상권에 대해 경제이론적으로 살펴보자.

먼저, 구상권이 인정되어야 하는 이유에 대해 경제적 관점에서 생각해보자. 만일 사용자의 구상권이 인정되지 않는다면 피용자들 사이에 전형적인 도덕적 해이(moral hazard)의 문제가 발생할 수 있다. 다시 말해 트럭운전자와 같은 피용자들로 하여금 사고방지를 위해 노력할 유인을 줄여 결과적으로 지나치게 많은 사고가 발생하게 될 것이다. 만일 사고의 유형 자체가 사용자의 노력에 의해 충분히 방지될 수 있는 경우라면 구태여 구상권을 인정할 필요가 없다. 하지만 사용자책임에 관련된 사고의 경우 사용자뿐만 아니라 피용자의 안전노력도 그 영향 요인이 되는 것이 일반적이므로 피용자의 도덕적 해이를 줄이기 위해서는 사용자의 구상권이 인정되는 것이 경제적 관점에서도 바람직하다.

다음으로, 구상권에 관련된 사안의 하나로 그 권리의 범위를 어디까지 할 것인가의 문제를 들 수 있다. 사실 대위책임으로서의 사용자책임은 당초 민법 제756조 제3항에 근거하여 피용자에 대한 전액 구상이 가능하다는 입장이었다. 하지만 그러한 통설적 이해에 대해서는 현실적으로 피용자의 노동활동으로부터 많은 이익을 얻는 사용자에 비해 열악한 노동조건 아래에 있는 피용자의 여건을 감안하여 전액 구상이 타당하지 않다는 비판적 주장과 더불어, 실제 판례에서도 그러한 비판을 수용하는 입장이다.[15] 앞서 소개한 일본의 최고재판소(最判) 昭和51年7月8日民集30卷7号689頁 판결이 그 좋은 예이다. 이 사건에서 원고는 피해자에게 손해배상금을 지불함과 동시에 피용자에 대해 일본 민법 제715조 3항(우리 민법 제756조 제3항에 해당)에 근거하여 전액 구상을 청구했지만, 법원은 청구액수의 4분의 1만 인정함으로써 사용자의 구상권을 일정 부분 제한했다.[16]

최근 음주운전으로 인한 개인적·사회적 손실을 줄이기 위한 행정조치의 하나로, 동승자에게 음주운전자의 사고손실에 대한 대위책임을 지우는 법리가 실제 적용되고 있다. 즉, 음주운전을 권하거나 방종한 동승자에게 사고손해에 대해 일종의 사용자책임을 지우는 것이다. 이때 경제적인 관점에서의 관심의 초점은 음주운전자와 동승자 모두의 사고방지 노력을 유인하기 위해서는 동승자의 대위책임을 어디까지 허용하는 것이

15) 前田陽一, 『債權各論Ⅱ(不法行爲法)』, p.132.

16) 우리 민법은 사용자의 구상권에 대한 법률적 근거를 명문으로 제시하고 있지만, 그 범위에 대해서는 침묵하고 있다. 따라서 현실적으로 '여담 일곱'에서 보듯이 비록 사용자가 피용자에 대해 '전액 구상'을 청구할 수는 있어도 그 인정범위에 관해서는 민법 제756조의 규범목적과 불법행위법의 기본원리 등에 비추어 법원이 판단할 문제이다.

바람직할 것인가의 문제이다.

예컨대 미국의 경우 상당수의 주(states)에서 이미 만취한 고객에게 술을 제공하는 바텐더나 동료, 연회의 주최자 또는 그 취객에게 음주를 권유한 제3자에게 취객이 일으킨 사고손실에 대해 대위책임을 물리도록 하는 이른바 '주류판매점규제법(dram shop law)'[17]이 시행되고 있다.[18] 이때 경제적인 관점에서의 논점은 음주운전자와 동승자 모두의 사고방지를 위한 주의를 유인하기 위해서 동승자의 대위책임을 어느 정도 허용하는 것이 바람직한가의 문제이다.

이 문제는 법적으로뿐만 아니라 경제이론적으로도 명확한 기준을 제시하는 것이 어려울 것이다. 상술한 탱크로리 운전자 판례에서도 해당 법원은 '사용자의 구상권 제한'이라는 기본적인 방향만 제시하고 있다. 경제적 관점에서도 이러한 원칙론적 기준 제시 이상을 기대하기 힘들다. 즉, 당해 산업재해가 피용자의 부주의나 과실 및 사용자의 안전조치 불충분 내지 소홀한 사무감독 등이 겹친 일종의 공동불법행위의 형태로 나타난 경우라면, 각자의 책임의 크기에 해당하는 구상관계를 인정하는 것이 바람직하다는 관점이다. 하지만 이른바 공동불법행위에 해당하는 경우라면 법적 접근으로는 분명하지 않은 부분을 경제이론적 접근을 통해 일정 부분 해소할 수 있다.

이 문제는 다음 절에서 소개하는 공동불법행위책임에 대한 경제분석에서 좀 더 구체적으로 살펴본다.

---

17) 이는 마땅한 우리말 없이 대개 영문인 '드램숍 법'으로 나타내기도 하나 '선술집법'이라는 이름으로 불러도 좋겠다.

18) 독자는 이러한 형태의 대위책임의 의미를 본문에서의 문제제기를 바탕으로 경제학적 관점에서 생각해보라.

여담 일곱

사용자의 구상권에 관한 사례

굴삭기 자영업자 강(姜) 씨에게 도움을 주던 그의 친구 김(金) 씨는 강 씨의 지시에 따라 박(朴) 씨의 토목공사 현장에 파견되어 강 씨 소유의 굴삭기를 사용하여 흙파기 작업을 하던 중, 흙을 수거하는 트럭운전기사 이(李) 씨와 작업내용과 관련하여 언쟁을 하다가 굴삭기를 사용하여 이 씨에게 중상을 입혔다. 이에 대하여 이 씨는 불법행위에 기초하여 강 씨를 상대로 손해배상을 청구했다. 이 가상적 사례에서 이 씨의 배상청구가 가능할 것인가? 그리고 이 씨에게 손해배상금을 완불한 강 씨는 김 씨를 상대로 손해배상금 전액을 구상할 수 있을 것인가?

우선 첫 번째 물음에서 이 씨는 김 씨의 과실을 입증함으로써 김 씨의 가해행위가 불법행위에 해당한다는 주장이 받아들여질 수 있으며, 사용자책임에 요구되는 사무감독 관계의 존재 및 가해행위의 사무집행 관련성 등의 요건이 충족되었고 이를 이 씨가 입증하는 데 어려움이 없다고 판단되기 때문에 이 씨의 배상청구는 인용될 수 있다. 물론, 강 씨는 김 씨에 대한 선임 및 감독상의 주의의무를 다했다는 점을 입증함으로써 사용자책임을 면할 수 있다. 두 번째 물음에 대한 답으로서, 만일 강 씨가 사용자책임을 부담한 경우라면, 이 씨에게 손해배상책임을 다한 사용자인 강 씨로서는 가해원인을 제공한 피용자 김 씨에게 손해배상금의 구상을 청구할 수 있다. 하지만 현행 법규정에는 그 구상의 범위에 대해 분명하지 않기 때문에 전액구상 가능 여부는 불분명하다.

자료: 조승현·고영남(2002: 13~21).

3. 공동불법행위책임

1) 공동불법행위의 의의 및 인정요건

공동불법행위(joint tort)란 2인 이상의 사람이 공동으로 불법행위를 하여 타인에게 손해를 주는 경우를 말한다. 우리 민법 제760조는 "가해자가 연대하여 손해를 배상할 책임이 있다"라고 규정함으로써 공동불법행위자 연대책임의 원칙을 견지하고 있다.[19] 우선, 이러한 공동불법행위에 대한 배상책임의 경제적 의의를 사례를 들어 설명해보자.

수렵면허를 가진 세 명의 사냥꾼이 수렵 철을 맞아 산으로 멧돼지 사냥을 갔는데, 그중 한 명의 사냥꾼이 다른 두 명의 동료사냥꾼 중 한 사람 혹은 두 사람 모두의 오발사격으로 실명(失明)하는 상해를 입었다고 하자. 이러한 상황을 민법 제760조 제2항에 따른 보편적인 공동불법행위로 간주할 수 있다. 즉, 두 사냥꾼이 모두 다 피해자의 손실에 대해 배상책임의 개연성이 있을 때(즉 손실의 일정비율만의 책임이 아닐 때), 피고는 공동불법행위책임을 부담하게 된다.

공동불법행위에 관한 소송에서 원고는 모든 가해자들을 상대로 피해액 전부의 배상을 청구하는 소송을 진행할 수도 있고, 그중 임의의 한 명만을 상대로 피해액 전부의 배상을 청구하는 손해배상소송도 가능하다.[20] 영미법 국가의 경우 원고는 충분한 금전적 보상을 받기 위해 경제

---

19) 민법 제760조의 규정은 다음과 같다. ① 수인이 공동의 불법행위로 타인에게 손해를 가한 때에는 연대하여 그 손해를 배상할 책임이 있다. ② 공동 아닌 수인의 행위 중 어느 자의 행위가 그 손해를 가한 것인지를 알 수 없는 때에도 전항과 같다. ③ 교사자나 방조자는 공동행위자로 본다.

20) 곽윤직은 이러한 의미에서의 공동불법행위자의 책임을 부진정연대책무(不眞正連帶責務)라고 했다. 곽윤직, 『채권각론』(박영사, 1995), 766, 769쪽.

적으로 부유한 이른바 '딥포켓(deep pocket)' 피고를 상대로 소송을 제기하는 경우가 많다. 하지만 최근 들어 미국의 각 주에서는 공동불법행위자책임(joint-tortfeasors' liability)에 관해 전통적인 공동불법행위책임(joint and several liability)의 원칙을 그대로 유지할 것인지 여부에 관해 활발한 논의가 이루어지고 있다. 예컨대 캘리포니아 주는 공동불법행위자 연대책임의 원칙이 '딥포켓 법리(the deep pocket rule)'로 말미암아 심각한 사회경제적 폐해를 야기하고 있다고 보고 입법을 통해 비경제적 손해에 관해서는 개별책임(several liability)의 원칙을 채택한 바 있다. 또한 콜로라도 주의 경우는 전면적으로 개별책임의 원칙을 채택했다.[21]

일반적으로 공동불법행위책임은 피고들의 공동적 행위가 피해자 손해의 원인인 경우, 또는 피해자의 손해를 초래한 여러 가해자들의 불법행위를 분할할 수 없는 경우 등 두 가지 상황 아래서 인정된다. 첫 번째 상황의 예를 들면, 두 사람의 운전자가 각각 운전하던 두 대의 차량이 도로상에서 서로 추월경쟁을 하다가 함께 제3자를 친 경우이다. 두 번째 상황에 적합한 예로는 위에서 제시한 멧돼지 사냥꾼의 오발사격으로 인한 실명사고를 들 수 있다. 이 두 사례에서 피고들은 공동불법행위에 따른 배상책임, 즉 공동불법행위책임을 지게 되는 것이다.

2) 공동불법행위책임의 경제적 의의

(1) 기대사고비용의 최소화

우리 민법 제760조에 규정된 공동불법행위책임, 즉 공동불법행위자에 대해 연대책임을 지우는 법원칙은 몇 가지 중요한 경제적인 측면에서의

21) 권순일, 「공동불법행위책임의 법경제학적 분석: 공동불법행위자 책임에 관한 판례를 중심으로」, 『사법과 법집행』(서울: 법문사, 2001), 86쪽.

의의를 갖고 있다.

우선적으로 생각해볼 수 있는 점은 잠재적 가해자들로 하여금 공동불법행위로 인해 피해자가 입은 전체 피해에 대한 책임을 부담하게 함으로써 이들의 주의수준을 사고 관련 총비용을 최소화하는 '적정수준'으로 유도하는 법경제학적 의미를 갖는다. 앞서 제4장에서 강조했듯이 불법행위법, 특히 사고 관련 법제(accident laws)는 그 주목적을 불법행위를 사회적 적정수준으로 낮추는 데 두고 있다. 여기서 사회적 적정수준이라 함은 캘러브레이지 교수가 보였듯이 사고비용과 사고회피비용의 합인 총사고비용을 최소화하는 효율적 수준을 의미한다. 공동불법행위자에게 연대책임을 지우는 것이 어떻게 잠재적 가해자들의 주의수준을 사회적 적정수준으로 유도할 수 있는지 직관적으로 살펴보자.[22]

어떤 공동불법행위의 복수의 가해자들은 발생된 피해 전체에 대하여 각자가 연대책임을 부담하게 된다. 이때 i번째 가해자의 주의수준을 x_i (i=1, 2, ⋯, n)라 하고, 사고의 확률을 $p(x)$, 사고로 인한 피해자 손해의 금전적 가치를 $D(x)$로 놓으면, 공동불법행위자들이 부담하는 사고총비용은 다음과 같다.

$$x_1 + x_2 + \cdots x_n + p(x_1, x_2, \cdots x_n)D(x_1, x_2, \cdots x_n) \quad \text{<수식 7-1>}$$

이제 과실책임법리와 엄격책임법리가 적용되는 경우를 예로 들어 위의 식을 최소화하는 i번째 가해자의 주의수준, 즉 최적해 x_i^*가 유도될 수 있는지 살펴보자. 먼저, 과실책임의 경우 각 가해자들은 다른 가해자들이 모두 법적주의수준 이상의 주의의무를 이행한다고 전제할 때 만일

22) 같은 글, 61쪽; Steven Shavell, *Economic Analysis of Accident Law* (Harvard University Press, 1987), p.164.

자신이 법적주의수준을 충족하지 못하면 발생한 손해 전체에 대한 배상책임을 지게 된다. 따라서 각자는 위의 식에서 최적주의수준인 x_i^*의 주의를 기울이게 된다. 엄격책임의 법원칙이 적용되는 경우에도 가해자들이 독립적인 관계에 있는 경우(act independently)를 제외하고는 복수 가해자 각자의 최적주의수준을 유도할 수 있다.[23)]

(2) 피해자의 입증비용의 경감

공동불법행위책임제도는 손해 야기자의 입증에 소요되는 피해자의 비용을 경감시켜준다는 경제적 의미가 있다. 이 제도는 누구에게 사고손해의 책임이 있는가를 입증하는 데 드는 추가적인 비용부담 없이도 피해자가 손해를 유발한 잠재적 가해자 1인 또는 다수를 상대로 소송하여 그들의 배상책임을 주장할 수 있게 해준다.

공동불법행위책임제도의 본질은 실제 사고의 입증에 드는 비용을 원고로부터 피고로 이전시켜준다는 점이다. 예를 들어, 마취 상태에서 퇴행성 관절 회복수술을 받게 된 어떤 환자가 수술 과정에서의 의료과오로 중대한 상해를 입게 되었다고 가정하자. 예컨대 수술 후 하반신이 마비되는 불행이 찾아왔다고 하자. 이 환자는 자신의 불행을 직접적으로 초래한 사람이 집도한 의사인지 마취사인지, 아니면 보조의사들인지 알 수 없지만 그 수술실에 있던 모든 사람을 상대로 소송을 제기할 수 있으며, 경우에 따라서는 경제력이 충분한 의사만을 상대로 소송할 수 있는 것이다.

(3) 손실의 보상가능성 제고

공동불법행위에 대한 배상책임법리의 또 다른 경제적 의의는, 피해자

---

23) 복수 가해자들의 공동불법행위가 공모관계(act in concert)가 아닌 독립적 관계인 경우 가해자들이 최적수준의 주의를 하지 않을 것임에 관한 분석은 Shavell, 같은 책, pp.164~179를 참고할 수 있다.

가 여러 가해자 중 경제적으로 부유한 이른바 딥포켓(deep pockets)을 대상을 상대로 소송을 제기함으로써 자기 손실에 대한 보상 가능성을 높일 수 있다는 점이다.

예컨대 상해보상보험에 들지 않은 한 운전자가 고속운전 중 도로상의 함몰 부분에 걸려 차체의 균형을 잃게 되었고, 그 결과 옆을 지나던 다른 차와 충돌하여 그 차량의 운전자에게 치명적인 상해를 입혔다고 해보자. 이때 논의의 편의를 위해 과실의 80%는 과속 운전자에게 있고, 20%는 도로의 함몰 부분을 제때 보수하지 않은 시당국에 있다고 가정한다. 사고의 피해자는 가해 운전자가 미보험 상태일 뿐 아니라 손해배상을 위한 경제적 능력이 없기 때문에 그를 상대로 보상받기가 쉽지 않을 것이다. 하지만 만일 관련법에 의해 과속 운전자와 시당국 모두에게 공동불법행위책임을 물을 수 있고 피해자가 시당국의 도로 유지보수책임을 입증할 수 있다면, 피해자는 해당 사고의 발생에 20%만 기여한 시당국을 상대로 100%의 손실보상을 청구할 수 있게 된다. 따라서 피해자의 후생수준을 사고가 없었던 수준으로 되돌려줄 수 있게 되는 것이다.

이러한 관점은 물론 위에서 설명한 공동불법행위책임의 사고예방효과와도 연결된다. 즉, 고속 운전자와 시당국 등 복수의 잠재적 가해자들은 자신이 부담하게 될 연대책임을 회피하고자 법원에서 채택하는 최적수준의 주의노력을 기울이게 되는 것이다. 다시 말해 운전자는 과속을 억제할 유인이 되며, 시당국의 도로의 유지보수의 수준을 법적주의수준 이상으로 높이게 되는 것이다.

3) 공동불법행위책임의 구상관계에 관한 효율성 분석

공동불법행위책임의 주된 경제적 쟁점 중 하나는, 공동불법행위자 사이에 구상권을 인정할 것인가 아닌가, 즉 각자의 책임의 크기에 비례한 서로의 구상관계를 인정할 것인가 여부이다. 다시 말해 어떤 공동불법행위소송에서 원고가 여러 가해자들 중 한 명만을 손해의 보상을 위한 피고로 선택했다고 가정하자. 이 경우 해당 피고가 다른 가해자들에게 손해 보상액을 공동으로 부담하라고 요구할 수 있겠는가? 앞서 사용자의 구상권 문제를 논할 때 제시했던 구상권이 인정되어야 하는 이유는 공동불법행위책임의 경우에도 적용될 수 있을 것이다. 즉, 구상권이 인정되지 않는다면 사고책임을 부담하지 않거나 일부만 부담하는 다른 가해자의 도덕적 해이가 발생할 수 있을 것이며, 따라서 이를 억제하기 위해 구상권이 인정되는 것이 경제적인 관점에서 바람직하다. 이 문제를 효율성의 관점에서 좀 더 구체적으로 살펴보자.

일반적인 공동불법행위의 경우 모든 행위자가 함께 주의노력을 기울여야 사고가 방지될 수 있다. 한 행위자가 노력한다고 해서 사고가 방지되지 않는다. 따라서 사고총비용을 최소화하기 위해서는 어떠한 법원칙을 세워야 행위자 모두가 주의의무를 다하도록 유도할 수 있는지가 중요한 의미를 가진다.

이 문제는 일견 구상관계를 인정하는 편이 모두의 주의노력을 높이기 위해 좀 더 효과적인 것으로 보인다. 하지만 경제적 효율성의 관점에서 볼 때 양자 사이의 차이가 없다. 다시 말해 피고의 구상권을 인정하든 그렇지 않든 모든 행위자는 사고총비용을 최소화하는 수준의 주의노력을 기울이게 된다. 예를 들어 설명해보자. 어떤 마을에 담장(fence)을 사이에 두고 서로 이웃하는 두 집이 있다고 하자. 어느 날 이 담장이 무너지는 바람에 그 아래서 놀고 있던 옆 동네 아이의 이마가 찢어지는 사고가 있었다. 담장의 붕괴는 이웃하는 두 집 주인이 서로 관리를 게을리 했기 때문에 발생한 것이다. 사고를 막을 수 있는 각자의 관리비용이 40만 원이라고 하고 기대사고비용은 100만 원이라고 하자. 이 경우 소송의 피고들이 각각 부담할 기대손해배상액은 50만 원이 된다.

이때 만일 구상관계가 인정된다고 하면, 누가 먼저 배상하든 100% 배상 후 다른 공동행위자로부터 50%를 구상 받으면 되므로 기대손해배상액은 50만 원이 된다. 한편 구상권이 인정되지 않는 경우도 각자의 기대손해배상액은 50만 원이다. 왜냐하면 두 집 주인 중 어느 쪽이 피고의 입장이 되어 100%를 배상하게 될지 사전적으로 모르는 상태에서 각자는 100% 배상해야 할 50%의 확률과 배상에서 면제될 50%의 확률을 가지고 있기 때문이다.[24] 따라서 이 경우도 기대손해배상액이 50만 원이 되는 것이다. 따라서 구상권 인정 여부에 관계없이 각자가 부담할 기대손해배상액은 동일하다.

이 사례에서 모든 행위자는 구상관계의 인정 여부에 관계없이 사고방지노력을 기울일 것이다. 즉, 사고예방을 위한 각자의 관리비용이 40만 원인 데 반해 (구상권 인정 여부에 관계없이) 기대손해배상액이 50만 원이므로 담장을 사전에 관리하도록 하는 유인을 갖는다. 그런데 만일 두 집의 담장관리 비용이 서로 다를 경우, 예컨대 손재주 없는 한 주인의 관리비용이 70만 원이고 손재주가 좋은 다른 주인은 10만 원으로도 사고방지를 위한 담장관리가 가능할 경우는 어떻게 될까? 손재주 좋은 주인은 50만 원의 기대사고손해액을 피하기 위해 기꺼이 10만 원의 방지노력을 할 것이다. 그런데 손재주 없는 주인의 경우 일견 70만 원을 들여 50만 원의 기대손해배상액을 피하는 것은 의미가 없으므로 담장관리를 하지 않을 것으로 보인다. 하지만 그렇지 않다. 왜냐하면 손재주 좋은 사람은

24) 구상권 불인정 시 기대손해배상액은 100만 원 × (0.5) + 0원 × (0.5) = 50만 원이 된다. 경제학에서는 정보의 비대칭성 등의 원인에 의해 불확실성(uncertainty)이 존재할 때 이와 같이 '기대가치 계산법'을 사용한다. 기대가치(expected value)란 발생 가능한 사상(事象, event)의 가치와 그 사상의 발생확률의 곱을 모두 합한 값을 의미한다. 본문의 사례에서는 발생 가능 사상의 발생확률을 각각 0.5로 놓았는데 이는 행위자가 위험에 대해 중립적(risk neutral)임을 암묵적으로 전제한 것이다.

10만 원을 투입하여 담장관리를 하게 되므로 자신의 과실이 없어져 공동불법행위가 성립하지 않게 된다. 따라서 손재주 없는 사람은 자신이 담장관리를 소홀히 하여 사고가 발생하게 되면 전체 사고손해액인 100만 원을 배상해야 한다. 따라서 100만 원의 손해배상액을 피하기 위해 70만 원의 사고방지노력을 기울여야 한다. 따라서 이 경우도 구상권 인정 여부에 관계없이 모든 공동행위자가 효율적인 수준의 사고방지노력을 기울이게 되는 것이다.

독자는 이러한 관점에 대해 뭔가 현실적이지 못한 부분이 있다는 점을 느꼈을 것이다. 지금까지의 논의에서는 구상권 행사에 관련된 별도의 거래비용(transaction costs)이 들지 않는다는 암묵적 가정이 전제되었다. 하지만 현실적으로 공동불법행위책임소송에서 피고의 구상권 행사에는 관련 소송비용 등 거래비용이 소요된다. 따라서 구상권의 인정 여부에 관계없이 모든 공동행위자가 효율적인 수준의 사고방지노력을 기울이게 된다면 구태여 별도의 비용이 발생되는 구상권을 인정할 필요가 있겠는가 하는 주장이 있을 수 있다. 반드시 이러한 논리에 기초한 것은 아니지만, 영미법에서는 오랫동안 공동불법행위자 사이의 구상관계가 인정되지 않았다. 즉, 의도적이지 않은 불법행위의 경우 일반적으로 해당 피고는 다른 가해자들에 대해 기여과실(contribution)을 항변할 권리가 주어지지 않았으며, 원고가 악의적이나 전적으로 변덕스럽게 자신을 소송대상으로 선정한 경우에도 구상관계를 인정하지 않는 추세였다. 하지만 구상관계의 부인은 효율성의 측면에서는 정당할 수 있으나, 공평의 관점에서 볼 때, 대단히 불공평한 결과를 용인하는 것이 된다. 그리하여 종래 영미법상에서 인정되어 오던 구상권의 부인법리(no contribution rule)가 최근에는 수정되고 있는 추세이다. 예컨대 미국의 경우 많은 주 정부들이 입법 또는 판례변경 등을 통해 구상권을 인정하는 경우가 늘고 있다.[25)]

4. 배상액의 산정

앞서 살펴보았듯이 책임법리가 효율적 주의수준을 가져오도록 하는 요인은 부분적으로는 법원이 불법행위 피해자의 손해를 실제로 보상하도록 판정하는지 여부에 달려 있다. 손해에 대한 배상은 피해자의 효용수준을 그 불법행위 이전의 상태로 회복시키게 되며, 이는 가해자가 피해자에게 지불해야 할 일종의 가격(price)이 된다. 본 절에서는 미시경제학에서의 분석기법을 이용하여 '적절한 손해배상액 수준'의 산정방법에 대해 살펴본다. 즉, 손해의 배상에 대한 경제학적 개념으로서 무차별법과 위험등가법에 대해 살펴본 후, 소비자 효용함수를 이용하여 완전배상수준의 배상액 산정 방법에 대해 살펴본다.

1) 적정 배상액의 산정 방법

불법행위에 따른 손해의 배상은 피해자의 상태를 피해가 없었던 원래 상태로 되돌려주기 위한 것이다. 그런데 경우에 따라서는 이러한 100% 배상이 실현 불가능할 수 있다. 예를 들어 어떤 불법행위로 타인 자녀가 사망한 경우 보상해야 할 손해배상액을 어떻게 계산해야 할 것인가? 즉 '자녀의 사망과 보상' 및 '자녀의 생존과 무보상'이 서로 무차별해지는 수준의 배상은 얼마의 금액(또는 다른 형태의 배상)이어야 하는가? 또한 영구적 불구와 같은 원래 상태로의 회복이 불가능한 신체상의 상해의 경우에도 이와 같은 배상액 산정상의 어려움이 수반될 수밖에 없다.

실질적으로 불법행위법에는 손해의 배상에 대한 두 가지 경제적 개념

25) William M. Landes and Richard A. Posner, *The Economic Structure of Tort Law* (Cambridge: Harvard University Press, 1987), pp.219~222.

내지 산정방법이 내포되어 있는데, 경제학에서 말하는 이른바 무차별(indifference) 개념과 위험등가(危險等價, risk-equivalence)의 방법이다. 본 절에서는 이 두 가지의 배상방법에 대해 직관적으로 살펴본다.

(1) 무차별법

무차별법은 사고가 발생하지 않은 경우와 사고가 발행하고 배상받는 경우에 대해 잠재적 피해자가 동일하거나 무차별(indifferent)하게 느낄 수 있는 수준으로 배상액을 산정하는 것을 의미한다. 즉, 완전한 배상을 의미한다.[26]

손실에 대체할 수 있는 대체재가 시장에 존재하는 손해의 경우에는 이 개념을 적용할 수 있다. 즉, 대체재의 시장가격으로 원고에게 배상해 줄 재화의 가치를 측정할 수 있는 것이다. 이 개념은 잘 조직된 시장이 존재하지는 않지만 이따금 매매가 가능한 재화의 경우에도 적용할 수 있을 것이다. 예를 들어 엘비스 프레슬리(Elvis Presley)의 1956년 음반이나 1978년형 현대 포니 자동차는 간혹 거래가 되긴 하지만 그 희소성 때문에 거래시장이 성립되기 어렵다. 일반적으로 이러한 희소재(稀少財)의 소유주는 시장가격이 아니라 자신이 그 재화의 거래가격을 결정하게 되는데 이 가격으로 손해의 완전배상수준을 가늠해볼 수 있을 것이다.[27]

이와 같은 완전배상 개념은 잠재적 가해자의 주의유인을 경제학적으

---

26) 이러한 개념의 배상액 산정방법은, 계약위반에 따른 '적극적 손해배상(positive damage; lucrum cessans)' 내지 '기대(이익)손해배상'의 방법과 차이가 없다. 즉, 계약위반의 잠재적 피해자는 계약이 이행된 경우이든지, 계약이 위반되고 손해배상을 받는 경우이든지 동일한 만족수준을 갖는다. 이러한 이른바 완전기대손해배상 아래서는 계약위반 시와 이행 시에 갖는 잠재적 피해자의 효용이 무차별해지는 것이다.

27) 재화의 소유주의 최저판매의사액을 경제학에서는 유보가격(留保價格, reservation price)이라고 한다. 특정 재화의 유보가격을 정하는 일은 일견 단순해 보이지만 실제적으로 쉬운 일이 아니다.

로 설명하는 데 필수적이다. 잠재적 가해자가 손해에 대해 완전배상 책임을 부담해야 할 경우라면 그들은 사고에 따른 외부효과(즉 손해)를 내부화하려 할 것이다. 즉, 효율적 수준의 주의를 하도록 하는 유인이 된다.

(2) 위험등가법

손해배상에 대한 두 번째 개념 내지 방법은 이른바 위험등가(危險等價, risk-equivalence)이다. 불법행위에 따른 상해의 경우 시장에서 거래되는 대체재가 존재하지 않는 경우가 대부분이다. 예컨대 부모가 자기 자녀를 소유물로 간주해 시장에 내다파는 몰지각한 경우는 생각하기 힘들다. 인격을 가진 생명과 돈을 서로 무차별하게 본다는 그 생각 자체가 모순이다. 좀 심한 예로 자기 신체의 일부를 팔고자 할 때 그 시장가격이 성립할 수 있을까? 사람에 따라서는 큰돈을 지불하면 자신의 신체의 일부를 희생할 수도 있을 것이다. 사실 신장(腎臟)이나 간과 같은 적어도 자신의 생명유지에는 지장이 없는 장기를 돈을 받고 팔고자 하는 경우가 있다. 하지만 이러한 행위는 인륜과 도의상 자신에게뿐 아니라 사회에서도 용납될 수 없는 일이다. 따라서 자녀나 신체 일부의 손실과 같은 상해에 대해서는 완전한 배상이 거의 불가능하다. 그럼에도 법원은 불법행위에 따른 자녀의 사망이나 극악한 개인적 상해행위에 대해 가해자로 하여금 피해자에게 배상하도록 판결해야 한다.

일상생활에서 사람들은 사망이나 치명적인 상해의 위험에 항상 노출되어 있다. 예를 들어 비행기에서나 고속도로 주행상에서도 사고 위험이 (비록 확률은 낮을지언정) 뒤따른다. 이러한 위험은 주의를 함으로써 감소될 수 있지만 주의하는 데 비용과 같은 비용이 뒤따른다. 비행기 사고를 줄이기 위해서는 정기적인 점검과 수리를 해야 하는데 그 횟수를 늘릴수록 사고가능성이 더 감소될 것이며, 특수한 안전장치를 장착한 육중한 자동차는 승객의 안전성을 훨씬 높이게 됨에는 틀림이 없다. 하지만 이러한 정기 점검·수리나 안전장치의 설비에는 더 많은 비용이 들게 되며 결국 소비자의 비용부담도 증가하게 된다. 구입할 자동차를 결정하거나 비행기의 안전점검 횟수를 결정할 때 추가적 주의비용과 상해를 입을 확률 사이에 균형이 유지되어야 하는 것이다.

위험에 대한 합리적인 의사결정은 주의비용과 주의이익 사이에 균형이 유지되도록 하는 것이다. 예를 들어 설명해보자. 자동차안전을 위해 10만 원을 추가적으로 지출하면 '치명적 자동차사고'가 발생할 확률이 1/10,000 비율로 감소될 수 있다고 가정하자. 이때 자동차안전에 대한 지출이 합리적이라면, '사고확률의 감소'와 '생명의 가치'의 곱이 한계주의비용과 같아질 것이다. 즉, '(1/10,000)(생명의 가치) = 10만 원'이다. 따라서 한 생명의 암묵적 가치는 위의 식에서 10억 원으로 계산된다.

이와 같은 생명가치의 산정방법을 위험등가법이라고 한다. 이 방법에서는 안전성의 가치를 시장에서 실제로 구입할 수 있는 것으로부터 판단할 수 있다. 즉, 자동차의 에어백과 같은 안전장치를 구입하는 소비자는 추가적인 비용을 판매자에게 지불하게 되는데, 이 추가적인 비용과 안전장치에 의한 사망률 감소수준을 알 수 있다면 소비자가 평가하는 안전성의 가치, 즉 생명의 암묵적 가치를 추론해낼 수 있다. 위의 식에서 자동차 안전장치를 구입하는 경우 소비자는 한 생명의 가치가 적어도 10억 원이 됨을 의미하는 수준에서 안전성을 평가하게 될 것이다.

이러한 위험등가의 방법을 법적 분쟁에 적용하기 위해서는 위험이 합리적이고 잘 알려져 있다는 상황을 전제로 해야 한다. 이러한 전제 아래 사고확률 p와 주의비용 B가 주어져 있다면 주의비용이 사고확률과 사고 시 손실 L의 곱과 같아질 때까지 즉, $B = pL$이 될 때까지 주의를 해야 경제적 효율성이 달성된다. 이 식은 제5장 제2절에서 설명했던 핸드 판사의 공식(Hand's rule)과 같다. 생명의 위험등가치(危險等價値)는 이 식을 L에 대해 풀어봄으로써 계산할 수 있다. 즉, $L = B / p$이다.

지금까지 손해의 배상수준을 계산하는 두 가지 방법인 무차별법과 위험등가법에 대해 살펴보았다. 무차별법은 시장에 대체재가 존재하는 이른바 시장재(市場財)의 손실의 경우에 적용될 수 있으며, 위험등가법은 시장을 통한 손실의 배상에 법적·도덕적 장벽이 존재할 때 적용할 수 있겠다. 현실적으로 분쟁에 있어서는 무차별법이 적용될 수 있는 경우에만 손해의 완전배상이 가능하다. 하지만 적용상의 과오를 배제할 수 있다면 위험등가법도 잠재적 가해자가 효율적 수준의 사고억제 노력을 하도록 하는 주의유인이 될 수 있다.

2) 보상적 배상액의 산정[28)]

당사자의 효용함수를 관찰을 통해 알 수만 있다면 완전배상액의 산정은 비교적 쉬운 일이다. 상해가 발생된 이후의 피해자의 효용곡선은 제1장에서의 <그림 1-1>의 u_1과 같지만, 이 효용곡선을 나타내는 효용함수를 직접적으로 구할 수는 없다. 그 대신 경제학에서는 의사결정자의 선택에 따른 선호 체계(preference ordering)를 관찰하여 효용함수를 파악하는 기법을 이용하게 된다.[29)] 이 방법은 '선호순서'를 관찰하는 것이 아니라 '선택'을 관찰하는 것이므로 의사결정자의 선택을 직접적으로 구할 수 있다. 참고로, 징벌적 배상액(punitive damages)의 산정방법에 대해서는 제6장 제2절에서 이미 공부했다.

---

28) 이 부분의 설명은 쿠터·율렌, 『법경제학』, 이종인 옮김(서울: 비봉출판사, 2000), 370~373쪽을 많이 참고했다.

29) 경제학에서 이러한 분석법을 '현시선호이론(顯示選好理論, revealed preference theory)'이라고 한다.

(1) 등효용수요곡선과 지불의사액

개인의 효용과는 달리 재화나 서비스에 대한 수요수준과 공급수준은 직접적인 관찰이 가능하다. 배상수준에 관한 효용이론을 미시경제학의 수요공급이론에 연계시켜보자. 일반적으로 어떤 제품에 대한 개인 혹은 개인집단의 수요는 가격, 소득, 기호 등 여러 요소들의 함수로 나타난다. 수요곡선은 이 변수들 중 특히 가격과 수요량과의 관계를 나타내는 곡선이다. 이때 가격 이외의 여러 영향변수들(다른 제품의 가격, 구매자의 소득, 구매자의 기호 등)은 불변이라고 암묵적으로 가정된다.

다른 변수들이 불변일 때 제품의 가격이 내려가면 소비자의 수요량은 증가한다.[30] 제품을 좀 더 낮은 가격에 구입할 수 있다는 것은 그 소비자의 효용이 증가함을 의미한다. 즉, 수요곡선상에서 우하향으로 이동하는 것은 가격하락에 따른 효용의 증가를 나타낸다. 만일 제품 가격이 하락함에 따라 늘어나는 소비자의 효용의 크기만큼 소비자의 소득을 감소시킬 수 있다고 가정하면, 그 순효과(net effect)는 소비자를 더 이상 좋게도 나쁘게도 하지 않는 상황이라고 볼 수 있다. 이와 같이 가격하락을 소득의 감소로 상쇄시키는 것은 물론 실제적인 현상이 아니라 하나의 이론상의 개념일 따름이다.

이와 같은 특수한 형태의 수요곡선을 후생경제학에서의 보상수요곡선과 유사한 의미에서 등효용수요곡선(constant utility demand curve)으로 부를 수 있다. 이 곡선상의 모든 점에서는 효용수준이 같다. 등효용수요곡선은 손해배상이론을 이해하고 이를 후생경제학에 적용하는 데 매우 유용한 개념이다. 소비자가 자신의 효용수준을 일정하게 유지하면서 주어진 시장가격 아래 선택 가능한 최대 수요량 사이의 관계가 바로 등효용수요곡선이며, 이는 소비자의 지불의사액(willingness to pay)을 의미한다.

30) 경제학에서는 이를 수요의 법칙(law of demand)이라고 한다.

<그림 7-1> 등효용수요곡선

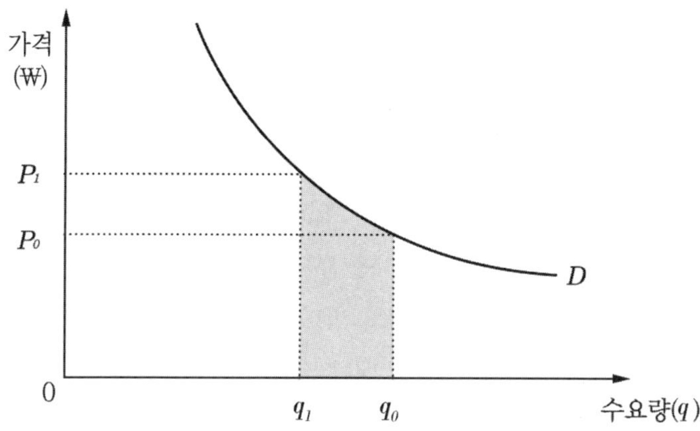

(2) 등효용수요곡선이론의 배상액 산정에의 응용

등효용수요곡선의 개념을 배상액 산정에 적용해보자. 어떤 제품에 대한 지불의사액이란 손해에 대한 대가로 피해자에게 지불해야 할 보상적 배상액을 의미한다. 예를 들어 <그림 7-1>의 수요곡선 D는 효용이 일정하게 주어져 있을 때 지불의사액 P가 변함에 따른 수요량 q의 변화라 할 수 있다.

최초의 수요량을 q_0라 놓고, 손해로 인해 수요량이 q_1로 감소되었다고 하자. 그림에서 음영으로 표시된 영역은 효용이 불변인 상태에서 ($q_0 - q_1$)의 제품을 수요하는 데 대해 소비자가 지불할 수 있는 총액을 나타낸다. 결과적으로 이 영역은 ($q_0 - q_1$)의 제품을 피해자가 수요하지 못하게 한 보상으로서, 그 최초의 효용수준을 회복시켜주기 위해 보상해야 할 수준을 나타낸다. 그러므로 어떤 사람의 제품 수요량을 빼앗은 것에 대한 완전한 배상은 그것을 위한 피해자의 지불의사액과 같게 된다. 즉, <그림 7-1>에서 보듯이 등효용수요곡선 아래의 음영 부분이 된다.

공식적인 견지에서 볼 때 재화(goods)와 악재(bads)는 단지 그 부호만 다를 뿐 의미는 같다. 따라서 지금까지의 논의를 악재의 경우에도 그대로 적용시킬 수 있다. 특히 악재로 인해 야기되는 손해는, 그 손해를 입지 않기 위한 피해자의 지불의사액과 같은 수준이 된다. 이때 지불의사액은 등효용수요곡선으로 나타낼 수 있으며 적절한 범위 아래의 면적은 악재에 따른 피해자에 대한 완전한 보상적 배상액(compensatory damages)이 된다.

어떤 사람으로 하여금 제품을 구입하지 못하게 하거나 악재를 구입하도록 하는 것 대신으로, 가해자는 부당하게 피해자가 특정 가격에서 제품을 구입하지 못하도록 하기도 한다. 이 경우도 지금까지의 방법으로 분석이 가능하다. 특정 제품에 대한 지불의사액과 실제지불액 간의 차이를 '소비자잉여(consumer surplus)'라 한다. 특정 가격에 제품을 구입하지 못하게 한 것에 대한 완전한 배상액은 그 불법행위에 의해 야기되는 소비자의 손실수준과 동일하게 된다.

예를 들면, 어떤 사람이 q제품을 P_0가격에 구입하지 못하도록 한 결과 그는 좀 더 높은 가격인 P_1에 구입하게 되었다고 가정하자(<그림 7-2> 참고). 이 사람은 P_0의 가격에서는 q_0단위의 제품을 구입하고, P_1가격에서는 q_1을 구입하려 할 것이다. 이 사람에 대한 개략적인 보상적 배상액은 바로 추가적인 제품 구입비용이 되는데, 이는 ① 구입 제품의 가격이 과장된 부분[$q_1(P_1 - P_0)$], 혹은 ② 좀 더 낮은 가격에 구입할 수 있었던 부분[$q_0(P_1 - P_0)$]과 같아지는 수준으로 계산[算定]될 수 있다. 이러한 측정방법은 비록 정확하지는 않지만 실질적으로는 매우 유용한 배상액 산출 방법이다(좀 더 정확한 값은 <그림 7-2>의 음영표시 영역이다).[31]

31) 완전 보상에 비해 ①은 과소 보상이 되고 ②는 과잉보상이 된다. 완전보상은 등효용수요곡선을 이용해 산정할 수 있다. 추가적인 제품의 지불의사액은 <그림 7-2>에서 D곡선 아래 부분 중 $(q_1 - q_0)$구간에 해당하고, 가해자의 불법행위가 없었다면 피해자가 지불했을 가격은 P_0이다. 그러므로 이 경우 소비자가 누릴 수 있는 잉여는 $P_0(q_0 - q_1)$ 영역이다. 비싼 값에 실제 구입한 제품은 $q_1(P_1 - P_0)$ 영역이다. 그러므

<그림 7-2> 제품 구매능력 부정에 대한 보상적 배상액 수준

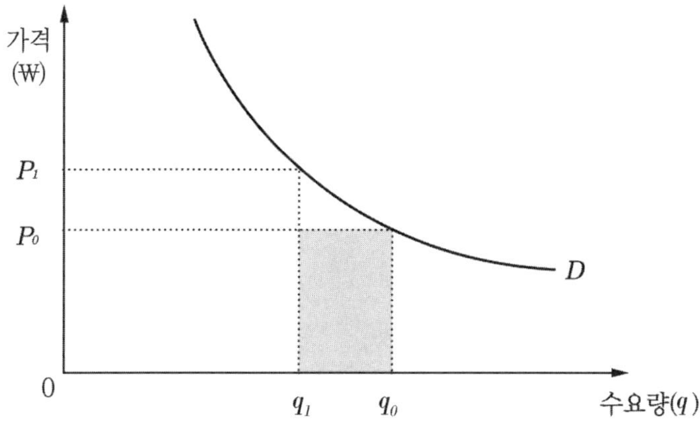

<그림 7-2>의 완전 보상적 배상액은 제1장에서 살펴본 <그림 1-1>에서 무차별곡선을 이용하여 나타낸 완전배상액과 동일하다. <그림 1-1>의 효용함수에 의한 설명을 <그림 7-2>의 수요함수를 통해 설명해 본 이유는 관찰이 가능한 변수를 이용하기 위한 것이다. 독자들은 무차별곡선과 마찬가지로 등효용수요곡선도 실제 관찰이 어렵다고 생각할 수 있다. 본질적으로는 실제 시장에서 추정되는 수요곡선이 등효용수요곡선과 동일하지 않다. 하지만 다행히도 수요량과 가격의 미세한 변화에 따른 후생변화를 측정하는 데는 등효용수요곡선이 시장 수요곡선과 같거나 거의 같은 값으로 보아도 무방하다는 연구 결과가 많다. 그러므로 실제적으로 추정이 가능한 시장 수요곡선을 하나의 등효용수요곡선으로 간주하고 소비자 후생의 변화를 측정해보면 될 것이다.

로 완전 보상은 낮은 가격에 구입했더라면 누릴 수 있는 잉여의 손실부분과 높은 가격에서는 구입하지 않게 된 잉여의 손실부분의 합에 해당된다. 즉, $P_0(q_0 - q_1) + q_1(P_1 - P_0)$의 영역이다.

제3부 불법행위법의 경제분석 응용 I

제8장 제조물책임의 법체계

제9장 제조물책임의 경제학

제10장 제조물책임의 경제분석 사례

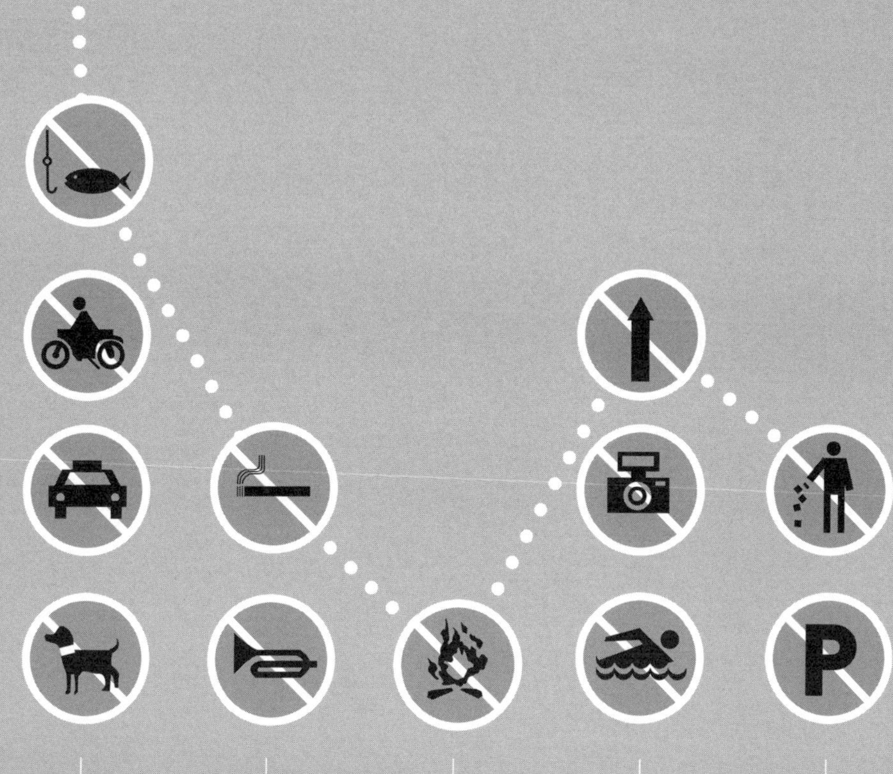

제8장

제조물책임의 법체계

제품에 관련된 사고들 중에서 사람의 고의 또는 부주의가 원인이 되어 발생하는 경우는 사전에 충분한 주의를 기울임으로써 그 피해를 예방할 수 있다. 하지만 주의소홀이나 기타 여러 원인으로 이미 피해가 발생한 경우 사고의 피해자는 가해자에게 책임을 묻고 배상을 요구할 수 있다. 이러한 제품에 관련된 사고에 있어서 사고당사자 사이의 손해배상 문제가 바로 제조물책임의 문제이다.

앞서 법경제학의 기초(제2장)와 캘러브레이지의 사고비용이론(제4장 제1절) 등 사고에 관련된 경제분석 논제들을 논하면서도 여러 번 소개되었지만 불법행위법에 대한 경제분석의 틀은 사실상 제조물책임을 중심으로 발전되어왔다고 해도 과언이 아니다. 따라서 제8장과 제9장 및 제10장에서는 이제까지 공부한 불법행위법의 경제분석 기법들을 '제조물책임제도'의 경제분석에 응용해보고자 한다. 본격적인 응용분석에 앞서 제8장에서는 제조물책임의 여러 법리가 전개되어온 역사적 배경을 바탕으로 책임법리의 유형을 정리하고, 세계 여러 국가들과 우리나라에서의 제조물책임제도의 현황에 관해 살펴본다.[1)]

---

1) 제8장의 논의는 제조물책임법리에 대한 경제분석을 다루고 있는 제9장과 제10장의 이해를 돕기 위한 것이다.

1. 제조물책임의 개념과 유형

1) 제조물책임의 개념

예로부터 인류는 다양한 형태의 사고로 인해 인적·물적 피해를 입어왔다. 예를 들어 집중호우나 화산 폭발 등과 같은 자연재해〔天災〕뿐 아니라, 항공기 추락사건, 가스관 폭발사건, 원유(原油)의 해상 누출사건, 녹즙기에 손가락이 절단되는 사건 등 많은 사고로 막대한 인체·재산상의 손실을 가져왔다. 이러한 사고에 의한 피해들 중 사람의 고의 또는 부주의가 원인이 되어 발생하는 경우는 사전에 충분한 주의를 기울이는 등의 대책을 강구하여 피해를 예방할 수 있다. 그럼에도 피해가 발생한 경우 당연히 사고의 인과관계가 성립하게 되며 이때 사고 피해자는 가해자에게 책임을 묻고 배상을 요구할 수 있게 된다. 이러한 사고 피해에 대한 사고 당사자 사이의 손해배상 문제가 바로 민법상의 책임법리의 문제이다.[2)]

'제조물책임(product liability: PL)'이라는 용어는 1930년경 미국의 보험업계에서 사용되기 시작했으며, 초기에는 '제조물책임(manufacture's liability)', '제조자책임(manufacturer's liability)', '공급자책임(supplier's liability)' 등의 용어가 혼용되어 오다가 점차 제조물책임(product liability)으로 굳어지게 되었다.[3)]

---

2) 가해자의 책임에는 민사책임 외에 형사책임이 있다. 그러나 일반적으로 제품의 결함으로 인한 제조물책임은 손해 발생 시 배상의무가 발생하는 민사상의 책임으로 볼 수 있다.

3) 저자의 개인적인 견해로는 'product liability'를 '생산물책임'으로 쓰는 것이 원어의 의미에 가깝다고 본다. 사실 '제조물책임'이라는 용어는 일본에서 사용되어오던 것을 우리나라에서 그대로 적용한 것으로 볼 수 있으며, '생산물책임'과 혼용되어오다가 지난 2000년 관련법이 도입되어 정식 명칭으로 굳어지게 된 것이다.

오늘날의 소비자는 대량생산·판매되는 다양한 제품을 일상생활에서 사용·소비하고 있다. 이러한 제품들의 안전성은 소비자 자신들이 주의를 기울임으로써 확보할 수 있지만, 점차 제품을 설계·제조·판매하는 생산자[4]의 노력에 의존하는 비율이 높아지는 추세이다. 따라서 안전성이 결여된 제품이 시장에 나오는 경우 소비자로서는 생명과 재산의 피해를 받기 쉬운 위치에 놓이게 된다. 이러한 소비자와 생산자 사이의 불균형적인 관계가 인식되고 또 위험한 제품에 의한 사고가 발생함에 따라, 양 당사자 간에 직접적인 계약관계가 없더라도 안전성이 결여된 제품으로부터 생긴 손해의 책임을 생산자에게 부담시켜야 한다는 제조물책임 이론이 등장하게 되었다.[5]

일반적으로 제조물책임이라 함은 '제품을 사용하는 사람이 그 제품의 사용과정에서 생명·신체 또는 재산상의 피해를 입은 경우 그 결함 있는 제품의 생산자 또는 공급자가 부담하는 손해배상책임'을 지칭하며, 이를 넓은 의미의 제조물책임이라고 한다. 여기서 결함이란 통상 제품을 사용할 때 예견되는 생명·신체 또는 재산에 부당한 위험을 발생시키는 제품의 결함을 의미하며, 하자(瑕疵)라고 표현하기도 한다.

1960년대까지는 이러한 광의의 제조물책임의 여러 유형 중 소비자와 생산자 사이의 대등한 입장을 전제로 하는 불법행위법상 과실책임법리(negligence rule)가 적용되고 있었다. 그러나 점차 제품의 결함에 대한 과실의 유무를 묻지 않고 생산자에게 손해책임을 부담시켜야 한다는 좁은 의미에서의 제조물책임에 대한 견해가 미국을 비롯하며 많은 나라들에

---

4) 제조물책임의 책임주체는 제품의 설계·제조·판매 등을 담당하는 제조업자, 판매업자 외에 수입업자, 설치·수리업자 등도 될 수 있다. 그러나 이 책에서는 이러한 여러 책임주체〔加害者〕를 '생산자'로 통칭한다.

5) 제조물책임은 원래 법률적 개념으로서, 그 내용상 법 구성 원칙에 대한 법조계 및 학계의 의견에 따라 많은 차이를 보인다.

도입되었다. 이는 기존의 과실책임법리의 의미를 한정하는 것으로서 판례에 의해 확립된 미국의 엄격책임(strict liability)이 이에 해당한다. 우리나라의 경우는 생산자에게 엄격한 책임을 지우는 '무과실책임'의 책임유형을 의미한다. 최근에는 이러한 좁은 의미의 견해가 제조물책임의 주된 개념으로 이해되고 있다.[6]

위해에 대한 책임(liability for injury) 문제는 '결함 제조물에 의한 위해책임', 즉 제조물책임과 '결함 서비스에 의해 야기되는 위해에 대한 책임(liability for injury caused by defective services)', 즉 서비스책임(service liability)으로 구분될 수 있다. 위해책임 문제는 일반적으로 제조물책임만 관심의 대상이었으나 최근 들어 서비스책임에 대해서도 관심이 점차 높아지고 있는 추세이다. 유럽(EC)에서는 지난 1990년에 '서비스책임 지침'에 관한 안건이 상정된 바 있으며 필리핀의 경우 1992년에 제정된 소비자보호법(the Consumer Act of the Philippines)에서 "서비스의 잘못된 제공, 불충분하고 부적절한 안전정보의 제공으로 야기된 소비자의 손해에 대해 해당 서비스 공급자가 이를 배상해야 한다"(동법 Article 99 참조)라는 서비스책임 조항을 두고 있다. 지금까지 필리핀을 제외하고는 서비스책임에 대한 구체적인 제도를 도입한 국가가 없지만 앞으로는 이러한 서비스책임에 관한 논의와 연구가 점차 진행될 것으로 보인다.[7]

2) 제조물책임의 유형

제조물책임은 영미법계 국가, 특히 미국을 중심으로 19세기 중반부터 판례에 의해 인정되기 시작한 이래, 초기에는 상품의 결함에 대해 생산

---

6) 이 책의 제5장에서 각 책임법리의 개념을 경제이론적으로 소개한 바 있다.

7) David Harland, "Recent developments in product and service liability law in the asia-pacific region," *Consumer law journal*, Vol.6, No.1(1998), pp.21~31.

자에게 과실이 있는 경우에만 생산자의 책임을 인정하는 순수한 과실책임주의였다. 그러나 점차 판례 및 입법에 의해 과실책임주의에서의 소비자 입증책임의 경감, 보증책임(warranty)[8] 등으로 발전하면서 생산자의 책임이 확대되어왔으며, 1960년대에는 상품의 결함에 대해 생산자의 과실 여부에 관계없이 책임을 부담시키는 엄격책임(strict liability)의 법원칙이 확립되었다.

이와 같이 제조물책임은 오랜 시일을 두고 형성, 발전되어온 법원칙이며, 오늘날에는 국가에 따라 순수한 과실책임법리, 입증책임이 완화된 과실책임법리, 보증책임법리 및 무과실책임법리 등 각기 다양한 유형의 책임법리가 적용되고 있다. 이하에서는 이러한 각 책임법리의 유형에 대해 고찰한다.

일반적으로 제조물책임은 다음의 두 가지 기준에 따라 유형화할 수 있다.

첫째, 가변책임법리(可變責任法理, mutable liability rule) 및 불변책임법리(不變責任法理, immutable liability rule)의 기준이다. 즉, 당사자 사이의 계약에 의해 그 내용을 바꿀 수 있는 책임(가변책임)인가 아니면 당사자 사이의 자발적 합의에 의해서도 변화시킬 수 없는 책임(불변책임)인가의 여부이다. 이는 법 이론의 구성 차원에서 제조물책임의 입법적 성격을 어떻

8) 보증책임(warranty)이란 생산자(제조업자, 유통업자)가 제품 판매 시 보증서에 기재, 계약서 조항, 광고, 취급설명서 등을 통해 제품의 품질과 성능에 대해 소비자에게 보증했을 경우, 제품 사고 시 사고의 원인이 이러한 보증을 위반한 것으로 증명된 경우 생산자로 하여금 소비자의 사고손해를 배상토록 하는 배상법상의 책임법리이다. 보증책임에는 명시적 보증(expressed warranty)과 묵시적 보증(implied warranty)이 있다(묵시적 보증이란 어떠한 명시를 하지 않아도 당연한 것으로 보게 되는 보증을 의미한다). 이러한 보증책임의 경우 소비자는 생산자의 과실을 입증하지 않아도 되는 유리한 면이 있는 반면, 생산자가 명시적 보증 이외의 묵시적 보증을 배제하거나 손해배상의 범위를 제한할 수 있어 소비자에게는 불리해질 수 있다.

<그림 8-1> 제조물책임법리의 유형

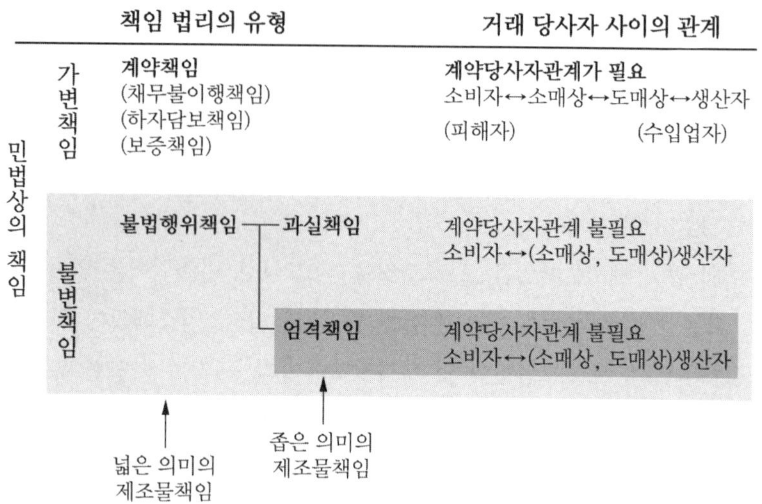

게 보는가에 관한 문제이다. 피해 당사자 간에 직접적 계약관계가 존재할 경우에는 당사자 사이의 자발적 계약에 의해 제조물책임 문제가 해결될 수 있는 반면,[9] 직접 계약관계가 없는 경우에는 피해자인 소비자는 가해자인 생산자에게 불법행위법에 의해 손해배상을 청구할 수 있는데, 불법행위책임은 앞서 설명한 과실책임과 엄격책임으로 구분된다. 이상에서 논의한 제조물책임 법리의 유형을 <그림 8-1>과 같이 요약할 수 있다.

제조물책임의 유형을 구분하는 두 번째 기준으로는, 제품의 사용과 관련하여 발생한 피해를 양 당사자인 생산자와 소비자 중 누가, 어떤 조건 하에서 부담하느냐 하는 손실부담 기준을 들 수 있다. 이는 제조물책임을 주로 경제학적 관점에서 구분하는 기준으로서 무책임법리(no liability

9) 우리나라의 경우 이와 같이 당사자 간 계약이 존재하는 경우의 제품 피해는 현행 민법상 하자담보책임(제580조)이나 채무불이행책임(제390조)과 같은 계약책임에 의해 피해에 대한 배상을 청구할 수 있다.

rule), 과실책임법리(negligence rule), 기여과실책임법리(negligence rule with the defence of contributory negligence), 무과실책임(엄격책임)법리(strict liability rule) 등으로 구분한다. 이 기준에 따른 구분에 대해서는 이 책의 제5장 제1절에서 이미 설명한 바 있다.[10)]

2. 제조물책임의 역사적 전개과정

근세 이전에는 자급자족의 농경사회로서, 결함 제품으로 인한 피해가 사회적인 문제로 대두되지 못했다. 그 후 19세기 중반까지만 하더라도 경제적 관점에서 볼 때 대부분의 소비제품이 농수산물이거나 가내수공품과 같은 단순한 구조였으며, 따라서 소비자가 적은 비용으로도 제품의 품질을 직접 확인할 수 있었다. 이 경우 제품 사고로 인한 피해가 발행한 경우에도, 소비자는 제품의 생산자와 직접적인 계약은 없지만 실질적인 계약관계에 있게 되므로 생산자로부터 직접적인 피해보상을 받을 수 있었다. 이 시기의 주된 배상책임 법원칙은 무책임법리(no liability rule)였다고 볼 수 있다.

그러나 산업혁명 이후 상품의 대량생산·판매·소비가 이루어져 결함 제품으로 인한 다수의 피해가 발생하기 시작했고, 또한 과학기술이 발달함에 따라 제품 안전 및 제품 사고의 원인을 소비자가 직접 파악하는 것이 점차 어려워지게 되었다. 이 시기에 있어 결함 상품에 대한 책임문제는 영미법계 국가, 특히 미국 법원의 판례에 의해 인정되기 시작했다. 제조물책임법리의 전개과정은 판결 등 역사적 성격에 따라 다음과 같이

10) 이 밖에도 행정법에 의한 손해배상청구, 손해배상보험, 각종 공공보험, 연금 및 관련 피해구제제도 등에 의해서도 피해의 구제를 받을 수 있다.

세 시기로 구분하여 살펴볼 수 있다.

제1기는 1842년의 윈터바텀 대 라이트(Winterbottom v. Wright) 판례로부터 1916년의 맥퍼슨 대 뷰익자동차회사(MacPherson v. Buick Motors Co.) 사건에 이르는 시기로서 제품 생산자의 책임이 계약당사자관계의 존재 여부에 의해 좌우되던 시기였다. 그리고 제2기는 1916년 이후 1965년의 제2차불법행위 리스테이트먼트(2nd Restatement of Torts)의 시기로서 계약당사자관계가 서서히 소멸하고 과실책임의 원칙에 의해 생산자의 책임을 묻던 시기이다. 이어 제3기는 1965년 이후 현재에 이르는 시기로서 불법행위법상 엄격책임법리가 형성되어 생산자의 책임이 무과실책임화하는 시기이다. 이 시기에도 1970년대 중반과 1980년대 중반의 두 차례의 제조물책임위기(product liability crisis)[11]와 제도개혁 논의가 있어 왔지만 엄격책임이라는 기본원칙은 변경되지 않았다.

아래에서는 이러한 제조물책임법리의 전개과정에 대해 주로 미국의 판례를 중심으로 살펴보도록 한다.

(1) 계약당사자관계 법원칙

19세기 중반부터 20세기 초까지는 계약당사자관계의 존재에 의해 제조물책임이 좌우되던 시기였다. 안전하지 못한 제품의 사용으로 인해 사고가 발생한 경우 피해자는 가해자의 불법행위에 대해 손해배상을 청구

11) 1973년 이후 제조물책임소송의 증가, 배상액의 고액화에 따른 보험료의 급격한 인상과 수취거부로 일부 기업들이 배상금을 지불하지 못하고 도산하는 사례가 속출했으며 배상청구를 우려하여 이탈하는 기업수도 증가했다. 그 결과 미국 산업계는 엄격책임으로의 전환에 대해 강하게 비판하고 과실책임법리로 환원할 것을 주장하기도 했다. 이러한 '책임위기'의 주된 원인이 엄격책임으로의 전환에 있다는 기존의 주장에 대해 최근에는 미국 고유의 배심재판제(jury system)와 소위 '징벌적 손해배상제'에 있다는 주장이 설득력 있게 제기되고 있다.

할 수 있다. 이 경우 피해자와 가해자 사이에 계약당사자관계(privity of contract)[12)]의 성립이 전제조건이었으며, 피해자는 또한 가해자의 주의의무위반 사항을 입증해야 했다. 즉, '윈터바텀 대 라이트 사건'[13)]에서 보듯이 피해자는 제품 생산자가 생산한 제품의 직접 구매자여야 했다. 사건의 내용을 요약하면, 우편마차의 제조업자(피고)가 우체국에 마차를 제공했고 마부(원고)가 그 마차를 타고 운송 업무를 하던 도중에 마차 바퀴의 결함으로 인해 마부가 부상당하는 사고가 발생했다. 이 마부는 마차의 제조업자를 상대로 법원에 배상을 청구했으나 법원은 마부와 마차제조업자 간 계약당사자관계가 존재하지 않는다는 이유로 원고의 청구를 기각했다.

계약당사자관계의 법원칙은 가해자인 생산자의 책임을 계약의 직접당사자만으로 제한함으로써 피해자인 소비자를 보호하기보다는 가해자인 생산자를 보호하는 결과를 초래했다. 이러한 책임법리가 형성된 이유는 당시의 법원이 산업의 육성을 중시하여 기업의 책임을 경감하기 위해 소비자가 배상받는 것을 어렵게 하려고 했기 때문이다.

이러한 계약당사자관계의 책임법리는 미국의 판례에서도 널리 수용되어 갔다. 그러다가 인체의 안전에 원래적으로 위험하거나(inherently dangerous) 또는 절박한 위험(imminently dangerous)을 수반하는 제품의 경우에는 계약당사자관계의 존재가 손해배상의 필요조건이 아니라는 예외적인 사례가 나타나기 시작했다.

---

12) 소비제품이 제품생산자로부터 도매상, 소매상의 유통과정을 거쳐 최종적으로 소비자에게 판매되는 유통(distribution chain)과정 중 각 단계에서의 관계는 계약당사자관계가 성립하지만, 소비자가 소매상으로부터 제품을 구입했을 때 생산자는 아무런 책임이 없게 된다. 즉, 소비자와 생산자 간에는 법적 용어로서 계약당사자관계(privity of contract)가 성립되지 않는다. <그림 8-1> 참고.

13) 계약당사자관계에 대한 최초의 판례는 1842년 영국의 윈터바텀 대 라이트 사건이다.

(2) 과실책임법리와 보증책임법리

1916년의 맥퍼슨 대 뷰익자동차회사(MacPherson v. Buick Motor Co.) 사건은 원래적 또는 절박한 위험의 경우가 아닌 경우에도 계약당사자관계의 예외를 인정한 획기적인 사건이었다. 이 사건은 소비자가 자동차 판매업자(소매상)로부터 자동차를 구입하여 운전하던 중 차바퀴의 파손으로 차 밖으로 튕겨나가 부상당하자 직접 계약관계에 있지 않은 생산자에게 과실책임을 물어 손해배상을 청구한 사건이다.

이 사건은 당사자 간에 계약관계가 존재하는지의 여부가 판결의 쟁점이 되었다. 판결의 요지는 생산자는 비록 직접 소비자에게 자동차를 판매하지는 않았지만 해당 제품을 주의 깊게 제조할 의무가 있으므로 피해자에게 손해배상을 해야 한다는 것이었다. 이 판결이 의미하는 바는 만일 제품의 제조상 과실이 있다면 제조자는 직접적인 계약당사자관계에 놓이지 않더라도 그 제품에 의한 피해자에게 배상할 책임이 있다는 것이다. 즉, 제품이 부주의하게 제조됨으로 인해 신체나 재산상의 피해가 발생했을 경우 계약당사자관계의 유무에 관계없이 제품생산자가 소비자에게 배상하도록 했다.

맥퍼슨 대 뷰익자동차회사 사건 이후 계약당사자관계가 폐기되기 시작하여 점차 과실책임법리가 주된 제조물책임 원칙으로 확립되어갔다. 이러한 과실책임의 법리는 현재까지도 미국 제조물책임소송의 기초가 되고 있으며, 영국의 경우도 보증책임(warranty) 및 엄격책임법리(strict liability)와 함께 제조물책임소송에 적용되고 있다.[14)]

하지만 제조물의 결함 관련 소송에 과실책임법리를 적용할 경우 피해자인 소비자가 피해에 대한 제조자의 과실 여부를 증명해야 하지만 그

14) 安田火災海上保險(株), 『美國における製造物責任』(1981), p.4 및 W. Kip Viscusi, *Reforming product liability* (Cambridge: Harvard university press, 1991), p.52 참고.

입증이 어려워 피해자가 배상을 받지 못하는 경우가 많았다. 즉, 이 시기에 있어 과실책임법리는 계약당사자관계하의 과실책임법리가 적용되던 1916년 이전보다는 소비자 지향적이라고 볼 수 있지만 여전히 '소비자책임' 비중이 큰 시기이다.[15)]

한편, 책임법리가 과실책임에서 무과실책임법리로 이행되어 정착되는 과정에서 제기된 이론으로 보증책임이 있다. 보증책임은 과실책임과 엄격책임의 중간역할을 했다고 볼 수 있는 책임법리로서 본질적으로는 불법행위법 체계라기보다는 계약법적 개념으로서, 명시적 보증(expressed warranty)뿐 아니라 묵시적 보증(implied warranty)인 경우에도 엄격책임을 부담한다. 보증책임에 따르면 제조자는 과실이 없더라도 제품에 대한 보증을 이유로 매수자 이외에 제3자에게도 책임을 지게 된다. 이러한 보증책임은 과실책임보다 소비자보호 측면에서 진일보한 것이라고 할 수 있다. 다만 피해자가 보증을 신뢰하는가의 문제, 피해자의 일정 기한 내 결함의 통지의무, 제조자의 면책약관에 따른 면책 가능성 등 몇 가지 제약이 존재하고 있었다.

미국의 법원에서 명시적 보증책임을 적용한 최초의 사례는 1932년의 박스터 대 포드자동차회사(Baxter v. Ford Motor Co.) 판례이며, 묵시적 보증책임을 적용한 대표적 사례는 1960년의 헤닝슨 대 블룸필드자동차회사(Henningson v. Bloomfield Motors Inc.) 사건에 대한 뉴저지(New Jersey) 주 대법원의 결정이다.

박스터 대 포드자동차회사 판례는 자동차의 유리창이 절대 깨지지 않는다는 생산자의 선전·광고만 믿고 판매업자로부터 자동차를 구입한 소비자가 주행 중 작은 돌에 의해 유리창이 깨져 한쪽 눈을 실명한 사례이

15) 이 시기(1960~1965)는 계약당사자관계하의 과실책임법리에서 무과실책임법리(엄격책임법리)로 전환되는 과도기에 해당한다.

다. 이 소송에서 법원은 원고와 피고 간에 직접적인 계약당사자관계가 존재하지 않음에도 불구하고 피고인 포드사의 명시적 보증위반에 의한 책임을 인정했다(168 Wash. 456, 12 P. 2d 409. 1932).

헤닝슨 대 블룸필드자동차회사 사건의 내용과 판결내용을 요약하면, 원고의 남편은 판매업자로부터 자동차를 구입하면서 직접 구입자 외에는 명시적 및 묵시적 보증책임을 부담하지 않는다고 계약했다. 원고는 남편의 자동차를 운전하던 중 자동차 부품의 결함으로 사고를 당하자 자동차생산자를 상대로 보증위반 및 과실에 의거 손해배상을 청구했다. 이에 대해 법원은 자동차 생산자가 제품을 시장에서 판매하는 것은 해당 자동차가 사용목적에 적합하다는 '묵시적인 보증'을 하는 것이며 이때 계약관계에 있지 않은 자에 대해서도 이 묵시적 보증책임을 져야 한다는 판결을 했다. 즉, 명시적 보증을 정하여 여타 묵시적 보증책임을 부정하는 내용의 보증조항은 본래 구입자의 이익을 보호하기 위한 보증제도를 실질적으로 제한하는 것으로 본 것이다(32 N.J. 358, 161 A. 2d 69. 1960).

(3) 불법행위법상의 엄격책임

1960년대에 들어와 제품 결함에 대해 생산자의 과실 여부에 관계없이 생산자에게 책임을 부담지울 수 있는 엄격책임법리〔無過失責任法理〕가 일반화되기 시작했다. 엄격책임법리가 최초로 적용된 경우는 1944년의 에스콜라 대 코카콜라병입회사(Escola v. Coca Cola Bottling Co.) 판례이다.

에스콜라 대 코카콜라병입회사 사건의 내용을 요약하면, 음식점 종업원이 코카콜라병을 냉장고에 넣으려고 하는 순간 병이 폭발하여 부상을 입자 코카콜라병입회사를 상대로 손해배상을 청구한 사건으로서 사실의 추정칙(推定則, the thing speaks for itself)에 따라 코카콜라병입사의 과실을 인정했다. 이 사건은 명백한 소비자의 과실이 없는 이상 결함제품으로 인한 생명이나 신체상의 손해에 대해서는 해당 제품의 생산자가 절대책임(absolute liability)을 지는 것이 바람직하다는 엄격책임이 최초로 적용된 사례이다.

그 후 1963년의 그린맨 대 유바전동공구사(Greenman v. Yuba Power Products Inc.) 사건에서 불법행위법상 엄격책임법리가 확립되었다고 볼 수 있는데, 이 사건의 내용을 보면, 피해자의 처가 구입한 전동목공도구를 이용하여 피해자가 가공작업을 하던 중 도구에 붙어 있던 나뭇조각이 튀어 얼굴에 부상을 당하자 전동도구의 생산·판매업자를 상대로 보증책임·과실책임을 물어 손해배상을 청구한 사건이다. 이 사건의 경우 제품의 설계·제조상의 결함에 의한 소비자의 피해는 보증책임의 존재 여부에 관계없이 제품의 생산자가 엄격책임을 부담해야 한다고 판결했다(59 Cal. 2d 57, 377 P. 2d 897. 1963).

이러한 일련의 사건 이후 제조자에게 보다 엄한 배상책임을 부담지우는 엄격책임법리가 전 미국으로 확산되어 본격적으로 인정을 받게 되었다.

(4) 제2차 불법행위법 리스테이트먼트

이러한 불법행위법상의 엄격책임에 관한 판례법의 발전과 더불어 1965년에는 미국법률협회(American Law Institute: ALI)에 의한 제2차 불법행위법 리스테이트먼트(2nd Restatement of Torts)를 통해 엄격책임이 정착되어 갔다.[16)]

이 리스테이트먼트의 제402 A조의 내용은 다음과 같이 세 가지로 요약된다. 첫째, 소비자·이용자에게 물리적 위해를 야기한 결함 제품의 경

16) 리스테이트먼트는 미국법률협회가 미국법의 각 부문을 체계를 잡아 조문 형식으로 'restate'한 것을 말한다. 미국은 영국의 커먼로를 계수했으나 각 주마다 독립적 법역(法域)을 갖는 관계로 그 내용이 복잡하다. 이에 따라 이들 현행법 중 타당한 부분을 정리하고 약간의 학설적 견해를 더한 것이 바로 리스테이트먼트이다. 리스테이트먼트는 법적 효력은 없으나 그 권위는 인정받고 있다.

<표 8-1> 1960~1973년간 미국의 제조자책임법리 채택 주(州) 현황

연도	NE[1)]	IW[2)]	SL[3)]	비고
1950	2	0	0	
1960	11	2	0	헤닝슨 대 블룸필드자동차회사 사건
1961	12	4	0	
1962	14	5	0	
1963	17	9	1	그린맨 대 유바전동공구사 사건
1964	19	9	1	
1965	20	13	8	제2차 불법행위법 리스테이트먼트
1966	21	13	14	
1967	23	14	18	
1968	24	15	20	
1969	27	17	23	
1970	27	17	26	
1971	29	18	29	
1972	29	20	32	
1973	29	20	33	

주1): 계약당사자관계 요건이 요구되지 않는 과실책임(Negligence without vertical privity)
주2): 계약당사자관계 요건이 요구되지 않는 묵시적 보증책임(Implied Warranty Without Vertical Privity)
주3): 불법행위법상 엄격책임(Strict Liability in Torts)
자료: U.S. Bureau of the Census, *Statistical Abstract of the U.S.* (1950~1973), Richard Higgins, "Producers' Liability and Product-related Accident," *Journal of Legal Studies*, Vol.7 (1978), p.307에서 재인용·보완.

우 그 제품의 생산자·판매자에게 엄격책임(strict products liability)을 부담시키고 있으며, 둘째, 과실책임법리를 포기했다. 즉, 생산자·판매자가 자기 제품을 제조·판매함에 있어 가능한 모든 주의를 했을 경우라도 발생된 위해에 대해서는 책임을 져야 한다는 것이다. 셋째, 제조물책임에 대한 '계약당사자관계'라는 제한적 요소를 포기했다. 덧붙여 동법의 '주석 f (comment f)'에서는 책임의 부담 대상을 도매자, 소매자 및 배포자까지 확대하고 있다.[17)]

미국의 이러한 제2차 불법행위법 리스테이트먼트를 계기로 엄격책임 법리를 도입하는 주(州)가 늘어나기 시작했다. 그 결과 1970년을 전후해서는 <표 8-1>[18]에서 보듯이 절반 이상의 주에서 엄격책임의 법원칙을 채택하게 되었다. 그 후 유럽 등 세계의 많은 나라들이 미국의 엄격책임 법리와 대동소이한 제조물책임 법원칙을 채택하게 되었다.

3. 외국의 제조물책임제도

오늘날 시장의 개방 폭이 확대되면서 세계 각국들은 미국에서 정착된 제조물책임의 법원칙을 중심으로 하여 법 제정 등 관련 제도를 정비하고 있다. 본 절에서는 미국, EC, 일본 등의 제조물책임제도 현황에 대해 살펴본다.

---

17) 리스테이트먼트 제402조 A의 내용은 다음과 같다.
① 사용자, 소비자 또는 그 재산에 대해서 불합리하게 위험한 결함 상태에 있는 모든 제품을 판매한 자는 다음 각 호의 경우 최종적 사용자, 소비자 또는 그 재산에 발생한 유형적 피해에 대해 책임을 진다. (가) 매도인이 당해 제품의 판매업에 종사하고 있을 경우, (나) 제품이 판매된 당시의 상태로부터 상당한 변경을 하지 않은 채 사용자 또는 소비자에게 도달된다고 예상되고, 실제로 그러한 상태로 도달되어 있을 경우.
② 전 항의 규정은 다음의 경우에도 적용된다. (가) 매도인이 문제된 제품의 준비와 판매를 함에 있어서 가능한 모든 주의를 기울인 경우, (나) 사용자 또는 소비자가 직접 매도인으로부터 그 제품을 매수하지 않았거나, 그 매도인과 아무런 계약관계가 없는 경우.

18) <표 8-1>은 1960~1973년간 계약당사자관계 요건이 요구되지 않는 과실책임, 계약당사자관계 요건이 요구되지 않는 묵시적 보증, 불법행위법상 엄격책임 등 생산자책임법리를 채택한 주의 수를 보여주고 있다.

(1) 미국

미국의 제조물책임은 판례의 발전에 의해 형성되었다. 결함 제품에 대한 미국 법원의 판단은 과실책임, 보증책임, 엄격책임의 형태로 발전되어 온 것이다. 앞서 살펴본 바와 같이 미국은 1965년에 공표된 제2차 불법행위법 리스테이트먼트를 전후하여 제품의 결함을 요건으로 하는 엄격책임법리가 확립됨으로써 오늘날 제조물책임의 내용이 되었다.

그 후 1973~1976년 및 1985~1986년 두 차례의 이른바 제조물책임위기(product liability crisis)를 경험했다.

제1차 위기는 제조물책임소송 및 배상액의 증가로 제조물책임보험을 인수한 보험회사의 수지가 크게 악화됨으로써 발생했다. 이에 따라 1976년 4월에는 미 상무성을 중심으로 하는 연방합동조사위원회에서 제조물책임에 관한 대대적인 조사를 실시했는데, 이 조사에서는 보험 위기 내지 파동의 원인이, 보험요율의 산정이 보험회사의 주관적 판단에 근거하고 있다는 점, 제품의 설계와 제조과정에서 품질관리가 불충분한 점, 소송결과의 예측이 어렵다는 점 등에 있음을 지적했다. 이 조사를 근거로 미 상무성은 1978년 4월에 제조물책임위험억지법(製造物責任危險抑止法, Product Liability Risk Retention Act)의 제정, 통일제조물책임모델법(統一製造物責任모델法, Model Uniform Product Liability Act)의 채택에 의한 통일적인 책임법리의 확립을 제안했다. 통일제조물책임모델법은 1979년 미 상무성에 의해 공표되었는데, 동법은 소비자와 제조자 사이에 공평한 이익의 균형을 달성하고, 각각의 권리·의무에 관한 불확실성을 제거할 목적으로 마련되었다. 동법에 대해 미국의 각 주는 소극적인 태도를 보여왔으며, 1980년대 이후에는 연방법 형태로 제조물책임법의 제정이 추진되고 있는 실정이다.

제2차 제조물책임보험의 위기는 1980년대 중반에 나타났는데, 제1차 위기에도 불구하고 보험회사들은 고금리를 배경으로 저렴한 보험료의 제조물책임보험을 제공하고 있었다. 그러나 이후 금리가 낮아지면서 1980년대 중반 이후 고액의 보험금 지급에 따른 보험수지의 악화로 보험요율의 인상과, 고위험 성격의 보험 인수를 거절하는 사태가 초래되어, 보험사들이 도산하는 사례가 속출했다.

최근의 미국 의회 및 미국법률협회(American Law Institute: ALI)는 불법행위법의 개정작업을 추진 중에 있다. 즉, 1994년에 제안되었던 제조물책임공평법(製造物責任公平法, Product Liability Fairness Act)은 아직 입법이 되지는 않았으나, 미국의 제조물책임에 관한 법정 판결들을 보면 엄격책임의 적용이 너무 지나치고 배상액이 과다하다는 비판을 반영하고 있다. 동법(안)의 주요 골자를 보면, 징벌적 배상의 경우 명확하고 확실한 증거를 요구하고 있으며, 공장 생산품(factory products)의 경우 판매 후 25년이 경과하면 제조물책임을 면제해주는 등의 내용이다. 한편 지난 1992년부터는 새로운 리스테이트먼트 제정 작업이 시작되어 1997년 12월에 제조물책임에 관한 제3차 불법행위법 리스테이트먼트가 마련되었다. 현재 대부분의 주(州)에서는 이를 제조물책임 관련 재판에 활용하고 있다.

이밖에 논의되고 있는 불법행위법 개혁(tort reform)에 관한 논점의 주요 내용을 보면, 비경제적 배상에 대한 연대책임의 면제, 피해자 변호사의 성공보수의 제한, 증거 기준 강화, 정부기관의 책임 제한 등, 대부분의 개혁안이 배상액의 크기를 축소하자는 방향으로 논의되고 있다. 그 후 상식제조물책임개혁법(常識製造物責任改革法, Common Sense Product Liability Legal Reform Act of 1996)의 제안 등 제조물책임법의 성문화를 추진하고 있다. 이 법안들을 아직 미연방정부에서 수용하지 않고 있으나 각 주 정부와 의회에서는 연대책임을 제한하는 등 징벌적 배상책임액의 감소 등 책임한도를 줄이는 방향으로 법 개정을 추진하고 있다. 그러나 이러한 변화에도 불구하고 엄격책임의 기본원칙은 여전히 준수되고 있는 실정이다.

(2) 유럽연합 회원국(EC)

유럽의 경우 미국의 영향을 받아 1970년대부터 제조물책임법의 개혁을 추진해왔는데, 1985년 제조물책임법의 유럽통일안(EC지침; Directive on liability for defective products: Directive 85/374/EEC)을 채택하여 역내에서의 법적용의 통일성을 모색한 이후 최근까지 대부분의 EU가맹국과 주변국들이 제조물책임법을 입법화하고 있다.[19] 그러나 내용 면에서는 해당국의 경제적·사회적인 여건을 반영하여 다소 차이를 보이고 있다. 즉, 법 내용상 논란의 대상이 된 1차 농산물과 수렵물의 포함 여부, 개발위험항변(생산자가 제품의 생산, 판매시점에서 제품의 결함을 알지 못했다는 사실을 가지고 책임을 면할 수 있는가의 문제를 의미한다)의 인정 여부 및 책임한도액의 설정 여부 등은 각 나라마다 다소의 차이를 보이고 있다.

EC지침의 주요 내용을 보면, 첫째, 무과실책임의 법리를 채택함으로써 제조자의 책임을 강화했다(제1조, 제4조 참조), 둘째, 제조물의 범위를 전기 및 공업적으로 생산된 모든 동산을 지침의 적용대상에 포함하고 있으며, 농산물이나 수렵물은 원칙적으로 제외하고 있다(전문 및 제2조). 셋째, 책임 주체의 범위를 완성품의 제조자, 원재료와 부품의 제조자, 제조물에 성명·상표 및 기타 식별이 가능한 기호 등을 부착함으로써 자신을 제조자로 표시한 자가 모두 제조자에 해당한다(제3조 제1항)고 명시하고 있으며, EC 지역 내에 판매 등을 목적으로 제품을 수입하는 자도 제조자로 간주한다(동조 제2항)고 규정함으로써 책임의 주체를 정하고 있다. 그 외에도 입증책임(제4조), 연대책임의 원칙(제5조), 결함의 판단기준(제6조), 제조업자의 면책사유(제7조), 제3자·피해자의 과실(제8조), 손해의 범위(제9조), 인신손해에 대한 책임한도액(제16조), 제소기간 및 법정기간(제11조),

19) David Harland, "Recent developments in product and service liability law in the asia-pacific region," *Consumer law Journal*, Vol.6. No.1(1998). p.21.

<표 8-2> EU가맹국 및 주변국의 제조물책임 입법 동향*

국명	입법현황 (시행일 기준)	입법 형식	선택조항의 채택 여부		
			1차농산물의 적용	개발위험의 항변 인정	책임한도액 설정
영국	1988.3.1	소비자보호법	×	○	×
이탈리아	1988.6.29	제조물책임 대통령령	×	○	×
오스트리아	1988.7.1	제조물책임법	×	○	×
그리스	1988.7.30	소비자보호법	×	○	5,040만 $
벨기에	1989.1.1	제조물책임법	○	×	×
노르웨이	1989.1.1	(불명)	×	×	×[1]
포르투갈	1989.11.21	제조물책임정령	×	○	100억 escudo
룩셈부르크	1989.5.2	제조물책임법	○	×	×
덴마크	1989.6.10	제조물책임법	×	○	×
독일	1990.1.1	제조물책임법	×	○	8,768만 $
네덜란드	1990.11.1	민법 개정	×	○	×
아일랜드	1991.12.16	제조물책임법	×	○	×
벨기에	1991.4.1	제조물책임법	×	○	×
핀란드	1991.9.1	제조물책임법	○	×	×
아이슬란드	1992.1.1	제조물책임법	○	○	7,000만 ECU
프랑스	1992.12.15[2]	민법 개정	○	×	×
스웨덴	1993.1.11	제조물책임법	○	○	×
스위스	1994.1.1	제조물책임법	×	○	×
스페인	1994.7.8	제조물책임법	×	○ (일부부정)	105억 peseta

주*: 법률 시행일 순이다.
주1): 의약품(medicines)의 경우 예외적으로 설정하고 있다.
주2): 분명하지 않다(상원 협의회 안이 제출된 일자이다).
자료: 日本經濟企劃廳, 『海外における製造物責任制度』(1997.8); Christopher Hodges, "European Product Liability: Factors which in practice remain unharmonised," *Consumer Law Journal*, Vol.1(1993).

특약에 의한 책임제한 등의 금지(제12조), 피해자의 다른 청구권의 인정(제13조) 등의 사항을 규정하고 있다.

현재 대부분의 EC 회원국들이 소비자보호법이나 특별입법의 형태로 이 지침을 채택하고 있다. 예컨대 영국의 경우 1987년 5월에 소비자보호법의 형식으로 이 지침을 채택했으며, 덴마크, 룩셈부르크, 독일, 벨기에, 스페인, 아일랜드의 경우는 특별입법의 형식으로 EC 지침을 채택했다. 유럽지역에서 EC 지침을 채택한 국가 및 주변국가의 제조물책임의 입법동향을 <표 8-2>에 정리했다.

이러한 EC지침상에 규정된 사항들은 제조물책임 제도의 개혁에 관한 국제적 표준의 하나로 주목받고 있으며 아시아-태평양지역 국가들에게도 많은 영향을 미치고 있다. 특히 우리나라의 제조물책임법의 제정에 지대한 영향을 미쳤다.

(3) 일본

한편 우리나라와 경제적·사회적으로 유사한 면이 많은 일본은 약 20여 년간의 논란을 겪은 후 1994년에 제조물책임법을 도입하게 되었다. 즉, 1994년 7월 1일자로 '제조물책임법'을 제정했으며, 1년의 예고기간을 거친 후 1995년 7월 1일부터 시행되었다.

일본에서 제조물책임법이 마련된 배경을 보면, 1969년에 미국으로 수출된 결함자동차 사건, 1971년 스몬 사건[20] 등 심각한 위해의 발생을 계기로 제조물책임 문제가 커다란 사회문제로 대두되었는데, 이를 계기로 1970년 중반부터 제조물책임의 입법화가 추진되었으나 초기에는 별 진전이 없었다. 그러다가 대내·외적인 여건의 변화에 따라 1994년에 이르러 정당, 학계, 변호사회 등이 중심이 되어 제조물책임법을 입법화하기에 이르렀는데 그 주된 배경으로는 1990년에 들어와 일본국민의 생활의

---

20) 일본에서 키노포름 재제를 투여 받은 많은 환자들이 보행과 시력장애 등 신경질환증세를 발생시킨 사건이다. 이 스몬병 사건에 대해 일본의 법원에서는 제약사와 수입판매업자는 물론 국가에도 손해배상책임이 있음을 인정했다.

질 향상에 대한 요구의 증대로 소비자중시의 사고가 강조된 점, 공적 규제의 완화에 따른 생산자·소비자 쌍방의 자기책임법리의 강화가 요구된 점, 제품의 수입이 큰 폭으로 증가한 점 및 EC 지침에 의한 유럽 각국의 제조물책임제도의 입법화 추세 등을 들 수 있다.

일본의 경우 제조물책임의 입법화 초기에는 미국에서 볼 수 있었던 소송 급증현상이 우려되었으나, 제도의 본격적 도입 후 만 2년 동안 제조물책임 관련 손해배상청구소송이 '업무용 아이스커피의 주입구 손가락 상해 사건' 한 건밖에 없었으며, 최근까지도 그 수가 많지 않아 제조물책임법리가 도입될 경우 소송이 급증할 것이라는 일부의 주장은 기우로 나타났다.[21]

일본의 내각부와 국민생활센터의 조사 자료에 따르면 법 시행 후 15년이 지난 2008년 9월까지 동법에 기초한 제소사건은 109건으로 나타났다. 그중 2007년 이후 제소된 사례는 4건에 불과했다.

(4) 기타 국가

아시아 및 기타지역의 여러 나라들도 미국과 유럽지역(EC지침)의 영향을 받아 제조물책임 관련 제도를 도입해왔다. 필리핀(1992), 호주(1992), 중국(1993), 대만(1994) 등에서 다양한 형식의 제조물책임법을 도입했으며, 러시아연방(1992), 헝가리(1994) 및 남미의 브라질(1991)도 관련법을 입법화했다.

아시아지역의 여러 국가 및 기타 국가들의 제조물책임에 관한 입법동향을 <표 8-3>에 정리했다.

---

21) 日本通商産業省, 「産業界における製造物責任法施行後の製品安全への取り組み現況についての調査結果」, ≪月刊生活行政情報≫, 第451號(東京: 日本國民生活センタ, 1996), p.83.

<표 8-3> 아시아 및 기타지역 국가의 제조물책임 입법 동향*

국명	입법현황 (시행일 기준)	입법 형식	선택조항의 채택 여부		
			1차농산물의 적용	개발위험의 항변 인정	책임한도액 설정
브라질	1991.3.11	소비자옹호법	×	×	×
러시아연방	1992.2.7	소비자권리보호법	×	×	×
필리핀	1992.7.16	소비자법	×	×	×
호주	1992.7.9	사업행위법개정법	×	○	×
중국	1993.9.1	산품질량법	×	○	×
헝가리	1994.1.1	제조물책임법	×	○	×
일본	1995.7.1	제조물책임법[1]	×	○	×

주*: 법률 시행일 순이다.

주1): 일본은 『製造物責任法』으로 지칭하고 있다.

자료: David Harland, "Recent developments in product and service liability law in the Asia-Pacific region," *Consumer Law Journal*, Vol.6 No.1(1998), pp.21~31.

4. 우리나라의 제조물책임 법제화 과정

1) 제조물책임제도의 도입

우리나라는 그동안 제품의 결함으로 인한 사고피해가 있는 경우 기존의 민사책임 이론에 의해 계약책임과 불법행위책임을 묻는 것이 가능했다. 즉, 피해자인 소비자가 가해자와 직접적인 계약관계에 있을 경우 하자담보책임(민법 제580조)이나 채무불이행책임(민법 제390조)과 같은 계약책임을 근거로 배상을 청구할 수 있다. 한편 계약관계가 없는 경우는 일반불법행위규정(민법 제750조)을 적용할 수 있다.

그러나 피해자인 소비자가 생산자와 직접적인 계약관계가 없는 경우에는 계약책임을 물을 수 없다. 즉, 채무불이행책임, 하자담보책임 등 계약책임의 경우 소비자는 직접적인 계약관계가 없는 생산자에게 책임을 물을 수 없으며 특히 하자담보책임의 경우는 무과실책임이기는 하나 제품 이외의 신체상 피해 등에 대해서는 배상청구가 불가능하다. 따라서 실질적으로 불법행위책임 원칙에만 의존할 수밖에 없었다. 또한 우리나라는 그동안 현행법상 과실책임의 법리를 견지해오고 있기 때문에 대부분의 관련 소송에서 소비자가 생산자의 과실, 자신의 피해 및 생산자의 과실 있는 행위와 자신의 손해와의 인과관계 등을 입증해야 배상을 받을 수 있었다.[22)]

지금까지 제품의 안전사고와 관련하여 법원에 소송이 제기된 경우는 별로 많지 않은데, 한국의 제조물책임 관련 판례에 대한 최근의 한 연구에 의하면 1996년 말까지 제조물책임 관련 소송 건수는 31건에 불과했다.[23)] 이와 같이 제조물책임 관련 소송 건수가 적은 이유로는 그동안 소비자의 권리의식, 특히 안전할 권리에 대한 의식의 미약, 소송을 두려워하는 국민정서 등을 들 수 있다. 덧붙여, 우리나라 경제개발기의 생산자 중심의 경제구조하에서 법원에서 소비자책임 위주의 법원칙을 견지해온 것도 제조물책임 관련 소송이 적었던 이유로 볼 수 있다.

그러나 근래에 들어 제품의 결함, 사용상의 부주의 등으로 인해 발생하는 소비자의 생명·신체적 안전 문제가 중요한 소비자문제로 대두되어 왔다. 특히 소비자의 안전에 대한 권리의식이 높아졌으며, 제품관련 사고가 대량으로 발생하는 추세에 따라 소비자의 제품 구매 요인 중 '안전성'에 대한 선호도가 높아졌다.

---

22) 그러나 지금까지의 제조물책임 관련 판례들을 보면 엄격책임에 가까운 책임법리를 적용한 경우도 있었다. 김일중·장재호, 「한국의 제조물책임(PL): 판례를 통한 경제적 분석」, 《경제학연구》, 제46집 제2호(한국경제학회, 1998), 78~79쪽 참고.

23) 같은 글, 75~79쪽. 총 31건을 전수 분석한 결과 특히 1980년대 중반 이후 소송 건수가 증가추세를 보이고 있었고, 관련 품목별로는 금속·기계, 화학·의약품, 건물·표지판 등에 관련된 소송의 빈도수가 높게 나타났다.

이러한 배경 아래 지난 1980년대 후반 이후 제품의 안전성 결함으로 발생한 피해에 대해 생산자의 과실 여부에 관계없이 생산자에게 책임을 부담시키는 (협의의) 제조물책임의 법원칙을 도입해야 한다는 주장이 제기되어왔다.[24] 그동안 우리나라에서 제조물책임법리는 소비자 권익보호 단체 등에서 제품 안전과 소비자피해의 사후적 구제에 대한 생산자의 인식제고 차원에서 이따금 소개되어왔으며, 1982년에는 국회의원 26인의 발의로 제조물책임법안이 국회에 제출되기도 했다.

그 후 학계를 중심으로 제조물책임에 대한 연구가 꾸준히 진행되어왔지만 제도 도입의 필요성에 대한 충분한 사회적 관심을 이끌어내지 못했다. 그러나 미국 등 교역상대국에서의 관련 소송 증가, 일본의 법 제정 등 제조물책임에 대한 세계적인 추세의 영향으로 정책당국에서도 제조물책임법의 입법화계획을 공식적으로 발표하는 등 제조물책임 제도의 마련이 추진되었다.[25] 즉, 정부(재정경제부)가 1996년 1월 25일 '소비자보호법 시행령의 입법예고'를 통해 제조물책임법의 제정 근거를 마련한 바 있으며, 동법의 도입을 주요 내용으로 하는 제조물책임법(안)이 1999년 12월에 정기 국회를 통과하여 2년 6개월의 유예기간을 거쳐 지난 2002년 7월부터 시행되었다.

---

24) 이러한 제조물책임제도의 도입의 목적은 일차적으로 생산자로 하여금 제품 안전을 제고토록 하는 유인을 제공하기 위한 것이다. 그렇지만 제조물책임의 도입은 사회운동 차원에서 '소비자보호'를 위한 수단으로 주창되는 경우도 많다.

25) 정책당국에서 제조물책임제도의 도입을 공식적으로 검토하게 된 배경으로 우선, 제도상으로 우리나라와 많은 유사점을 가지고 있는 일본이 20여 년간의 논란 끝에 1994년 7월 '제조물책임법'을 입법화한 점, 국무총리실 산하의 행정쇄신위원회에서 지난 1994년 11월 제조물책임법의 입법을 정책당국에 건의한 점, 그리고 1997년 OECD 가입에 따른 OECD소비자정책위원회(Committee on Consumer Policy)의 회원국에 대한 제조물책임법 제정권고 등을 들 수 있다.

2) 제조물책임법의 주요 내용

우리나라 제조물책임법은 전문(全文)이 8개 조항으로 구성되어 있는 비교적 단순한 형태의 법률로서, 민법의 특별법, 소비자보호법의 일부, 독자적 특별법의 성격을 가진다고 볼 수 있다. 동법의 내용을 간단히 소개하면, 첫째 제조물의 범위를 "다른 동산이나 부동산의 일부를 구성하는 경우를 포함한 제조 또는 가공된 동산"으로 정하고 있으며(제2조 제1항), 결함을 제조상의 결함, 설계상의 결함, 표시상의 결함 등으로 구분하여 정의하고 있다(제2조 제2항).[26] 또한 제조업자를 "제조물의 제조·가공 또는 수입을 업으로 하는 자와, 제조물에 성명·상호·상표 기타 식별 가능한 기호 등을 사용하여 자신을 제조자(가공, 수입업자)로 표시한 자"로 정의하고 있다(제2조 제3항).

동법의 제3조에서는 제조물책임을 나타내고 있다. 즉, "제조업자는 제조물의 결함으로 인해 생명·신체 또는 재산에 손해(당해 제조물에 대해서만 발생한 손해를 제외한다)를 입은 자에게 손해를 배상해야 한다"(제3조 제1항)고 명시하고 있다.

이어 면책규정을 두고 있는데, 제조자가 열거한 면책의 사유를 입증하는 경우에는 정책적인 사항을 고려하여 면책의 항변을 인정하고 있는 것이다(제4조). 이어 동일한 손해에 대해 배상책임이 있는 자가 2인 이상인 경우의 연대책임이 있음을 인정하고 있고(제5조), 동법에 의한 손해배상책임을 배제하거나 제한하는 특약을 무효로 하는 면책특약의 제한 규정(제6조)을 두고 있다.

---

26) 제조물책임법에서 사용하는 '결함'과 유사한 용어로 우리 민법(하자담보책임)에서 사용하는 '하자(瑕疵)'가 있다. 대개 결함은 사용자의 안전성을 고려한 개념인 반면에 하자는 품질관리에 기초한 개념으로 구별되어 사용되지만, 경우에 따라서는 서로 같은 의미로 사용되기도 한다.

또한, 피해자 등이 손해배상책임을 지는 자를 안 날부터 3년간, 제조업자가 손해를 발생시킨 제조물을 공급한 날부터 10년 이내에 배상청구권을 행사하지 않으면 소멸하도록 하는 소멸시효 규정(제7조)을 두고 있다. 다만, 신체에 누적되어 사람의 건강을 해하는 물질에 의해 발생한 손해 또는 일정한 잠복기간이 경과한 후에 증상이 나타나는 손해에 대해는 그 손해가 발생한 날부터 기산하도록 규정되어 있다. 끝으로 동법의 규정 이외의 사항에 대해서는 민법의 규정을 적용토록 하고 있다(제8조).

덧붙여, 동법의 부칙 제2조에는 동법 시행 이후 공급된 제조물부터 적용한다는 규정을 두고 있는데, 이는 이미 유통되고 있는 모든 제조물에 소급 적용하는 것이 기업에 너무 가혹하다는 정서를 반영한 것이라고 볼 수 있다.

여담 여덟

일본의 제조물책임법(1995.7.1. 법률 제85호) 전문(全文)

제1조(목적) 이 법률은 제조물의 결함에 의해 인명, 신체 또는 재산상의 피해가 발생한 경우에 있어서, 제조업자 등의 손해배상 책임에 대하여 규정함으로써 피해자를 보호하고 국민생활의 안정향상과 국민경제의 건전한 발전에 기함을 목적으로 한다.

제2조(정의)

1. 이 법률에서 '제조물'이란 제조 또는 가공된 동산을 말한다.
2. 이 법률에서 '결함'이란 ① 당해 제조물의 특성, ② 통상 예견되는 사용형태, ③ 제조업자 등 당해 제조물을 인도한 시기, 기타 당해

제조물에 관련된 사정을 고려하여 당해 제조물이 통상 구비해야 할 안전성을 결여하고 있는 것을 말한다.

3. 이 법률에 있어 '제조업자 등'이란 다음의 각 호에 해당하는 자를 말한다. ① 당해 제조물의 제조·가공 또는 수입한 자(이하 '제조업자'라 한다). ② 스스로 당해 제조물의 제조업자로서 당해 제조물에 이름, 상호, 상표 기타 표시(이하 '이름 등의 표시'라 한다)를 한 자, 또는 당해 제조물에 제조업자라고 오인시킬 수 있는 이름 등의 표시를 한 자. ③ 전호에 열거한 자 외에 당해 제조물의 제조, 가공, 수입 또는 판매에 관련된 형태 기타 사정으로 보아 당해 제조물에 실질적인 제조업자로 인정할 수 있는 이름 등의 표시를 한 자.

제3조(제조물책임) 제조업자 등은 제조, 가공, 수입 또는 전조 제3항 제2호 또는, 제3호의 이름의 표시를 한 제조물로서 인도된 제조물의 결함에 의해 타인의 생명, 신체 또는 재산을 침해한 경우에는 이에 의해 발생한 손해를 배상할 책임을 진다. 단, 그 손해가 당해 제조물에 대해서만 발생한 경우에는 이에 해당되지 않는다.

제4조(면책사유) 전조의 경우 제조업자 등은 다음의 각호에 열거하는 사항을 증명한 경우에는 동조에서 규정한 배상의 책임을 지지 않는다. ① 당해 제조물을 제조업자 등이 인도할 당시의 과학 또는 기술에 관한 지식으로는 당해 제조물에 결함이 있다는 인식이 불가능했을 것. ② 당해 제조물이 다른 제조물의 부품 또는 원재료로서 사용된 경우에는 그 결함이 오로지 해당하는 다른 제조물의 제조업자가 실시한 설계에 관한 지시에 따라 발생했고 또한 그 결함이 발생한 것에 대하여 과실이

없을 것.

제5조(기간의 제한)

1. 제3조에 정한 손해배상 청구권은 피해자 또는 그 법정대리인이 손해 및 배상책임을 안 때로부터 3년간 행사하지 아니하면 그 시효가 소멸한다. 그 제조업자 등이 당해 제조물을 인도한 때부터 10년을 경과한 경우도 동일하다.
2. 전항 후반부의 기간은 신체에 축적된 경우에 사람의 건강을 해치는 물질에 의한 손해 또는 일정한 잠복기간이 경과한 후에 증상이 나타난 손해에 대해서는 그 손해가 발생한 때로부터 기산한다.

제6조(민법의 적용) 제조물의 결함에 의한 제조업자 등의 손해배상책임에 대해서는 이 법률의 규정 이외에 민법(명치 29년 법률 제89호)의 규정에 의한다.

부칙(시행기일 등)

1. 이 법률은 공포일로부터 기산하여 1년을 경과한 날로부터 그 법률의 시행 후에 그 제조업자 등이 인도한 제조물에 대해 적용한다.
2. (원자력손해배상에 관한 법률의 일부개정) 원자력손해배상에 관한 법률(1951년 법률 제147호)의 일부를 다음과 같이 개정한다.

   제4조 제3항 중 '선박 소유자 등의 책임의 제한에 관한 법률(1975년 법률 제94호)'을 '선박 소유자 등의 책임제한에 관한 법률(1975년 법률 제94호) 및 제조물책임법(1993년 법률 제85호)'로 개정한다.

The Economics of Tort Law

제9장

제조물책임의 경제학

그동안 제조물책임에 관한 주된 이론적 논점의 하나는 책임법리의 효과에 관한 것이었다. 특히 우리나라를 포함하여 세계 많은 나라들에서 채택하고 있는 '무과실책임'의 제조물책임제도가 제품의 안전성의 결함에 의해 발생된 소비자의 피해를 어떻게 예방 내지 감소할 수 있을까 하는 문제에 대해서 다양한 이론적 접근이 시도되어왔다. 이 문제는 제조물책임이 본질적으로 불법행위법의 영역으로 제품관련 사고에 적용하는 법원칙으로서 주로 법이론적 관점에서 연구되어왔지만, 한편으로 효율성 내지 안전성에 미치는 효과의 문제는 경제적 분석이 요구되어 지금까지 주된 법경제학적 분석의 대상이 되고 있다. 제4장 제1절에서 논했듯이 불법행위책임의 문제는 캘러브레이지 교수나 포스너 판사 등 저명한 법경제학자들에 의해 경제이론적으로 연구되어져 왔다.

이러한 배경 아래 제9장에서는 제8장에서 소개한 법제도적 관점에서의 제조물책임의 문제를 경제이론적으로 분석하기 위해 기본 분석모형을 도입하여 이론적 논의를 전개한다. 즉, 제조물에 관련된 사고손해를 외부효과로 보아 미시경제이론의 기본적인 개념 중의 하나인 코즈정리(Coase theorem)를 적용하여 각 책임법리의 효율성에 미치는 효과에 대해 살펴본다. 특히 소비자가 제품에 내재된 위험에 관한 정보를 잘 알 수 없는 현실적인 경우와 제품 위험에 대해 합리적으로 기대하는 경우에 대해 각각 살펴본다.

1. 제조물책임법리와 위험 제품의 시장균형

제품에 관련된 사고에 대한 제조물책임의 문제를 분석하기 위해서는 우선 사고위험이 없는 경우의 경쟁시장 상황을 나타내는 기본 모형을 도입하여 논의를 확장해 나가는 것이 바람직하다. 본 절에서는 제9장 전반에 걸쳐 적용되는 기본분석모형을 설정하고, 각 제조물책임법리 아래서의 시장균형을 비교해본다.

1) 기본 분석모형

가정용 전동공구와 같은 특정 소비제품을 상정하여 이를 q로 놓으면, 이 제품이 안전할 경우, 즉 사고확률이 0인 경우의 q에 대한 역수요함수를 $d(q) = \alpha - \beta q$로 놓자. 이는 제품 한 단위(q) 구입에 따른 소비자의 지불의사(willingness to pay: WTP)를 의미하며, <그림 9-1>과 같이 우하향하는 형태로 나타난다. 다음으로 이 제품의 공급함수는 한계생산비용인

<그림 9-1> 안전한 제품의 시장균형

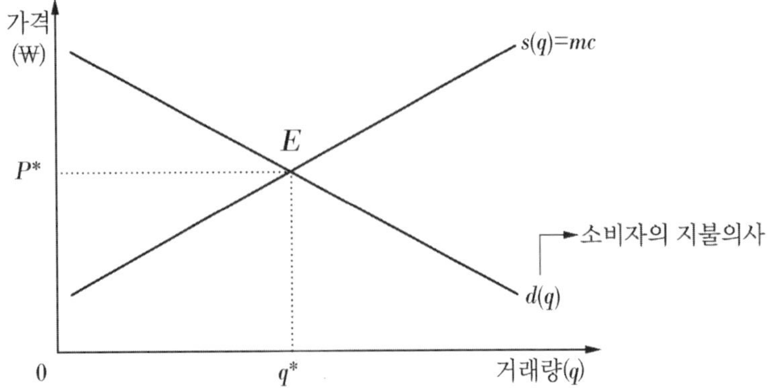

$mc = c(q)$이며, <그림 9-1>에서 우상향하는 형태로 나타낼 수 있다. 이 안전한 제품의 균형거래량은 시장에서 수요와 공급이 같아지는 점 q^*이며 균형가격은 P^*이다.

이제 이 제품이 안전하지 않다고 가정하자. 즉, 제품에 내재(內在)된 결함으로 인해 사고가 발생할 확률을 p, 해당 사고의 손해의 크기를 D라고 놓고, 각 제품은 모두 동일한 p와 D를 갖는다고 하자〔여기서는 설명을 단순화하기 위해 당사자의 주의수준은 고려하지 않는다. 다음 절에서 제조자의 주의수준(x)과 소비자의 주의수준(y)을 고려한 분석을 하도록 하자〕. 그러면 총 기대손해배상액은 pDq가 된다. 독자는 이 식이 제6장에서 말한 '행위수준(activity levels)'을 설명하고 있음을 알아차렸을 것이다. 즉, 기대손해배상액의 크기가 가해자 또는 피해자의 행위수준에 비례함을 나타낸다.

2) 제조물책임법리 간 시장균형 비교

기본 모형에서 설정한 사고위험이 있는 제품(안전하지 않은 제품)의 경우는 책임법리가 제조자와 소비자 중 누구에게 책임을 지우느냐에 따라 시장수요와 시장공급이 달라진다. 만일 사고로 인한 손해의 제조자 부담비율을 l^x으로 놓으면, 해당 손해의 소비자 부담비율은 $1 - l^x$가 된다. 우리가 앞서 배웠듯이 무과실책임법리의 경우는 사고손해를 전적으로 제조자가 부담해야 하므로 $l^x=1$이고, 소비자책임법리[1)]에서는 $l^x=0$이다. 또한 과실책임의 경우는 제조자가 법적주의기준을 충족한 경우에는 $l^x=0$인 반면, 법적주의의무에 미치지 못한 경우는 $l^x=1$이다.

우선, 제품의 사고위험이 시장수요에 미치는 영향을 살펴보자. 소비자

---

1) 소비자책임법리는 물론 이 책의 제5장에서 소개한 '무책임법리'를 의미한다. 제조물책임은 제품에 관련된 제조자와 소비자가 거래당사자이므로 생산자(제조자) 관점에서 명명한 무책임법리를 소비자책임으로 지칭해도 무방할 것이다.

<그림 9-2> 여러 책임법리 아래 위험제품의 시장균형

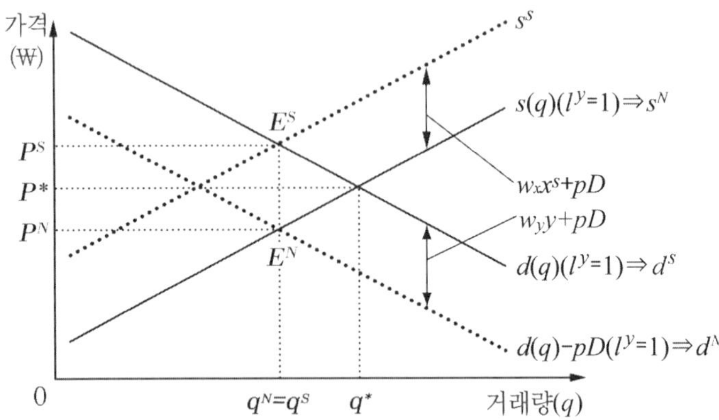

는 안전한 제품에 비해 위험제품에 대한 지불의사(수요)를 줄이게 된다. 이때 줄이는 수요의 크기는 기대사고손실(expected accident losses)의 크기와 같다. 예를 들어, 안전한 제품 한 단위에 대한 소비자 수요를 $d(q)$라 하면, 위험제품 한 단위에 대한 소비자 수요는 $d(q)$에서 자신의 기대사고손실액의 크기만큼 수요를 줄인 다음 식이 된다.

$$d(q) - (1 - l^{x})pD$$

따라서 <그림 9-2>에서 보듯이 수요곡선이 좌하향으로 이동하게 된다. 이때 만일 적용되는 법원칙이 무과실책임법리라면 위험제품에 대한 수요곡선은 소비자가 자신의 손실이 완전 보상될 것으로 기대하므로 안전한 제품의 수요곡선과 같게 된다. 반면 소비자책임법리에서라면 그 손실을 소비자 스스로 부담해야 하므로 <그림 9-2>에서 보듯이 자신이 기대하는 기대손해배상액만큼 수요를 줄이게 된다.

다음으로, 제품의 사고위험이 공급에 미치는 영향을 살펴보자. 위험제품의 공급함수는 안전한 제품의 한계비용[$mc = c(q)$]에 기대손해책임을 더한 다음 식으로 놓을 수 있다.

$$c(q) - (1 - l^{x})pD$$

만일 적용되는 법리가 소비자책임법리라면 제조자의 책임부담이 없으므로 즉 $l^{m}=0$이므로, 제조자의 공급곡선은 안전한 제품의 공급곡선과 동일하게 된다. 하지만 무과실책임법리 아래서의 공급곡선은 $l^{m}=1$이므로 안전한 제품인 경우의 공급곡선에 제조자의 기대손해책임만큼 위쪽으로 이동하게 된다. <그림 9-2>에 소비자책임법리와 무과실책임법리 아래서의 공급곡선을 각각 그려놓았다.

위험 제품의 시장균형은 <그림 9-2>에서와 같이 각 책임법리 아래 수요곡선과 공급곡선이 만나는 점에서 이루어진다. 즉, 소비자책임법리 아래서의 균형은 E^{N}이며, 이때 균형거래량은 q^{N}, 균형가격은 P^{N}이고, 무과실책임법리 아래서의 균형은 E^{S}이며, 이때 균형거래량은 q^{S}, 균형가격은 P^{S}이다. 그런데 그림에서 볼 때 무과실책임법리와 소비자책임법리 아래서의 균형거래량의 크기는 (비록 제품에 위험이 없을 경우의 균형거래량 q^{*}보다 작지만) 서로 그 크기가 같다는 점을 알 수 있다. 즉, $q^{N} = q^{S}$이다.

이를 경제학적으로 표현하자면, "균형거래량 수준은 법적 책임법리의 형태와는 독립적이다." 하지만 제품의 거래량과는 달리 제품의 가격은 책임법리와 무관하지 않다. <그림 9-2>에서 보듯이 무과실책임법리 아래서의 균형가격(P^{S})은 소비자책임법리 아래서의 균형가격(P^{N})보다 높은 수준이다.

그 이유를 직관적으로 설명하면, 무과실책임법리 아래 제조자는 소비자에게 (안전한 상태의) 제품가격(P^{N})에 해당 제품에 내재되어 있는 사고위험의 자기 몫을 덧붙인 가격(P^{S})에 판매하는 것으로 이해할 수 있다. 즉, 스스로 부담해야 할 기대사고비용($l^{x}pD$)을 제품가격에 그대로 전가

(轉嫁)하는 것이다. 이때 이 전가된 비용〔轉嫁分〕은 바로 보험(insurance premium)의 역할을 한다. 반면 소비자책임법리하에서는 제품 위험으로 인한 사고의 부담을 소비자 스스로 져야 하므로, 소비자는 스스로 그 대책을 마련해야 한다. 따라서 사고위험으로부터 자유롭기 위해서는 스스로 건강보험이나 상해보험에 가입해서 제품에 관련된 사고에 대비해야 한다.

2. 제조물책임법과 코즈정리

1) 책임법리에의 코즈정리의 적용

<그림 9-2>에서 책임법리의 형태가 소비자책임에서 무과실책임으로 (또는 그 역으로) 바뀌어도 시장거래량은 변화가 없다($q^N=q^S$)는 사실은 미시경제이론의 가장 기본적인 개념 중의 하나인 코즈정리(Coase theorem)의 한 사례가 된다.

코즈정리란 민간경제 주체들이 자원의 배분과정에서 아무런 비용을 치르지 않고 협상(bargain)을 할 수 있다면, 시장기능이 (책임법리와 같은) 외부효과로 인해 초래되는 비효율성을 해소하고 자원을 효율적으로 배분하게 된다는 것이다.[2)]

코즈정리를 제조물책임법리와 연관지어 설명해보자. 위험 제품의 제조자와 소비자가 아무런 비용을 치르지 않고 혹은 매우 낮은 비용으로 상호 협상이 가능할 경우에는 제품의 결함으로 인한 배상책임을 누구에

---

2) N. Gregory Mankiw, *Principles of Economics*, 3rd Ed.(Thomson Learning Inc., 2004) p.240. 제품의 사고위험으로부터 발생하는 피해자 손해는 경제학에서 외부효과로 설명되며, 이러한 외부효과에 대처하는 정책수단 중의 하나가 사후적 배상책임, 즉 제조물책임법리의 적용임을 앞에서 공부한 바 있다.

게 지우든 관계없이 그 결과는 동일하다는 것이다. 즉, 자원의 배분(시장거래량)에는 영향을 미치지 않는다는 설명이 가능하다. 다시 말해 '많은 경우에 있어서 법원이나 법적 기관에 의한 권리의 배분은 최종적으로 누가 그러한 권리들을 갖는지 여부와는 관계가 없다'는 의미이다.[3)]

이러한 결과는 시장에서의 가격기구(price mechanism)가 원활히 작동할 경우를 전제한 것이다. 하지만 제조자와 소비자 간 제품의 위험에 대한 정보가 대등하지 않은 등의 경우에는 이러한 가격의 매개기능이 원활하지 않기 때문에 코즈정리가 성립할 수 없다. 따라서 책임법리가 효율성(efficiency)에 영향을 미치게 되는 것이다. 특히 대부분의 자동차사고와 같이 사고의 당사자가 누가될지 어떠한 상황에서 어떻게 발생할지 알 수 없어 사고의 당사자 사이의 사전협상이 (거의) 불가능한 경우에는 자원배분의 결정에 책임법리가 큰 영향을 미치게 된다.

2) 사고예방의 쌍방성 고려 시 코즈정리의 성립 여부

지금까지는 거래당사자의 주의수준을 명시적으로 고려하지 않고 논의를 해왔다. 이제 앞에서의 모형을 확장하여, 제품의 사고손실 수준이 제조자의 주의(x)와 소비자의 주의(y) 수준에 의해서도 영향을 받는다고 가정하자. 예컨대 자동차사고에 의한 손해의 경우 자동차 생산 시 생산자의 안전장치 설계(x)상의 결함으로 사고가 발생할 수 있지만, 안전운전 요령을 숙지하는 등 제품 사용 시 소비자가 기울이는 주의(y)에 따라서도 영향을 받을 것이다.

이와 같이 제조자와 소비자의 주의수준을 고려하더라도 앞서 살펴본

---

3) Ronald H. Coase, "The Problem of Social cost," *Journal of Law and Economics*, Vol.3(1960), p.1.

코즈정리가 성립할 수 있을 것인가? 물론이다. 이해를 돕기 위해 직관적인 설명을 하겠다.[4)]

만일 법원칙이 소비자책임법리(rule of no liability)라고 하자. 이 경우 자동차사고와 같이 사전 협상이 불가능한 경우에 피해자는 충분한 주의를 할 것인 반면 가해자는 조심할 유인이 없어 주의를 기울이지 않는다. 하지만 TV와 같은 일반 소비제품의 경우 제조자는 소비자와 사전 협상이 가능할 수 있다. 예컨대 제조사는 안전한 제품을 생산하는 대신에 사고발생 시 자신이 부담해야 할 기대사고비용 부분만큼 제품가격을 올려 받기로 소비자와 합의할 수 있다. 이와 같이 상호 협상이 가능한 경우에 제조사는 효율적 수준의 주의(x^*)를 하게 될 것이다.

무과실책임의 경우도 마찬가지 설명이 가능하다. 즉, 무과실책임법리 아래서도 제품의 제조사와 소비자가 사전 협상을 할 수 있다면 소비자로 하여금 효율적 수준의 주의(y^*)를 기울이도록 할 수 있을 것이다. 예컨대 협상이 불가능한 경우라면 소비자가 주의할 유인이 없지만, 만일 협상이 가능하다면 소비자는 제조사에게 다음과 같은 제의를 할 수 있다. 즉, "내가 귀사의 제품을 사고가 나지 않도록 좀 더 조심해서 사용하는 조건으로 제품 가격을 할인해 달라"고 할 수 있다. 이 제의에 제조사가 합의하게 되면 무과실책임법리 아래서도 사회적으로 효율적인 소비자의 주의(y^*)를 이끌어낼 수 있게 되는 것이다. 즉, 책임법리에 상관없이 사회적으로 효율적인 주의수준(x^*, y^*)을 달성할 수 있게 된다.

---

4) 이러한 문제에 대해 수식이나 그림을 통해 구체적인 해법을 나타낼 수 있다. 하지만 복잡한 분석보다는 직관적 설명이 좀 더 간단명료한 이해를 도와 결과적으로 '경제적'인 경우도 적지 않다.

3. 불완전정보하 소비자와 제조물책임의 효과

지금까지 제품의 사고에 관한 책임법리의 문제를 코즈정리와 연관해 살펴보았다. 즉, 사고당사자 간 상호 협상이 원활한 경우에는 책임법리가 자원의 배분에 영향을 미치지 않을 수 있지만, 상호협상이 불가능하거나 매우 어려운 경우에는 책임법리의 형태에 따라서 자원의 배분이 달리 나타나게 됨을 설명했다.

여기서 상호협상이 불가능하거나 용이하지 않은 경우란 크게 두 가지로 나눠볼 수 있다. 첫 번째는 위에서 소개한 자동차사고와 같이 가해자와 피해자 간 사전 협상에 막대한 거래비용(transaction costs)이 들어 사실상 교섭이 불가능한 경우였다. 두 번째의 경우는 시장에서 거래하는 제품에 내재(內在)되어 있는 사고위험성에 대한 제조사와 소비자 간 정보비대칭의 문제이다. 다시 말해 제품 사고 시 발생될 손해의 크기(期待損害, expected damages)에 대해 특히 소비자가 부정확하게 인지(misperceive)하는 문제이다. 본 절에서는 이 중 후자, 즉 제품 사고 당사자 사이의 정보비대칭 상황을 상정하여 제조물책임이 시장균형(가격과 거래량 등)에 미치는 효과에 대해 살펴본다.

1) 소비자의 비대칭정보 성향

실제로 많은 자료와 학자들이 소비자들이 제품 위험에 대해 부정확하게 인지한다고 보고 있으며, 그러한 잘못된 판단의 원인으로 다음 몇 가지 이유를 들고 있다.[5)]

5) 행위자의 정보비대칭성에 따른 비합리성 문제에 관해서는 제5장 제4절에서 구체적으로 설명해놓았으니 참고하기 바란다. 본 절에서는 불완전정보 아래 있는 소비자가 어떻게 비합리적으로 행동하는지를 정리한 것이다.

첫째, 소비자가 제품의 특성을 파악하는 데 상당한 비용이 든다는 점이다. 예컨대 소비자는 구매하는 제품의 위험특성에 관한 관련 정보를 수집해야 하며, 다른 제품의 안전성과도 비교해봐야 하고, 제조자가 제품을 생산할 때 얼마나 주의하는가에 대한 제조자의 성향을 평가해야 한다. 소비자는 이러한 탐색비용(探索費用, search costs)이 자신이 판단하는 정보탐색 노력의 이익보다 크다고 판단되는 경우 제품 관련 정보를 수집하려 하지 않을 것이다.

둘째 소비자가 제품의 안전특성에 관한 정보를 획득한 경우라도 자신의 비합리적 성향 때문에 안전정보를 잘못 인지할 수 있다. 즉, 제품의 위험가능성을 과소평가하거나 과대평가하는 오류를 범할 수 있다. 예를 들어 하루에도 수많은 자동차사고 통계나 위험소식을 접하고 있으면서도 '설마 내가'라는 생각을 가지고 자신과는 무관하다는 심리적 판단을 하는 경향이 있다. 또한 통계적으로 낮은 사고발생 가능성을 무시하거나 무감각한 성향을 가지는 경우도 있다.

셋째, 탄산음료의 병이 폭발하는 경우처럼 사고발생 빈도가 매우 낮은 경우 구매경험(learning by doing)에 의해 얻은 제품의 위험정보가 정확하지 않을 수 있으며, 피해의 크기가 매우 큰 경우에는 경험에 의해 위험정보를 얻는다는 것은 불가능한 일이다.

넷째, 반복해서 사용하지 않는 제품의 경우 단기에 있어서는(또는 장기에서도) 구입 전에 제품의 특성을 상대적으로 잘못 판단할 수 있다. 한편 위험 정보의 공급 측면에서도 소비자의 올바른 정보 접근을 제약하는 요인들이 있을 수 있다. 예컨대 제조자들이 자신들에게 불리한 제품특성을 가급적 적게 제공하려 할 것이며, 시장이 비경쟁적일 경우는 이러한 정보의 제공유인이 약해질 것이다.

2) 정보비대칭 아래에서의 균형분석

이러한 소비제품의 거래당사자 간 정보비대칭 문제에 대해서는 이미 제5장 제4절에서 살펴본 바 있다. 실제로 많은 자료 내지 학자들이 제품위험에 관련된 불완전정보의 문제를 다루고 있는데, 특히 위에서 보았듯이 소비자 측이 제품위험에 대해 부정확하게 판단한다고 보는 관점이 적지 않다. 시장에서 소비자들은 필요한 정보를 얻기 어려운 정보미개시(情報未開示) 내지 과소개시의 상황뿐만 아니라 복잡한 정보의 과다제공 내지 과장·허위정보의 제공 등의 상황에 직면하는 경우가 많다.

이러한 여건 아래 소비자가 자신의 정보 부족에 기인하여 제품의 위험을 실제 위험보다 작게 판단하거나 크게 판단한다고 하자. 즉, 소비자의 제품위험에 대한 인지도(認知度)를 λ라고 하면, $\lambda < 1$ 또는 $\lambda > 1$이다.[6] 이때 제조자는 자신이 생산한 제품의 위험수준을 정확하게 판단하고 있다고 가정한다. 또한 제조사와 소비자 모두 제품 사고시의 손해 정도(D)에 대해서는 정확하게 판단한다고 가정한다.

이때 책임법리를 고려한 위험제품의 수요함수는 $d(q)$에서 자신의 기대사고손실액의 크기만큼 수요를 줄인 다음 식으로 나타낼 수 있다.

$$d(q) - (1 - l^{x})\lambda pD$$

이 식은 $\lambda=1$일 경우에는 앞서 제1절에서 설정했던 기본분석모형 식과 같다. 하지만 소비자가 주어진 책임법리 아래 제품의 사고위험수준〔$(1 - l^{x})pD$〕을 잘못 판단하게 되면 시장수요곡선의 이동수준이 이 기본분

---

6) 소비자가 제품의 위험을 과소인지한다는 관점에서 논의를 전개한 연구들을 소개하면, Marino(1988: 913, 921), Polinsky and Rogerson(1983: 581～589), Landes and Posner (1987), Viscusi(1991, 1993) 등이 있다.

석모형 식의 경우와는 다르게 나타난다.

예컨대 소비자가 제품의 위험수준을 실제 위험수준보다 낮게 판단($\lambda<1$)할 경우를 보자. 우선 무과실책임법리 아래서는 소비자는 자신의 제품위험에 대한 인지도의 크기에 상관없이 아무런 주의를 기울이지 않으므로 이때의 수요곡선은 안전한 제품에 대한 수요곡선과 같다. 반면에 소비자책임법리 아래의 경우를 보면, 소비자는 제품가격에 자신의 기대사고비용을 합한 총부담액을 최소화하는 수준의 주의를 기울일 것이다. 하지만 이때 자신이 기대하는 사고비용의 크기는 $\lambda=1$인 경우보다 작게 판단하게 되므로, 무과실책임법리 아래서의 수요곡선과의 격차가 $\lambda=1$인 경우보다는 작게 된다. 이를 <그림 9-2>에 점선으로 나타내었다.

<그림 9-2>에서 보듯이 소비자가 제품 위험을 과소인지(under estimate)할 경우에는 정확하게 인지하는 경우에 비해 시장거래량은 더 많은 반면, 시장가격은 더 높은 수준에서 균형이 결정된다. 하지만 이 경우도 효율적 시장거래량과 효율적 시장가격은 아니다. 한편, $\lambda>1$인 경우의 설명은 독자 스스로 생각해보기 바란다.

3) 생산자의 시장지배력과 시장성과

지금까지 소비자들이 결함 제품으로 인한 사고 위험을 실제보다 작게 인지한다는 전제 아래 시장에서의 수요와 공급의 균형에 대해 살펴보았다. 이는 거래당사자의 정보가 완전하다는 가정을 완화한 보다 현실적인 여건 아래 분석해본 것이다. 이러한 거래당사자의 비대칭정보 이외에 또 다른 현실적인 문제는 과연 시장이 경쟁적인가 하는 점이다. 다시 말해 대부분의 경제적 분석은 별도의 언급이 없는 이상 완전경쟁을 전제하고 있으며, 본 장에서의 논의도 마찬가지였다. 하지만 실제 시장에서는 생산자들이 완전경쟁적이지 않은 시장에서의 경쟁을 하게 되어 어느 정도의 시장지배력을 가지게 된다. 따라서 제조물책임법리의 효율성 등을 분석할 때 이러한 생산자의 시장지배력의 유무를 모형에 명시적으로 도입하는 것이 더욱 바람직하겠다.

이러한 관점에서의 대표적인 연구가 폴린스키·로거슨(Polinsky and Rogerson)의 연구이다.[7] 즉, 그들은 소비자들이 결함 제품으로 인한 사고위험을 과소인지한다는 전제 아래, 생산자가 시장지배력을 가질 경우 각 책임법리의 시장성과(제품 위험의 배분)를 비교하여 분석하고 있다.

그들은 다음과 같은 분석 결과를 제시했다. 만일 생산자가 시장지배력이 없을 경우(즉 경쟁적 시장일 경우) 생산자책임이 좀 더 선호되는 책임법리이며 따라서 최적사고확률(p^*)과 최적산출량(q^*) 수준을 가져온다. 즉, 경쟁적 시장일 경우 엄격책임법리하에서 p^*이 달성되며 이때 q^*도 가능하다. 그러나 시장지배력이 충분히 높을 경우에는 소비자책임이 선호됨을 보였는데 이를 직관적으로 설명해보자. 소비자가 제품위험을 과소인지하고 시장지배력이 높을 경우, 생산자책임하에서는 생산자가 산출량을 줄이려고 한다.[8] 이때 소비자책임법리를 도입하면 (사고확률은 늘어나긴 하지만) 생산자의 산출량 억제 성향을 상쇄시켜 산출량 수준을 늘릴 수 있으므로 소비자책임이 사회적으로 선호되는 책임법리라는 논지를 이끌어내고 있다.[9]

---

7) Mitchell A. Polinsky and William P. Rogerson, "Products Liability: Consumer Misperceptions and Market Power," *Bell Journal of Economics*, Vol.14 No.2(1983).

8) 책임법리가 소비자책임에서 생산자책임으로 변경되면 소비자의 수요증가보다 생산자의 비용이 더 많이 증가되어 결국 산출량이 감소될 것이다.

9) 그들은 거래당사자 간 정보 비대칭 상황을 상정하여 분석했다. 즉, 소비자의 제품위험의 과소인지 성향을 모형에 명시화하여 기존연구들에서 볼 수 있는 완전정보가정의 제약을 완화한 점이 기존의 타 연구와의 차이점이다. 또한 제조물책임법리의 효율성을 분석하는 데 있어 시장구조(market structure)의 변수화를 시도한 점도 독창적이라고 생각된다. 그러나 이 연구에는 다음과 같은 몇 가지 한계를 가지고 있다.

4) 소비자의 합리적 기대 아래서의 균형

지금까지 기본적 분석모형을 기초로 하여 소비자가 정보비대칭 아래 제품에 관련된 위험을 부정확하게 인지하는 경우를 전제하여 책임법리의 효율성 문제를 살펴보았다. 그런데, 비록 소비자가 제품위험을 부정확하게 판단한다 하더라도 $\lambda \neq 1$이라는 가정을 완화해볼 수는 없을까?

소비자의 합리성 가정의 타당성에 대해서는 제5장 제4절에서 이미 설명한 적이 있다. 즉, 소비자가 제품 위험에 대한 부정확한 정보 상황 아래서도 제품 구매 후 시간의 경과 또는 반복구매의 증가(learning by doing) 등에 따라 제품 위험에 관한 정보를 좀 더 정확히 파악할 수 있을 것이다. 예컨대 제5장에서도 소개되었던 슈바르츠(Alan Schwartz)는 제품의 위험을 지나치게 적게 인지〔過小認知〕하는 소비자의 성향을 인정하면서도 그것이 지속적이고 체계적인 것으로 보기는 어렵다고 주장하고 있다. 즉, 일반적으로 법원이나 정책담당자들은 소비자의 제품위험의 과소인지 성향을 지지하고 있다.[10] 그러나 소비자들이 제품 위험을 지속적이고 체계적으로 과소인지한다는 가정은 반드시 옳은 것이 아니다. 왜냐하면 경우에 따라서는 위험수준을 과대인지(overestimate)할 수도 있기 때문이다. 관련 조사결과나 실제 시장에서의 행태를 보더라도 소비자들은 비교적 정확

첫째, 제품 위험에 대한 소비자의 과소인지 성향만을 분석의 전제로 했다는 점이다. 소비자는 경우에 따라서 위험을 과대평가하거나 혹은 합리적으로 판단할 수도 있을 것이다. 이러한 경우에 대해 구체적으로 분석하거나 방향을 제시하지 않고 있다. 둘째, 그들의 모형에서는 소비자의 노력이 제품 사고확률에 아무런 영향을 미치지 못한다는 암묵적인 가정을 하고 있다. 즉, 거래당사자의 행동수준이 사고확률에 미치는 영향을 모형에서 명시적으로 보여주지 못했다. 셋째, 시장지배력이 매우 높을 경우 소비자책임이 선호되는 책임법리라고 보았는데 이때 선호의 기준이 불분명하다.

10) Alan Schwartz, "Proposals for Products Liability Reform: A Theoretical Synthesis," *Yale Jaw Journal*, Vol.97 No.3(1988), p.374.

한 정보를 가지고 있는 것으로 판단된다.[11] 그러므로 "소비자는 예외나 착오도 있겠지만 전체적으로는 올바른 인식과 판단으로 수렴될 것"으로 보았다.[12]

따라서 정보의 부족 내지 정보비대칭에 기인하여 소비자가 해당 제품의 기대손실을 정확히 알 수는 없지만, '평균적으로 추정하는 사고수준'이 실제 사고수준과 같을 경우를 상정할 수 있다. 이러한 상황을 경제학에서는 "소비자가 제품의 실제 위험(pD)을 합리적으로 기대한다"라고 표현한다.[13]

이와 같이, 정보부족 아래서도 소비자가 제품의 위험수준을 합리적으로 판단한다고 가정할 경우에는 책임법리가 소비자책임에서 생산자책임으로 전환되어도 소비자의 수요곡선은 위의 식에서 $\lambda=1$인 식, 즉 기본모형에 따른 식과 같으며, 이때 시장균형의 논의도 기본모형에 따른 수요곡선과 공급곡선을 이용한 분석과 같게 된다. 마찬가지로 제품의 사고확률의 변화도 없다고 볼 수 있다.

하지만 좀 더 현실적인 책임법리인 '기여과실의 무과실책임법리(rule of strict liability with contributory negligence)'가 적용되는 경우에는 어떨까? 이 경우 제조자는 '명백한 소비자의 과실'을 입증할 수 없는 한 자신이 스스로 배상책임을 져야 한다.

---

11) 같은 글, p.380.

12) 같은 글, pp.368~391. 오이(Oi, 1973)는 상품의 품질에 관한 정보는 정기적인 제품구입 경험에 의해 정확한 위험 정보를 알 수 있을 것이라고 보았다.

13) 소비자가 제품의 실제 위험을 합리적으로 기대하는 상황을 $E[\lambda pD \mid I]=pD$ 또는 λ^e로 놓을 수 있다. 소비자가 자신에게 주어진 정보를 가장 효율적으로 이용함으로써 계속해서 실수를 하지 않는다는 의미에서 '합리적'으로 표현했다. 즉, λ^e는 정보비대칭에 기인하여 실제사고수준(pD)과 기대치($E[\lambda pD \mid I]$) 간 예상오차(ϵ_t)가 발생하지만 $\lim_{t \to \infty}\epsilon_t=0$임을 의미한다.

소비자책임법리하의 생산자는 소비자의 정보 결여나 경쟁적 시장 등의 여건의 기인하여 주의를 기울이지 않을 것이다. 한편 기여과실의 무과실책임법리하의 소비자는 비록 사고위험을 '합리적'으로 기대한다고 해도 배상책임을 회피하기 위해 상당한 주의를 하지 않을 수 없을 것이다. 이때에는 쌍방이 기울이는 주의의 합($x+y$)은 양(+)이 되어 결과적으로 사고 확률이 낮아진다.

이러한 결과를 보면 소비자가 제품위험을 합리적으로 인지하며, 기여과실의 무과실책임법리가 적용되는 경우에는 거래당사자 사이에 일종의 (암묵적) 교섭이 이루어지는 효과가 있다고 생각된다. 즉, 기여과실의 무과실법리 아래에서 (완전한 정보하 합리적으로 행동하는) 법원은 소비자의 최적주의수준(y^*)을 알 수 있으며, 따라서 법적주의수준을 y^*로 설정해 소비자의 도덕적 해이를 억제하는 한편, 제조자에게는 소비자가 전혀 주의하지 않는 경우의 주의수준에 근사한 주의를 유도할 수 있다. 그러므로 기여과실의 무과실책임법리는 사고율 감소뿐 아니라 위험의 효율적인 배분도 가져올 수 있다고 생각된다.

여담 아홉

비대칭정보와 행동경제학

영국의 정치경제학자이자 도덕철학자인 애덤 스미스(Adam Smith) 이래 이른바 고전경제학파(classical school) 경제학자들은 인간을 합리주의적이고 이기적인 존재로 전제한다. 즉, 한 경제의 국민들은 자신의 이익만을 도모하여 행동하면 시장의 '보이지 않는 손(invisible hand)'에 의해 수요와 공급이 자연스레 조절되고 생산자원이 효율적으로 배분

된다는 것이다. 하지만 전통 경제학의 많은 이론적 발달에도 불구하고 현실의 경제는 '인간의 합리적 선택' 이론과 적지 않은 괴리를 보였다.

다니엘 커너먼은 이러한 이상적인 경제적 인간(homo economics)을 전제로 한 경제학이 아닌, 실제적인 인간의 행동을 연구하여 어떻게 행동하고 어떤 결과가 발생하는지를 규명하기 위한 이른바 행동경제학(behavioral economics) 내지 인지경제학(cognitive economics)을 주창했다. 그는 종래의 경제학 모델이 실제에서 맞지 않는 이유를 다양한 인간의 심리에 관련된 실험 연구를 통해 밝혀내고 새로운 모델을 제시하는 등 행동경제학의 발달에 대한 공로로 2002년 노벨 경제학상을 수상했다. 그의 주장에 따르면, 현실의 경제생활에서 인간은 고려해야 할 수많은 정보에 직면하게 되지만 정보와 시간과 능력 또는 판단력과 상상력 등의 부족 내지 비대칭적 정보로 인해 합리적 선택이 제한받으며, 대신 어려운 결정을 손쉽게 하는 휴리스틱(heuristic; 간편추론)의 기법을 선택하게 된다. 그러한 의사결정은 경우에 따라 선택의 바이어스(bias)를 만들어내어 경제행위의 비합리성이 야기되는 것이다.

도모노 노리오(友野典男)의 『행동경제학』에 등장하는 일화를 소개하자면, 미국사람들에게 자살과 타살 중 어느 쪽이 많은가 질문하면 대부분 타살이 많을 것이라고 응답한다고 한다. 그러한 착각의 이유는 뉴스에서 자살보다는 타살사건이 훨씬 많이 보도되기 때문에 이것이 일종의 휴리스틱으로 작용했다는 것이다. 이처럼 휴리스틱의 방법은 진실이나 객관적 평가와는 차이가 있는 것이다. 다시 말해 인간의 행동은 확률과 같은 합리적 요소보다는 심리적 요인에 의해 더 큰 영향을 받는다는 것이다. 카너먼과 토브스키[14]에 의해 주창된 '행동경제학' 내지 '인지경제학'에 대한 연구는 주로 신고전주의의 합리성 모형에 반기를 드는 비교적 최근의 경제학 사조로서 경제학을 포함한 여러 분야에서 주목을 받고 있다.

14) Daniel Kahneman and Amos Tversky(eds.), *Judgment under Uncertainty: Heuristics and Biases* (Cambridge Univ. Press, 1982).

제조물책임의 경제분석 사례: 안정성효과 분석

제9장에서 살펴보았듯이 제조물책임법리의 문제는 경제학적인 관점에서 고찰할 수 있는 중요한 연구 분야의 하나이다. 특히 소비자가 제품의 잠재적 위험을 잘못 인지하는 현실을 반영하여 책임법리가 효율성 내지 성과에 미치는 효과에 대해 검토해보는 일은 매우 의미 있는 일이다. 제조물책임에 관련된 또 하나의 중요한 경제분석 논제로는 안전성 효과에 관한 분석이다. 예컨대 제조물책임법 도입에 따른 과실책임에서 무과실책임으로의 전환은 소비제품의 안전성 제고에 긍정적 효과를 가져올 것인가?

이러한 문제제기를 바탕으로 제10장에서는 제조자책임(producers' liability)의 책임법리 도입이 제품 관련 안전성에 어떤 효과를 미치는지에 관해 경제이론적 분석들을 중심으로 살펴본다.

1. 안전규제 수단으로서의 제조물책임

1) 제품의 안전성 문제

일반적으로 제품이 '안전하다'라는 것은 '제품을 사용할 때 소비자 혹은 그 주변 사람이 신체적인 피해 또는 재산상의 손실을 입지 않는 상태'

를 의미한다. 즉, 제품으로부터의 위해(危害, harm)[1]나 위험(risk)을 입지 않는 상태를 해당 제품의 안전성으로 정의할 수 있다.[2] 여기서 위해는 '제품 사용 시 손해를 끼치거나 끼칠 가능성이 있는 것'이며, 위험은 '제품의 위해에 의해 피해를 입는 것'을 의미한다.[3]

제품의 안전수준을 나타내는 위험의 정도는 위해의 크기와 위해확률에 따라 달라진다. 즉, 제품 고유의 위해 그 자체를 없애거나 줄임에 따라 위해확률을 줄일 수 있고, 그 결과로서 제품 안전을 향상시킬 수 있다. 또한 제품 안전은 제품에 내재된 위해나 위해확률뿐 아니라 제품의 소비자 및 사용 환경에 따라 달라진다고 볼 수 있다. 이러한 제품안전성에 영향을 주는 상황을 요약하여 <그림 10-1>과 같이 나타낼 수 있다.

제품 안전 문제가 사회적 이슈로 등장한 것은 20세기 후반의 일이다. 미국의 경우 1960년대 중반 이전까지는 정부나 의회의 친(親)기업적인 정책노선으로 인해 소비자 안전과 같은 사회적 규제에 다소 소극적이었으나, 1960년대 중반 이후 환경문제, 소비자 문제, 근로자 안전 및 복지

---

1) 관련 연구들에서는 harm 이외에 hazard, injury, danger 등도 위해를 의미하는 용어로 자주 쓰이고 있다.

2) 참고로 일반적 혹은 합리적으로 예측 가능한 사용상태 아래서 어떠한 위험성도 갖지 않는 제품, 혹은 소비자의 안전 및 건강 보호에 최소한으로만 허용될 수 있는 위험성만을 가진 제품을 '안전한 제품'이라고 정의하기도 한다. 예를 들어 수돗물의 경우 각종 인체유해물질에 대한 최소허용기준치인 수질기준이 설정되어 있는데, 수질검사 결과 이 기준치 이내이면 안전한 수돗물이라고 한다.

3) 한편 제품의 안전성에 관계된 용어로서 '위험'은 '리스크(risk)' 및 '위해(hazard)'와 구분되어 사용되기도 한다. 즉, 위험은 위해에 의해 피해를 입는 것을 의미하는 반면 리스크는 위해에 의해 피해를 입을 확률(즉 위해확률)로 보기도 한다. 설명의 편의를 위해 예를 들어보면, 비가 올 때 도로를 주행하는 상황에서 미끄러지는 '위해' 상황은 초보운전자나 능숙한 운전자에게나 마찬가지다. 그러나 양자의 미끄러질 확률은 다르므로 위해에 의해 피해를 입을 확률인 '리스크'는 운전자에 따라 다르다. 또한 리스크는 제품생산의 기술수준에 따라 달라질 수 있다.

<그림 10-1> 제품의 위험으로 인한 손실 발생 과정

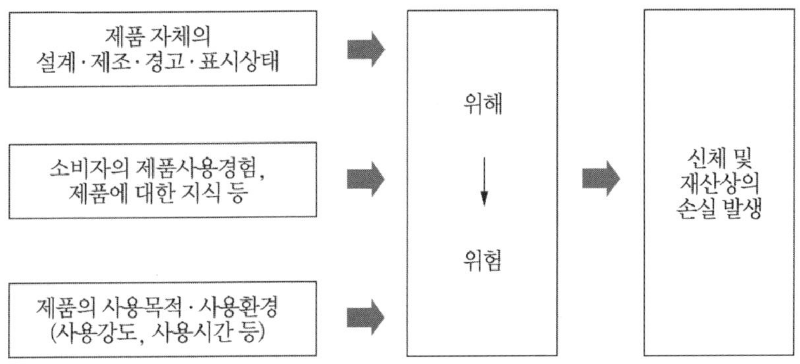

문제 등 인간의 기본적 권리 및 사회적 형평성에 관한 요구가 높아지자 제품 안전 문제도 하나의 정책 문제로 제기되었다.

우리나라의 경우 1960년대 이후 산업화 과정에서 생산자와 소비자 사이에 다양한 문제가 발생되었으나 제품의 안전 문제는 그다지 주목을 받지 못했다. 그러나 경제가 발전하고 산업구조가 고도화되면서 결함 제품으로부터 소비자의 안전을 확보하는 문제가 중요한 정책이슈로 다루어지게 되었고 1980년 말에 제정된 소비자보호법(소비자기본법의 구법)에는 이러한 '소비자의 안전할 권리'가 규정되었다.[4)]

오늘날 제품으로부터 '안전할 권리'는 소비자가 소비생활용 제품을 사용하는 과정에서 생명·신체상의 위해를 받지 않고 소비생활을 할 수 있도록 하는 소비자의 기본적 권리 중의 하나로 인식되고 있다.

---

4) 동법의 제3조 제1항에는 "소비자는 스스로의 안전과 권익을 위해 모든 물품 및 용역으로 인한 생명·신체 및 재산상의 위해로부터 보호받을 권리를 향유한다"라고 명시되어 있다. 동법이 전부 개정된 소비자기본법(2006년 9월 2일 개정)의 제4조 제1항에는 안전할 권리를 소비자의 기본적 권리의 하나로 명시하고 있다.

2) 안전할 권리 확보를 위한 제 규제수단과 제조물책임

제조물과 관련하여 이러한 소비자의 안전할 권리를 보장하기 위한 정책 수단으로는 ① 사고예방 및 재발방지를 위한 정부의 직접적인 안전규제(safety regulations), ② 사후적 피해구제, ③ 간접적 규제로서 위험 정보의 공개, 그리고 ④ 소비자에 대한 안전교육과 홍보 등의 수단이 있다. 이러한 제품안전을 위한 정책수단들의 의의에 대해 각각 살펴보자.

첫째, 안전규제는 사고의 사전적 예방을 위한 것으로서, 안전기준(safety standards)에 의한 규제와 직접적인 법적 제한(legal limitations)을 통한 규제가 있다.

우선 안전기준에 의한 규제는 제품의 기술적 복잡성으로 인해 소비자들이 사전 인지를 하는 것이 어려우며 피해발생 시에는 신체·생명·재산에 커다란 피해가 우려되는 제품에 대해, 정부가 개별 제품별로 안전기준을 정하여 이에 적합한 제품만을 생산·유통하도록 하는 것이다. 이러한 규제는 식품위생법, 약사법, 전기용품안전관리법 등과 같은 법률을 통해 정부가 일정한 기준을 제정하고, 허가·승인·검사 등을 통해 법령으로 정해진 각종 기준을 생산자가 준수토록 하는 것이다.

법적 제한을 통한 규제는 부당·과대광고의 금지, 부당 계약의 무효화 등 직접적인 법적인 제재를 통해 생산자(기업)의 활동을 제한하는 규제 형태이다.[5)]

제품의 안전에 관한 규제는 (여타의 사회적 규제와 마찬가지로) 1960년대 중반 이후부터 특히 미국을 중심으로 하여 크게 각광을 받기 시작했으며, 식품·의약품 안전, 위생, 자동차 및 각종 공산품 등의 안전규제를 중심으

---

5) 최병선, 「소비자보호를 위한 정부역할 및 규제의 합리화」, ≪행정논총≫, 제28권 제1호(한국행정연구소, 1990), 188~190쪽.

로 이론적·정책적인 발전이 있었다. 미국의 경우 1960년대 중반 이후 환경문제, 소비자문제, 근로자안전 및 복지문제 등 인간의 기본권 문제 및 사회적 형평성에 관한 요구가 높아졌으며 그 후 1980년대 초반까지 사회적 규제가 강화되어왔다.

우리나라는 1970년대 중반 이후 안전규제를 포함한 사회적 규제(social regulations)가 점차 늘어났다. 1994년의 경우 법률에 의한 제도적인 정부규제 중 안전관련 규제는 총 176건으로서 총 규제 건수의 12.8%에 해당했다.[6)]

이러한 안전 규제가 경제적 효율성에 미치는 영향에 대해서는 많은 논란이 있어 왔다. 에쉬(Asch, 1988)는 미국의 경우 안전 규제가 전체적으로 볼 때 소비자의 후생을 높였다고 보았지만, 많은 경제학자들은 안전 규제가 오히려 중대한 정부의 실패(government failure)를 초래하고 있다는 견해를 보이고 있다.[7)]

둘째, 사고피해에 대한 사후적 구제수단으로서, 제조물책임법리와 재판 외 분쟁해결 등이 있다. 제품의 안전성 결함으로 인해 발생한 소비자 피해에 대한 사후적 구제는 해당 피해에 대한 금전적 보상(financial compensations)에 그 일차적 목적이 있지만, 궁극적으로는 생산자가 소비자의 피해보상에 드는 추가적 비용을 제품 안전 향상에 투자토록 하는 규제 수단이 된다. 배상책임법 원칙을 '제품의 사고로 인해 피해가 발생한 경우 불법행위법 등에 따라 법원이 규제하는 방식'으로 정의하는 경우, 이는 넓은 의미의 사후적 규제로 볼 수 있다.

---

6) 이종인, 「한국의 정부규제 현황과 소비자보호」, ≪소비자문제연구≫, 제14호(한국소비자보호원, 1994), 85~88쪽. 1994년도의 경우 총 1,374건의 정부 규제 중 60%인 824건이 경제적 규제이며, 사회적 규제는 550건이었다.

7) Peter Asch, *Consumer Safety Regulation: Putting a Price on Life and Limb* (New York: Oxford University Press, 1988), pp.15~21.

일반적으로 규제는 주체가 '행정부'이고 '민간'이 그 대상이 되는 행정규제를 의미한다. 그러나 규제를 '각종 재산권의 직·간접적인 보호를 위한 법과 제도를 통칭하는 것'으로 볼 경우, 피해가 발생하기 전 예방을 위한 규제를 사전적 규제(ex ante regulations), 피해발생단계에서의 정부규제와 피해발생 후 법원의 규제를 사후적 규제(ex post regulations)로 구분할 수 있다

이러한 피해구제를 위한 정책 수단으로는 이 책의 논의주제인 제조물책임법리(product liability rules) 도입과 재판 외 분쟁해결(Alternative Dispute Resolution: ADR) 체계의 정비 및 원인규명체제의 정비 등이 있다. 제품위험으로 인한 피해는 피해의 원인과 제품 결함과의 인과 관계, 제품 사용상의 소비자 주의 여부, 피해규모의 판단 등에 대해 복잡한 형태를 띠고 있기 때문에 제조물책임법리의 도입과 같은 사법적 절차 및 재판 이외의 분쟁조정기구 등과 같은 준사법적 절차의 확립이 필요하다.

제품 관련 사고 시 소비자가 자신의 피해를 소송을 통해 구제를 받는데는 상당한 금전적·시간적 비용이 들게 되고 또한 절차가 복잡한 점 등 어려움이 따른다. 이 경우 소송에 이르기 전에 제3자의 분쟁조정기구가 당사자 사이의 분쟁을 조정·중재하게 되면 간단하면서도 신속한 분쟁의 해결이 가능할 수 있다. 이와 같은 재판 외 분쟁해결을 위해 각국들은 별도의 분쟁조정 체계를 갖추고 있다. 우리나라의 경우 준사법적 권한을 가진 소비자분쟁조정위원회가 설치되어 있으며, 중앙정부와 지자체 및 업계단체들도 각 분야의 조정 체계를 갖추고 있다.

제품의 결함 관련 피해의 구제에 있어 중요한 것은 사고의 원인을 규명해내는 일이다. 제품의 결함 유무, 결함의 인과관계(causality) 등을 객관적으로 판명하는 것이 분쟁해결의 주된 정보가 된다. 즉, 피해의 원인을 규명할 수 있는 체계의 확충은 사후적 피해구제에 대한 정책수단의 하나이다.[8)] 우리나라의 경우 아직 사고 피해에 대한 원인규명 체계가 정비되

어 있지 못하다.

셋째, 소비자에 대한 제품 안전 정보의 공개를 유도하는 수단으로는 표시규제(labelling regulations), 등급 평가(grade rating), 제품의 표준화(product standardization) 및 위해 제품의 리콜(recall)[9] 등이 있다. 제품 안전 제고를 위한 보편적인 정책방안 중의 하나는 생산자에게 제품 안전에 대한 정보를 해당 제품에 표시토록 하는 표시규제이다. 즉, 제품의 제조일자, 사용방법 및 주의사항 등 품질에 관한 정보를 제품에 표시함으로써 소비자의 사고위험을 줄일 수 있을 것이다.[10] 제품의 품질의 정도를 판정하여 등급을 매기는 등급평가의 방법은 제품 안전에 대한 소비자의 정보탐색비용을 줄일 수 있는 수단이 되며, 제품의 규격, 중량, 용기, 포장방법 등을 표준화하는 것은 소비자가 동종(同種) 상품의 품질을 쉽게 비교할 수 있게 함으로써 제품 안전을 확보할 수 있는 수단이 된다.[11] 한편 위해의 가능성이 있는 제품을 해당 제품의 생산자가 자발적으로 리콜(voluntary recall)을 실시하거나 정부가 강제적으로 리콜을 명령(mandatory recall)하는 것도 생산자로 하여금 제품의 위해정보를 공개토록 하는 수단이다.[12]

---

8) 宮村鐵夫, 『PL制度と製品安全技術』(東京: 朝倉書店, 1995), pp.20～25.

9) 리콜제도란 판매 중이거나 판매 후 결함이 발견되어 소비자의 생명·신체에 위해를 입히거나 입힐 우려가 있는 제품에 대해 그 제품의 제조(수입), 유통, 판매업자가 자발적 또는 강제적으로 해당 제품의 위험성에 대해 소비자에게 알리고 결함제품 전체를 대상으로 적절한 시정조치(교환, 수리, 환불)를 하도록 하는 제도를 의미한다.

10) 소비자보호법 제16조 2항에 사업자의 표시기준 준수의무가 명시되어 있다.

11) 제품을 표준화하는 목적은 국내 유통 및 국가 간 교역 시 제품의 가격이나 품질을 좀 더 쉽게 비교할 수 있도록 하여 경영의 성과를 높이기 위한 것이다. 즉, 제품 안전 확보 문제는 이러한 제품표준화의 일반적 목적의 일부분이라고 볼 수 있다.

12) 미국, 프랑스 등 선진국의 경우 소비 제품 안전을 확보하기 위한 수단으로 리콜제도를 활성화하고 있다. 예를 들어 미국의 경우 1960년대 식품에서 시작하여 자동차(1966), 일반 공산품(1972)으로 리콜의 대상을 확대했으며, 최근에는 주택, 알코올음료 등 거의 모든 소비재로 리콜 대상을 확대했다.

우리나라는 일반 공산품, 식품 등 각 분야별로 제품의 표시, 등급, 표준화와 같은 위해 정보의 공개에 관한 관련 규정이 마련되어 있으며, 리콜제도를 활성화하기 위해 자동차, 식품, 일반 공산품 등에 대한 근거 규정을 마련·개정 중에 있다.

넷째, 교육과 홍보정책에 대해 살펴보자. 제품 안전을 확보하는 데는 앞서 고찰한 여러 정책 수단이 효과적으로 활용될 수 있을 것이다. 그러나 이러한 규제 수단들은 정부의 실패 등 여러 비효율적인 측면을 내포하고 있으며, 또 제품 위험의 본질이 거래당사자 사이의 비대칭적 정보(asymmetric information)에 기인하고 있기 때문에 좀 더 근본적인 안전성 확보수단은 소비자에 대한 적절한 위험 정보의 제공과 소비자의 안전의식의 고취에 있다고 볼 수 있다. 즉, 교육을 통해 제품의 위험특성에 대한 정확한 정보를 소비자에게 제공하고, 민간단체, 언론매체를 통해 적극적으로 홍보되도록 하는 것이 중요하다.

우리나라의 경우 그동안 제품 안전에 관한 교육 및 홍보는 거의 민간[13]에 의존해왔으며 정부차원에서의 활동은 매우 취약했다. 그러다가 1980년대 중반에 소비자정책의 종합추진기관인 한국소비자보호원이 설립된 이후 소비자 안전을 포함한 전반적인 소비자 문제에 대한 교육과 홍보정책이 체계적으로 추진되고 있다.

---

13) 현재 제품 안전에 대한 홍보 등 소비자 문제에 관계하는 여러 민간단체들이 활발한 활동을 하고 있다. 2006년 6월 현재 전국 규모의 민간단체로는 녹색소비자연대 등 13개 단체가 있으며 각 지역마다 이들의 지부 및 지방민간단체들이 활동하고 있다.

2. 제조물책임이 제품의 안전성에 미치는 효과

그동안 제조물책임법과 관련된 주된 이론적인 논점 중의 하나는 그 효과에 관한 것이었다. 특히 우리나라를 포함한 세계적인 추세인 '무과실(엄격)책임' 위주의 제조물책임제도가 제품의 안전 결함으로 발생되는 소비자의 피해를 얼마나 예방 또는 감소시켜줄 수 있을 것인가의 문제에 관해 다양한 이론 및 실증적 접근이 시도되어왔다. 이 문제는 제조물책임이 본질적으로 불법행위법 영역에 속하며 제품에 관련된 사고에 해당하는 법원칙이므로 법이론적인 관점에서도 연구되고 있으나, 효율성이나 안전성에 미치는 효과 문제는 경제이론적 접근이 요구됨으로 인해, 지금까지 경제학자 내지 법경제학자들에 의한 분석이 주를 이룬다.

본 절에서는 무과실책임 위주의 제조물책임법리가 제품의 사고율에 미치는 효과에 관한 기본적 분석모형을 도입하여 이론적으로 살펴본 후, 미국의 법적·경제적·사회적 통계자료 등을 이용하여 실증적으로 분석해 본다.

1) 분석을 위한 기본모형

제조물책임은 대표적인 불법행위법 영역의 하나이다. 이 책의 제3장에서 살펴본 바와 같이 불법행위책임의 문제는 캘러브레이지 교수와 포스너 판사 등 저명한 법경제학자들에 의해 경제적으로 분석되어왔다. 책임법리의 경제적 효과에 관한 다양한 연구에도 불구하고, 제조물책임법리가 제품 안전(사고확률)에 미치는 효과에 대해 분석하고 있는 연구는 그리 많지 않다.[14] 특히 소비자가 제품 안전에 관한 정보가 불완전한 현

14) 제품의 사고 위험에 관련된 책임법리의 문제를 경제이론적으로 접근한 초기의 대표

실적인 가정을 설정하여 이론적으로 접근한 논문은 손꼽을 수 있을 정도인데, 스펜스(Spence, 1977), 폴린스키·로거슨(Polinsky and Rogerson, 1983), 랜즈·포스너(Landes and Posner, 1985), 마리노(Marino, 1988)가 대표적이다. 한편, 책임법리가 제품 사고율에 미치는 효과에 대해 실증적으로 분석한 논문으로는 히긴스(Higgins, 1978), 프리스트(Priest, 1988), 그레이엄(Graham, 1991) 그리고 이종인·이번송(2000)을 들 수 있다.

책임법리의 제품 안전성 효과에 관련된 연구는 대부분 책임법리가 소비자책임에서 과실책임, 과실책임에서 무과실책임으로 전환됨에 따라 제품 안전에 어떤 영향을 미치는가에 초점을 맞추고 있다. 기존의 이론·실증적 연구들은 다음의 세 가지 관점에서 이 문제를 다루고 있다. 즉, ① 책임법리가 소비자책임에서 생산자에게 좀 더 엄격한 책임을 지우는 형태의 책임법리로 전환되어도 제품의 안전성에 영향을 미치지 않거나 혹은 명확하지 않다는 관점, ② 제품의 안전수준을 낮춘다는 관점, ③ 오히려 제품의 안전수준을 제고한다는 분석상의 관점이 있다.

위에서 제시한 세 가지 관점을 정형화하여 비교하여 분석해보기 위해 제품 관련 사고율을 안전성의 척도로 놓은 단순한 모형을 도입해보자.

제품의 사고율 p가 제조자 주의수준 x와 소비자 주의수준 y만의 함수라고 가정하자. 이때 책임법리 l이 외생적으로 주어진다고 가정하면 다음과 같은 사고율함수를 설정할 수 있다.

$$p(l) = p[x(l),\ y(l)]$$

적 연구로는 McKean(1970)과 Calabresi(1970)이 있다. 이들의 분석은 그 후 Brown(1973), Oi(1973), Goldberg(1974), Higgins(1978)에 의해 좀 더 정형화된 모형을 이용한 분석이 이루어졌으며, 1980년대 들어와서는 Shavell(1980), Polinski(1984), Landes and Posner(1985), Priest(1988) 등이 각각 다양한 환경을 설정하여 책임법리에 관한 여러 경제적 효과에 대해 분석하고 있다.

즉, 사고율(p)이 책임법리의 전환에 따른 거래당사자의 주의수준(x, y)의 함수이다. 다시 말해 '법원에서 적용하는 제조물책임법리가 제조자의 행동과 소비자의 주의노력수준에 각각 영향을 미치며, 이러한 제조자의 주의노력과 소비자의 주의노력이 다시 제품의 사고발생률에 영향을 미치게 된다'는 것이다. 위의 사고율함수식에서 보인 책임법리의 제품 사고율 효과는 다음과 같이 약간 복잡해 보이는 식으로 풀어 쓸 수 있다.[15]

$$p'(l) = p_x \cdot x'(l) + p_y \cdot y'(l)$$

설명의 편의를 위해 당사자 중 누가 주의하든지 관계없이 주의함으로써 동일한 사고율 감소효과를 가져온다고 가정한다. 즉, $p_x = p_y$이다. 이 말은 제조자가 주의하는 주의수준과 소비자가 주의하는 주의수준이 서로 대체재(代替財) 관계가 있어 그 크기가 서로 같다면 그들의 주의수준이 사고율 감소에 미치는 영향도 동일하다는 의미이다.[16]

2) 선행 이론 · 실증적 연구에서의 논지 비교

(1) 제품의 안전성에 무관하다는 관점

우선, 책임법리 전환의 제품안전성 효과에 대한 첫 번째 관점은 위에

15) 이 식은 그 위에서 제시한 식을 다소 풀어쓴 것에 불과하다. 즉, '법원에서 적용하는 제조물책임법리(l)가 한편으로 일정 부분의 제조자의 주의수준의 변화를 초래하게 되는데, 이 변화된 제조자의 주의수준이 제품 사고율에 일정 부분 영향을 미치며, 다른 한편으로는 일정 부분의 소비자의 주의수준의 변화도 초래하는데, 이 변화된 소비자의 주의수준이 또한 제품 사고율에 일정 부분 영향을 미친다'는 의미이다.

16) 이와 같이 x와 y를 사고손실 감소를 위한 대체재 관계로 설정하여 논의를 전개한 연구로는 프리스트(Priest, 1981)와 매킨(McKean, 1970)이 있다.

서 제시한 사고율함수가 다음과 같이 0이 됨을 의미한다.

$$p_x \cdot x'(l) + p_y \cdot y'(l) = 0$$

위의 식에 $p_x = p_y$ 가정을 적용하면 $|x'(l)| = |-y'(l)|$가 남는다. 여기서 $x'(l)$과 $y'(l)$의 부호가 상반될 수 있으므로 각 항의 절대치로 비교했다. 이 식은 책임법리가 소비자책임에서 제조자책임으로 전환될 경우 제조자가 늘리는 주의수준이 소비자가 줄이는 주의수준과 동일하여 제품의 사고율에는 아무런 영향을 미치지 않음을 의미한다. 이러한 견해를 보이는 대표적인 분석으로는 그레이엄(Graham, 1991)과 프리스트(Priest, 1988)가 있다.

그레이엄(Graham, 1991)은 미국 자동차산업에 대해 몇몇 역사적인 사례를 심층 분석(case study)해봄으로써 제조자책임법리가 자동차사고율에 미치는 영향을 분석했다. 그는 연료탱크의 설계 등 자동차산업에 영향을 미친 다섯 가지의 안전 관련 부분을 관찰한 후 "제조자책임법리는 사고율에 영향을 준다고 볼 수 없으며, 제품의 안전과 제조업자의 평판에 관련된 나쁜 이미지가 소비자 수요에 미치는 간접적 효과는 책임법리가 제품안전에 기여하는 가장 유익한 공헌"이라고 제시했다. 그러나 그의 연구는 관련 자료를 이용한 직접적인 분석이 아니라 특정 산업에 대한 사례 분석에 치중한 것이다.

프리스트(Priest, 1988)는 1970년대와 1980년대의 불법행위소송 건수와 소비자 상해율 등을 조사해본 결과 책임법리의 전환이 제품 안전성을 향상시켰다는 결정적 증거를 발견하지 못했다는 결론을 제시하고 있다. 1980년대에 불법행위소송 건수와 책임보험료가 급격히 증가했으나 소비자와 근로자의 상해율, 의료과오 사망률 및 항공사고율은 보험료와 불법행위소송 건수가 훨씬 낮았던 1970년대보다 더 빠른 속도로 하락하지 않았다. 즉, 책임법리의 부과로 사고율도 소송건수·보험료의 상승과 같은 비율로 감소되어야 하는데 그렇지 못했다. 따라서 책임법리의 사고율 저하 효과가 분명하지 않다고 주장했다.17)

이러한 기존 연구들의 관점은 대부분 당사자 사이의 자유로운 상호협상이 가능한 경우를 암묵적 또는 명시적으로 가정하고 있는 경우이다. 즉, 거래비용이 없거나 충분히 낮은 경우에는 책임법리의 유형에 관계없이 사적 교섭을 통해 자원의 효율적인 배분을 가져올 수 있다는 관점이다. 그러나 현실의 세계에서는 당사자 간 교섭을 저해할 정도로 상당한 거래비용이 존재하기 때문에 제품의 위험에 대한 정보가 완전할 수 없다. 따라서 — 아래 두 번째와 세 번째 관점과 같이 — 법적 책임의 배분이 자원의 효율적 이용에 영향을 미치게 된다.

(2) 제품의 안전성을 저해한다는 관점

두 번째 관점은 책임법리를 전환할 경우 제품의 사고율을 오히려 증가시키게 된다는 의미이며 위의 사고율함수식이 다음과 같이 0보다 큼을 나타낸다.

$$p_x \cdot x'(l) + p_y \cdot y'(l) > 0$$

위의 식을 풀면 $|x'(l)| < |-y'(l)|$가 남는다. 이 식은 책임법리가 소비자책임에서 제조자책임으로 전환될 경우 제조자가 늘리는 주의수준

17) George L. Priest, "A Theory of the Consumer Product Warranty," *Yale Law Journal*, Vol.90, No.6(1988), pp.187~194, 203. 참고로 프리스트는 제조물책임에 관한 한 계약주의자(contractarian)로 분류된다. 그는 제조물시장에는 특별한 시장실패가 존재하지 않기 때문에 제조물책임 문제도 기본적으로는 당사자 사이의 자발적 합의가 요구되는 계약법의 문제라고 보았다.

이 소비자가 줄이는 주의수준보다 더 높아서 제품의 사고율을 저해하게 된다는 의미한다. 이러한 견해의 분석으로는 매킨(McKean, 1970)과 오이(Oi, 1973) 및 실증분석을 한 히긴스(Higgins, 1978)를 들 수 있다.

매킨(McKean, 1970)은 제품 사용으로 손해를 입었을 때 손해비용을 소비자가 전적으로 부담하는 '구매자책임(*caveat emptor*)법원칙'의 경우 소비자는 제품의 안전성 효과를 가장 잘 판단하는 위치에 있으므로 가능한 정보를 가장 효율적으로 사용할 유인을 갖는 반면, '판매자책임(*caveat venditor*)법원칙'의 경우 소비자는 주의할 유인이 없어지는 대신 생산자는 좀 더 많은 정보를 가지고 있으므로 비록 주의유인이 늘어 주의를 늘리지만 생산자가 늘리는 주의수준의 폭이 소비자가 줄이는 주의수준의 폭보다 적게 되기 때문에 생산자책임은 덜 안전한 제품의 생산을 유도한다고 보았다.[18)]

오이(Oi, 1973)도 매킨과 일치하는 견해를 보이고 있다. 그는 구매자책임에서 판매자책임으로의 전환이 소비자의 선택의 범위를 감소시킬 뿐 아니라 전체적인 제품의 안전수준을 저해할 수 있다고 보았다. 즉, 정부의 간섭이 소비자후생의 감소를 초래한다는 견해를 보이고 있다.[19)]

히긴스(Higgins, 1978)는 미국의 1960년 및 1970년의 횡단면 자료를 이용하여 책임법리와 제품 관련 사고 사이의 관계에 대해 실증적으로 분석했다. 그는 1970년대의 제조자책임법리(L)가 개별변수로는 사고사망률(A)을 낮추지만 교육수준(S)과의 교호작용의 결과 전체적으로는 사고사망률을 높인다는 결론을 유도했다.

---

18) Roland N. McKean, "Products Liability: Implications on Some Changing Property Rights," *Quarterly Journal of Economics* (November 1970), pp.612～624.

19) Walter Y. Oi, "The Economics of Product Safety," *Bell Journal of Economics* (1973).

$$A = 13.35 + 설명변수(Y,\ Z) + 0.023RY - 0.53S - 7.86L + 0.9LS$$
$$(1.50) \qquad (-3.03) \quad (-1.56) \quad (-2.20) \quad (2.53)$$
$$R^2=0.34 \quad n=48$$

위의 식에서 보듯이(Higgins, 1978: 311, 316) 제조자책임법리 도입의 전체 영향은 S>8.73%일 경우 사고율에 정의 효과를 미치므로 S의 평균이 10%인 1970년대는 제조자책임법리의 도입이 사고사망률을 증가시켰다고 보았다.

(3) 제품의 안전성을 향상시킨다는 관점

세 번째 관점은 이 모형식이 0보다 작음을 의미한다. 즉, 제조자책임으로 책임법리를 전환할 경우 제조자가 늘리는 주의수준이 소비자가 줄이는 주의수준보다 더 크게 되어 제품의 사고율을 감소시킬 수 있다는 의미이다. 즉, 위에서 제시한 분석 모형에서 $|x'(l)| > |-y'(l)|$이라는 의미이다.

이러한 관점에서 논의를 전개한 논문들도 대부분 코즈정리에 입각한 논지에서 크게 벗어나지 않는다. 다시 말해 거래비용이 없거나 무시할 수 있는 경우라면 제조물책임법리의 유형에 관계없이 자원배분상에 아무런 차이가 없다는 결론에 동의하고 있다. 하지만 거래비용이 존재하는 현실적인 경우에는 어떤 유형의 책임법리가 더 선호될 수 있을지에 대한 경제적 분석이 필요하다고 보고, 분석 결과 경제적 관점에서 제조자책임 위주의 엄격책임법리를 도입하는 경우가 제품의 안전수준을 좀 더 향상시킬 수 있다는 점을 보이는 논문들이 있다. 그 대표적인 분석으로는 골드버그(Goldberg, 1974)와 랜즈·포스너(Landes and Posner, 1985)가 있다.

이 책의 제3장에서도 소개했던 골드버그(Goldberg, 1974)[20]는 제품의 안전성에 관한 정책결정에서 가장 중요한 고려 요소가 제품 위험에 대한 소비자의 불완전 정보 상황이라고 전제하고 있다. 즉, '거래당사자가 완전정보하에 있다'라는 일반적인 가정은 현실세계를 정확히 묘사할 수 없으며 따라서 정책적 의미에서는 아무런 의미가 없다고 주장했다. 그는 제품위험에 대한 정보가 불완전한 현실세계 소비자들이 위험을 부정확하게 인식하는 경우가 많기 때문에, 생산자책임법리는 소비자의 선택의 자유를 제약하기는 하지만 소비자의 위험을 감소시켜 제품의 안전수준을 높일 것이라고 보았다. 그 결과 생산자책임법리가 궁극적으로 모든 소비자의 후생을 증가시킬 수 있을 것으로 추측하고 있다.

랜즈·포스너(Landes and Posner, 1985)[21] 역시 제조물책임이 자유시장경제를 저해한다는 기존 연구들에서의 비판에 동의하지 않고, 오히려 특정 상황 아래에서 생산자책임법리의 도입이 제품의 안전성 수준을 향상시킬 수 있음을 보이고 있다. 그들은 우선 역사적 과정에서 제조물책임이 소비자책임에서 생산자책임으로 전환되어온 이유를 경제적 관점에서 분석했다. 그 결과 소비자가 갖는 제품 위험에 대한 정보가 부족할 경우(다른 조건이 일정할 경우) 정보를 가지거나 혹은 좀 더 적은 비용으로 정보수집이 가능한 당사자에게 책임을 지우는 것이 바람직하므로, 소비자책임에 비해 생산자책임법리가 사고율 감소에 효과적이라고 보았다. 하지만 그들도 역시 소비자의 정보가 완전한 경우라면 무과실책임법리가 우월할 수 없으며, 오히려 과실책임법리가 더 효율적일 수 있음을 지적하고 있다. 또한 각 책임법리의 상대적 우위는 소송비용 등 행정비용에도 의존함을 설명해주고 있다.[22]

---

20) Victor P. Goldberg, "The Economics of Product Safety and Imperfect Information," *Bell Journal of Economics* (Autumn 1974), pp.683~688.

21) William M. Landes and Richard A. Posner, "A Positive Economic Analysis of Products Liability," *Journal of Legal Studies* (1985), pp.535~583.

22) 그들의 연구는 그러나 거래당사자 간 정보비대칭 상황하의 결과에 대해서는 구체적

여담 열

문명의 이기: 악마의 선물

우리는 살아가면서 한 개인으로서 그리고 때로는 집단으로서 여러 가지 취사선택을 하게 되는데, 모든 선택에는 반드시 기회비용(機會費用, opportunity cost)이 따르게 마련이다. 사람들은 이러한 기회비용이 가져올 수 있는 폐해를 순순히 인정하고 직접 책임을 지기보다는 만만한 상대에게 우리의 허물을 대신 씌움으로써 그 선택의 혜택만을 취하려는 경향이 있다. 예일대 캘러브레이지 교수는 바로 이런 과정을 통해 '사회 희생양(social scapegoats)'이 생겨난다고 말한다.

중세의 마녀 사냥을 생각해보자. 중세 유럽 사회의 단일종교 체제는 그리스도교와 가톨릭교 사이의 반목으로 인해 발발한 30년 전쟁이 남긴 폐허를 비롯해 수많은 사회적 혼란을 낳았다. 이것을 신앙의 선택에 따른 일종의 기회비용으로 볼 수 있다. 중세사회는 민중들의 불만을 마녀라는 희생양을 통해 일부 대리 해소했다. 마녀사냥은 사회적 혼란의 책임을 마녀들에게 전가하고, 이들만 없애 버리면 공동체가 안정되리라는 생각을 사람들에게 심어주어 사람들을 안심시키는 등 사

인 이론적 분석보다는 역사적 과정에서의 고찰에 의존했다는 제약을 갖고 있다. 즉, 책임법리가 제품 사고율에 미치는 효과에 대해 분석하고 있지만 정작 그들이 중요하다고 강조한 소비자의 불완전정보 상황을 모형에 명시적으로 도입하지 못했다. 즉, 그들은 이 논문에서 "일반적으로 소비자들이 제품 위험에 대해 직관적으로 느낄 수 없는 경우가 많기 때문에 정보의 문제가 매우 중요하다(the problem of information is serious because the consumer cannot have much of an intuitive feel for an risk)"라고 했다. 또한 실증분석도 제조물책임이 제품 안전성에 미치는 효과에 관한 이론분석과는 직접적인 관련이 없다.

회통합 기제로서의 몫을 톡톡히 해냈다.

캘러브레이지 교수는 이런 내용을 악마의 선물(The Gift of the Evil Deity)이라는 우화를 통해 전달한다. 어느 날 악마가 나타나 국가 원수에게 다음과 같은 제안을 한다. "너희에게 선물을 하나 주겠다. 이 선물은 국민들의 삶을 편리하고 즐겁게 해줄 수 있다. 대신, 매년 무작위로 선택된 젊은 남녀 1,000명의 생명을 가져갈 수 있게 해다오." 캘러브레이지 교수는 말했다. "이 선물이 다름 아닌 자동차라고 생각할 수 있다. 자동차는 매년 수만 명의 목숨을 앗아간다." 그의 이야기는 여기서 끝나지 않는다. 매년 1,000명이 죽어간다는 생각에 오싹해진 국가 원수가 고민을 거듭하며 선뜻 결단을 내리지 못하고 있자, 악마는 사악한 잔꾀를 이용해 달콤한 목소리로 말한다. "그게 마음에 걸린다면 내 선심을 쓰지. 매년 머릿수를 정해놓고 사람들을 데려가진 않겠어. 국민들의 자유의사를 존중할게. 이 선물의 특징은, 재미있고 스릴감 넘칠수록 사람이 생명을 빼겨 내 손아귀로 들어올 확률이 높아진다는 것이거든? 그러니 선물을 받기 싫으면 받지 않아도 되고, 선물이 위험해 보이면 안전장비를 설치하여 변형시켜도 좋아. 주의해서 사용하기만 하면 한 명도 죽지 않고 선물의 혜택만 누릴 수 있는 거야. 어떤가?"

악마는 이렇게 말해놓고 고개를 살짝 돌려 음흉스레 웃는다. 사람들이 이 선물의 유혹에 넘어갈 수밖에 없다는 것을 너무나 잘 알고 있기 때문이다. 사람들은 편한 것을 좋아한다. 자동차가 없는 생활을 우리는 상상조차 할 수 없지 않은가. 그리하여 사람들은 악마의 선물을 받아들인다. 그러나 이것이 따지고 보면 살인 병기를 받아들이는 것과 크게 다르지 않다는 걸 사람들은 쉬 인정하려 하지 않는다. 그들은 악마의 말처럼 교통사고로 희생되는 사람의 수는 '이론상' 제로로 내려갈 수 있으니 자동차라는 물건 자체에 태생적인 결함이 있어 사람이 죽는 것은 아니라고 변명한다.

한편, 사람들은 에어백 등의 안전 장비를 사용해 아무리 빨리 달려도 사고 시 운전자의 생명만은 보호해주는 차를 개발해낸다. 이 경우 이 차의 운전자가 악마에게 잡혀갈 확률은 낮아지나, 무방비 상태로 길을 건너던 사람이나 스쿨버스를 타고 가던 어린이들, 그리고 이런 안전장비가 갖춰진 차를 구입할 만한 경제적 능력이 없는 운전자 등 다른 사회구성원들이 악마에게 잡혀갈 확률은 높아진다.

그러나 이렇게 안전지대로 달아난 운전자들은 악마의 선물을 받아들이기로 선택함으로써 다른 이들의 죽음을 앞당긴 자기 자신을 탓하고 죄의식을 느끼는 대신 다른 이들에게 책임을 전가한다. "저렇게 훅 불면 날아갈 것 같은 소형차를 타고 다니니 충돌사고에서 목숨을 건지지 못한 거 아니야! 돈을 좀 들여서 좋은 차를 타고 다닐 것이지." 피해는 피해대로 당하는 것은 결국 힘없는 사람들이다. 이것이 바로 사회적 약자를 희생양으로 만드는 과정이다. 우리는 이렇게 살아가면서 매 순간 선물을 놓고 악마와 떳떳하지 못한 교섭을 하고 있는 것이다.

자료: 조선일보(chosun.com), 2004.1.4.
'예일 법대 이야기 ③편: 악마의 선물'에서 부분 발췌

3. 제품안전성 증대효과에 관한 경제적 접근

1) 분석을 위한 이론적 검토

지금부터는 위에서 설명한 세 번째 관점, 즉 제품에 관련된 사고에 대해 엄격배상책임법리를 적용하게 되면 제품의 안전성 수준을 향상시킨다는 관점에 대해 이론적으로 고찰해보자. 이러한 관점을 정당화할 수 있는 경우로는 ① 소비자가 정보부족에 기인하여 제품의 사고위험수준을 실제수준보다 낮게 인지하는 경우, ② 가장 적은 비용으로 사고를 피할 수 있는 주체, 즉 최소비용회피자(the cheapest cost avoider)가 제조자인 경우, ③ 도입된 책임법리의 형태가 소비자의 기여과실의 항변이 인정되는 제조자책임(producer's liability with the defense of contributory negligence)인 경우 등 세 가지 상황을 들 수 있겠다.

첫째, 소비자가 정보부족에 기인하여 제품의 사고위험수준을 실제수준보다 낮게 인지하는 경우에 대해 살펴보자. 제품 구입 시 소비자가 실질적으로 부담해야 하는 총부담액(P^f)은 제품구입가격에 자신의 주의비용과 사고비용의 합으로 나타낸 기대사고비용을 합해야 한다. 즉, 다음 식과 같이 나타낼 수 있다(단 P: 제품가격, w_y: 소비자의 단위주의비용, λ: 사고위험에 대한 소비자의 인지도, p: 사고확률, h: 사고의 크기이다).

$$P^f = P + w_y \cdot y + \lambda hp$$

이러한 총부담액에 직면할 때 소비자의 효용극대화를 위한 최적전략은 P^f를 극소화하는 수준의 주의를 기울이는 것이다. 즉, 소비자책임법리 아래에서의 한계편익이 한계비용과 같아지는 수준의 주의를 기울이는 것이며 <그림 10-2>에서 y'로 나타내었다.

<그림 10-2> 제조자와 소비자의 기대사고비용 극소화 주의수준

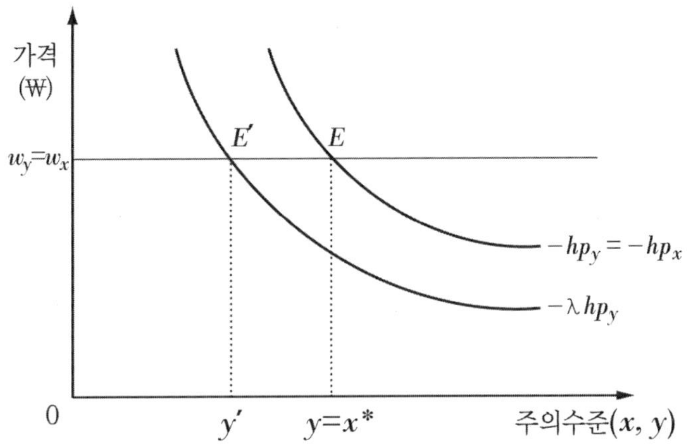

<그림 10-2>에서 y'는 소비자가 위험을 합리적으로 인식하는 경우($\lambda = 1$)의 최적주의수준인 y^*보다 상대적으로 낮다. 이와 같이 소비자가 제품의 위험을 실제수준보다 낮게 인지하는 경우 제조자는 제조자책임법리하 한계편익과 한계비용이 같아지는 수준인 x^*의 주의를 기울이는 반면 소비자는 소비자책임법리하 y^*보다 낮은 y'의 주의를 기울이게 되므로, 소비자책임에서 제조자책임으로 책임법리가 전환될 경우 $|x'(l)| > |-y'(l)|$가 되어 사고율이 낮아지게 된다.

둘째, 가장 적은 비용으로 사고를 피할 수 있는 주체, 즉 '최소비용회피자'가 제조자인 경우이다.[23] 현실적으로 제조자는 제품의 위험에 관련된 정보를 소비자보다 더 많이 소유하고 있어 상대적으로 적은 비용으로 사고예방이 가능하다. 즉, $w_x < w_y$이다. 이 경우 책임법리가 소비자책임에서 제조자책임으로 전환되면 사고율이 낮아질 수 있을 것이다. 다시

23) 캘러브레이지(1970)는 최소비용회피자에게 사고비용의 부담책임을 지우는 법원칙이 사고수준을 줄일 수 있을 것이라고 보았다(이 책의 제4장 참고).

말해 주의비용이 덜 드는 당사자에게 책임을 부담시키는 책임법리가 인정될 경우 제품의 사고확률 수준을 낮출 수 있다.

셋째, 도입된 책임법리의 형태가 소비자의 기여과실의 항변이 인정되는 제조자책임인 경우이다. 즉, 기여과실의 항변이 인정되는 제조자책임 법리하에서 소비자는 배상책임을 피하기 위해 법원에서 요구하는 법적 주의기준을 만족하는 주의를 기울일 것이므로 이른바 소비자의 도덕적 해이(moral hazard)가 억제된다. 이 경우 제조자뿐 아니라 소비자도 주의를 기울이게 되므로 전체적인 주의수준($x+y$)이 증가되어 사고율이 감소될 수 있을 것이다. 실제로 미국 등 제조자책임 법리를 채택하고 있는 대부분 국가의 경우 소비자의 기여과실에 대한 항변을 인정하는 제한적 제조자책임의 형태를 하고 있다.

이상의 상황을 전제로 소비자책임에서 생산자책임으로 책임법원칙이 이행된다면 제품 관련 사고율이 낮아질 것이다. 다시 말해 무과실책임 위주의 제조물책임제도가 도입됨으로써 제품의 안전성이 향상될 수 있는 것이다.

2) 실증분석의 예시

경제학에는 이러한 이론적 귀결의 타당성 여부를 검증해보기 위한 여러 실증적 검증 수단들을 갖고 있다. 생산자에게 좀 더 엄한 엄격책임법리가 제품의 안전성 향상을 초래한다는 관점은, 역사적 자료에 의해서도 부분적으로 검증이 가능하다. 예컨대 1960년과 1970년대 전후 미국을 중심으로 한 소비자책임에서 제조자책임으로의 책임법 원칙의 역사적 변천과정을 보면 제품에 관련된 사고율에 미친 영향에 대해 종합적인 이해를 가능케 해준다. 즉, 제조물책임법리의 전개과정에서 볼 수 있는 엄격책임의 채택이 사고율의 감소에 어느 정도 공헌한 것으로 보인다.

실제로 연구된 한 논문을 통해 그 의미를 살펴보자.

이종인·이번송(2000)은 실제 관련 법리를 도입하여 시행 중인 미국의 횡단면자료(cross-section data)를 활용하여 생산자책임으로의 책임법리의 전환이 제품사고율에 미치는 효과에 대해 실증적으로 검증했다.[24] 이들은 우선, 미국의 1960년 및 1970년의 횡단면자료를 이용하여 가정 내 사고사망률, 총사고사망률, 의약품 관련 사고사망률 및 식품 관련 사고사망률 등을 제품 관련 사고율을 대변하는 종속변수로 설정하고, 제조물책임법원칙의 전환이 이들 사고율 변수에 미치는 효과에 대해 실증적으로 분석했다.

분석 결과를 요약하면, '가정 내 사고사망률'을 사고율변수로 놓아 분석한 경우는 제조물책임법 관련 변수들이 통계적으로 유의하지 않았다. 하지만 '총사고사망률'에 대한 분석에서는 제조물책임법리 관련 법 변수들이 최소한 10% 유의수준에서 유의했으며[25] 따라서 생산자책임으로의 책임법리의 전환이 제품사고율을 낮춘다는 이론분석으로부터 도출한 여러 가설[26]을 지지할 수 있었다. 특히 '당사자관계가 배제(rejection of privity)된 경우가 그렇지 않은 경우보다 사고율이 낮다'라는 〔가설 4〕의 성립은 불법행위법상 엄격책임(strict liability in tort law)뿐 아니라 계약법적 성격인 당사자관계의 지속 여부도 사고율 감소와 통계적 유의성을 갖고

---

24) 이종인·이번송, 「제조물책임원칙이 제품 안전성에 미치는 효과」, ≪경제학연구≫, 제48집 제3호(한국경제학회, 2000).

25) 분석결과 1~5% 유의수준에서도 통계적으로 유의한 모형이 상당수 있었다.

26) 실제 분석에서는 4개의 가설을 설정했다. 첫째, 생산자책임법리를 도입한 경우가 도입하지 않은 경우보다 제품 관련 사고율이 낮다. 둘째, 엄격책임(strict liability)을 도입한 경우가 그렇지 않은 경우보다 제품 관련 사고율이 낮다. 셋째, 계약당사자관계(privity of contract)가 배제된 경우가 그렇지 않은 경우보다 제품 관련 사고율이 낮다. 넷째, 생산물책임법리의 도입은 그 적용대상의 산업에 따라 제품 관련 사고율에 미치는 효과가 다르다.

있다는 점을 보여준다.

'의약품 관련 사고사망률'에 대한 분석에서는 '총사고사망률'의 경우와 같이 법 변수들이 사고율에 유의적인 부(−)의 효과를 미친 것으로 나타났다. 그러나 일반적인 (전체) 사고와는 달리 당사자관계의 폐기나 보증책임과 같은 계약법적 성격의 법 원칙의 효과가 통계적으로 유의하지 않았다. 반면 '식품 관련 사고사망률'에 대한 분석에서는 불법행위법상 엄격책임과 같은 생산자책임원칙이 사고율 감소에 유의적이지 않은 것으로 나타났지만, 당사자관계의 폐기는 통계적으로 유의했다. 즉, 의약품에 관련된 사고에 대해서는 계약법적 성격의 법 원칙에 비해 불법행위법 유형의 법 원칙이 상대적으로 선호되는 반면, 식품에 관련된 사고의 경우에는 계약법적 성격의 법 원칙이 상대적으로 선호되는 것으로 보인다.

3) 정책적 시사(示唆)

위에서 제시한 이종인·이번송(2000)의 분석 등은 제조물책임제도에 관련된 다음과 같은 몇 가지 정책적 시사점을 제시해주고 있다.

첫째, 이론 모형에서 고찰했듯이 제품 위험에 대한 소비자의 정보 부족이 존재하는 현실에서는 생산자책임법리(협의의 제조물책임법리)를 도입함으로써, 다시 말해 피해의 입증책임이 제품의 제조자에게로 전환됨으로써 생산자의 책임이 강화되어 간접적으로 제품의 안전수준이 제고될 수 있다는 점이다.[27]

둘째, 생산물책임법리의 도입은 적용되는 산업에 따라 그 효과가 달라질 수 있다는 측면도 정책적으로 고려해야 한다. 실제로, 위의 이론분석

27) 그러나 제도 도입의 주된 목적이 안전성 확보가 아닌 다른 사회경제적 목적(예를 들어 사회적 효율성 제고, 분배의 공평성 확보 등)에 있는 경우는 이러한 견해가 적용될 수 없을 것이다.

에서 정보부족 상황하에서 소비자는 해당 제품의 특성에 따라서 제품의 위험을 인지하는 수준이 달라질 수 있음을 보였다. 또한 이종인·이번송(2000)의 실증연구에서도 엄격책임법리와 같은 유형의 제조자책임법리의 도입은 의약품에 관련된 사고의 경우에는 사고율을 유의적으로 낮추는 것으로 나타났지만 식품에 관련된 사고의 경우에는 유의적이지 않았음을 보여주고 있다.[28]

셋째, 생산물책임 관련 법원칙을 전적으로 불법행위법상 엄격책임과 같은 유형으로 할 것인가 아니면 계약법적 성격을 추가할 것인가에 대한 문제도 정책적 고려의 대상이 된다는 점이다. 생산물의 결함에 대한 책임 문제는 법 성격상 불법행위책임에 가깝지만, 시장에서 당사자 간 자발적 합의가 요구되는 계약법적 유형의 법원칙으로 접근할 수도 있을 것이다.

책임법리의 제품안전성에 미치는 효과에 관한 연구는, 아직 그 수가 많지 않으며, 이론의 정립이나 실증적인 검증도 충분하지 않은 상태이다. 따라서 그 효과에 대한 객관적인 결론을 내리기 쉽지 않다. 앞으로 이 분야에 관한 관심과 연구가 확대되길 기대해본다.

---

28) 이종인·이번송, 「제조물책임원칙이 제품 안전성에 미치는 효과」. 미국의 경우 지나친 제조자책임〔예를 들어 기업가 책임(enterprise liability), 절대 책임(absolute liability)〕이 새로운 의료기술이나 인류에 공헌할 수 있는 신제품의 개발을 억제했다는 견해도 있다.

제4부 불법행위법의 경제분석 응용 II

제11장 의료과오의 법경제학

제12장 산업재해의 법경제학

제13장 환경오염사고의 법경제학

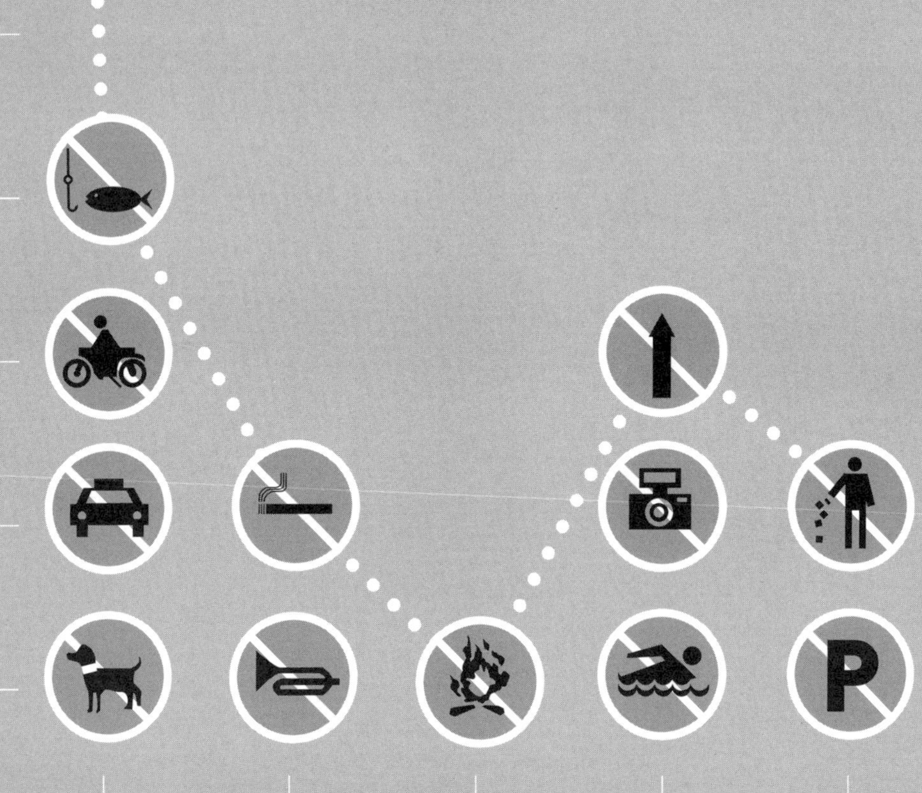

The Economics of Tort Law

제11장

의료과오의 법경제학

현대인들에게 의료서비스는 일상생활의 필수재(necessary product)이다. 대부분의 아이들이 병원에서 태어나고, 몸이 아프면 치료를 위해서, 건강하더라도 정기검진을 위해서 병원을 출입한다. 또한 다사다난한 인생을 병원에서 마감하는 경우도 빈번하다. 그럼에도 의료소비자들이 의료서비스를 제공하는 병원과 의사들과 갈등을 겪는 일이 적지 않다. 바로 의료과오로 인한 다툼, 즉 의료분쟁의 문제이다.[1)]

의료과오는 의료서비스 당사자 사이의 계약관계로서 채무불이행책임(債務不履行責任)을 물을 수 있지만, 민사상의 불법행위(civil tort)로 보아 불법행위책임을 묻는 것이 일반적이다. 의료과오에 관련된 경제적 분석 논제로는, 배상책임의 입증책임의 배분문제나 현실의 의료과오에 관련된 과실책임법리를 일정 부분 무과실책임법리로 전환하는 문제, 그리고 이른바 무과실보상제도의 효율성 문제 등 다양하다. 제11장에서는 의료과오에 관련된 여러 법적·경제적 쟁점들을 소개하고, 의료과오에 관련된 불법행위책임에 관한 이러한 경제분석 논제들을 살펴본다.

1) 제11장의 내용은 다음의 자료를 많이 참고했다. 이종인, 「의료과오에 있어서의 배상책임에 관한 법경제학적 고찰」, ≪법경제학연구≫, 제6권 제2호(한국법경제학회, 2009), 255~269쪽.

1. 의료과오를 둘러싼 법적·경제적 쟁점

최근 들어 의사와 병원의 의료과오 내지 의료과실(medical malpractice)에 대한 분쟁이 늘어나고 있는 추세이다. 의료과오란 의료인이 의료행위를 함에 있어서 통상적으로 기울여야 할 주의를 게을리 하여 사망, 상해, 치료지연 등 환자의 생명, 신체의 완전성을 침해한 결과를 일으키게 한 경우로서 의료인의 주의의무위반에 대한 비난가능성을 의미한다. 이러한 의료과오는 의사의 과실 여부와 관계없이 의료행위로 인해 예기치 못한 역결과가 발생한 인신사고 일체를 의미하는 의료사고와는 의미상 차이가 있다. 하지만 현실에서 발생하는 의료분쟁의 경우 '과오'와 '사고' 사이의 구분이 명확하지 않은 경우가 많다.[2] 본 장에서는 의료사고에 기인하여 피해가 발생했을 경우, 의료사고의 가해자와 피해자 간의 분쟁에 대한 불법행위법적인 대응의 문제에 초점을 맞추어 경제학적 관점에서 검토한다.

일반적으로 의료과오가 큰 사회문제가 되고 있다는 주장은 다음 세 가지 증거에 근거하고 있다. 첫째, 의료과오분쟁의 수와 보상액이 증가하고 있고, 둘째, 의료인이 지출하는 의료과오 보험액 역시 증가하고 있으며, 셋째, 이 두 가지 사실에 기인하는 보건비용이 늘어나고 있다는 것이다.

---

2) 의료분쟁이란 의료사고 중 의료인의 잘못이라는 가치개념이 개입되어 발생되는 것을 의미한다. 일단 의료사고가 발생한 경우에는 발생한 결과의 보상책임의 주체를 둘러싸고 의사 측의 법률상 책임 여부가 주요 쟁점이 되며, 만일 의사의 책임가능성이 결부되는 경우 해당 분쟁은 의료과오문제가 되며, 의료과오소송으로 전개되는 패턴을 보인다.

<표 11-1> 의료서비스 관련 소비자상담 및 피해구제 연도별 추이

연도	1999	2001	2003	2005	2006	2007	2008
상담 건수(건)	6,384	6,384	12,822	13,400	15,835	14,127	14,716
전년 대비 증가율(%)	7.8	9.3	9.7	10.9	11.3	11.9	12.4
피해구제 건수(건)	272	559	661	1,093	1,155	940	599
전년 대비 증가율(%)	5.5	7.0	8.0	11.2	10.3	10.3	8.2

1) 의료분쟁의 증가

우리나라에서 의료과오에 관련된 분쟁이 얼마나 발생하고 있는지에 관한 객관적인 자료는 구하기 쉽지 않다. 관련 통계 자료를 보면, 의료불만이나 분쟁 그리고 의료과오와 의료사고 간의 구분도 명확하지 않으며, 자료의 출처에 따라 상당한 편차를 보이기도 한다. 하지만 의료서비스에 관련된 상담이나 분쟁건수를 통해 그 추이를 짐작해볼 수 있다. 예컨대 의료서비스 관련 전문상담과 분쟁조정 업무를 수행하는 한국소비자원에 접수된 의료서비스 불만 관련 상담건수를 보면 <표 11-1>에서 보듯이 1999년에 6,400여 건이던 것이 2008년에는 1만 4,700여 건으로 증가했으며, 실제로 입은 피해를 구제해달라고 요청한 사안도 1999년엔 272건에서 2008년에는 599건으로 크게 늘어났다. 또 동 기관에 설치된 소비자분쟁조정위원회에서 조정한 의료분쟁 사례도 2008년에 173건으로 해마다 증가하고 있다.[3] 또한 피해구제 보상액을 보면 의료 피해구제 신청 건

3) 한국소비자원, 『2008 소비자피해구제 연보 및 사례집』(2009), 10, 25, 325쪽. 한국소비자원에는 소비자기본법에 근거하여 설립된 소비자분쟁조정위원회가 있으며 의료분야를 포함한 33개 전문분야에 대한 분쟁을 조정하고 있다. 양 당사자의 수락을 받은 동 위원회의 조정결정은 재판상의 화해와 동일한 효력을 갖는다(소비자기본법 제67조).

<그림 11-1> 민사사건 중 의료사고손해배상사건 구성비율 비교 *

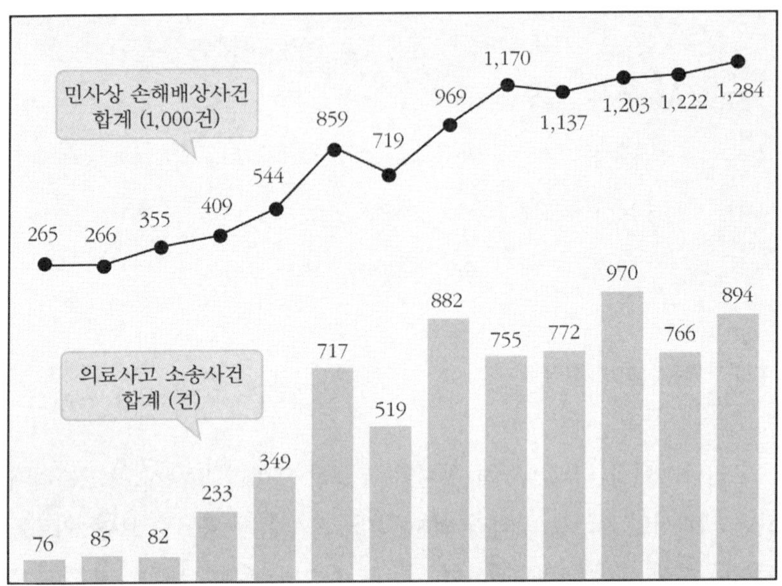

주 *: 민사소송건수는 '민사1심 본안사건 처리건수'이며, 의료사고사건 수는 의료분쟁 중 의료심사조정위원회의 중재 등을 거친 분쟁을 제외한 민사소송 건수이다. 의료분쟁에 관한 체계적인 통계는 정부를 포함한 어느 기관에서도 공식적으로 제시되지 않고 있다. 의료사고소송 통계도 사법연감, 일간지, 연구보고서 등 여러 자료에서 취합한 것이므로, 실제와 다소 차이가 있을 수 있다.

중 배상 및 환급으로 처리된 334건의 총 금액은 26억 8,000만 원으로, 건당 평균금액은 804만 원에 달하는 것으로 밝혀졌다.[4)]

우리나라의 경우 의료과오와 관련된 분쟁을 보면 민사소송의 경우 1심사건 기준으로 연간 약 800건 정도 제기되고 있으며, 형사사건은 400건 정도 고소가 제기되고 있는 것으로 추정된다. 하지만 소송물가액이 낮아 소송가치가 없거나 중도에 소를 취하하는 경우가 많은 현실을 감안

4) 이 중 최고 처리금액은 2억 원을 배상받은 신경외과의 '뇌수술 후 장애 발생 건'이었고, 산부인과의 '자연분만 후 뇌성마비 발생 건'도 1억 7,500만 원을 배상받았다.

하면 실제 재판에서 사건화되는 것은 이들의 10% 정도가 될 것으로 보인다. 사법연감에 따르면 최근 20년(1989~2008)간 우리나라의 전체 민사소송본안 사건 중에서 의료사고에 관한 손해배상소송이 차지하는 비율은 <그림 11-1>과 같다. 즉, 1989년에는 전체 민사본안 사건 중에서 의료사고로 인한 손해배상소송의 건수가 76건에 불과했지만, 1998년도에는 717건으로 10년 만에 9.4배로 증가했다. 이것은 전체 손해배상사건의 수가 1989년과 1998년 사이에 3.2배 정도만 증가한 결과와 상당한 대조를 이룬다. 그 후 2000년에는 500여 건으로 다소 감소했으나, 2002년 이후에는 다시 800여 건 수준으로 증가했다.[5)]

미국의 경우도 지난 수십 년간 의료인을 상대로 한 의료소송이 극적으로 증가했다. 미국의 의료과오소송에 관한 통계를 보면 매우 놀라운 사실을 알 수 있다. 1950년 후반의 경우 연간 100명의 의료인 중 한 명꼴로 의료과오소송의 피고가 되었으며, 이 수치는 1970년대 중반까지 연간 35명 중 한 명꼴, 1990년 초반에는 10명 중 한 명꼴로 급격히 증가되었다. 즉, 의료인이 의료과오소송에 휘말리는 비율이 1960년대에 비해 대략 10배 이상 증가된 것이다. 한편 관련 소송에서 승소한 원고가 받는 금액을 보면, 1960년대의 이후 1980년대까지 매년 급격히 증가되었다. 랜드연구소(Rand Institute on Civil Justice)에서 시카고와 샌프란시스코의 의료과오소송 관련 평결자료를 분석해본 결과 시카고의 경우 평균 보상액은 1960년대에는 5만 달러였으며 1970년대 초반에는 60만 달러, 1980년 초반에는 120만 달러로 증가되었다. 샌프란시스코의 경우는 1960년대 12만 5,000달러에서 1970년대 초반에는 45만 달러, 1980년 초반에는 120만 달러로 증가되었다(이상의 수치는 모두 물가상승률을 배제한 실질화폐가치이다).

이와 같이 의료서비스에 대한 불만이나 분쟁이 증가되는 주된 이유

5) ≪아시아투데이≫, 2009.10.5.(www.asiatoday.co.kr).

중의 하나는 환자들의 권리의식이 과거에 비해 상당히 높아졌기 때문이라고 생각된다. 최근 들어 의료소송에서 법원이 피해자의 입증책임을 어느 정도 줄여주고 있어 피해자의 권리회복 여건이 다소 나아졌는데,[6] 이 점 역시 의료분쟁이 늘어나는 하나의 요인으로 작용했다고도 볼 수 있다. 다시 말해, 피해자가 병원 측의 과오를 모두 입증하지 못하더라도 법원이 병원의 과오를 인정하는 경우가 과거에 비해 늘고 있는 것이다. 실제로, 최근 2년간 의료소송사건 중 피해자(원고)의 약 30%는 패소했지만, 26% 정도는 승소했고, 나머지 44%는 조정이나 화해를 통해 일정 수준의 배상을 받았다.[7] 또 한국소비자원에서 1999년부터 의료사고로 인한 소비자피해구제 업무를 하고 있고, 민간단체들도 적극적으로 의료사고 피해자들을 돕고 있는 점도 최근의 의료분쟁 증가의 요인이 되고 있다. 이러한 사법적 환경변화와 소비자기관·단체의 도움 그리고 피해당사자의 적극적인 권리의식의 발현을 통한 의료분쟁 증가에 맞물려 의료사고로 인한 피해자의 권리 역시 어느 정도 회복되어가고 있는 것으로 보인다.

2) 의료과오에 대한 배상책임보험

의료과오에 관련된 경제적 비효율성 문제 중의 하나는 보험의 문제이

6) 1995년경부터 우리 대법원은 환자는 의사의 잘못을 입증하기가 어렵기 때문에 환자 측에서 일반인의 상식에 바탕을 둔 의료상의 과실 있는 행위를 입증하고 그 결과 사이에 다른 원인이 개입될 수 없었고, 특별한 건강상의 결함이 없었다는 것을 먼저 증명하면 의사는 그 잘못된 결과가 의료상의 과실로 인한 것이 아니라 다른 원인으로 인한 결과라는 것을 입증하지 않은 이상, 의사의 행위와 결과 사이의 인과관계를 추정하는 것으로 하고 있다.

7) 한국소비자원(http://www.kca.go.kr/front/information/inf_06_view.jsp?no=523&nowpage=21).

다. 대부분의 의료서비스 소비자들은 사적 보험이든 공적 보험이든 언제 발생할지 모르는 의료지출에 대비하여 건강보험에 가입하고 있다. 우리나라의 경우는 전 국민을 대상으로 한 의료보험의 실시로 의료서비스에 대한 수요가 크게 증가했는데, 이는 의료서비스 소비자들이 잠재적 의료과오로 인한 손해에 대해 실제보다 덜 부담스럽게 느끼게 되어 의료서비스의 소비를 왜곡시키는 결과를 초래한 것이라고 볼 수 있다.

우리나라는 아직 의료과오로 인한 소송에 대비하여 의료인들이 사적 보험에 드는 비율이 높지 않지만, 미국의 경우 의료과오소송 건수와 보상액의 급격한 증가로 인해 의료인들이 배상책임보험에 가입하는 비율과 그 지출금액이 급격히 증가되었다. 1960년대의 경우 미국 의사들이 의료책임보험액으로 지출하는 총액은 약 6,000만 달러이었던 것에 비해 오늘날에는 90억 달러로서 30년 사이에 150배나 증가되었다. 의사 1명당 의료책임보험액은 1984년에는 연간 평균 8,000달러였으나 1988년에는 1만 6,000달러(이 금액은 의사들의 총수입의 6%에 해당한다)로 증가되었다.

3) 보건비용의 증가

위에서 살펴본 의료과오소송 및 보상액수의 증가와 이에 따른 의사들의 배상책임보험액의 증가는 보건비용의 증가에 직·간접적으로 기여하게 된다. 증가된 직접비용의 한 예로, '방어적 진료(defensive medicine)'의 경향을 들 수 있다. 즉, 의사들은 부적절하거나 불충분한 진료에 따른 잠재적 의료과오소송을 회피하기 위해 검사나 진단에 있어서 과잉진료의 경향을 보이게 되는 것이다.[8] 의사의 방어적 진료도 보건비용을 증가

8) 의료인의 과잉진료에 관련된 한 설문조사를 보면 전공의의 49.5%, 개원 및 봉직의의 36.3%가 과잉진료를 한 적이 있다고 응답했으며, 개원의사 의료분쟁에 관련된 다른 의식조사에서도 의료분쟁에 대해 부담감을 '느끼지 않는다'가 6.3%(168명), '많이

시키는 요인이지만, 의료과오소송으로 인한 비용과 의료사고배상책임보험으로 인한 비용부담도 무시할 수 없는 비중을 차지하고 있다. 의료사고로 인한 손해배상비용, 보험료 기타 경제적인 손실도 결국 환자가 지불하는 의료비에 전가됨으로써, 이제 의료분쟁은 보건비용을 상승시키는 새로운 요인으로 자리 잡고 있다. 미국에서는 의료과오소송에서 배상액의 규모가 크게 증가하여 보험시장의 붕괴를 초래할 수 있다는 우려가 현실로 나타나고 있는데, 이에 대해 일부 주에서는 의료과오로 인한 전체배상액을 제한하는 입법조치까지 행하고 있는 실정이다.

2. 의료과오에 대한 배상책임

1) 의료과오와 불법행위책임

의료과오는 민사상의 불법행위(civil tort)에 해당한다. 민사상의 문제는 법원이나 중재기관과 같은 외부의 힘을 빌리지 않고 당사자 간의 자발적 협상을 통해 해결하는 것이 더욱 바람직하다. 즉, 가해자와 피해자 간 협상을 통해 적절한 보상 내지 해당 비용의 내부화가 가능하다면 의료과오에 따른 외부효과(externality)의 문제는 대부분 해소될 것이다. 하지만 당사자 간 의견의 대립으로 상호 간의 만족한 합의도달에 실패한 경우 중재기관이나 민사소송을 통해 문제의 해결방법을 찾게 된다.[9)]

느낀다'가 53.1%(1,425명), '보통이다'가 40.4%(1,805명)로 대부분의 의사가 의료분쟁을 의식하면서 (과잉)진료를 행하고 있는 것을 알 수 있다.

9) 흔히 의료과오의 문제를 형사상의 문제로 인지, 형사고소를 통해 가해자의 책임을 묻는 경우도 적지 않다. 형사고소를 하면 국가의 공권력이 의료진의 모든 과오 내지 과실을 입증해주고, 그렇게 되면 의료과오의 피해자는 쉽게 문제를 해결할 수 있지

의료과오책임의 피해자는 의료서비스 거래의 당사자 간 계약관계로서 채무불이행책임을 물을 수도 있지만 실제에서는 민사상의 불법행위로 간주한 불법행위책임에 따른 손해배상을 청구하는 경우가 일반적이다. 이러한 의료과오문제에 대응한 법적 대응에 관련된 주된 분석 논제로 배상책임의 입증책임의 배분 문제와 의료과오 관련 책임법리의 전환문제를 들 수 있으며, 이러한 논제들에 대한 경제적 분석은 법적 접근의 부족한 부분을 채워줄 수 있는 매우 유의미한 일이다.

2) 채무불이행책임과 불법행위책임

의료과오에 대한 손해배상책임, 즉 의료과오책임의 피해자는 담당 의사나 병원을 상대로 채무불이행책임 내지 불법행위책임을 물을 수 있다. 대부분의 의료행위는 병원과 환자 사이에 체결된 의료계약에 기초해 행해진다. 그리고 계약의 효과로서 의료인은 자신의 전문 지식과 기술을 최선을 다해 적용할 의무를 지며, 만일 의료인이 계약상의 의무를 위반한다든가 불완전 이행함으로써 발생한 손해에 대해 배상책임을 지는 것이다. 한편 의료행위의 결과로서 환자의 건강이 악화되면 이것은 타인에게 손해를 준 것으로서 행위의 위법성이나 의료인의 과실, 손해와 과실과의 인과관계 등 불법행위법의 일반적 성립요건이 인정되면, 의료인은 민법 제750조 등에 기초하여 피해자의 재산적·정신적 손해를 배상할 의무를 진다.

의료과오의 피해자인 환자는, 일반적인 통설과 판례에 따르면, 계약책임에 의한 청구권과 불법행위책임에 의한 청구권 중 하나를 선택해 소송을 제기할 수 있다. 종래에는 불법행위에 근거하여 손해배상을 청구하는

않을까 하는 견해에 기인한다고 보인다.

것이 일반적인 경향이었으나, 불법행위의 경우 환자의 입증상의 어려움이 컸기 때문에, 이를 회피하는 수단으로서 채무불이행책임이 주장되기도 했다. 하지만 실질적으로는 의료과오소송에서의 계약책임을 묻는 것이 불법행위책임을 묻는 경우보다 더 유리하지 않다고 하는 법적 결론이 일반적이다. 바꾸어 말해 환자 측에서 의사의 채무불이행을 입증하는 것과 병원의 불법행위법상의 과실을 입증하는 것 사이의 실질적 차이가 없다는 의미이다.

의료과오에 대한 이러한 두 가지 책임법원칙 중에서 어느 원칙의 적용이 좀 더 효율적인 결과를 가져올까? 이 문제는 불법행위법과 계약법의 경제적 효율성을 연구한 학자들로부터 아이디어를 구해볼 수 있다. 예컨대 에모리 대학의 루빈(Paul H. Rubin) 교수는 불법행위법 및 계약법에 관한 기본적 이론 틀을 구축해 양자 간의 효율성 문제를 논하고 있다. 즉, 사고당사자 간 거래조건에 관한 사전적 계약이 가능하며, 그 후에도 계속적 거래관계에 있는 경우에는 계약법을 적용하는 편이 좀 더 효율적이지만, 잠재적인 사고피해의 책임 문제에 대해 개별적 계약을 일일이 체결할 수 없는 상황이라면 불법행위책임을 묻는 것이 상대적으로 효율적임을 이론적으로 보였다.[10)]

루빈 교수의 견해를 의료과오 문제에 응용하면, 일반적으로 의료서비스의 생산자인 의료인은 자신의 평판을 중시하는 연속적인 거래를 할 것이며 따라서 의료인과 의료 소비자는 발생 가능한 만일의 사고에 대비해 합리적인 배상을 조건으로 하는 계약이 가능할 것이다. 그러므로 높은 거래비용이 드는 불법행위책임을 묻는 것보다 당사자 사이의 자발적인 계약을 유도하는 편이 더욱 효율적일 것이다.

---

10) Paul H. Rubin, "Treatment Decisions: Tort or Contract?" *Regulation*, Vol.22, No.1(1999), pp.26~27.

3) 판결 사례 검토

이러한 관점에서 실제로 민법 제750조에 기한 불법행위책임보다는 민법 제390조, 제393조 등 채무불이행 조항을 적용한 사례로 대법원 1993. 7.27. 선고 92다15031 판결을 들 수 있으며, 사건의 개요는 다음과 같다.

> 원고는 척추결핵의 치료를 위하여 피고 병원에서 척추전방유합술을 시술받았으나 수술 직후부터 하반신이 마비되는 증상이 나타나 2회에 걸친 재수술을 받았음에도 회복되지 못했다. 수술 당시 원고의 병세는 척추결핵이 진행된 상태이나 초기에 해당하여 약물요법으로도 어느 정도 치료가 가능했으나 보다 신속하고 완전한 치료를 위해 척추전방유합술을 받게 되었다. 원고는, 수술 중 과다하게 척추를 펴거나 급작스레 척추를 펴 척수 내의 혈행에 장애를 초래한 과실과, 원고를 직접 진찰하지 않은 의사에게 수술을 인계한 과실 등 피고 의료법인의 과실행위에 대해 민법 제390조, 제750조 등에 기하여 손해배상청구소송을 제기했다.

이 사건에 대해 법원(최종심)에서는 의사의 척추전방유합술 후에 나타난 환자의 하반신 완전마비증세가 의사의 과실로 인해 초래된 것으로 추정하고, 민법 제390조 등에 기해 해당 진료채무의 불이행에 따른 손해를 배상할 책임이 있다고 판시했다.[11] 동 판결이 효율성의 관점에서 채무불이행책임을 주장하고 적용한 것이라고는 단정하기 어렵지만, 의료인과 환자의 사전적 계약이 존재한다는 전제하에 의사가 환자의 치유를 위해 필요하고 적절한 진료조치를 다해야 할 채무, 즉 수단채무를 다하지 않았다는 원고 측 주장을 일부 수용한 판시를 내린 것이다. 물론 상술

11) 사건의 판결요지 참조.

한 루빈 교수의 견해와 같이 의료과오 당사자 간의 계약에 상당한 비용이 수반되는 경우에는 불법행위법에 기초한 법적 대응이 더욱 효율적인 결과를 낳을 것이다.[12)]

의료과오의 피해자가 가해자의 불법행위에 기인하여 손해배상을 청구하는 경우, 즉 의료과오책임소송에 있어서의 주된 법적 쟁점의 하나는 해당 의료과오가 과연 불법행위에 해당하는지 여부를 판단하는 것이다. 의료과오에 의한 손해배상청구에 관한 불법행위법상의 특별규정이 존재하지 않기 때문에, 해당 의료과오가 불법행위책임에 해당하는지 여부는 민법 제750조와 제756조의 적용 여부를 검토하는 데로 귀착된다. 예컨대 대법원 1980.3.25. 선고 79다2280, 2281 판결의 경우 의사의 오진으로 불필요한 개복수술을 했더라도, 민법 제750조에 기해 볼 때 그러한 행위로 인해 원고에게 어떠한 손해가 발생했다고 볼 수 없다고 판시함으로써 해당 의료과오가 불법행위책임에 해당한다고 판단한 것으로 보인다.[13)]

의료과오책임의 경우, 일반적인 불법행위와는 달리 의료인이라는 전문가에 의해 타인의 신체와 생명에 가해진 잠재적 가해행위를 그 대상으로 하기 때문에 그 책임 여부를 판단하기 위해서는 특별한 주의와 전문적 지식이 요구된다. 바꾸어 말하면, 의료인의 법적주의의무 수준의 설정, 업무상 과실의 판단과 그 증명, 인과관계의 증명, 의료법인의 사용자책임 등에 관한 타당한 법리가 적용되어야 하며, 이러한 법리적인 사항

---

12) 의료과오의 문제를 불법행위책임에 기초하여 다루고 있는 사례로는 대법원 1962. 2.28. 선고 4294민상307 판결, 대법원 1980.3.5. 선고 79다2280 판결, 대법원 1990. 1.23. 선고 87다카2035 판결 등이 있다.

13) 판결요지를 보면, "의사가 세밀한 조사 없이 청진, 촉진, 흉곽촬영 등의 진단방법만으로 환자의 질환을 위종양이나 위궤양으로 속단하여 개복수술을 했으나, 그 질환이 확진하기 어려운 대장결핵성 임파선염으로 판명된 이상, 위 개복수술로 인하여 원고에게 어떠한 손해가 발생했다고는 볼 수 없다"라고 되어 있다.

과 현실의 괴리를 극복할 수 있는 법적 결론을 어떻게 도출할 것인가에 대한 세심한 판단이 필요한 것이다.

그렇더라도 이러한 의료과오의 제 특성에 따른 문제를 배제한다면, 의료과오책임 역시 일반 불법행위책임에서의 제 요건, 즉 의료과오로 인한 피해자의 손해의 발생, 피해자의 손해와 가해자의 과실 간의 인과관계의 성립 및 가해자의 위법행위 등 의무위반 등의 요건을 충족해야 하며 관련 소송은 근본적으로 손해배상청구소송 일반에 관한 원칙이 그대로 적용된다 할 것이다.

우리나라의 경우 피해자(환자)가 의료인이나 병원을 상대로 의료과오에 따른 배상책임을 묻기 위해서는 이러한 제 요건을 피해자가 입증해야 하는 과실책임법리가 기본적으로 적용된다. 하지만 의료행위는 고도의 과학이나 기술에 의존하는 것이며, 의료행위에서의 거의 모든 정보는 의료인이나 병원 측에 편재되어 있으므로 피해자 측이 과실과 인과관계를 의학적으로 입증해 보인다는 것은 극히 어려운 일이다. 따라서 이 문제는 입증책임의 경감 내지 책임법원칙의 무과실책임으로의 전환 문제에 관한 법적·경제적 논쟁을 야기하기에 충분하다.

이러한 현실을 반영하여 우리 법원은 의료과오소송의 입증책임을 원고인 환자가 부담한다는 전통적인 규범설의 테두리는 유지하면서, 일정한 요건을 갖춘 경우 현재의 손해가 의사 측의 의료과오로 인한 것으로 추정한다는 '과실 및 인과관계의 추정'을 통해 피해자 측의 입증경감을 도모하고 있다.

3. 의료과오의 경제분석 논제

의료과오의 문제는 제조물책임, 환경오염 사고, 산업재해 등과 마찬가지로 가해자와 피해자 간의 시장적 관계에 근거해 접근이 가능하다. 따라서 의료과오 손해에 대한 책임의 문제도 우선적으로 의료서비스 시장에서의 서비스 제공자와 소비자 간의 계약관계로서 다루어질 수 있다.

하지만 의료서비스의 소비자인 환자의 경우 일반 소비상품의 소비자와는 달리 시장에서 경쟁적인 위치에 있지 못하다. 또한 의료서비스에 관한 전문 지식의 결여에 기인하여 의료서비스의 안전성이나 발생된 손해의 원인을 증명하기 쉽지 않다. 그 결과 의료서비스에 내재되어 있는 위험에 관한 오인가능성에 기인하여 시장에서는 효율적 계약의 실현이 어려운 경우가 많다.[14]

1) 입증책임의 경감에 관련된 법적 논의

의료과오소송의 경우 일반 민사소송과 마찬가지로 피해자인 원고가 인과관계를 주장해야 할 뿐 아니라, 피고의 과실에 대해서도 증명해야 하는 것이 일반적인데, 이 점은 상술한 것처럼 의료과오가 불법행위에 의한 손해배상청구소송으로서 제기되든지, 채무불이행에 근거한 손해배상청구소송으로서 제기되든지 다르지 않다.

최근 의료과오와 관련하여 과실에 대해서는 입증책임의 전환, 인과관계에 대해서는 입증책임의 경감 또는 전환 여부에 대해 검토할 필요가 있다고 하는 의견이 제기되고 있으며, 이른바 '입증책임의 전환' 혹은 '의료과오 추정'의 법원칙을 채택한 판결이 이따금 이루어지고 있다.[15]

---

14) Michel Polinsky and Steven Shavell, *Handbook of Law and Economics*, Volume.1(Amsterdam: North-Holland, 2007), p.353.

15) 미국의 경우 과실 여부의 입증책임을 상당 부분 가해자 측에 묻고 있는 실정이다. 반면에 일본은 과실에 관해서는 입증책임의 전환, 인과관계에 관해서는 입증책임의 경감 또는 전환의 필요성이 필요하다는 의견이 제시되고 있지만 실제로 그러한

즉, 의료서비스의 영역이 매우 전문적이기 때문에 의료과오 여부를 피해자 측에서 증명하는 것이 사실상 불가능함에도, 이에 대한 입증책임을 피해자 측에 부담지우는 것은 법적 공평성을 해칠 우려가 있으므로, 의료과오소송에서는 피고 측이 본인에게 의료과오가 없음을 증명하지 못하면 의료행위 손해에 대해 의사 등의 과실이 있는 것으로 추정한다는 법리를 일부 인정하는 것이다.

이러한 입증책임의 경감 내지 전환에 관련된 판례를 들어 책임법리 전환에 따르는 효율성의 문제를 살펴본다. 대법원 2001.3.23. 선고 99다48221 판결은 의료분쟁에서의 인과관계에 관한 환자의 입증책임 경감 문제와 관련하여 종종 인용되는 판례로서, 사건의 개요는 다음과 같다.

> 원고는 5미터 높이의 사다리에 올라가 작업을 하다가 추락해 좌측 발목의 경골골절상을 입고 피고 병원에 옮겨진 후 수술을 받게 되었다. 수술에 앞서 마취전문의가 환자의 전신마취를 위해 환자에게 마취제를 투여한 후 기관내에 삽관을 하고 호흡낭을 조작하던 중 환자가 갑자기 기관지 경련을 일으켜 더 이상 산소 공급이 불가능하게 되었고 혈압도 떨어지게 되었다. 이에 심폐소생술 등의 응급조치를 실시하여 심장 박동과 혈압은 정상으로 돌아왔지만 호흡중지 기간의 장기화에 따른 저산소증으로 환자가 뇌손상을 입게 되어, 전문적인 조치에도 불구하고 허혈성 뇌손상에 기인해 환자가 사망했다. 이에 원고 측은 피고 의료법인을 상대로 민법 제750조 등에 기하여 피고의 불법행위에 따른 손해배상청구소송을 제기했다.

이 사건에 대해 법원(최종심)에서는 인체의 생명과 건강을 취급하는 의

관점에서의 판결 결과는 아직 없는 실정이다〔일본 내각부에 설치된 국민생활심의회의 제6차 국민생활심의회 소비자보호부회(消費者保護部會)의 중간보고를 참조했다〕.

사에게는 시술과정에서 발생 가능한 위험을 방지하기 위해 필요한 최선이 조치를 취할 업무상의 주의의무를 요구하고 있고, 특히 전신마취라는 조치는 그 시술상의 과오가 환자의 사망 등과 같은 중대한 결과를 가져올 우려가 있기 때문에 환자에게 가장 적절하고 안전한 방법을 선택해야 할 주의의무를 강조했다. 덧붙여 이러한 의료행위에 있어서 주의의무 위반에 의한 불법행위 또는 채무불이행으로 인한 책임을 묻기 위해서는, 다른 일반적 불법행위의 경우와 마찬가지로 주의의무 위반뿐 아니라 손해의 발생 및 손해의 발생과 주의의무 위반 사이의 인과관계의 존재 등 불법행위의 성립 요건이 모두 충족되어야 한다고 전제하고 있다. 즉, 원칙적으로는 과실책임의 법원칙을 인정했다.[16)]

하지만 이 판결에서는 "의료행위자가 그 결과가 의료상의 과실로 말미암은 것이 아니라 환자의 특이체질 등 전혀 다른 원인에 의한 것이라는 증명을 할 수 없는 이상, 의료상 과실과 결과 사이의 인과관계를 추정하여 손해배상책임을 지울 수 있도록 입증책임을 경감하는 것이 손해배상제도의 이상과 조화를 이룬다"[17)]라는 견해를 피력함으로써, 과실책임 법리상의 입증책임을 전환 내지 경감한 것으로 보인다.

---

16) 판결문의 관련 내용을 발췌·소개하면, "수술 주관의사는 개복수술에 앞서 환자의 간의 이상 유무를 철저히 검사했어야 함에도 정확성이 떨어지는 소변에 의한 검사만을 실시하고 그 검사결과만을 믿고 수술을 한 과실이, 마취담당의사는 마취, 특히 할로테인이 간에 심각한 영향을 미치므로 마취 전에 간기능 검사가 정확히 행하여졌는지를 확인하고 마취에 임하여야 함에도 소변에 의한 간검사 결과만을 믿고 할로테인에 의하여 마취를 시행한 과실이 있고, 위와 같은 과실로 인하여 위 피고들은 앞에서 판단한 바와 같이 이미 위 망인이 간장애 상태에 있음을 알지 못하고 할로테인으로 마취를 하고 개복수술을 함으로써 위 망인이 전격성 간염에 빠져 사망하게 되었다 할 것이다". 해당 사건판례 및 원심판결인 서울고법 1999.7.20 선고 97454309 판결을 참조할 수 있다.

17) 사건의 판결요지 〔2〕 참조.

2) 무과실책임제도로의 전환의 효율성

(1) 의료과오 관련 책임법리 개혁의 제 논리

이와 같은 입증책임의 배분문제에 더하여 현실의 의료과오에 관련된 과실책임법리를 무과실책임법리로 전환하는 문제도 매우 중요한 법경제학적 논제 중의 하나이다.

최근 소비제품의 안전성 결함에 대한 제조물책임과 마찬가지로 의료과오의 경우에도 과실에 기초한 불법행위제도를 무과실제도로 대체해야 한다는 좀 더 급진적인 개혁방안이 제시되고 있다. 일례로 국회에서는 의료인의 입증책임의 전환을 주된 원칙으로 하는 "의료사고 피해구제법(안)"이 상정된 바 있으며 여전히 입법화가 시도되고 있다.[18] 또한 시민단체가 중심이 되어 입증책임전환을 핵심 내용으로 한 의료사고피해구제법 제정을 위한 국민청원이 제기되기도 했다.[19] 이러한 움직임의 주된 내용 중의 하나는 의료 진료로 인해 심각한 위해를 당한 환자는 해당

18) 의료사고피해구제법(혹은 의료분쟁조정법)은 16대 국회부터 입법화가 논의되어왔으며, 17대 국회에서는 의료사고 피해구제를 목적으로 한 법안이 최초로 제기되기도 했다. 하지만 당시 제출된 3개 법안의 장단점을 보완한 수정안이 국회 법안심사소위를 통과했음에도 의료계와 의료소비자 간의 입증책임 전환에 관련된 이견을 포함한 쟁점 대립으로 인해 법제화가 이루어지지 못했다. 한편 18대 국회에 들어와서는 의료사고 발생 시 의료기관개설자 또는 의료인이 자신의 의료행위에 과실이 없다는 점을 입증토록 하는 법안과, 의사가 의료사고 발생에 관해 주의의무를 다했음을 입증한 때 환자가 의료과실 행위 및 행위와 피해 간의 인과관계를 증명토록 하는 법안 등 서로 다른 의원입법안이 각각 별도로 상정된 바 있었으나, 이러한 상반된 입증책임의 문제를 제외한 채 중재기관(의료분쟁조정위원회)의 조정을 통한 과실 여부의 판단을 골자로 하는 법안이 2009년 12월 말 국회상임위를 통과했다. 동 법안의 최종 국회통과 여부는 아직 미지수다.

19) 의료사고피해구제법 제정을 위한 시민연대 언론보도자료. 구체적인 사항은 다음 사이트를 참고할 수 있다. http://www.ccej.or.kr/ISSUE/collect_view.html?Idx=9390.

진료행위의 과실 여부에 관계없이 보상받을 수 있어야 한다는 것이다.[20)]

우리와는 달리 일본의 경우는, 소비자단체 등에서 입증책임의 경감 내지 전환을 통한 의료과오 피해자 보호를 주창하고 있지만, 아직 무과실책임으로 대체해야 한다는 논의는 구체화되고 있지 않는 실정이다. 다만, 산부인과진료 등 부분적으로는 의료사고 시 의료종사자의 과실 유무에 관계없이 환자 측에 금전 보상하는 '무과실보상제도'의 도입 필요성이 주장되었던 적이 있으며, 의료서비스 제공자와 환자 양측의 신뢰를 받는 의료과오 원인구명을 위한 제3자 기관 창설의 필요성이 제기된 바 있다.

의료과오에 대한 배상책임법원칙의 전환은 의료서비스 제공자와 소비자 모두의 손익에 영향을 미친다. 지난 1970년대와 1980년대 등 두 차례나 이른바 의료과오위기(medical malpractice crises)를 겪은 미국의 경우, 의료과오에 관련된 불법행위제도와 보험제도 및 의료제도 전반에 걸친 대대적인 개혁이 시도된 적이 있었다. 그중 불법행위제도의 개혁은 손해배상액의 제한이나 소멸시효의 단축을 통한 의료과오소송 건수의 축소 및 배상액의 감소를 목표로 한 것이었다. 하지만 그러한 불법행위제도의 개혁은 과실책임주의에 근거한 현행 불법행위제도를 그대로 유지하고 단지 그 제도의 문제점만을 부분적으로 보완하려는 입장이었기 때문에 본질적인 의료개혁으로서는 불충분하다는 비판을 받았다. 그리하여 오늘날 미국에서는 과실책임 위주의 불법행위제도를 전적으로 무과실책임보상제도로 전환하려는 제안이 제기되고 있다.[21)]

미국의 경우 아직 이러한 제도의 입법화가 실현되지 않고 있지만 버지

---

20) 구체적인 내용은 일본 변호사연합회(2007) 및 일본의사회의 홈페이지(www.jaog.or.jp)를 참조할 수 있다.

21) Michel Polinsky and Steven Shavell, *Handbook of Law and Economics*, Volume.1, pp.355~356; 정봉진, 「미국의 no-fault 의료과오보험」, ≪인권과 정의≫, 통권 제370호(대한변호사협회, 2007), 149쪽.

니아 주와 플로리다 주 등에서는 뇌손상 신생아에 관련된 의료과오의 경우에 한정하여 무과실책임보상제도를 부분적으로 반영한 의료제도를 채택하고 있는 실정이다.[22]

(2) 무과실책임 법리로의 전환 문제

제8장과 제9장에서 살펴본 제조물책임(product liability) 등 일반적인 사고형 불법행위의 경우와 마찬가지로, 의료서비스에 관련된 불법행위에 대응한 피해자보상 내지 피해방지 기능 역시 전통적인 과실책임주의에 비해 무과실책임법리 아래에서 좀 더 원활히 작동한다는 관점이 일반적이다.

이론적으로 볼 때, 의료사고를 방지하기 위한 의료인의 주의수준만을 명시적으로 고려할 경우에는 과실책임법리와 무과실책임법리가 서로 차이가 없다. 하지만 의료인의 행위수준까지 함께 고려하게 된다면 양 법리 간에 분명한 차이가 있다. 즉, 과실책임법리 아래에서 의료인은 법적 주의의무수준 내지 법적주의기준을 준수하는 한 자신의 행위수준의 크기에 무관하게 책임이 면해지므로, 비록 의료행위기간의 단축이나 첨단 장비 도입을 통한 시술과정의 개선 등 행위수준의 저감을 통한 의료사고의 억제가 효율적임에도, 그러한 수단을 선택할 유인이 없게 된다. 따라서 (무과실책임법리에 비해서는) 과다한 수준의 의료사고를 야기할 가능성이 높다.

반면에 무과실책임 법리 아래에서 의료인은 의료사고 발생 시 자신이 부담해야 할 전체 비용을 의식하므로 자신의 주의수준뿐 아니라 행위수준까지 모두 의료사고 억제를 위한 경제적 유인으로 작용한다. 다시 말해, 의료사고 분쟁 시 무과실책임하에서 의료인은 자신의 과실 유무에

22) 무과실보상제도를 채택한 대표적인 국가로는 뉴질랜드와 스웨덴, 및 핀란드가 있다.

관계없이 배상책임부담을 기대하므로, 사고의 원인이 주의태만에 있든지 과도한 의료행위에 있든지 무관하게 사고의 사회적 비용을 내부화한다. 결과적으로 가능한 한 모든 피해비용이나 행위수준이 반영된 사고억제비용을 평가하고 가장 효율적인 방법으로 노력할 유인을 갖는다. 또한 무과실책임법리 아래에서의 의료사고 환자는 비록 완전하지 않더라도 의료인의 과실이 입증되지 않는 경우에도 보상받을 수 있기 때문에 좀 더 확실하고 시간과 비용 면에서 경제적일 수 있다. 따라서 무과실책임법리가 더욱 효율적일 수 있다.

이상의 논의에서는 의료인의 사고억제 노력이 의료사고의 결정적 요인이라는 암묵적 가정을 전제한 것이다. 하지만 대부분의 의료과오에 관련된 분쟁의 경우 의료인뿐만 아니라 환자 측의 과실 유무가 주된 법적 쟁점이 되는 것이 현실이다. 따라서 의료분쟁에 있어서 과실책임과 무과실책임 법리 간의 효율성 문제는 의료인뿐만 아니라 환자의 주의수준 내지 행위수준을 함께 고려해야 좀 더 객관적인 결과를 얻을 수 있게 된다. 일반적 사고모형을 통해 가해자와 피해자 및 이들의 주의수준과 행위수준 모두를 고려하여 분석하기는 쉬운 일이 아니다. 하지만 일정한 가정들을 도입해 책임법리 간의 효율성 차이를 비교해볼 수는 있을 것이다. 일례로, 과실책임법리 아래 의료인이 법적주의의무를 다한 경우라면, 의료사고로 인해 자신이 입은 피해를 스스로 부담해야 하는 것을 인지하는 환자는 해당 의료사고의 발생을 방지하기 위해 자신이 기여할 수 있는 최대한의 주의수준 내지 행위수준을 보일 것이다. 반면에 무과실책임법리 아래에서 환자는 의료인의 주의수준이나 행위수준의 크기에 관계없이 사고예방을 위한 노력에 소홀할 것이다. 이러한 상황에서라면 무과실책임제도가 상대적으로 비효율적일 수 있다.

이와 같이 의료인과 환자의 주의수준과 행위수준을 함께 고려한 쌍방주의 내지 쌍방행위의 분석모형에서는 과실책임법리뿐만 아니라 무과실책임법리도 양 당사자의 효율적인 의료사고 예방노력을 위한 유인이 될 수 없다.

(3) 무과실보상제도의 효율성

한편, 전술한 무과실보상제도의 경우 전통적 과실에 기초한 불법행위제도에 비해 경제적으로 우월하다는 견해가 있다. 즉, 피해자에 대한 보상, 불법행위 억제, 사회정의 등 불법행위제도의 세 가지 목표를 개선시킨다는 주장이다. 예컨대 무과실보상제도는 과실입증이 없어도 보상이 가능하고, 환자들의 낮은 소송비율 문제를 해결해줄 수 있으며 현재의 과실책임법리에 입각한 불법행위제도에 비해 행정적 비용이 절감된다는 등의 장점이 있다. 배상책임을 병원이나 보건관련 조직에 부담지우는 무과실보상제도는 이들로 하여금 장래의 의료피해위험을 낮추도록 하거나 의사들의 과잉진료를 줄이는 유인으로 작용하게 된다.[23] 하지만 이러한 무과실보상제도의 효율성은 다음과 같은 여러 비용요소와 문제들에 기인하여 상당 부분 상쇄될 수 있다.

우선, 의료과오에 기인한 위해와 환자의 기존 질병에 관련된 위해 간 구분이 과실책임에 기초한 보상제도의 경우보다 더 어려워질 수 있다는 점이다.[24]

예컨대 상술한 대법원 2001.3.23. 선고 99다48221 판결에서 환자가 선천적인 중추신경계 질환으로 인해 평소에도 기관지경련을 몇 차례나 경험했다고 하자. 그럼에도 이러한 사실을 수술 전에 병원 측에 알리지 않아, 수술 내지 마취 도중 갑작스런 기관지 경련이 발생하여 의료과오의 원인이 된 개연성이 어느 정도 있다고 할 때, 무과실보상제도 아래에서

---

23) 의료과오에 대한 무과실보상제도의 다른 장점들에 대해서는 정봉진, 「미국의 no-fault 의료과오보험」, 153쪽을 참조할 수 있다.

24) 쿠터·울렌, 『법경제학』, 이종인 옮김(서울: 비봉출판사, 2000), 390~391쪽.

는 의료사고의 원인이 의료과오에 따른 것인지 환자의 선천적 질병에 따른 것인지 구명하기가 더욱 어려워진다. 보상가능 여부의 명확한 판단 등을 위해 이러한 위해의 원인구명 문제가 중요한 경우에는, 무과실보상제도하에서도 제반 행정비용의 절감이 어려울 것이다. 즉, 무과실보상제도가 상대적으로 비효율적일 수 있다.

다음으로, 무과실보상제도에 의해 보상받을 수 있는 위해의 범위를 정의하는 데 관련된 문제점을 들 수 있다. 모든 위해에 대한 보상에는 막대한 비용이 소요되기 때문에 해당 제도를 적용하고자 할 경우에는 실제로 적용되는 위해의 범위가, 보상을 위한 예산의 부족에 기인하여 오히려 중대한 위해의 경우로 한정될 수밖에 없을 것이다.

게다가 사고의 억제 측면에서 볼 때 무과실보상제도는 과실 여부에 대한 감시가 없기 때문에 의사의 주의유인을 감소시키는 측면도 있을 수 있으며 따라서 과다한 사고가 유발될 우려가 없지 않다.

지금까지 살펴본 것과 같이 무과실책임으로의 전환 내지 무과실보상제도의 도입에 따른 효율성 여부는 관련된 다양한 요인의 작용들을 종합적으로 고려해야 하므로 그에 대한 명확한 판단이 쉽지 않다. 상술한 사항 이외에도 여러 가지 긍정적인 측면과 부정적인 측면 내지 비판이 수반될 수 있으며, 그러한 측면들이 (제조물책임이나 환경오염, 산업재해 등과 같은 타 불법행위책임 분야와는 달리) 의료과오책임의 문제를 무과실책임주의로 전환해야 한다는 주장을 쉽게 수용할 수 없는 요인이 되며 또한 현실적으로 무과실책임제도의 실현이 어려운 주된 이유이기도 하다.

3) 의료과오에 관련된 다른 분석논제들

지금까지 살펴본 바와 같이 입법을 통한 도입이 시도되고 있는 의료사고피해구제제도와 같이 현행 과실책임주의에 근거한 제도로부터 무과실 책임제도로 이행하는 데는, 위에서 지적한 여러 실질적인 문제들뿐 아니라, 여러 경제주체의 다양한 이해와 관련된 정치적인 논쟁이 뒤따를 것이다. 따라서 사회적인 합의의 도출이 쉽지 않을 것이다.

그렇지만 현실적으로 수용 가능한 대안을 고려해볼 수 있다. 즉, 당사자 간 자발적 계약에 근거한 무과실책임보험제도를 도입하여 활용할 수 있다. 예컨대 무과실책임보험에 가입한 환자는 민사법상 불법행위책임의 권리를 포기하는 조건으로, 보험에 의해 진료과정에서 발생되는 위해에 대한 보상을 보장 받을 수 있게 된다. 이러한 자발적 무과실책임보험은 현실에서의 복잡한 의료과오 문제를 해결하는 하나의 현실적이고 효율적인 정책방안이 될 수 있다.

의료과오에 관한 다른 주된 경제분석 논제로는 의료과오에 관련된 현실의 법제도하에서 피해자에 대한 배상이나, 과실행위를 한 의료인(의사, 병원)에 대한 제재(制裁)가 제대로 이루어지고 있는지, 그렇지 않다면 어떤 유인이 필요한지에 관한 것이다. 의료과오로 인한 피해자 중 상당수는 실제로 보상받을 수 있음에도 손해배상을 청구하지 않고 있고, 손해배상을 청구한 경우에도 높은 항소율 등으로 인해 소송기간이 수년씩 길어지며, 보상받은 금액의 상당 부분이 행정 비용으로 사용되는 등[25] 의료과오 관련 제도의 비효율 문제에 관해서도 경제적 분석이 필요한 사항이다. 덧붙여 의료과오 소송에 있어서의 손해배상액의 산정 문제도

25) 의료소송의 평균 소송기간은 26.3개월로서 일반 소송의 4배 이상이며, 항소율이 71%가 넘어 최종심까지 가는 경우가 대부분이다. 따라서 의료서비스의 피해자인 원고가 승소하더라도 개인적 실익이 없는 경우가 많으며 사회적인 관점에서도 비효율이 수반된다고 볼 수 있다. 이러한 의료소송의 일단면은, 국내에서도 드라마화되어 인기리에 방영된 적이 있는 야마카키 토요코(山崎豊子)의 <하얀거탑(白い巨塔)>에서 적나라하게 읽을 수 있다.

주된 경제분석의 대상이 된다.

여담 열하나

의료과오사건에서 의료인의 과실을 부정한 판례

(대법원, 2007.5.31, 2005다41863 판결)

【판시사항】

의료과오로 인한 손해배상청구에서 피해자 측이 의료상의 과실의 존재 및 과실과 결과 사이에 의료행위 외의 다른 원인이 개재될 수 없다는 점을 증명한 경우 인과관계를 추정할 것인지 여부(적극) 및 이때 의사에게 무과실의 입증책임을 지우는 것까지 허용되는지 여부(소극)

담관조영술 후 심폐정지가 발생한 사안에서, 담도 천공이 수술 직후 발생했다고 인정하기 부족하고, 담도 천공과 심장발작 사이의 연관 관계를 인정할 자료가 없다는 이유로 의료상 과실의 존재를 부정한 사례

【원심판결】 서울고법 2005.6.28. 선고 2004나9567 판결.

【주문】 상고를 모두 기각한다. 상고비용은 원고들이 부담한다.

【이유】 상고이유에 관하여 판단한다.

1. 상고이유 제1, 2, 3점에 관하여

이 부분 상고이유는 피고 산하 병원 의료진이 담낭결석제거술에 대한 설명의무를 위반했고, 간질에 대한 문진을 시행하지 않은 과실이 있으며, 사전에 간질발작에 대한 설명의무를 충분히 이행하지 않은 과실이 있다는 것인바, 이는 상고심에서 처음으로 주장된 것으로서 적법한 상고이유가 될 수 없다.

2. 상고이유 제4점에 관하여

의료행위는 고도의 전문적 지식을 필요로 하는 분야로서 전문가가 아닌 일반인으로서는 의사의 의료행위의 과정에 주의의무 위반이 있는지의 여부나 그 주의의무 위반과 손해발생 사이에 인과관계가 있는지 여부를 밝혀내기가 극히 어려운 특수성이 있으므로 의료행위상의 주의의무 위반으로 인한 손해배상청구에서 피해자 측에서 일련의 의료행위 과정에 있어서 저질러진 일반인의 상식에 바탕을 둔 의료상의 과실 있는 행위를 입증하고 그 결과와 사이에 일련의 의료행위 외에 다른 원인이 개재될 수 없다는 점, 이를테면 환자에게 의료행위 이전에 그러한 결과의 원인이 될 만한 건강상의 결함이 없었다는 사정을 증명한 경우에는 의료상 과실과 결과 사이의 인과관계를 추정하여 손해배상책임을 지울 수 있도록 입증책임을 완화할 것이지만, 이 경우에도 일련의 의료행위 과정에 있어서 일반인의 상식에 바탕을 둔 의료상 과실의 존재는 환자 측에서 입증하여야 하는 것이지 의사에게 무과실의 입증책임을 지우는 것까지 허용되는 것은 아니다.

위 법리에 비추어 기록을 살펴보면, 원심이, 원고 1은 2000.3.7. 우측 상복부에 통증을 느끼고 피고 병원의 응급실에서 급성 결석성 담낭염으로 진단 받았는데 급성담낭염은 갑자기 명치 끝이나 우상복부에 심한 통증이 나타나고 담낭염의 합병증으로는 담낭파열과 복막염이 있는 사실, 원고 1은 2000.3.14. 담관조영술을 통하여 담석을 제거한 이후 당일 18:00경에는 복부 통증 호소를 심하게 했으나, 22:00경에는 오히려 복부 통증이 가라앉았고, 이후에는 간헐적으로 통증을 호소한 사실, 원고 1은 같은 달 17일 20:20경 간질과 비슷한 증상을 보인 후 심폐정지가 발생한 사실, 환자에게 잠재되어 있는 간질증세가 있었던 경우 위 간질증세가 수술 후 발현될 수도 있는 사실, 심폐소생술 후에 비로소 심낭삼출액이 발견되어 약간의 혈액색을 보이는 삼출액을 천자한 사실을 인정한 다음, 1차 담관조영술이 실패하여 2차 담관조영술을 실시했다는 점 및 담관조영술 후 실시한 담낭절제술 과정에서 비로소 담관 천공이 발견되었다는 점만으로는, 원고 1이 호소한 복통의 변화양상 및 담낭염 자체에 의하여도 복막염이 발생할 수 있다는 점 등을 종합하여 볼 때 2차 담관조영술 후 담낭절제술을 시행하기 전에 담관 천공이 발생했을 것이라는 추측이 가능할 뿐 피고 병원이 담관조영술을 시행함에 있어 어떠한 잘못을 저질러 위 담관 천공이 발생했다고 인정하기는 어렵고, 담낭염 또는 담도 천공과 심장발작과의 연관관계를 인정할 아무런 자료가 없다는 이유로 원고들의 청구를 배척한 조치는 정당하고, 상고이유에서 주장하는 것과 같은 의료소송에서 인과관계의 추정에 관한 법리를 오해한 위법이 없다.

그러므로 상고를 모두 기각하고, 상고비용은 패소자들이 부담하게 하기로 관여 대법관의 의견이 일치되어 주문과 같이 판결한다.

대법관 이홍훈(재판장), 김영란(주심), 김황식, 안대희

제12장

산업재해의 법경제학

지금까지 전형적인 불법행위책임(tort liability)의 문제로 제조물책임과 의료과오의 문제에 대해 살펴보았다. 불법행위책임의 또 다른 유형의 하나로 산업재해(workplace accidents) 문제를 들 수 있다. 제12장에서는 전형적인 산업재해로서, 위험에 노출된 작업환경에 기인한 사고, 동료 근로자의 과실에 따른 피해 그리고 산업현장에서 발생한 제3자의 피해 등에 대해 법경제학적 관점에서 각각 살펴보며, 이러한 산업재해에 관련된 법제도에 대한 경제적 의의를 살펴본다.

1. 법경제학적 분석논제

많은 나라들은 산업재해 문제에 대처한 관련 법제를 갖고 있으며 우리나라의 경우도 산업재해의 사전적 예방을 목적으로 하는 산업안전보건법[1)]과 발생된 재해의 신속·공정한 보상을 목적으로 하는 산업재해보상

1) 산업안전보건법은 복잡해지고 다양·대형화되어가는 산업재해를 효과적으로 예방하고 쾌적한 작업환경을 조성하여 근로자의 안전과 보건을 유지·증진시키기 위한 목적으로 1981년 12월 31일 제정하여 이듬해 7월부터 시행해오고 있다. 이 법은 제정 이후 거의 매년 개정되어왔으며 최근에는 지난 2006년 3월 24일에 개정된 바 있다. 이 법의 제2조(용어의 정의)에서는 "근로자가 업무에 관계되는 건설물·설비·원재료·

보험법[2])을 두고 있다.

우리나라의 산업안전보건법은 산업재해의 사전예방을 위해 사용자에게 뿐 아니라 근로자에게도 산업재해 방지노력을 기울일 것을 의무화하고 있다. 또한 만일 작업장에서 업무에 관련하여 재해가 발생한 경우에는 재해발생에 대한 사업주의 과실 유무를 묻지 않고, 피해근로자에 대해 일정 수준 이상의 보상이 가능토록 하고 있다.

미국의 경우는 1970년에 산업안전보건법(일명 OSHA법)을 제정, 규정된 산재사망사고를 일으킨 사고의 책임자에 대한 무과실책임법리 형태의 처벌을 강화하여 산업안전을 꾀하고 있다. 또한 대부분의 주(州)에서 입법을 통해 사용자에게 좀 더 엄한 무과실책임을 부과하고 있는 실정이다.

사업장에서의 무과실책임은 상해(傷害)의 정도에 따라 보상액이 정해져 있다는 점에서 불법행위법상 엄격책임(strict liability)과는 차이가 있다. 또한 산업재해 관련법들은 대개 법정 소송을 통한 보상보다는 전담행정조직에서 그 행정적 조치를 취하는 점에서 불법행위법상 무과실책임과 다르다.

이러한 산업재해 관련법들에서는 산업재해의 예방을 위해 사용자뿐만 아니라 근로자도 산업재해 방지를 위해 일정 부분 노력해야 한다는 의무 규정을 두고 있다. 또한 작업장에서 재해가 발생했을 경우는 관련 사업주의 과실 유무에 관계없이 피해 근로자에게 일정 수준 이상의 보상을 하도록 하고 있다.

사업장에서의 배상책임은, 상해 수준에 따라 보상액이 정해져 있다는 점에서 불법행위법상 무과실책임과는 차이가 있다. 또한 산업재해 관련

가스·증기·분진 등에 의하거나 작업 기타 업무에 기인하여 사망 또는 부상하거나 질병에 이환되는 것"을 '산업재해'로 정의하고 있다.

2) 산업재해보상보험법은 보상금의 안전 확보, 신속하고 공정한 보상촉진 등의 목적으로 지난 1963년 11월 5일 제정하여 시행해오고 있다.

법들은 대개 법정 소송을 통한 보상보다는 전담 행정조직에서 그 행정적 조치를 취하는 측면이 불법행위법상 책임법리와는 상이한 점의 하나이다. 그렇지만 산업현장에서의 안전이나 위생과 관계되는 이른바 산업재해의 문제 역시 제조물책임과 환경오염·공해, 의료과오 등의 문제 등 전형적인 불법행위책임의 문제와 유사한 점이 많다.

이러한 산업재해 법제도에 관련하여 다음과 같은 몇 가지 경제적 분석 논제를 생각해볼 수 있다. 첫째, 산재 관련법의 주된 목적은 산업재해의 발생을 낮추는 것이지만 과연 어느 수준까지 낮추는 것이 바람직하며, 경제적 효율성의 관점에서도 그러한 법적 목적을 정당화할 수 있을 것인가? 둘째, 산업안전보건법 등과 같은 산업재해 관련법이 사용자와 근로자의 재해방지 노력을 위한 제도적 유인(institutional incentive)이 되고 있는가? 셋째, 산업재해에 관련된 시장실패의 문제를 이른바 사용자책임의 법리를 통해 해소가능한가? 이러한 제 논점에 기초하여 산업재해의 전형인 위험한 작업환경에 기인된 사고, 동료근로자의 과실에 따른 피해, 및 산업현장에서 발생한 제3자 피해 등에 관해 경제적 관점에서 조명해볼 필요가 있다. 특히 관련 법상 불법행위 책임법리를 중심으로 고찰해보는 것은 매우 의미 있는 일이라고 생각된다.

이러한 논제들에 대해 직관적인 관점에서 각각 경제적 분석을 해보도록 한다.

2. 산재문제 해소를 위한 법적·경제적 접근방법

1) 법적 규제방식과 시장적 접근방법

우리나라를 포함한 세계 여러 국가들에서의 산업안전에 관한 법제를 보면, 이른바 '최대한의 안전(the most safe)'을 주창함으로써 경제적 효율성 문제에는 등한시하고 있는 것으로 보인다. 예컨대 미국의 OSHA법과, 동법에 규정된 산재사망을 일으킨 사고책임자에 대한 처벌을 강화하는 내용의 산재사망에 관한 처벌특별법(Wrongful Death Accountability Act, 2003)을 보면 경제적 효율성과는 거리가 먼 법률적 제재수단을 동원하고 있는 실정이다.

다른 불법행위법 분야와 마찬가지로 산재문제 역시 시장의 경제활동 과정에서 발생하는 하나의 해로운 외부효과(externality)로 간주할 수 있다. 예컨대 작업장에서 조업 중 발생하는 사고로 인한 근로자의 피해는 원래 의도되지 않았던 사회적 해악으로서 시장에 맡기게 되면 그 해결이 바람직한 방향으로 이루어질 수 없게 된다. 그러므로 정책적 개입을 통해 산업재해로 인한 외부효과를 극복할 수 있는 방안을 마련해야 비로소 산재문제가 해결될 수 있을 것이다.

이때 산재문제의 해결을 위한 국가의 개입방법에는 기본적으로 법률에 의한 규제방식〔legal(command-and-control) approach〕과 시장을 활용하는 시장접근방법(market-based approach)의 두 범주로 나누어진다.

법률적 접근법은 사인(私人, 산업재해 야기자)의 행동에 대해 일정한 법적 기준을 제시하고 이를 위반한 자에 대해서는 법률적 제재수단을 동원함으로써 그 기준을 준수토록 사인들의 행동을 유도하려는 입장이다. 또한 앞서 산업안전보건법 등 산재관련법에서의 무과실책임 법원칙에 대해 설명하면서 고찰했듯이, 산재 관련 불법행위에 대해 주어진 재해수준에 대한 보상수준을 정하고, 재해의 업무관련성에 관한 입증책임을 명시하는 등과 같은 불법행위책임 법원칙을 제시함으로써 재해 야기자의 불법행위를 억제하는 방법이다. 다시 말해 법 위반 시 처벌이라는 강제적 규제수단과 법적 책임 법원칙을 활용함으로써 사인들의 위반 행위를 억제하는 방법이다. 뒤에 구체적으로 살펴보겠지만, 우리나라 산업안전보건법에 이러한 법률적 접근방법들이 구체적으로 규정되어 있다.

반면에 시장을 활용하는 접근방식은 정부가 산업재해라는 외부효과 야기자의 행동에 대한 적절한 경제적 유인(economic incentive)을 제공해 스스로 산재 발생을 예방하거나 발생률을 낮추도록 유도한다는 특징을 갖는다. 다시 말해 정부는 유인만을 제공하고 나머지 부분은 정책이 기대하는 목표와 방향으로 시장에서 자발적으로 선택·결정되도록 하는 방법이다.

이상의 두 가지 산재문제의 해결방법은 각각의 특징과 장단점을 가지고 있다. 많은 경제학자들은 법률적 접근에 의한 직접규제방식의 여러 비효율적 요소들을 지적하면서 시장을 활용한 규제방식을 더욱 선호하고 있다. 우리나라의 경우 현실적으로 산업재해 문제를 포함한 불법행위에 관련된 각종 사회적 문제에 대해 법률적 직접규제에 의한 문제해결방식에 지나치게 의존하고 있는 실정이다. 본 절에서는 우리나라 산업안전보건법을 중심으로 이러한 산재문제 해결의 여러 접근방법의 내용과 문제점을 살펴본다.

2) 산업안전보건법상 법적 규제에 대한 경제적 이해

산재문제의 해결을 위한 직접규제방식은 여러 가지 형태로 행해질 수 있는데, 그 대표적인 예가 '안전기준(safety standards)의 설정'이다. 우리나라의 산업안전보건법은 산업재해의 예방과 근로자의 안전과 보건을 증진하고 유지할 목적(제1조)으로 하고 있으며, 그 수단으로 산업안전과 보건기준의 설정이란 방식을 취하고 있다. 즉, 산업안전보건법의 제5조에는 사업주에게 산재방지를 위한 적정 안전기준과 보건기준을 준수토록 하고 있으며[3] 법의 시행령과 시행규칙에서는 유해물질의 표시, 안전장치의 부착 등 구체적인 안전기준이 열거되어 있다. 또한 법 제67~72조에는 위와 같은 안전기준을 준수하지 않는 경우에 대한 처벌조항들을 규정하고 있다.

산업안전보건법은 이와 같이 안전기준의 설정과 그 준수의 법적 강제를 통해 이른바 산재율(産災率)을 사회적 적정 수준까지 낮추려는 정책의지를 반영하고 있다.

만약 이 명령통제방식(command-and-control)에 의존하고 있는 산업안전기준 등의 방식이 제대로 효과를 발휘할 수만 있다면 사회적으로 바람직한 정책목표를 달성할 수 있게 될 것이다. 하지만 경제적인 관점에서 볼 때 이러한 명령통제방식에 의한 규제에는 여러 비효율적 효과를 초래하게 된다. 간단한 경제적 분석틀을 이용해 이 문제를 살펴보자.[4)]

논의의 단순화를 위해 산재방지 노력에 드는 사적 비용(안전시설 설치비용, 안전기준 준수비용, 안전훈련교육비 등)과 사회적 비용 간에는 큰 차이가 없다고 가정하자. <그림 12-1>을 보면 개별기업은 산재예방노력의 사적한계비용(PMC)과 사적한계수익(PMR)이 일치하는 수준인 x^P만큼의 주의(안전기준의 준수)를 할 것이므로, 그 결과 π^P의 산재발생을 허용할 것이다. 이는 산재억제를 위한 사회적 적정 수준인 사회적한계비용(SMC)

---

3) 동법 제5조(사업주의 의무) 제1항에서 "사업주는 이 법과 이 법에 의한 명령에서 정하는 산업재해 예방을 위한 기준을 준수하며, 당해 사업장의 안전·보건에 관한 정보를 근로자에게 제공하고, 근로조건의 개선을 통해 적절한 작업환경을 조성함으로써 근로자의 신체적 피로와 정신적 스트레스 등으로 인한 건강장해를 예방하고, 근로자의 생명보전과 안전 및 보건을 유지·증진하도록 해야 하며, 국가에서 시행하는 산업재해예방 시책에 따라야 한다"고 규정하고 있으며, 제2항에는 "기계·기구 기타 설비를 설계·제조 또는 수입하는 자, 원재료 등을 제조·수입하는 자 또는 건설물을 설계·건설하는 자는 그 설계·제조·수입 또는 건설을 함에 있어서 이 법과 이 법에 의한 명령에서 정하는 기준을 준수해야 하고, 그 물건의 사용에 의한 산업재해 발생의 방지에 노력해야 한다"라고 규정되어 있다.

4) 이하에서의 논의는 박세일, 『법경제학』(법문사, 2000), 360~371쪽을 참고했다.

<그림 12-1> 산재예방을 위한 주의수준 및 산재율

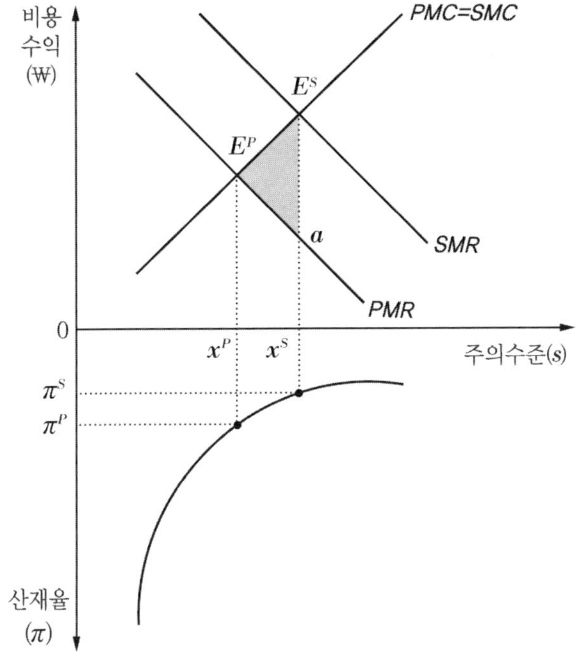

= 사회적한계수익(SMR)을 만족시키는 x^S 주의수준, 그리고 그에 상응하는 사회적 적정 산재율인 π^S보다 많은 산재의 발생을 의미한다.

따라서 이러한 산재문제의 해결을 위해, 즉 개별 기업의 산업재해 관련 사고 억제를 위한 주의수준을 x^P에서 x^S로 높이기 위해 산업안전보건법은 x^S 수준의 안전기준의 설정 및 준수를 법적으로 강제하는 방법을 사용하고 있는 것이다. 하지만 산업안전기준의 설정 등을 통한 규제방식은 일반적인 외부효과에 대한 정부의 직접규제와 마찬가지로 경직성을 가질 수밖에 없어, 다음과 같은 여러 경제적 비효율을 야기할 수 있다. 따라서 실제로 정책이 수행되는 과정에서 많은 어려움에 봉착할 가능성이 크다.

첫째, 개별 기업의 입장에서 법적으로 강제되는 안전기준수준이 자신의 이윤극대화를 충족시켜주지 못한다고 판단될 경우 이를 회피할 경제적 유인이 존재한다는 점이다. 다시 말해 <그림 12-1>에서 사회적인 관점에서의 x^S 주의수준은 개별기업의 입장에서 볼 때 한계비용이 한계수익을 초과하여, 만일 이 안전기준을 준수하게 되면 이 기업은 음영으로 표시된 삼각형 면적의 비용을 추가적으로 부담해야 하기 때문에 그만큼의 이윤이 감소하게 된다. 이 경우 기업은 해당 안전기준을 준수함으로써 감수해야 할 이윤감소의 크기와, 기준을 준수하지 않을 때 기대되는 손실의 크기를 비교하여 만일 후자가 전자보다 크지 않다면 법정 안전기준을 지키지 않는 전략적 선택을 하게 될 것이다. 이때 기준 미준수에 따른 기대손실은 물론 '처벌 확률 × 처벌 강도'로 산정된다.[5)]

둘째, <그림 12-1>에서 x^S로 나타낸 사회적으로 바람직한 산업안전기준의 정확한 판단과 신축적인 운용이 어렵다는 문제점이다. 그림에서 보듯이 x^S 수준은 그 안전기준을 준수하는 데 드는 사회적한계비용(SMC)과 산재의 감소로 인한 사회적한계편익(SMR)이 일치하는 수준에서 이론적으로 도출한 산업안전기준이다. 현실에서 이 x^S 수준과 일치하는 안전기준을 찾는 데는 개별적인 안전기준들에 대한 비용과 편익을 모두 분석해보아야 하는 등 적지 않은 비용이 들게 된다. 덧붙여, 비록 일시적으로 이 x^S값을 확정하여 이를 규정에 반영했다 하더라도, 이 기준은 일정 기간 경직성을 가질 수밖에 없어 급변하는 오늘날의 산업기술이나 시장환

---

5) 현실적으로 산업장에서의 다수 기업들이 산업안전보건법 등에서의 안전기준을 지키지 않아 문제가 되고 있다. 이는 결국 안전기준을 지키는 데 드는 기대비용보다 기준을 지키지 않았을 때의 기대손실(처벌 확률 × 처벌 강도)이 크지 않기 때문일 것이다. 우리나라의 경우 산업안전보건법 제67~72조에는 안전기준 미준수 등 법을 위반한 경우 최고 5년 이하의 징역(또는 5,000만 원 이하의 벌금)에 처하게 되어 있다. 따라서 만일 기준 미준수 사항이 발견되어 처벌받을 확률이 10% 수준이라면 미준수 시 기대손실은 500만 원이 되어, 안전기준 준수비용이 적어도 이보다 많다면 해당 기업은 법을 지키지 않을 유인을 갖게 되는 셈이다.

경을 제대로 반영하기가 무척 어려워진다.

셋째, 아무리 합리적인 산업안전기준을 마련해놓고 있다고 하더라도 그 기준은 해당 산업 분야에 획일적으로 적용될 수밖에 없어 사회적으로 비효율적인 결과를 낳게 된다. 예컨대 개별 기업마다 제각기 특수한 기술적 환경과 경영 여건을 가지고 있어 산재방지의 사회적 수익이 다를 수 있는데, 일률적인 기준을 적용받게 되면 산재방지에 있어 비효율을 초래할 수 있으며, 개별기업들로 하여금 좀 더 적은 비용으로 효과적으로 산업재해를 억제토록 하는 경제적 유인이 낮아지게 된다.

지금까지 살펴본 바와 같이 법률에 의한 규제방식은 많은 경제적 비효율적인 측면을 가지고 있다. 그럼에도 이러한 직접통제방식을 통해 산재문제를 해결하고자 하고 있는 것이 현실이다. 그 이유가 무엇인지에 대해서는 시장접근방식을 분석해본 후에 구체적으로 살펴보도록 한다.

3) 시장접근 방법: 산재세 부과 및 보조금 지급

산재문제의 해결을 위한 법적 규제방식과는 달리 시장접근 방식은 정부는 어떤 유인만을 제공하고 나머지 부분은 시장에서 이루어지도록 하는 형태를 말한다. 대표적인 시장을 활용한 접근방식으로는 산재세(injury tax)의 부과 혹은 산재부과금(injury charge) 방식과, 기업의 산재억제노력을 보조금 지급을 통해 직접 지원하는 방식이 있다.

(1) 산재세(產災稅) 부과

앞에서 산재예방을 위한 개별기업의 사적 주의수준과, 사회적 관점에서의 주의수준에 대해 살펴보았다. 즉, 개별기업의 입장에서는 사적인 관점에서의 비용과 편익을 고려하여 <그림 12-1>에서 x^P 수준의 주의(안전기준의 준수)를 하여 π^P의 산재발생을 허용하게 된다. 하지만 이는 사회적 관점에서의 적정 주의수준(x^S)에 미치지 못하며, 그 결과 사회적 적정산재율인 π^S보다 많은 산재율을 보이게 되는 것이다. 이때 만일 정책당국에서 사회적 적정산재율인 π^S 수준을 달성하고자 개별기업들로 하여금 x^S의 주의수준을 보이도록 유도하기 위해서는 이들에게 조세를 부과함으로써 자신들이 인식하는 사적한계수익(PMR)을 사회적한계수익(SMR) 수준으로 끌어올려야 한다.

바로 이러한 관점에서 나온 것이 산업재해세〔産災稅〕 내지 산재부과금 제도이다. 즉, <그림 12-1>에서 $\overline{E^S a}$에 해당하는 크기의 산재세를 개별 기업에 부과하면 PMR곡선이 상방이동하여 SMR곡선과 일치하게 되는 효과가 나타난다. 다시 말해 산재세 부과로 인해 기업 스스로가 자율적으로 x^S 수준의 안전기준을 준수토록 유도하는 것을 의미한다.

이 산재세 부과방식은 개별 기업으로 하여금 자발적으로 안전기준을 준수하는 등의 산재억제노력을 기울이도록 하여, 정부의 직접규제방식에 비해 좀 더 효율적인 정책효과를 얻게 된다. 몇 가지 경우를 들어 그 이유를 살펴보자. 우선, 산업안전에 관한 법적 기준을 강제준수토록 하는 직접규제방식 아래서는 이 기준의 준수가 기업에 비용으로 작용하지만 산재세 방식은 오히려 산재세의 경감이라는 편익요소로 작용한다. 다시 말해 안전기준방식은 그 법정기준을 준수하는 것이 기업에 추가적인 부담이 되기 때문에 가능하다면 이를 회피하려 할 것인 반면에 산재세 방식 아래서는 안전기준의 준수를 통해 산재율을 낮추면, 그만큼 산재세 부담이 경감되어 기업의 이익이 되므로 기업은 자발적으로 안전기준의 준수 등의 산재방지노력을 하게 된다는 점이다.[6] 산재세 부과방식의 또 다른 장점으로는 개별기업들이 자신이 처한 여건에 맞추어 <그림 12-1>에서 유도한 x^S 수준을 선택하여 주의노력을 기울이게 됨으로써,

---

6) 박세일, 『법경제학』, 364쪽.

직접규제 아래서의 획일적 안전기준 준수에 따른 비효율이 상당 부분 제거될 수 있다는 점이다. 또한 산재세 방식은 세수증대를 통한 재원의 확보라는 추가적인 이점이 있다.

이와 같이 여러 장점에도 불구하고 산재세 부과방식은 현실에의 적용 측면에서 몇 가지 단점을 갖고 있다. 우선 현실의 상황에서 개별 기업들이 사회적 최적수준의 산재세율을 찾기가 쉽지 않다는 점이다. 다시 말해 <그림 12-1>에서 산재세로 부과될 $\overline{E^s a}$의 크기를 정확하기 산정하기 어렵다. 덧붙여, 산재세 방식 역시 법적 안전기준방식과 마찬가지로 시장이 완전경쟁이라는 전제 아래서 논의를 전개한 것이므로, 만일 시장이 경쟁적이지 못한 경우 적정세율을 찾아 산재세를 부과한다 하더라도 사회적으로 바람직한 결과를 도출할 수 없다. 또한, 산업재해를 야기하는 개별기업의 행동에 대한 적절한 감시(monitoring)에도 애로가 있을 수 있다. 예컨대 산업안전상의 많은 문제를 야기함에도 이를 보고하지 않고 덮어버리는 경우가 있다면 정확한 산재억제의 사회적한계편익(산재발생의 사회적한계손실)의 산정이 곤란하게 된다.

(2) 보조금 지급

산재문제의 해결을 위한 시장접근방식의 다른 하나는 개별기업의 산재억제노력을 정부가 보조금 지급을 통해 지원하는 형태이다. 예컨대 정부가 기대하는 안전기준을 마련하여 준수하려는 기업에게 금융이나 세제상의 혜택을 확대함으로써 이들 기업이 부담하는 안전기준설치의 사적한계비용을 줄여줄 수 있다. 또한 기업의 안전관리에 요구되는 각종 교육이나 훈련을 위한 교재, 교관 및 교육시설의 제공 등과 같은 간접 지원방안도 개별 기업의 산재억제노력의 사적비용을 낮춰 결과적으로 산업재해발생률을 낮추는 데 기여할 수 있다.

보조금 지급을 통한 산재억제 노력은 <그림 12-1>에서 산업안전을 위한 법적 기준을 x^P 수준에서 x^S 수준으로 높이기 위해 산재억제노력의 사적한계비용(PMC)을 아래로 이동시키는 방법이다. 즉, <그림 12-1>에서 PMC곡선을 아래로 이동시켜 PMR곡선과 a점에서 만나도록 하면, 산재세 부과 방식과 마찬가지로 사회 최적수준의 산재억제를 위한 주의수준을 얻게 된다.

4) 산재문제 해결방식 간의 선택 문제

지금까지 여러 상황을 설명하면서 법적 규제방식보다는 시장접근방식이 더욱 효율적이라고 설명했다. 많은 경제학자들은 이 외에도 시장접근방식이 더 우월하다는 많은 근거들을 제시하고 있는 실정이다. 사실 경제적인 관점에서 평가한다면 안전기준의 법적 강제수단보다는 시장지향적 산재억제수단이 좀 더 효율적임에 분명하다. 그럼에도 현실에서는 산재세 부과나 보조금지급과 같은 시장접근방식을 활용하는 경우는 비율적으로 높지 않으며, 산업안전보건법과 같은 법제를 통한 안전기준을 설치·강제하는 정책수단에 대부분 의존하고 있다. 왜 그럴까?

다양한 측면에서 그 이유들을 살펴볼 수 있을 것이지만, 현실에서 부각되는 몇 가지 사유들을 살펴보면, 우선 산업재해를 규제하는 정치가와 관료들이 법적 안전기준과 같은 법적 규제방식을 선호하고 있다는 점이다. 정치가의 입장에서 볼 때 이 방식은 좀 더 가시적인 효과를 얻을 수 있다는 점에서 매력적이며, 관료의 입장에서도 업무 성격상 이 방식이 시장접근방식에 비해 자신들의 재량권을 확대시켜준다는 점에서 이점이 있다. 덧붙여, 산업재해를 야기하는 기업들조차 순응비용절감 차원에서 법적 안전기준과 같은 규제방식을 선호하고 있다. 개별 기업 입장에서 볼 때 산업안전에 관한 법적 기준 규제에 순응하는 데도 상당한 비용을 부담하게 되지만, 산재세를 납부할 필요가 없다는 사실이 주는 심리적 효과가 결코 작지 않다.

지금까지 살펴본 것처럼, 경제적인 관점에서는 시장접근방식이 보다 효율적이지만, 현실적으로 정치가나 관료뿐 아니라 해당 기업들도 정부의 직접규제방식을 선호하는 측면이 강하다. 그렇기 때문에 현실에서 시장을 활용하는 접근방식이 채택될 가능성이 적을 수밖에 없다.

여담 열둘

우리나라 산업재해 현황과 사례

우리나라 산업재해 통계를 보면 2008년 한 해 동안 총 9만 5,806명의 재해자가 발생하여 상시근로자 대비 재해율이 0.71%로 나타났다. 이는 전년 대비 약 6.35%가 증가된 수치이다. 그중 재해사고사망자 수는 2,422명으로 전년 대비 0.7% 증가되었다.

전형적인 산업재해 사례를 소개해보자. 선박건조 작업장에 설치된 타워크레인을 다른 장소로 이동 설치하기 위하여 지브크레인 2대(200톤, 80톤)와 이동식 크레인 1대(300톤)를 이용하여 타워크레인을 권상한 후 수평이동 중 200톤 지브크레인이 하중불균형에 의해 넘어지면서 운전실에 탑승하고 있던 운전자와 공무담당자가 사망했다.

당시 작업현장의 상황을 보면, 타워크레인을 해체하지 않고 마스트와 지브의 일체 형태로 이동작업 실시한 점과, 동시작업으로 인한 편하중 발생 가능성이 높은 상태에서 이동작업 실시함으로써 사고의 사전적 예방에 소홀했다. 또한 재해자의 행동상황을 보면, 편하중에 의해 200톤 지브크레인의 과부하방지장치가 작동했음에도 과부하방지장치 기능을 해제하여 무리하게 이동작업 실시함으로써 사고위험을 높이게 되었다.

이와 같은 안전 불감증이 수반된 전형적인 재해를 방지하려면, 정상적인 해체 등 타워크레인의 이동설치작업원칙 등 사전적 안전기준을 준수해야 하며, 구조물 운반책임자와 신호수, 크레인 운전자 간에 명확한 의사전달체계 유지 등 작업주의 노력이 수반되어야 한다.

자료: 한국산업안전보건공단.

3. 산업재해에 대한 배상책임의 경제분석

1) 산업재해에 대한 법적 규제의 정당성

산재 관련법의 주된 목적 중의 하나는 산업재해 그 자체의 저감이지만, 과연 어느 수준까지 낮추는 것이 바람직할까. 산업재해의 경우 제조물책임이나 환경오염 관련 사고의 경우와 마찬가지로 사고 수준이 전혀 없는 상태가 최적인 것은 아니다. 예컨대 어떤 회사의 경영상의 목표 중의 하나로는 '무재해(accidents free)'가 바람직할 수 있겠지만, 경제적인 측면에서 볼 때 산업재해에 대처하는 정책의 목표가 '재해가 0인 상태'가 될 수는 없다. 왜냐하면 산업안전(industrial safety)이란 것은 공기나 물과 같은 자유재(free goods)가 아니라 경제재(economic goods)이기 때문이다. 바꾸어 말해 높은 수준의 산업안전이라는 재화를 생산·소비하는 데는 상당한 비용(costs)이 들기 때문에, 비록 그 재화로 인한 이득(benefit)이 많더라도, 재해가 전무한 안전한 상태를 얻기 위해 무한정의 사회적 비용을 지출할 수는 없는 것이다. 이는 결국 산업재해의 방지를 위해 드는 사회적 비용과 그로 인한 사회적 이득이 조화되는 수준에서 적정한 재해의 발생수준을 찾아야 한다는 의미가 된다.

즉, 재해로 인한 사회적 손실(damage cost)과 재해방지를 위한 사회적 비용(prevention cost)의 합을 최소화하는 수준이 사회적으로 효율적인 재해 발생수준이 되는 것이다. 이를 경제학에서의 한계 개념으로 다시 표현하자면, 사회적 한계편익(social marginal benefit)을 의미하는 재해방지로 인한 사회적 손실의 감소와, 재해방지에 드는 사회적 한계비용(social marginal cost)이 일치하는 수준에서 최적수준의 산업재해 발생수준(optimal level of workplace accidents)이 결정되어야 함을 의미한다.

앞서 지적했듯이 산업안전보건법의 주된 목적 중의 하나는 사회적으로 바람직한 수준으로 산업재해를 억제 내지 방지하기 위한 것이다. 그 배경에는 산업안전이라는 사회적 목표가 시장에서는 효과적으로 달성될 수 없다고, 즉 시장실패로 인해 산업재해가 지나치게 많이 발생한다고 보고 있기 때문이다. 이러한 산업재해 관련법의 존재를 정당화하는 이론적 근거를 경제적인 관점에서 살펴보자.

산업재해에 대해 입법을 통한 정부의 개입을 정당화하는 이론적 근거로는 다음 두 가지를 들 수 있다.

첫째는 정보비대칭의 문제로서, 민간부문이 모든 산업안전정보를 갖고 있지 못하기 때문에 산재예방을 위한 효율적 안전대책 내지 최소비용 안전대책(most cost-effective method of prevention)을 항상 선택하리라는 보장이 없다는 사실이다.

둘째는 산업재해로 인해 발생되는 제 비용에 대해 기업은 그 일부만을 부담하고 있다는 사실이다. 산재로 인한 제 비용 내지 손실의 일부가 기업 외부의 제3자에게 부담될 때, 산재는 자연히 사회적 적정 수준 이상으로 지나치게 많이 생산될 수밖에 없다. 다시 말해 산재로 인한 사적 비용(private cost)과 사회적 비용 사이의 괴리의 문제가 발생하게 된다. 따라서 정부라는 제3자의 개입 없이는 사회적 적정 수준의 산업안전을 유지하기 어렵게 되는 것이다.[7)]

산업재해에 대한 정부규제의 정당성은 앞서 살펴본 정보 비대칭 문제나, 사적 비용과 사회적 비용 간의 괴리 문제 이외에도 여러 이론적 근거에 의해 뒷받침될 수 있다.[8)] 이와 같은 산재 문제에 대응하는 산업안전보건법 등을 통한 규제 이외의 대응도 가능하다. 예컨대 정보 비대칭 문제에 대해서는 산업재해 당사자의 정보이용 가능성의 증대 방안을 고려할 수 있다.[9)] 덧붙여 사적 비용과 사회적 비용 간의 괴리 문제에 대해서는 부의 외부효과를 내부화할 수 있는 이론적 수단, 예컨대 '재산권의 획정(劃定)'을 통한 산재문제에의 대응도 가능하다. 또한 이 책의 핵심 논제인 불법행위책임법에 근거한 손해배상청구를 통해 산업재해 피해자에 대한 기업의 책임을 물을 수 있다. 불법행위책임의 문제는 산업재해책임의 무과실책임 문제와 재해보상을 위한 입증책임의 문제가 그 주된 논점이 된다.

---

7) 산업재해에 대해 입법을 통한 정부개입의 필연성에 대한 구체적인 설명은 박세일, 『법경제학』, 354쪽을 참고할 수 있다.

8) ジェフリー·ハリソン, 『法と経済: 効率性と社會的正義とのバランスを求めて』, 第2版, 上田純子 譯(ミネルヴァ書房, 2003), p.177 이하 참조.

9) 같은 책, p.195 이하 참조.

2) 산업재해 관련법상 무과실책임법리의 효율성

우리는 제조물책임과 같은 불법행위책임의 문제를 살펴보면서 시장에서의 가격기구(price mechanism)가 제대로 작용한다면 여러 유형의 책임법리 사이에 효율성의 차이가 없음을 보았다. 하지만 시장이 완전하지 않을 경우, 예컨대 위험에 대한 부정확한 인지(misperception) 아래서는 이러한 가격기구를 현실에 적용할 수 없게 된다. 이러한 상황 아래 무과실책임의 법원칙을 적용하면 해당 위험을 가장 잘 인지할 수 있는 당사자(제조물 관련 사고의 경우 제조업자)에게 책임이 부과되므로, 결과적으로 제품의 가격이나 근로자의 임금이 적절히 조정될 수 있다.

하지만 산업안전보건법과 같은 산업재해 관련법에서의 무과실책임 법원칙이나 미국의 OSHA법에서의 엄격책임(strict liability)은 다음과 같은 몇 가지 비효율을 초래할 수 있다. 우선적으로 생각해볼 수 있는 비효율은 사용자가 근로자에 대해 기여과실책임을 물을 수 없음에 따라, 근로자들의 주의유인이 사라져 근로자들이 지나치게 낮은 수준의 주의(precaution)를 기울이게 될 것이다.

하지만 이러한 문제는 다음 두 가지 이유로 인해 그다지 심각하지는 않다는 연구결과가 있다.[10] 첫째, 사용자는 이러한 근로자의 도덕적 해이 문제를 줄이기 위해서 좀 더 높은 수준의 주의를 기울이는 근로자에게 더 높은 보수를 지불하는 계약을 체결함으로써 근로자의 적정 주의수준을 유도할 수 있을 것이다. 둘째, 산업재해에 대한 무과실책임의 법원칙은 주어진 재해수준에 대한 보상수준을 한정하고 있으므로, 일반적인 불법행위법상 무과실책임 아래서 나타날 수 있는 잠재적 피해자의 도덕

---

10) Richard A. Landers and Richard Posner, *The Economic Structure of Tort Law* (Cambridge: harvard University Press, 1987), pp.310~311.

적 해이 문제를 낮추게 될 것이다. 이 두 번째의 이유에 대한 이론적 근거에 대해 좀 더 상세히 살펴보자.

어떤 작업장에서 일하는 근로자가 상해를 입는 사고가 발생했다고 하자. 해당 근로자의 실제 손해액은 $D(x, y)$원인 반면에 자신이 관련법에 따라 수령할 것으로 예상되는 보상액은 $\overline{D}$원의 고정금액이라고 하자.[11] 이때 x는 사용자의 주의수준이며 y는 근로자의 주의수준이다. 이때 근로자가 선택하는 주의수준은,

$$y + p(x,y)[D(x,y) - \overline{D}]$$

식을 최소화하는 y값으로 나타낼 수 있다. 따라서 근로자들은 잠재적 산업재해에 대해 일반적인 불법행위법상 무과실책임법리 아래서의 주의수준($y=0$)과는 달리 양(陽)의 y값을 보일 것이다. 다시 말해 근로자는 재해발생 시 자신의 과소보상의 우려로 인해 일정 수준의 사고예방노력을 기울일 유인을 갖게 되는 것이다.

산업재해 관련법에서의 무과실책임 법원칙이 갖는 또 다른 비효율성은 재해의 업무관련성에 관한 입증책임이 근로자에게 주어져 있다는 문제에서 찾아볼 수 있다. 만일 근로자의 위해가 작업장에서의 사고의 결과라면 해당 위해의 업무관련성을 보이는 데 별 문제가 없을 것이다. 하지만 산업 근로자의 발병이 유해한 작업환경을 포함한 다양한 원인을 갖고 있는 경우라면 업무관련성 여부를 근로자가 입증하는 데 어려움을 겪게 될 것이다. 이 경우 사용자의 안전한 작업환경 제공 유인이 약화될 수 있는 것이다. 하지만 이 경우도 다음과 같은 법원칙이 제공된다면 사

11) 사업장에서의 무과실책임은 상해의 정도에 따라 정해진 보상액이 주어져 있다는 점에서 불법행위법상 엄격책임과는 차이가 있다.

용자의 주의유인을 유지시켜줄 수 있을 것이다. 즉, 근로자의 발병이 업무에 관련되었을 확률이 일정 수준(예컨대, 법정 확률) 이상일 경우에, 전적으로 사용자에게 책임을 부담지우거나 혹은 해당 확률에 비례적으로 부담지우는 법리를 적용하는 것이다.

3) 산재보상을 위한 인과관계 증명책임

산업재해에 대한 보상문제에서 업무상 재해 여부에 대한 입증책임은 산재에 관련된 주된 법적 쟁점의 하나이자, 매력적인 경제분석의 대상이 된다. 앞서 살펴보았듯이 불법행위로 인한 피해자가 자신의 권리를 회복하기 위해서는 가해자의 과실 내지 의무위반 행위가 자신이 입은 손해의 원인임을 입증해 보여야 한다. 이러한 고전적 불법행위이론에서의 '인과관계의 요건'의 문제를 산업재해에 대한 보상 문제에 적용해보자.

산업재해보상보험법 제4조에서 말하는 업무상 재해는 근로자가 업무수행 중 그 업무에 기인하여 발생한 재해를 말하므로 해당 업무와 재해 사이에 상당인과관계(proximate cause)가 있어야 한다.[12] 산업재해로 인한 피해자의 손해와 재해를 유발한 업무 사이의 인과관계 입증의 문제를 최근의 판례(대법원 2005.11.10. 선고 2005두8009 판결)를 중심으로 살펴본다. 이 판례에서 피해자는 1991년 8월 1일 모 회사에 입사하여 8년 이상 발암물질에 노출된 환경에서 근무해오다가 폐선암 진단을 받고 치료를 받던 중 전이성 폐암 말기 증상에 따른 심폐정지로 사망했다. 사건의 판

12) 우리 민법 제750조에서 말하는 인과관계는 이론적으로 '사실적 인과관계(cause-in-fact)'와 '법률적 내지 상당인과관계(proximate cause)'로 구분됨을 이 책의 제1장에서 설명했다. 이때 전자는 피해자가 가해행위와 손해 사이의 인과관계의 증명에 관한 관계이고, 후자는 가해자의 침해행위에 배상책임을 귀속시키기 위한 배상책임의 성립 여부와 손해배상의 범위에 관한 문제이다.

결내용을 요약하면 다음과 같다.

피해자는 발암물질로 알려진 석면과 유리규산에 노출된 작업환경에서 8년 이상 근무하다가 폐암으로 사망했다. 이 경우 피해자의 사망원인인 폐암에 이르게 된 의학적 경로가 정확하게 밝혀지지 아니했다고 하더라도 그가 암 발생과 관련이 있는 유해물질에 장기간 노출된 상태에서 과도한 업무를 계속하느라 면역기능이 약화되어 폐암이 발병했거나, 발생한 폐암이 조기에 발견되어 치료되지 못한 채 자연적인 진행경과 이상으로 급속히 악화된 후에야 발견됨으로써 그 치료에도 불구하고 사망에 이르렀다고 인정함이 상당하다. 따라서 피해자의 사망이 업무상 재해에 해당한다(고 한 원심의 판단은 정당하다).

이 사건의 판결요지를 보면, 재해로 인한 피해자의 손해가 가해 작업장의 유해환경에 기인되었음을 인정하고 있으며, 양자 간의 '상당인과관계'에 기해 피해자의 입증책임을 완화해주고 있음을 읽을 수 있다.[13] 이 사건의 판결요지를 인용해보면, "발암물질에 노출된 유해한 작업환경에서의 업무와 재해 사이의 상당인과관계의 유무는 보통 평균인이 아니라 당해 근로자의 건강과 신체조건을 기준으로 하여 판단해야 하고, 또한 인과관계의 입증 정도에 관해도 반드시 의학적·자연과학적으로 명백히 입증해야 하는 것은 아니고 제반 사정을 고려하면 된다"고 한다. 따라서 이 사건에서는 해당 업무와 발생된 재해 사이에 상당인과관계가 있다고 추론되며, 이 경우에도 그 입증책임이 충족된 것으로 판결했다.

이러한 상당인과관계의 기준은 사실 '사실적 인과관계 내지 조건설'에 따른 인과관계의 지나친 확대를 방지하면서도 피해자의 입증책임을 완

13) 이 책의 제1장 제2절(불법행위책임의 성립요건)을 참고할 수 있다.

화 내지 경감시켜주는 역할을 한다. 다시 말해, 일반적 경험법칙에 비추어 특정 행위에서 특정 결과가 발생할 만하다고 보는 '상당한 원인'인 경우에 법률적 인과관계를 인정하는 것이 이 책의 제1장 제3절에서 살펴본 '상당설' 기준에 따른 법률적 인과관계인 것이다.

4. 산업재해에 대한 사용자책임과 공동불법행위책임

1) 산업재해에서의 사용자책임의 평가

불법행위 사고에 관련된 사용자책임(vicarious liability)과 구상권 및 공동불법행위의 문제에 대해서는 이미 제7장의 제2절과 제3절에서 경제이론적으로 살펴보았다. 여기서는 가급적 설명의 중복은 피하되, 산업재해에 관련된 판례 등을 통해 사용자책임과 공동불법행위의 문제를 법경제학적 관점에서 검토한다.

피고용인의 작업 중 사고 등 산업현장에서의 발생하는 산업재해에 대해서도 노동시장이 완전하게 작동한다고 가정하면 다툼의 당사자 간 법적 책임의 배분 문제는 자연스럽게 임금에 반영되어 불법행위법원칙이 관여할 필요가 없어지게 된다. 다시 말해 불법행위법의 원칙보다는 계약의 수단을 통해 산업재해의 문제를 해결할 수 있는 것이다. 하지만 현실의 노동시장은 완전하지 않으며, 많은 시장실패 요인들로 인해 이러한 계약에 의한 책임의 배분이 효율적이지 않은 경우가 대부분이며, 따라서 불법행위법 원칙에 따른 문제의 해결이 필요하다. 이른바 불법행위법상 사용자책임 원칙의 핵심은 우리 민법 제756조에 잘 나타나 있다. 즉, 민법에는 "사용자가 그의 업무 또는 영업에 타인을 사용하여 사업을 수행하게 하던 중에 제3자에게 손해를 발생시킨 때에는 그 타인의 책임과는 별도로 피해자에 대신해서 손해배상책임을 부담한다"고 규정되어 있다. 한편으로, 민법 제756조 제3항에서는 사용자 내지 대리 감독자가 배상했을 경우에는 피용자에 대한 구상권 행사가 가능함으로 명시하고 있다.

사용자책임 법원칙에 따라 사용자(사업주)는 피용자(근로자)의 비의도적인 작업장에서의 불법행위에 대해서 피용자의 책임과는 별도로 자신이 배상해야 할 의무를 부담한다. 물론 민법 제756조 제1항 단서조항에 따라 사용자가 피용자의 선임이나 그 사무감독에 상당한 주의를 기울인 경우에는 제외이다. 이와 같이 사용자에게 면책(免責)을 인정한 것은 사용자가 지게 되는 책임원칙이 과실책임(negligence)임을 보여주는 것이다. 다만 이 경우 면책사유에 대한 입증책임은 사용자가 부담하도록 하고 있으므로 일반적인 불법행위법상 과실책임보다는 사용자의 책임이 더 과중하다고 볼 수 있다. 실제로 관련 판례에서도 민법 제756조 제1항의 단서조항에 따른 면책은 거의 인정되지 않으며 경우에 따라서 무과실책임의 법원칙이 적용되는 경우도 있다.

이러한 측면은 우리와 유사한 법체계를 갖고 있는 일본의 경우도 마찬가지다. 예컨대 일본의 한 회사에 고용된 탱크로리의 운전자가 부주의로 다른 차에 추돌하여 피해를 입힌 사례인 최고재판소(最判) 昭和51年7月8日民集30巻7号689頁 판결에서 일본 최고재판소(대법원)는 "사업의 성격, 규모, 시설여건, 피용자의 업무 내용, 노동조건, 근무태도, 가해행위의 양태, 가해행위의 예방 내지 손실분산 관련 사용자의 배려의 정도 등 제반의 사정에 비추어 '손해의 공평한 분담'이라는 견지에서 신의칙(信義則)상 상당하다고 인정되는 한도"에서 구상권이 인정된다고 판시[14]함으로써 법상의 단서조항에 따른 면책을 인정하지 않았다.

14) 인터넷상 노동판례집사이트(http://www.ne.jp/asahi/morioka/masato/roudou.htm) 및 前田陽一, 『債権各論Ⅱ(不法行爲法)』(東京: 弘文堂, 2007), p.138을 참고했다.

2) 피용자의 불법행위가 공동불법행위인 경우

산업재해의 문제는 앞서 언급했듯이 사용자와 피용자와의 공동불법행위에 기인해 발생할 수 있으며 경우에 따라서는 여러 피용자의 불법행위가 공동불법행위에 해당하는 경우도 있다. 어떠한 형태의 공동불법행위이든 행위자 간의 구상관계가 성립한다. 예컨대 어떤 사용자가 피용자의 불법행위에 의해 발생한 피해자의 손해에 대해 전액 배상했을 경우 그는 공동불법행위자에 해당하는 복수의 피용자에 대해 양자의 과실비율에 따른 구상 요구가 가능하다.

제7장 제3절에서 설명했듯이 공동불법행위책임에 대한 주된 경제적 논점으로는 공동불법행위자 사이의 구상권 인정 여부와, 과실비율에 따른 구상권 행사의 가부 문제가 있다. 일반적인 공동불법행위의 경우 관계된 공동불법행위자가 함께 주의를 기울이면 사고가 방지될 수 있다. 또한 그러한 전제 아래에서 이론적 효율성을 가져올 수 있는 것이다. 따라서 법원의 입장에서 어떠한 법원칙을 적용해야 사회 최적 내지 총사고비용의 최소화를 가져오는 행위자 각자의 최적주의수준을 유도할 수 있을지가 매우 중요한 사법(司法)정책의 하나이다.

우리는 이미 공동불법행위에 있어서 민법 제756조 제3항의 규정에 따른 구상관계의 인정 여부에 관계없이 효율성 측면에서는 차이가 없음을 제7장 제3절에서 살펴본 적이 있다. 다시 말해 사용자의 구상권을 인정하든지 인정하지 않든지 관계없이 사용자와 피용자, 혹은 피용자와 공동불법행위관계에 있는 다른 피용자는 총사고비용을 최소화하는 수준의 주의를 기울이게 된다. 사례를 통해 그 의미를 구체적으로 생각해보자. 우선 한 피용자와 다른 피용자 사이의 공동불법행위 관계의 경우를 논한 후, 사용자와 피용자와의 공동불법행위에 대해 이 논의를 응용한다.

어떤 운수회사 소속의 택시가 보행자를 치어 부상을 입힌 사고가 발생했고, 피해자의 손해배상청구소송이 제기되었다고 하자. 해당 사고는 회사의 피용자인 운전자의 운전 부주의와 자동차 정비원의 정비상 과실에 동일하게 기인해 발생했다는 점이 인정되었다. 이 사고를 예방할 수 있는 운전자와 정비원의 주의비용이 각각 400만 원이라 하고, 기대사고비용(손해배상액)이 1,000만 원이라 하면, 소송의 양 피고가 각각 부담해야 할 기대손해배상액은 500만 원이다.

이 때 손해배상금의 구상을 청구할 수 있고 또 인정되는 한 누가 먼저 배상하든지 관계없이 전액배상 후 다른 공동행위자로부터 배상액의 반을 구상 받을 수 있어 자신의 기대손해배상액은 500만 원이 된다. 한편 구상권이 인정되지 않는 경우의 기대손해배상액은 1,000만 원 × (0.5) + 0원 × (0.5), 즉 500만 원으로 구상권이 인정되는 경우와 동일하다.[15] 다시 말해 각 공동불법행위자의 기대손해배상액은 구상권의 인정 여부에 영향 받지 않는다. 따라서 부진정연대채무관계에 있는 운전자와 정비원은 구상관계의 인정 여부에 관계없이 사고방지를 위해 주의를 기울일 것이다. 즉, 사고예방을 위한 각자의 주의비용이 400만 원이지만, (구상권의 인정 여부에 관계없이) 기대손해배상액이 500만 원이므로 주의 노력할 유인이 되는 것이다.

하지만 만일 두 명의 주의비용이 다른 경우, 예컨대 사고방지를 위한 운전자의 주의비용이 600만 원인 반면, 정비원의 주의비용은 200만 원인

15) 그 이유는, 운전자와 정비원 중 누가 피고의 입장이 되어 전액 배상할지 사전에 모르는 상태에서 각자는 전액 배상해야 하는 50%의 확률과, 무배상의 50%의 확률 아래 놓이기 때문이다. 경제학에서는 정보의 비대칭성 등의 원인에 의해 불확실성(uncertainty)이 존재할 때 이와 같이 '기대가치 계산법'을 사용한다. 기대가치(expected value)란 발생 가능한 사상(事象, event)의 가치와 그 사상의 발생확률의 곱을 모두 합한 값을 의미한다. 본문의 사례에서는 발생가능사상의 발생확률을 각각 0.5, 0.5로 놓았는데 이는 행위자가 위험에 대해 중립적(risk neutral)임을 암묵적으로 전제한 것이다.

경우는 어떨까? 정비원은 500만 원의 기대사고손해액을 회피하기 위해 기꺼이 사고방지를 위한 주의를 기울일 것이다. 한편 운전자는, 500만 원의 기대손해배상액을 회피하기 위해 600만 원의 주의비용을 들이지 않을 것이므로 일견 사고방지를 위한 유인이 없어 보인다. 하지만 그렇지 않다. 왜냐하면 정비원은 200만 원의 주의비용을 들여 자신의 과실이 면해져 공동불법행위책임으로부터 자유롭게 되고, 따라서 운전자는 사고발생 시 전체 손해액인 1,000만 원을 배상해야 한다. 따라서 이를 회피하기 위해 600만 원의 사고방지를 위한 주의를 기울일 것이다. 즉, 두 명의 사고예방비용이 서로 다른 경우에도 구상권의 인정 여부에 관계없이 공동행위자 모두 효율적 수준의 사고방지노력을 기울이게 된다.[16]

이러한 사용자의 구상권에 관한 논의는 사용자와 피용자 간의 공동불법행위 관계의 경우에도 동일하게 적용될 수 있다. 즉, 가해자인 운전자 대신, 운전자와 정비사의 부진정연대채무(不眞正連帶債務) 관계에 근거해 피해자에게 전액 배상한 운수회사는 정비사에 대해서도 정비사 부담부분에 대해 구상을 할 수 있다. 실제 판례에서도, 피용자와 사용자를 책임 내용뿐 아니라 구상관계에 대해서도 동일하게 취급하고 있다.[17]

---

16) 본문은 민법 제756조 제3항에 의거하여 공동불법행위자에 대한 손해배상금의 구상을 청구할 수 있을 뿐만 아니라 동법 제750조에 따른 '과실책임'의 법원칙이 적용되며, 공동불법행위책임소송에서 피고의 구상권 행사에 거래비용이 들지 않는 경우를 암묵적으로 전제한 것이다. 따라서 만일 이러한 전제가 뒷받침되지 않는 경우에는 당연히 본문의 논리전개도 달라질 수 있다. 예컨대 법원에서 과실책임의 법리 대신 무과실책임의 법원칙을 적용하게 된다면 구상권이 인정되는지 여부(혹은 인정범위)에 따라서 각 공동불법행위자의 주의유인이 달라질 것이다.

17) 일본의 다음 판례를 참조할 수 있다. 最判 平成3年10月25日民集45卷7号1173頁判決.

5. 다른 경제분석 논제들

지금까지 살펴본 여러 논제 외에도 산업재해에 관련된 다양한 쟁점들이 경제적 분석의 대상이 될 수 있다. 예컨대 산재에 관련된 중요한 정책 수단으로서 사용자의 보상보험의 이용을 들 수 있다. 여느 보험과 마찬가지로 산재보상보험은 사용자의 산재방지노력에 영향을 미치게 되며, 덧붙여 근로자의 산재방지노력에도 영향을 미친다. 또한 발생된 산업재해에 대해 보험을 통한 보상수준의 적정성 여부에 대해서도 많은 논란이 있으며, 이에 대한 올바른 해결책을 제공하기 위한 수단의 하나로 경제적 분석이 필요한 것이다.

본 장에서 살펴보았듯이 산업재해 피해자의 손해를 보상하는 제도로는 산업안전보건법이나 산업재해보상보험법 등에 근거한 산업재해보상제도와 함께, 법원에 손해배상을 구하는 민사소송제도가 병존하고 있다. 그동안 산재에 대한 손해배상은 현행제도상 사업자의 무과실책임의 이념이 일정 부분 확립되어 있어, 민법 제750조나 제756조 등에 기초하여 사용자 등의 불법행위책임을 묻는 것이 일반적 형태였다. 하지만 오늘날에는 노동계약 등에 기초한 사용자의 계약책임(예컨대, 안전배려의무 위반 등의 채무불이행 책임 등)을 묻는 형태가 중심이 되고 있는 실정이다.

이 책에서는 불법행위법의 범위 내에서 산업재해의 경제분석에 관한 여러 논제에 대해 살펴보았으나 복잡성을 피하기 위해 대부분 직관적 관점에서의 검토에 의존했다. 좀 더 이론적 이해가 필요한 독자는 각주 등에 제시한 관련 문헌들을 참고하기 바란다.

The Economics of Tort Law

제13장

환경오염사고의 법경제학

환경오염에 따른 외부효과를 내부화하는 수단으로는 오염피해 당사자 사이의 자발적 협상에 의한 방법과 불법행위법상 제재수단을 이용하여 강제하는 방법, 그리고 행정적인 직접규제와 일정한 징역형과 벌금의 부과와 같은 형사법적 제재방법이 있다. 제13장에서는 이러한 환경오염에 대한 제반 제재수단 중 민사법상 불법행위법에 의한 제재에 대해 경제적인 관점에서 분석하며, 현실에서 발생하는 다양한 형태의 환경오염 중에서 '환경사고(environmental accidents)'로 일컬어지는 예기치 못한 유해물질의 누출로 인한 환경오염 문제에 초점을 맞춘다. 이러한 환경오염 사고는 다른 사고형 불법행위와 마찬가지로 민법상 불법행위법적 구제 내지 억제수단의 효율성 문제를 검토할 좋은 대상의 하나이다.

1. 경제학적 시각에서의 환경문제

환경문제는 주로 인간의 경제활동, 즉 생산활동과 소비활동의 결과로 야기되는 여러 가지 환경오염에서 비롯된다. 환경에 관련된 소비자문제의 대표적인 예로는 산업폐기물 유출에 따른 수질오염과 자동차배출가스로 야기되는 대기오염, 원유누출로 인한 해양오염, 그리고 체르노빌 원전사고와 같은 방사능누출에 따른 복합적 환경오염 등을 들 수 있다.

이러한 환경문제는, 경제학적 시각에서는 이른바 환경재(環境財) 내지 환경오염재(이하 환경재라 한다)의 생산 과정에서 야기되는 외부효과에 기인하며 시장실패의 하나로 인식된다.

환경오염에 따른 외부효과를 내부화하는 법적 수단으로서는, 환경정책기본법[1]이나 대기오염방지법 등 개별 환경입법[2]에서의 책임조항에 의한 직접규제방식, 환경오염 내지 공해를 민법상의 불법행위로 간주하여 손해배상청구권(민법 제750조) 행사를 통해 강제하는 방식, 소유자나 점유자의 물권에 기초한 소유권 반환 및 생활방해청구권(민법 제213~214조, 제217조), 하자담보책임(민법 제580조) 등에 기초한 손해배상청구나 유

---

1) 우리나라의 환경정책기본법에 해당하는 일본의 법은 1993년 11월에 시행된 '환경기본법(環境基本法)'이다. 일본의 경우 환경기본법이 마련됨으로써 기존의 공해대책기본법이 폐지되었으며, 그때까지 자연보호를 위한 기본법으로서의 역할을 해오고 있던 자연환경보전법도 그 역할이 대폭 축소되었다.

2) 환경정책기본법은 다양화되고 광역화되는 환경문제에 효과적으로 대처하기 위해 기존의 환경보전법에서 분리된 환경정책에 관한 기본법으로서, 1990년 8월 1일에 환경보전법이 환경정책기본법, 대기환경보전법, 수질환경보전법, 소음 및 진동규제법 등 6개 법으로 분리·제정된 바 있다. 즉, 개별 환경법의 기본방향과 이념을 설정하고 헌법과 개별 환경법을 연결하는 역할을 하는 환경정책기본법과 대기, 수질, 소음 및 진동 등 오염매체별 개별 환경법을 제정하게 된 것이다. 그 외에도 1990년대에는 토양환경보전법, 먹는물관리법, 독도 등 도서지역의 생태계 보전에 관한 특별법, 한강수계 상수원 수질개선 및 주민지원 등에 관한 법률, 습지보전법이 제정되었다. 이어 1999년 12월 말에는 환경정책기본법이 개정되었고, 환경범죄 처벌에 관한 특별조치법을 대체하여 환경범죄의 단속에 관한 특별조치법이 제정되었고, 종전의 환경영향평가법을 대체하여 환경교통재해 등에 관한 영향평가법이 제정되었다. 2000년에 들어와서도 수도권매립지 관리공사의 설립 및 운영 등에 관한 법률이 제정되었고 호소수질관리법이 수질환경보전법에 통합되었다. 또한, 2003년에는 수도권 대기환경개선에 관한 특별법이 제정되었으며, 2004년 2월에는 악취방지법과 야생 동·식물보호법이 제정되었다. 또한 2004년 12월에는 친환경상품 구매촉진에 관한 법률이 제정된 바 있다.

지청구의 법적 수단에 의해 강제하는 방식 그리고 일정한 자유형이나 벌금의 부과와 같은 형사법적 제재방식이 있다.

환경오염 피해의 구제는 관련법에 의해 손해배상청구가 인정되는 경우 이외에는 대체로 민법 제750조에 근거한 불법행위책임에 의한 구제수단에 의존하고 있는 실정이다. 그 주된 이유로는, 환경정책기본법이나 대기환경보전법, 수질환경보전법 등의 개별 환경법에 환경오염 피해의 구제를 위한 체계적인 법적 장치가 충분히 마련되어 있지 않을 뿐 아니라, 이러한 입법에서 산성비나 오존층 파괴 및 지구 온난화 등과 같은 새로운 유형의 환경오염 문제에 관한 구체적인 사항을 모두 반영할 수 없기 때문일 것이다.

우리나라는 환경오염사고에 대한 배상책임 여부의 법적 판단에 있어서 기본적으로는 과실책임의 법원칙을 견지하고 있지만, 환경오염피해의 효과적인 구제가 어렵게 된 것을 계기로 관련법과 판결에서 일정 부분 무과실책임으로의 이행이 이루어지고 있는 실정이다. 그런데 이러한 책임법리의 전환이 경제적 효율성의 관점에서는 어떻게 정당화될 수 있는지 살펴볼 필요가 있다. 또한 일반적 사고형 불법행위와는 다른 환경오염사고의 제 특성에 따른 문제의 해소를 위한 불법행위책임의 구제수단들에 대해 경제적 관점에서 재조명해보는 것도 매우 의미 있는 일이다.

이러한 배경에서 다음 절에서는 환경오염의 해소를 위한 일반적인 법적규제에 대한 경제적 당위성에 관해 살펴본 다음, 제3절에서는 일반적 불법행위사고와는 다른 환경오염사고의 특성에 관련된 법적 문제를 검토한다. 이어 제4절에서는 환경오염사고에 대한 책임법리 전환의 타당성 여부에 관해 경제적 관점에서 살펴본다. 끝으로 제5절에서는 환경오염피해에 대한 여러 구제수단들에 관해 정리한다.

2. 환경오염규제의 당위성

1) 법적 규제와 시장중시의 규제

환경문제 해결을 위한 일반적인 규제 형태는 법률에 의한 규제이다. 환경정책기본법에서 정의한 '환경오염'(법 제3조 제4항)에 대한 법적 규제, 즉 대기환경보전법, 수질환경보전법, 소음및진동규제법, 토양환경보전법 등 환경오염이나 공해 문제에 관한 다양한 입법적 대책을 강구하고 있다.

이러한 환경입법에서의 규제의 기본 틀은 대개 환경오염 발생원이 되는 각각의 시설들이 일정 수준 이상의 구조를 하고 일정치 이상의 유해물질을 배출하지 못하도록 하는 개별 규제와, 배출 가능한 환경오염물질을 해당 지역 전체에서 일정량 이하로 제한하는 총량규제 등 두 가지 형태를 하고 있다. 이러한 법적 규제는 기본적으로 정부의 개입과 법적 강제의 성격을 띤다.[3)]

환경문제에 대한 이러한 법적 수단을 통한 규제는 경제이론적으로도 뒷받침된다. 즉, 환경오염의 문제는 이른바 환경재의 생산과정에서 공적 외부효과(public externality)가 야기되는 전형적인 시장의 실패이며,[4)] 그러한 관점에서 환경문제의 해결을 위한 규제당국의 개입에 당위성이 부여된다.

환경오염의 외부효과에 대응하는 수단으로서는, 이러한 직접적인 법적 규제보다는 민간의 의사결정자로 하여금 스스로 문제를 해결토록 경

3) 小林秀之·神田秀木, 『「法と経濟學」入門』(弘文堂, 1986), p.87.

4) 환경오염 사고에 의한 피해는 일반적으로 공적 외부효과(public externality) 또는 공공부재(public bads)의 성격을 띤다. 즉, 비경합성 및 비배제성과 같은 공공재의 특성을 갖고 있음을 의미한다. 공장에서 배출되는 매연이나 소음이 인근 주민들에게 피해를 주는 이른바 생활 방해(nuisance)의 경우가 좋은 예이다.

제적 유인을 제공하는 방식이 좀 더 우수하다. '환경세 부과'의 방식과, 일정량의 오염허가권(pollution permits)을 가진 주체에게만 오염물질의 배출을 허용하는 이른바 '오염배출권' 방식이 그 대표적인 수단이다.

2) 환경세 부과의 방식

피구세(Pigouvian tax) 내지 배출세(effluent charge)라고도 불리는 환경세 부과 방식은 오염자로 하여금 적절한 세율의 환경세를 지불토록 함으로써 생산 활동에 따른 사적한계비용이 사회적한계비용과 일치하게 되고, 따라서 오염자에게 사회적으로 적절한 오염방출량을 자발적으로 선택토록 유도할 수 있다. 이 방식은 상술한 정부의 직접규제 방식에서는 볼 수 없는 오염자 스스로 오염을 줄이도록 하는 경제적 유인을 제공하게 된다.

우리나라는 아직 이러한 환경세 방식이 도입된 사례가 없지만, 이웃 일본의 경우 최근 환경기본법 제22조에 환경부과금을 포함한 경제적 조치에 관한 일반규정이 포함되었다.[5)]

이러한 환경세 부과방식은 고바야시·간다(小林·神田, 1986)가 강조한 것처럼 오염자 개인의 관점뿐 아니라 사회적 관점에 있어서도 저비용으로 오염을 억제할 수 있으며, 오염물질의 배출이 불가피한 산업의 생산활동을 효과적으로 지속될 수 있게 하는 등 여러 경제적 이점이 있다. 또한 조세수입을 오염피해자를 위한 재원으로 활용할 수 있어 정부 재정운영상의 장점도 있다. 하지만 이 방식은 적절한 세액산정의 어려움이 수반되며, 유류세의 적정성에 관한 논쟁에서 보듯이 경제효율성 이외의 여건들로 인해 환경오염 억제라는 환경세 본래의 취지가 퇴색되는 측면도 있다.

---

5) 宍戸善一, 『法と経濟學: 企業關連法のミクロ経濟學的考察』(有斐閣, 2004), p.141.

3) 오염배출권 거래 방식

오염배출권 거래방식은 이러한 환경세 부과 방식의 결점을 극복하기 위한 방안의 하나로서, 정부가 경매를 통해 오염물질 배출권을 판매하는 형태이다.[6)]

이 방식의 장점은 오염배출권이 어떤 기업에 어떻게 배분되었는지에 관계없이 경제적 효율성의 달성이 가능하다는 점이다. 오염배출권의 자유로운 시장거래에 의해 높은 오염감소비용이 요구되는 기업은 동 권리에 대한 수요가 높아질 것이고, 저비용으로도 오염감소가 가능한 기업은 그렇지 않은 기업에게 자신의 권리를 판매할 수 있다. 따라서 자유로운 오염배출권 거래시장이 존재하는 한, 해당 권리가 최초에 어떻게 배분되더라도 최종적인 배분은 효율적으로 될 것이다.

오염배출권의 거래 방식은 환경오염의 해소를 위한 현실적인 환경정책의 하나로 주목받고 있다. 예컨대 미국에서는 1990년의 대기정화법(Clean Air Act) 개정 시 이산화유황의 배출량 거래 프로그램을 법제화했으며, 2005년 2월에 발효된 교토의정서에 따라 2008년부터 선진국의 온실가스 의무 감축과 탄소배출권의 거래가 개시되었다. 또한 최근 우리나라에서도 탄소배출권을 제한하는 입법을 추진하는 등[7)] 경제적 논리를 바탕으로 한 환경문제의 해결 시도가 현실화되고 있다.

---

6) 논자에 따라 오염권, 오염허가권, 환경권 등으로도 불리는 오염배출권 거래방식은 사회에서 수용 가능한 오염물질 배출 총량을 미리 정해 그 배출권한을 국가나 지방공공단체가 공매를 통해 공해물질 배출 기업에 판매하고, 기업 간 오염배출권의 거래를 용인하는 방식이다.

7) 정부에서는 온실가스 총량제한 및 오염배출권 거래제 등을 포함하는 '저탄소녹색성장기본법'을 2009년 1월 15일 입법예고했다. 한국은 2013년부터 새롭게 적용하는 '포스트교토'체제 아래 온실가스 의무감축국가에 포함될 가능성이 높다.

환경오염사고의 경우, 결함 제조물사고, 의료사고, 산업재해 등과 같은 일반 시장형 불법행위에 따른 사고손해와 마찬가지로 오염의 야기자 내지 가해자와 피해자 간 협상을 통해 적절한 보상 내지 해당 비용의 내부화가 가능하다면 환경오염에 의한 외부효과의 문제는 대부분 해결될 것이다. 다시 말해, 환경재의 이용에는 비용이 수반되며, 과다한 환경재의 사용 시 관련 사고로 인한 피해자 보상 수준이 높아진다는 것을 오염자들이 인식하는 상황이라면, 오염자들은 자신들의 생산활동에서 적정수준만의 환경재의 사용을 위해 노력할 것이다. 결과적으로 오염량이 감소되어 사회적으로 바람직한 수준의 오염만 발생될 것이다.

하지만 시장에서는 환경오염으로 인한 외부효과가 자체적으로 내부화될 수 있는 여건이 충분하지 않다. 환경오염의 경우 다음 절에서 피력하듯이 피해자 한사람의 피해액은 상대적으로 작지만, 피해가 광범위해 다수 피해자 손해의 합은 상당히 크다는 특징이 있다. 또한 오염자가 다수이거나 불확실함에 기인하여 확인과 제재가 쉽지 않다는 측면에서 환경오염 문제의 해소가 한층 더 어려워진다. 따라서 다른 수단, 예컨대 불법행위 배상책임과 같은 사후적 규제수단을 통해 환경오염의 외부효과를 억제할 필요가 있다.

3. 환경오염사고의 특성과 불법행위책임

환경오염에 대한 경제분석은 자동차와 같은 제조물에 관련된 사고나 의료사고 등 일반적인 불법행위 사고에 관한 경제적 분석 형태와 유사하게 접근할 수 있다. 하지만 환경오염사고의 경우 일반적인 불법행위 사고와는 다른 몇 가지 특징적인 문제들 — 예컨대 다수의 피해자, 인과관계 입증의 어려움, 피해의 누적성과 반복성 등의 문제들 — 을 내포하고 있다. 본 절에서는 이러한 환경오염에서의 여러 특징적 요소들에 따른 불법행위 책임의 문제를 경제적인 관점에서 살펴본다.

1) 다수 피해자

우리가 뉴스를 통해 들어온 지구상에서 발생하는 환경오염사고는 인류의 재앙(災殃)으로 불릴 만큼 다수의 피해자가 결부된 대규모인 경우가 많다. 예컨대 1980년대 인도에서 발생하여 수만 명의 인명을 사상케 한 MIC화학물질 누출 사건[8]이나 1986년 구(舊)소련에서 발생하여 수백 명의 사상자와 수십억 달러의 경제적 손해를 야기한 체르노빌 원전의 방사능 누출 사건,[9] 2007년 말의 서해안 원유누출사고가 대표적인 환경오염

---

8) 1984년 12월 인도 중부 보팔 시에 있는 유니온 카바이드사(Union carbide)에서 농약제조용 MIC(Methyl Isocyanate) 40여 톤이 누출되어 많은 인명피해를 발생시켰다. 사고의 원인은 메틸이소시아네이트 저장탱크에 MIC를 과다 저장했으며 안전장치를 작동시키지 않고 운전함으로서 MIC의 누출로 인해 발생되었다. MIC는 제1차 세계대전 때 유태인 학살에 사용한 독가스인 포시겐보다 독성이 5배나 강한 화학물질이다. 이 사고로 인해 공식 사망자 수만도 2,800여 명이었으며, 5만 명이 넘는 중환자가 발생했다.

9) 1986년 4월 26일 구소련의 체르노빌에서의 원자력 발전소가 폭발하여 해당 지역과 인접국들에 막대한 피해를 준 인류 사상 최악의 원자력발전 사고로 기록된 사고이다. 공식적으로 9만 3,000명이 사망했고, 방사능 누출에 의해 생긴 암환자가 약 12만 3,000명으로 집계되었다. 인명 피해 이외에도, 주변의 호수나 강 등이 방사능에 심각하게 오염되었으며, 그 영향이 향후에도 최소 50년 이상 지속될 것으로 전문가들은 예상하고 있다. 우리나라에서는 이와 같은 방사능 누출로 인한 큰 사고는 없었으나 이웃나라 일본의 경우 1999년의 도우가이무라(東海村) 사고는 자칫 대형 환경오염 사고가 될 뻔했다. 1999년 9월 30일 이바라키 현(茨城縣) 도우가이무라(東海村) 소재의 (주)J·C·O에서 핵연료 물질의 가공 시 임계 사고가 발생하여 종업원을 포함한 다수가 방사능에 노출된 것과 동시에, 주변 10km권 내의 약 31만 명의 주민이 대피한, 일본에서는 전례가 없던 방사능 누출 사고이다.

사고이다. 이러한 초대형 사고 이외에도, 산업화 과정에서 다양한 환경오염사고가 지속적으로 발생하고 있으며 그에 따른 피해가 크게 증가하고 있으며, 그에 따른 피해의 규모와 피해자 수가 크게 늘고 있다.

이러한 다수의 피해자가 발생하는 사고에서 경제적 보상의 문제 중 하나는 비록 다수 피해자로 인한 총합적 손해액은 대규모이지만, 개별 피해자의 피해규모는 상대적으로 미미하여 개별적으로 가해자에게 손해배상요구소송을 제기하기가 쉽지 않다는 점이다.

예컨대 n명의 피해자가 각각 D원의 개인적 손해를 입었다고 하자. 그러면 소송을 통해 요구할 수 있는 총 보상액은 nD가 된다. 이때 각 피해자가 손해배상청구소송을 제기할 경우 소요되는 비용이 각각 c원이라고 하자. 그런데 만일 $D<c$인 경우에는, 비록 사회적인 관점에서는 $nD>c$이어서 소송을 통해 보상을 받는 것이 바람직함에도 각 피해자들은 개별적으로 소송을 제기할 유인이 없게 된다.

이 문제에 대한 해결방안 중의 하나는 각 개별 소송을 묶어 함께 소송을 제기하는 이른바 집단소송(class-action suit)을 제기하는 것이다. 집단소송이란 공통의 이해관계를 가진 집단의 1인 내지 수인이 그 전체를 위해 제고하거나 피소될 수 있는 소송형태로 판결결과는 대표당사자뿐만 아니라 집단 구성원 전체를 기속(羈束)한다.[10] 이러한 집단소송은 개별 피해자들의 법적 구제를 가능케 해줄 뿐 아니라 중복 소송이 제거되어 제

---

10) 우리나라는 원칙적으로 당사자주의(當事者主義)를 취하고 있기 때문에 아직 이러한 집단소송이 일반적으로 인정되고 있지 않다. 다만, 환경분쟁이나 증권분쟁에 대한 집단소송제도가 이미 도입되어 있으며, 최근에는 소비자분쟁 전반에 대한 집단소송제도의 도입이 추진되고 있는 실정이다. 한편, 집단소송과 같은 맥락에서 '단체소송'이 있다. 단체소송이란 일정한 자격을 가진 단체가 일정한 분쟁에 있어서 피해 내지 불이익을 입은 다수의 피해자를 대신하여 소송을 제기함을 인정하는 소송형태를 말한다.

반 행정비용을 줄일 수 있게 된다.

다수의 피해자에 관한 또 다른 경제적 문제는 가해자의 파산에 따른 보상불능의 여건이 될 가능성이 높다는 점이다. 예컨대 가해자의 총자산이 A원이며, 이는 전체피해자의 총피해액보다 적다고 하자. 즉, $A<nD$이다. 이 경우 피해자들은 소송을 통해서도 적절한 보상을 받을 수 없을 뿐 아니라, 책임법리의 유형에 따라서는 가해자의 주의유인을 감소시키는 효과를 초래할 수도 있다. 예컨대 만일 무과실책임의 법리 아래에서라면 가해자는 자신의 기대배상책임액이 총손해액보다 적다고 판단하므로 사회적으로 효율적인 수준의 주의노력을 기울이지 않게 된다. 극단적인 예를 들자면, $nD>A$인 경우 가해자는 nD원이 아니라 A원만 배상하면 될 것으로 기대하게 된다. 따라서 총손해액(nD원) 보상을 조건으로 도출되는 효율적 수준의 주의수준을 보이지 않는 것이다. 반면에, 만일 책임법리가 과실책임법리인 경우에 가해자는 주의노력을 함으로써 자신의 책임을 모두 피할 수 있기 때문에 적어도 법적주의수준 이상의 주의를 기울일 유인을 갖게 된다.

일반적 불법행위책임의 역사와 마찬가지로 환경오염사고에 적용되는 책임법리의 경우도 과실책임에서 무과실책임으로 전환되고 있는 추세이다. 즉, 오염야기자에게 좀 더 엄격한 배상책임을 지우고 있다. 이러한 무과실책임법리로의 전환은 위에서 설명했듯이 오염야기자들로 하여금 배상책임 대신 파산을 '선택'하는 이른바 경영상의 도덕적 해이를 불러올 가능성이 있다. 역사적으로 대형 환경오염사고의 가해자들 중에는 피해자에 대한 보상보다는 파산을 선택하는 경우가 종종 있어왔다.

2) 인과관계 입증의 어려움

환경오염사고에 관련된 두 번째의 특성으로는 가해자의 고의 또는 과실에 따른 가해행위와 손해발생 사이의 인과관계를 확인하는 데 어려움이 있다는 점이다. 특히 오염사고에 관련된 다수의 암묵적 가해자가 존재하여, 실제 오염사고 야기자의 확인이 곤란할 경우에는 인과관계의 입증이 더욱 어렵게 된다. 예를 들어 살펴보자. 어떤 지역의 토지에서 침출(浸出)된 오염수가 주변의 지하수에 유입되어 인근 마을의 식수원(食水源)을 오염시키게 되었다고 하자. 이때 침출수의 원인은 수년 동안 인근에서 조업하고 있는 다수의 중소규모 공장에서 폐기한 유해물질들이 토지에 스며들었기 때문으로 밝혀졌다. 이러한 다수 가해자의 문제는 이 책의 제5장에서 살펴본 민법 제760조에 규정된 공동불법행위(joint tort)의 문제가 된다.

환경오염사고에서의 공동불법행위를 경제이론적으로 설명해보자. 논의를 단순화하기 위해 위의 사례에서 오염야기자가 2명뿐이라고 하고 사고확률을 이들의 주의수준의 함수로 놓자. 즉, $p(x_1, x_2)$이다. 그리고 사고 시 피해를 D로 놓자. 이 모형은 이 책의 제5장에서 설정한 쌍방주의 모형과 유사하며, 차이점은 쌍방주의모형에서는 가해자와 피해자가 함께 주의하는 모형이었지만, 여기서는 두 명의 가해자가 주의하는 모형으로 설정한 점이다. 이때 사회적인 목표는 아래 식과 같이, 주의비용과 기대사고비용의 합으로 정의된 총비용을 최소화하는 가해자 1의 주의수준(x_1)과 가해자 2의 주의수준(x_2)을 구하는 것이다.

$$\underset{x_1, y_2}{Min} \quad x_1 + x_2 + p(x_1,\ x_2)D$$

이때 x_1과 x_2는 각각 피해자의 손해를 완전배상해줄 수 있는 주의수준이 된다. 하지만 두 가해자의 손해배상 총액이 실제 손해액을 초과하지 않는 이상 이러한 효율적 주의가 가능하지 않다. 예컨대 무과실책임하의 경우에 가해자 1이 총손해배상액의 s_1비율을 부담하고, 가해자 2가 나머지 몫인 s_2비율을 부담한다고 하자(이때 $s_1 + s_2 = 1$이다). 이때 각 가해자가 직면하는 문제는 다음 식을 최소화하는 자신의 주의수준, 즉 x_1과 x_2를 구하는 것이다.

$$\underset{x_1, y_2}{Min} \quad x_j + p(x_1,\ x_2)s_j D,\ \ j = 1,\ 2$$

이때 두 가해자 모두 $s_j<1$이므로 사회적 효율적 수준에 비해 지나치게 낮은 수준의 주의노력을 보이게 된다.

현실에서 환경오염에 관련된 공동불법행위의 피해자는 가해자 1인 내지 모두를 상대로 소송을 제기할 수 있다. 영미법 체계에서 피해자가 모든 가해자를 상대로 소송할 경우에는 가해자의 배상액 비율을 피해자가 선택할 수 있는 반면에 우리나라의 경우에는 복수 가해자의 연대책임(공동불법행위책임)을 물을 수 있다. 이러한 원칙 아래서 각 가해자는 자신이 100% 배상할 것으로(다른 가해자의 비율을 0%로) 기대하지 않을 것이므로 스스로 과소한 주의노력을 기울이게 되는 것이다.

이와는 달리 과실책임의 법리 아래에서는 만일 법적주의수준이 효율적 주의수준과 같을 경우 두 가해자 모두 사회적으로 효율적인 수준의 주의노력을 기울일 것이다. 왜냐하면 법적주의수준을 준수함으로써 배상책임을 면할 수 있기 때문이다.[11)]

우리나라의 경우 환경오염사고의 복수 가해자에게 민법상의 공동불법행위책임(민법 제760조)을 지우기 위해서는 공동불법행위자 각자의 행위가 독립하여 불법행위의 요건을 갖추어야 하며 공동으로 위법하게 피해자에게 손해를 가해야 한다. 하지만 환경오염피해의 경우에는 다음 항에

11) 과실책임의 법리 아래 법적주의기준을 준수하기 위한 주의비용이 배상책임을 면하는 이익보다 적게 됨은 쿠터·율렌, 『법경제학』, 이종인 옮김(서울: 비봉출판사, 2000), p.320을 참고할 수 있다.

서 살펴볼 환경오염의 장기적 잠복성의 특성 때문에 이러한 불법행위 요건이 충족되는지 규명하기가 쉬운 일이 아니다. 이러한 점 때문에 환경오염 피해의 경우에 공동불법행위에 대한 특수한 법리가 요구된다. 즉, 환경정책기본법(제31조 제2항)에는 "사업장 등이 2개 이상 있는 경우에 피해자의 피해가 어느 사업장 등에 의해 발생한 것인지를 알 수 없을 때에는 각 사업자는 연대해 배상해야 한다"라는 연대책임의 법원칙을 규정하고 있다. 실제로 법원에서도 이와 같은 취지에서 공동불법행위책임법리를 적용해오고 있다.[12] 예컨대 간사이전력(關西電力)을 포함한 10여 개 회사가 대기오염을 일으킨 일본의 니시요도가와 공해(西淀川公害) 소송이 대표적인 경우이다.[13]

3) 피해의 잠재성, 장기간 계속성

환경오염으로 인한 피해의 또 다른 특성은 피해의 누적성과 반복성, 그리고 격지성(隔地性)을 들 수 있다. 다시 말해 환경피해의 경우 흔히 유해물질에 노출된 시점과 그로 인한 신체상의 위해(危害)가 발생하기까지 일정한 기간이 소요될 뿐 아니라, 실제 피해의 발생이 반복적으로 이루어지며, 거리상으로도 환경오염의 발생지와 피해 발생지가 멀리 떨어진 경우가 많다.

이러한 특성에 결부된 환경오염피해의 경우 해당 위해로 인한 손해의 원인을 밝히기가 쉽지 않으며, 실제 소송에 있어서도 그 인과관계의 입증이 더욱 어려워진다. 따라서 이러한 환경오염의 특성은 잠재적 가해자

---

12) EU의 '환경책임지령안'의 내용을 보면, 유럽에 있어서의 환경책임의 동향은 이러한 예기치 못한 환경오염에 대한 대응책의 일환으로 손해에 대한 연대책임 조항을 두고 있다.

13) 일본의 오사카(大阪)지방법원의 1991.3.9. 판결(平成3年3月9日判時1384号22頁判決).

들이 적절한 주의노력을 기울이지 않도록 하는 유인으로 작용하게 된다.

이때 잠재적 가해자들로 하여금 효율적 수준을 하도록 하기 위해서는 소멸시효를 장기간으로 하는 무과실책임 법원칙이나 과실책임법리를 적용할 수 있어야 할 것이다. 불법행위를 규율하고 있는 우리 민법에는 소멸시효를 최장 10년으로 정하고 있어 이러한 환경오염피해의 누적성과 반복성의 특성을 반영하지 못하고 있다.[14] 그 대표적인 예가 여담에서 소개하는 고엽제 사용에 따른 환경오염 피해이다. 즉, 고엽제로 인한 피해자가 고엽제 노출(explosion)과 현재의 질병 내지 후유증 사이의 인과관계의 입증문제를 차치하고서라도, 종전 36년이 경과한 지금에도 배상청구소송에 의한 구제가 매우 어려운 실정이다. 반면 일본은 최장 20년의 소멸시효를 인정하고 있다.[15]

이 문제는, 입법론적 관점에서 피해의 잠재적·진행적 특성을 감안한 시효를 명시적으로 규정하든지, 실제 판결에서 그러한 사실을 반영해 시효 기산점을 정할 필요가 있다. 전자의 예를 들면, 제조물책임법에서는 "신체에 누적되어 사람의 건강을 해하는 물질에 의하여 발생한 손해 또는 일정한 잠복기간이 경과한 후에 증상이 나타나는 손해에 대하여는 그 손해가 발생한 날부터 기산"(법 제7조 제2항 내지 일본 제조물책임법 제5조 제2항)하는 것으로 규정함으로써, 피해의 잠재성이나 진행성을 인정해 시효 기산점을 정할 수 있도록 하고 있다. 후자의 예로는 일본의 구마모토 미나마타병(熊本水俣病) 소송을 들 수 있다. 즉, 피고의 원인규명에 장기간이 소요되었으며, 최초 피해 발생 이후 20년이 지나 소송이 제기됨

14) 민법 제766조 제1항 및 제2항을 보면, "불법행위로 인한 손해배상의 청구권은 피해자나 그 법적 대리인이 그 손해 및 가해자를 안 날로부터 3년간, 불법행위를 한 날로부터 10년간 이를 행사하지 아니하면 시효가 소멸한다"고 규정되어 있다.

15) 일본(민법 제724조)의 경우는 "손해를 안날로부터 3년간, 불법행위를 한 날로부터 20년 이내"로 규정하여 차이를 보이고 있다.

으로써 소멸시효가 문제가 된 사건으로서, 판결문에서는, 일본 민법 제724조의 '손해 인지 시점'의 기산점을 '위법한 가해행위를 안 때' 혹은 '해당 가해행위와 손해발생 사실과의 상당인과관계가 있는 것을 인지한 때'라는 취지로 이해할 수 있어야 한다고 판시했다.[16]

여담 열셋

고엽제 사용에 따른 환경오염 피해

다수피해자, 인과관계 입증의 어려움, 장기적 잠복기간 등 본문에서 살펴본 환경오염사고의 특징들이 잘 나타나는 대표적인 경우로 베트남전에서 사용된 고엽제 사례가 있다. 1960년대 베트남전에서 미군은 밀림을 없애 게릴라전을 막고자 2·4·5-T계 고엽제를 사용했다. 고엽제의 원 이름이 에이전트 오렌지(Agent Orange)였으며 미군은 이 작전을 오렌지 작전이라 불렀다. 베트남전이 계속되던 1962년부터 1971년까지 미군은 7,900만 리터 이상의 고엽제를 비행기로 베트남 전역에 살포했으며, 이에 피해를 본 베트남인만 400만 명에 이르는 것으로 추정된다. 이러한 고엽제 살포로 밀림은 제거했으나 인간에게는 재앙으로 돌아온 것이다. 사실 지금도 농가에서 사용되고 있는 2·4·5-T계 고엽제에는 유해물질인 다이옥신이 포함되어 있지 않지만, 당시 베트남전에서 사용된 에이전트 오렌지에는 다량의 다이옥신이 포함되어 있었다.

이 고엽제로 인해 전후(戰後) 베트남에서는 태아의 절반이 사산되고 기형아 발생률이 전쟁 전에 비하여 10배에 달했다. 또한 참전 군인

16) 구마모토(熊本)지방법원 판결(1973년 3월 20일, 판시(判時) 제696호 15면).

들의 피해가 40년이 지난 현재까지 계속되고 있다. 예컨대 참전국의 하나인 우리나라의 경우 고엽제 피해자는 후유증 환자 2만 4,056명, 후유의증 환자 7만 4,909명으로 집계되었다. 이들은 대부분 치유 불가능한 신체적 피해와 정신질환 증세를 보이고 있으며, 일부는 2세에게까지 그 피해가 유전된 사실이 확인되고 있다.

그동안 베트남 고엽제 피해자들이 미국의 화학회사들을 상대로 베트남전 당시 암과 유산, 기형아 출산 등을 유발하는 고엽제를 사용해, 피해를 준 데 대해 손해배상소송을 미국 지방법원에 제기했으나, 기각된 바 있다. 당시 담당 법원인 뉴욕 주 지방법원의 잭 와인스타인 판사는 "어떤 나라, 어떤 주의 국내법뿐 아니라 어떤 형태의 국제법에도 원고들의 그런 주장을 뒷받침할 만한 근거가 없다"며 피해 배상 소송을 기각했다.

자료: 이종인, ≪법경제학연구≫, 제6권 제1호(2009), 96쪽

4. 환경오염사고에 대한 배상책임법리의 효율성

1) 배상책임에 관한 법적 판단 기준

제1장에서 살펴보았듯이 불법행위책임은 민법 제750조에 근거하여 손해의 발생, 고의나 과실의 존재, 해당 가해행위의 위법성, 그리고 가해행위와 손해 사이의 인과관계의 성립 등의 요건이 충족되어야 한다. 이러한 일반 불법행위책임의 성립요건을 환경오염사고에 적용해보자.

환경오염사고가 만일 오염자의 고의에 의해 발생되었다면 소송에서 손해를 고의적으로 발생시킨 가해자에게 배상을 요구하면 된다. 하지만 오염자의 과실에 따라 야기된 손해인 경우에는 오염자 또는 피해자의 과실 여부를 판단하여 당해 권리를 누구에게 부여할 것인가 하는 과실 유무의 판단기준이 매우 중요한 문제로 대두된다.

우리 민법상 일반불법행위를 규정하고 있는 제750조에서는 과실책임 법리(negligence rule)를 견지하고 있다. 즉, 손해의 발생, 고의 내지 과실의 존재, 가해행위의 위법성, 그리고 가해행위와 손해 간의 인과관계의 성립 등의 입증을 요건으로 하는 과실책임의 법리를 견지하고 있다. 따라서 환경오염사고의 경우 각각의 환경규제법에서 정하고 있는 주의수준〔法的注意基準, legal care level〕의 준수 여부가 과실 유무의 판단기준이 될 수 있다. 그런데 환경오염사고에 과실책임의 법리를 적용할 경우 오염발생 행위에 대한 법적주의기준의 판단이 용이하지 않다는 점 등 분석상의 문제가 야기될 수 있다. 또한 상술했듯이 환경오염사고의 제 특성으로 인해 사고당사자의 판명과, 가해자의 불법행위와 피해자의 손해 간의 인과관계의 증명도 타 불법행위에 비해 기술적으로 상당히 어려운 경우가 많다.[17)]

이러한 민법상 과실책임법리의 적용에 따른 문제들로 인해 환경오염사고로 인한 효과적인 구제가 어려운 측면 등이 계기가 되어 환경오염에 대한 손해보상의 책임법리가 과실책임에서 무과실책임으로 이행되어왔다고 볼 수 있다. 예컨대 환경정책기본법(環境政策基本法) 제31조 제1항에는 "사업장 등에서 발생되는 환경오염으로 인해 피해가 발생한 때에는 당해 사업자로 하여금 그 피해를 보상"토록 하고 규정하고 있으며, 환경

---

17) 이러한 문제점들에 대한 구체적인 설명은 이상한, 「오염피해의 대가지불제도에 대한 경제학적 분석」, 김정호 엮음, 『한국법의 경제학』(한국경제연구원, 1997) 575~577쪽을 참고할 수 있다.

에 관련된 개별 실정법들에서도 사업자의 고의나 과실이 없더라도 사업자에게 배상책임을 지울 수 있도록 하는 무과실책임 규정을 두고 있다. 즉, 원자력손해배상법 제3조 제1항에는 "원자로의 운전 등으로 인해 원자력손해가 생긴 때" 원자력사업자에게 무과실책임을 지도록 규정하고 있으며, 토양환경보전법 제23조에서는 "토양오염으로 인해 피해가 발생한 때" 오염원인자가 무과실손해배상책임을 지도록 규정하고 있다. 또한 수산업법 제82조는 "산업시설 기타 사업장의 건설 또는 조업이나 선박, 해양시설과 해저광구의 개발 등에 의한 수질오염으로 인해 피해가 발생한 때" 오염발생시설의 경영자에게 무과실책임을 지우고 있다.

무과실책임법리 아래서 가해자인 오염자는 자신의 법적주의기준의 준수 여부에 관계없이 가해행위와 손해 사이의 인과관계가 입증되는 경우에는 자신이 배상책임을 져야 한다. 이러한 환경정책기본법 제31조에 기초한 무과실책임법리가 실제로 어떠한 의미를 갖는지 대법원 2001.2.9. 선고 99다55434 판결을 예로 들어 살펴보자.

> 피고인 한국도로공사가 영동고속도로 확장공사를 하게 되자 원고의 양돈장과 거리가 가까워졌을 뿐 아니라 공사 전 자연방음벽 역할을 하던 야산이 깎였고, 또 교통량의 증가와 차량진행속도의 증가, 아스콘 사용 등으로 고속도로에서 발생하는 소음과 진동이 심해져 원고의 양돈업이 불가능하게 되자, 원고가 양돈업을 폐업하고 피고에 대해 불법행위 등에 기인한 손해배상을 청구했다. 이 사건에 대해 원심은 공사로 인해 인근 지역에 소음과 진동이 증가했다는 점만으로는 어떤 위험과 위해발생 가능성이 있다고 볼 수 없다는 이유로 원고의 청구를 기각한 바 있다.

이 사건의 핵심 쟁점은 공용시설로부터 발생하는 환경오염물질로부터 손해가 발생한 경우, 그 위법성의 판단 기준에 관한 점이다. 이 사건에서 상급심인 대법원에서는 환경정책기본법 제31조에 의해, 사업장 등에서 발생되는 환경오염으로 인해 피해가 발생한 경우에 당해 사업자는 귀책 사유가 없더라도 그 피해를 배상해야 함을 강조했다. 즉, 이 사건에서의 환경오염(물질)에는 소음과 진동으로 사람의 건강이나 환경에 피해를 주는 것이 포함되므로, 피해자의 손해에 대해 특별한 사정이 없는 한 피고의 과실 유무에 관계없이 이를 배상할 의무가 있다는 무과실책임법리에 따른 결정을 한 것이다.

환경오염 내지 공해에 관계된 지금까지의 손해배상소송을 보면 기본적으로는 민법 제750조의 '과실책임'에 근거하는 것이 다수이다. 하지만 위의 '대법원 2001.2.9. 선고 99다55434 판결'과 같이 환경정책기본법 제31조에 기초한 무과실책임법리가 적용된 경우도 적지 않다.

일본의 경우 우리나라와 마찬가지로 민법상 불법행위 조항(일본 민법 제709조)에 근거한 과실책임에 따른 사례가 다수를 점하고 있으며, 따라서 특별법으로서 광업법이나 대기오염방지법, 수질오염방지법 등에서의 무과실책임 규정을 적용했을 경우 이외에는 과실책임법리가 적용되어왔다. 그렇지만 피해자의 사실적 인과관계의 입증책임을 완화한 사례나 국가배상법에 따라 국가의 위법성을 인정한 사례는 종종 있었다. 예컨대 과실의 유무가 주요 쟁점이었던 니가타 미나마타병(新潟水俣病) 판결, 구마모토 미나마타병(熊本水俣病) 판결, 욧카이치(四日市) 판결 등과,[18] 국가배상법 제2조를 적용한 오사카공항공해(大阪空港公害) 판결이 있다.

---

18) 이 세 소송은 이타이이타이병 사건과 함께 일본의 4대 공해소송으로 불린다.

2) 책임법리 간 효율성 비교

(1) 핸드 판사 공식의 적용

앞서 살펴보았듯이 다소의 차이는 있지만 환경오염에 대한 책임 법리가 일정 부분 과실책임에서 무과실책임으로 이행되어온 것이 사실이다. 그런데 이러한 책임법리의 이행이 경제적 효율성의 관점에서 정당화될 수 있을까? 다시 말해 환경오염사고의 배상책임에 관한 법적판단의 기준으로서 어떠한 책임법리가 환경오염에 관련된 사회적 총비용의 최소화를 가져올 수 있을까? 이 문제는, 이 책의 제5장에서 소개했듯이, 과실책임법리 아래에서의 가해자의 과실 여부나, 과실책임법리와 무과실책임법리 간의 행위자의 주의수준 등을 비교하는 데 종종 활용되는 핸드 판사 공식(Hand's rule)을 통해 접근해볼 수 있다.

제5장에서 살펴본 핸드 판사 공식(Hand's Rule)을 이용하여 과실책임법리와 무과실책임법리를 서로 비교해보자. 과실책임의 법원칙 아래서는 환경오염사고의 예방을 위한 주의비용(B)이 사고의 기대손실〔사고확률(P) × 사고 시 손실의 크기(L)〕보다 적은 경우 즉, $B < PL$인 경우에는 오염자의 과실이 인정되어 그에게 오염사고에 대한 배상책임이 인정되는 반면에, $B > PL$인 경우에는 과실이 성립되지 않는다.

핸드판사 공식을 한계적 개념을 도입한 분석모형으로 전환하여 설명하면 $dB < d(PL)$이면 오염자의 과실이 인정되므로 오염자가 책임을 면하기 위해서는 한계비용과 한계편익이 같아질 때까지 주의수준을 높여야 한다. 즉, $dB = d(PL)$인 수준까지 주의를 늘려야 하는 것이다.[19)]

무과실책임법리하의 경우 오염자는 자신의 과실 유무에 관계없이 기

19) 이 식은 제4장에서 사고의 사회적 비용을 최소화하는 효율적 주의수준을 나타내는 <수식 4-2>와 동일하다.

대손실($P \times L$) 또는 기대사고비용만큼의 손해배상책임을 져야 한다. 따라서 이 경우 가해자는 사고예방비용(한계비용)이 기대사고비용(한계편익)[20] 보다 큰 경우, 즉 $dB > d(P \times L)$인 경우에는 전혀 주의유인이 없다. 왜냐하면 사고 시 기대손해액을 보상하는 편이 사고방지를 위해 비용을 지불하는 것보다 이익이기 때문이다. 하지만 그 반대의 경우에는 사고예방을 위한 주의노력을 기울이게 된다. 따라서 사고방지의 측면에서는 과실책임과 무과실책임법리가 서로 차이가 없다는 결론을 얻을 수 있다. 이러한 결론은 가해자의 사고방지를 위한 '주의수준'만을 명시적으로 고려한 결과이다.

(2) 행위수준 감안 시의 주의유인 비교

핸드 판사 공식에 기초한 이상의 논의는, 불법행위법상 과실 유무의 판단 시 오염자(가해자)의 주의수준뿐만이 아니라 행위수준(activity levels)을 함께 고려하는 경우에도 성립될 수 있다. 환경오염사고를 포함한 제반 사고의 경우, 사고확률이나 사고의 크기는 당사자의 주의수준뿐만 아니라 행위수준에도 의존한다. 환경오염의 경우 잠재적 오염자가 생산활동 그 자체를 축소한다든가 저오염발생의 생산 공정으로 전환하게 되면, 즉 행위수준을 낮춘다면 오염사고 발생확률 또는 발생빈도를 줄일 수 있을 것이다.[21]

오염자의 행위수준이 사고비용에 미치는 효과를 살펴보기 위해 오염자 행위수준 a 아래에서의 오염자의 총편익이 $B(a)$이고, 이는 특정 행위수준, 예컨대 a_0에서 최대가 된다고 하자. 만일 사고발생위험이 없는 상태라면 오염자는 a_0수준의 행위를 하게 된다. 이때, 불법행위의 기대사고

20) 기대사고비용이 '한계편익'이 됨을 제5장에서 구체적으로 설명했다. 즉, 주의를 기울임으로써 얻을 수 있는 기대사고비용의 감소는 다름 아닌 편익이기 때문이다.

21) '행위수준'의 문제에 대해서는 제6장 제1절에서 구체적으로 분석한 바 있다.

비용과 주의비용이 오염자의 행위수준에 비례한다고 하면, 총기대사고비용은 $a[x+p(x)D]$가 된다.[22] 이때 총편익이 $B(a)$이므로 사회적 목표는 총사회적후생을 최대화하는 오염자의 행위수준과 주의수준을 얻는 것이다.

$$\max_{a,\, x} B(a) - a[x + p(x)D]$$

위 식의 '최적화'는 두 부분으로 나누어 생각해볼 수 있다. 첫째, 기대사고비용을 최소화하는 주의수준을 구하는 것이다. 사고비용이 오염자의 행위수준에 비례적이라고 가정했으므로 효율적 주의수준 x^*는 행위수준 a와 독립적이다. 둘째, 주어진 효율적 주의수준 아래에서의 최적행위수준을 얻는 것이다. 이 최적행위수준(a^*)은 위의 식을 최적화시키는 행위수준, 즉 해당 행위의 한계적 편익과 한계사고비용이 동일해지는 수준이다. 이 최적행위수준은 총편익이 최대가 되는 행위수준보다 적은 $a^* < a_0$이다.

앞 절에서 살펴보았듯이 과실책임법리와 무과실책임법리는 모두 가해자의 효율적 '주의'를 위한 유인을 제공한다.[23] 하지만 주의수준뿐만 아니라 행위수준을 함께 고려하는 경우에는 양 법리 간에 명확한 차이를 보인다. 즉, 과실책임법리 아래에서 오염자는 법적주의기준(x^*)을 준수하는 한 자신의 행위수준의 크기에 무관하게 책임이 면해지므로, 비록 생

22) 잠재적 오염자가 생산활동을 2배로 늘리면 자신의 주의비용과 피해자의 기대손해액의 크기도 2배가 된다는 의미이다.

23) '가해자의 책임 없음'을 의미하는 이른바 무책임법리(no liability rule)하의 경우, 오염자는 자신의 주의 여부에 관계없이 피해자의 손해에 대한 배상책임이 없기 때문에, (주의유인이 없을 뿐 아니라) 지나치게 높은 행위수준을 보일 것이다. 쿠터·율렌, 『법경제학』, 315쪽.

산라인의 축소나 생산 공정의 개선 등 행위수준의 저감을 통한 오염사고의 억제가 효율적임에도 그러한 수단을 선택할 유인이 없다. 다시 말해 위의 식에서 자신의 총편익에서 '사적'주의비용을 제외한 사적순편익, 즉 $B(a) - ax^*$을 최대화하는 수준의 행위를 하게 된다. 따라서 (제5장에서 설명한 무책임법리아래서보다는 낮은 오염수준을 초래하지만 아래에 논하는 무과실책임법리보다는) 지나치게 많은 수준의 오염을 발생시킬 수 있다.

반면에 무과실책임법리하의 경우라면 오염자는 오염사고 발생 시 자신이 부담해야 할 총비용에 관심이 있게 되므로 자신의 주의수준이나 행위수준이 모두 오염사고방지의 유인으로 작용한다. 다시 말해 오염사고로 인한 분쟁 시 무과실책임하에서 오염자는 자신의 과실 유무 여부에 관계없이 엄격책임을 지게 되므로 오염사고의 원인이 주의태만이든지 아니면 행위수준이든지 관계없이 사고의 사회적 비용을 내부화하게 된다. 즉, 가능한 모든 피해비용과 행위수준이 반영된 오염절감비용을 평가하여 가장 효율적인 방법에 따라 노력할 유인을 갖게 되는 것이다. 즉, 위의 식에서 a^*수준의 오염행위수준을 보일 것이다.[24] 따라서 무과실책임법리가 과실책임법리에 비해 좀 더 효율적이라고 할 수 있다.

이상의 논의를 정리하면, 환경오염사고에 있어 과실 유무의 판단기준을 오염자의 주의수준에 초점을 맞춘다면 과실책임과 무과실책임법리 간 효율성의 차이는 없다. 하지만 오염자의 주의수준뿐 아니라 행위수준까지 함께 고려하게 되면 과실책임에 비해 무과실책임법리의 경우가 보다 효율적이다. 한편, 무책임법리(no liability rule)는 제5장의 <그림 5-5>에서 보듯이 오염자로 하여금 과다한 오염발생의 유인을 제공하게 되므

24) 셰블은 교통사고와 같이 당사자 간 사전교섭이 불가능한 경우 과실책임법리는 가해자의 지나친 행위수준을 초래하는 반면 무과실책임법리는 효율적인 결과를 얻게 됨을 보여준다. Steven Shavell, "Strict Liability versus Negligence," *Journal of Legal Studies*, 9, pp.1~25.

로 좀 더 비효율적이다. 이 문제에 대해서는 독자 스스로 생각해보기 바란다.

(3) 쌍방주의모형

지금까지는 오염자의 사고억제 노력이 오염사고 발생의 결정적인 요인이라는 암묵적 가정을 전제한 것이다. 그런데 만일 가해자인 오염자뿐 아니라 피해자의 주의수준 내지 행위수준을 함께 고려하게 되면 이 결론이 그대로 유지될 수 있을 것인가? 이 질문에 대한 답은 쉽지 않을 것이다. 하지만 여러 가지 가정 아래서 각 책임법리 간 효율성의 차이를 비교해볼 수는 있다.

예컨대 만일 오염자가 법적주의의무를 준수한 경우라면 과실책임법리하에서는 피해자가 자신의 손해액 전체를 스스로 부담해야 하므로 일정한 주의를 기울이게 되겠지만, 무과실책임법리하에서는 오염자의 주의수준이나 행위수준에 관계없이 피해자는 사고예방을 위한 노력에 소홀할 것이다(왜 그럴까? 독자 스스로 무과실책임법리의 의미를 생각하여 답을 찾아보기 바란다). 또한 본 장의 제3절에서 살펴보았듯이 무과실책임의 경우 오염자가 배상책임을 지는 대신 파산을 선택하는 도덕적 해이를 보일 수 있으며, 연대책임의 법원칙 아래 과소한 주의를 기울이는 비효율적 결과를 가져올 수 있다.

이와 같이 오염자와 피해자 모두를 고려하는 쌍방주의 내지 쌍방행위 분석모형에서는 과실책임법리나 무과실책임법리 공히 양 당사자 모두로 하여금 주의를 기울이게 하는 유인이 되지 못함을 알 수 있다.

이 점은 현실에서 오염사고의 당사자들뿐 아니라, 정책을 담당하는 행정담당자들이 직면하는 하나의 딜레마가 된다. 이러한 딜레마를 해소할 수 있는 법정책들을 고려해보면, 우선 제5장에서 분석한 기여과실책임과 과실상계와 같은 법원칙들을 활용할 수 있다. 예컨대 기여과실책임법리 아래에서라면 비록 가해자의 과실이 입증되어 가해자가 책임을 질 수밖에 없는 상황에서라도 피해자의 주의수준이 법적주의기준에 미치지 못할 경우 피해자도 책임을 면할 수 없다. 따라서 기여과실책임의 법원칙은 양 당사자 모두로 하여금 주의를 기울이도록 하는 유인을 제공하게 된다. 과실상계 역시 사고의 각 당사자가 자신의 상대적 과실에 비례하여 손해비용을 부담해야 하므로 양 당사자의 주의를 이끌어낼 수 있다. 환경오염사고의 사례를 들어 이러한 기여과실책임과 과실상계의 법원칙이 단순과실책임 내지 무과실책임법리에 비해 효율적임을 보이는 것은 그다지 어려운 일이 아닐 것이다.[25)]

쌍방주의모형에서의 딜레마 등 책임법리 선택상의 문제를 해소하는 대안으로서 민사적 제재수단과 행정규제 및 시장적 해결방식을 상호보완적으로 활용하는 것도 가능하다. 예컨대 제2절에서 소개했던 환경세 부과나 오염배출권 거래뿐만 아니라 오염 사고자에 대한 손해보험료 할증 등과 같은 경제적 대응수단을 사법적 수단과 함께 강구할 수 있다.

5. 환경오염피해에 대한 구제수단

앞서 환경오염과 같은 유해한 외부효과를 내부화하는 수단으로 당사자 간 자발적 협상에 의한 방법과 불법행위법상 제재수단을 이용하여 강제하는 방법, 그리고 행정적인 직접규제와 형사법적 제재수단 등이 있음을 설명한 바 있다. 이 책에서 논의하는 주된 논제가 민법상 불법행위에 관련된 법과 제도에 관한 경제분석이므로 환경문제에 관한 본 장에서

---

25) 제5장에서 일반 불법행위에 대한 기여과실책임과 비교과실책임의 효율성에 대해 상세히 설명하고 있다 .

의 논의도 민사법상 불법행위법의 범위를 초월하지 않고자 한다. 하지만 환경사고로 인한 이른바 공적외부효과(公的外部效果)의 문제는 불법행위법의 하나로 볼 수도 있지만 일정 부분 재산권법의 영역에 포함되며, 따라서 이러한 환경오염 피해에 대한 구제수단에도 불법행위법과 더불어 재산권제도 아래서의 법적 구제수단이 적용될 수 있다. 예컨대 이 책의 제2장에서 소개한 시멘트회사에서 배출되는 공해물질로 인한 인근의 세탁소 피해에 관한 분쟁과 같은 생활방해 내지 불법폐해(nuisance)의 경우가 그 좋은 예이다. 따라서 본 절에서는 환경오염사고라는 불법행위로 인한 피해에 대한 구제수단으로써 재산권법적 접근방법에 대해서 개괄적으로 살펴보도록 한다.

1) 공적외부효과에 대한 구제수단

대부분의 환경오염사고로 인한 피해는 공적외부효과 내지 공해(public bads)의 성격을 갖는다. 공적외부효과란 사적외부효과(私的外部效果)와 대비되는 말이며 외부효과의 성격이 공공재적 특성을 하고 있음을 의미한다.[26] 즉 공공재의 일반적인 특성인 비경합성(非競合性, non-rivalry)과 비배제성(非排除性, non-excludability)의 특징을 갖는다. 예컨대 공장에서 배출되는 매연이 소수의 이웃에게만 피해를 미치는 경우에는 이러한 공공재적 특성을 보이지 않는 '사적외부효과'가 된다. 하지만 수많은 이웃주민과 가축에 영향을 미치는 경우는 어떤 한 사람이 오염된 공기를 마시더라도 다른 사람들이 마시는 공기의 오염정도에는 영향을 미치지 못하며, 다른 사람들에게 주어진 오염수준의 공기를 마시지 못하게 하는 것이 매우

26) 환경오염피해와 같은 공공재적 외부효과를 소진불가능한(undepletable) 외부효과라고 하며, 영향을 받는 대상이 소수인 사용재적 외부효과를 소진가능한(depletable) 외부효과라고 부르는 경우도 있다.

어렵다는 특성을 갖는 하나의 '공적외부효과'인 것이다.

(1) 강제이행과 손해배상 사이의 효율성 비교

제2장에서 살펴본 시멘트회사에서 배출하는 매연, 먼지, 소음 등과 같은 공해물질이 인근의 다수 주민들에게 피해를 주고 있다고 하자. 이와 같은 유해한 '공적'외부효과를 '생활방해' 내지 불법폐해라고 한다.[27] 이와 같은 생활방해에 대한 법적 구제수단으로는 강제이행 내지 금지명령(injunction)과 손해배상(damages)이 있다. 그런데 환경사고와 같은 공적외부효과에 대처하는 수단으로는 어떤 유형이 보다 효율적일까?

이 물음에 대해 많은 경제학자들은 손해배상의 수단이 보다 효율적이라는 결론을 내리고 있다. 그 주된 논지는, 다수의 피해자와 (암묵적) 가해자가 혼재하는 환경사고와 같은 공적외부효과를 당사자 간 교섭에 의해 시정하기 위해서는 관련된 모든 당사자들 사이의 협력이 필수적인데, 사실상 이러한 상호협력을 위한 교섭은 실패할 가능성이 매우 높을 것이다. 이때 법원이 강제이행이나 금지명령을 내려 생산활동이 중단되어 발생할 사회적 비용이 공적외부효과보다 클 경우 손해배상의 수단이 좀 더 효율적인 구제를 유도할 수 있다. 실제로 많은 생활방해소송의 경우 공장폐쇄에 따른 사회적 비용과 같은 공해예방비용이 손해비용보다 크게 나타나고 있다.

강제이행과 손해배상의 두 구제수단 중 선택을 위해 법원은 환경사고로 인한 외부효과의 성격이 '사적'인지 '공적'인지 판단하기 위해 해당 외부효과로 인해 영향 받는 당사자의 수를 관찰해보아야 하며, 또한 각 수단의 선택에 따른 비용편익분석(cost-benefit analysis)을 해보아야 할 것이

27) 불법폐해에 대한 유지청구(留止請求)의 법적 근거로 '물권적 청구권(物權的請求權), 상린권(相隣權), 불법행위, 인격권, 환경권 등 여러 견해들 간에 대립이 있다. 구체적인 사항은 민법서들을 참조하기 바란다.

다. 하지만 현실적으로 법원에서 이러한 경제적 접근을 수행하기는 쉬운 일이 아니다.

영미법 전통에서는 손해배상의 구제수단보다는 강제이행 수단이 우선적으로 고려되었다. 즉, 생활방해에 의해 공공이 피해를 입는 경우 법원은 전통적으로 관련 당사자들에게 강제이행을 요구해왔다. 그렇지만 다음의 '부머 대 애틀랜틱 시멘트사 사건'[28] 판례에서 보듯이 공적 생활방해에 대해 손해배상의 수단을 요구하는 경우도 적지 않다.[29]

> 미국의 뉴욕 주(州) 알바니(Albany) 시 인근에 있는 애틀랜틱 시멘트공장(Atlantic Cement Co.)에서 소음, 매연, 먼지, 진동 등의 공해물질을 배출하여 인근의 주민들에게 피해를 입힌 사건이다. 이러한 경우 종래에는 법원이 공해방출금지 명령을 내리는 것이 일반적이었으나, 이 사건의 경우 하급심은 시멘트회사가 주민들에게 금지명령 대신 임시배상을 하도록 하는 판결을 내렸다. 그 이유는 만일공장이 강제 폐쇄되는 경우 발생할 사회적 비용이 공해비용보다 크다고 판단했기 때문이다. 특히 그 공장의 투자비용이 4,500만 달러나 되고 300여 명의 종업원이 근무하고 있어 공장폐쇄 비용이 매우 크다고 보았다. 즉, 공해로 인한 손해비용보다 공해예방비용이 더 크기 때문에 공해물질 배출을 금지하는 강제명령보다는 손해배상원칙을 채택한 것이다. 또한 장래에 예상되는 손해에 대해서는 추가적인 소송을 통해 권리를 주장하도록 하는 것이 합리적이라는 법원의 판단이었다.

이러한 하급심 판결에 대해 뉴욕 주 대법원[30]은 다음과 같은 의견을

---

28) Boomer v. Atlantic Cement Co., Inc. 309 N.Y.S. 2d 312, 257 N.E.2d 87(Court of Appeals of New York, 1970).

29) 쿠터·율렌, 『법경제학』, 174~175쪽을 참조할 수 있다.

30) 뉴욕 주의 경우 주 대법원을 항소법원(Court of Appeals)으로 부른다.

추가로 제시했다. 이 사건의 경우 공해예방비용(B)이 사고손해비용($P \times L$)보다 크기 때문에 금지명령이 바람직하지 않지만 다음의 두 가지 수단을 고려해볼 수 있다. 첫째, 금지명령은 내리되 그 집행을 일정 기간 유예함으로써 가해자로 하여금 공해예방을 위한 기술개발과 시설개선을 유도할 수 있을 것이다. 둘째, 손해배상원칙을 채택한 경우 영구배상(permanent damage)을 요구함으로써 공장을 계속 가동하면서 공해예방시설의 조기설치를 유도할 수 있을 것이다. 뉴욕 주 대법원은 이러한 취지에서 금지명령 대신 손해배상법리를 취하되 하급심 판결 중 임시배상을 영구배상으로 전환하여 채택했다.

(2) 임시배상과 영구배상 사이의 효율성 비교

이제 법원이 만일 강제이행과 손해배상 중 손해배상의 수단을 선택할 경우에 대해 좀 더 살펴보자. 환경사고 피해자에 대한 가해자의 손해배상이 완전(perfect)할 경우 피해자는 피해가 발생하지 않았을 경우와 동일한 효용곡선을 갖는다. 보상적 손해배상에는 임시배상(temporary damages)과 영구배상(permanent damages)이 있다. 임시배상의 경우 피해자는 이미 발생된 손해에 대해서만 보상을 받는다. 임시배상의 경우에 만일 손해가 장래에도 지속될 경우 피해자는 추가적 배상을 받기 위해 다시 법원에 소송을 제기해야 한다. 그러므로 임시배상의 경우 분쟁해결을 위한 상당한 거래비용이 소요된다. 임시배상의 경우 장래에 예상되는 기대손해의 감소는 바로 배상책임액의 감소를 의미하므로, 가해자는 이 비용 감소를 위한 지속적인 기술향상 유인을 갖게 된다.

영구배상의 경우 원고(피해자)는 이미 발생한 손해에 더하여 예상되는 장래손해도 보상을 받게 된다. 이때 적용하는 장래예상손해는 현재시점으로 환산한 현재가치에 해당한다.[31] 그런데 법원이 장래의 기술과 가격의 변화를 예측하기 어렵기 때문에 장래손해의 추정에는 많은 과오가 나타날 수 있다. 따라서 영구배상은 높은 과오비용을 야기하게 되어 가해자가 해로운 외부효과의 감소를 위한 기술향상의 유인을 갖지 못하게 된다.

그러므로 임시배상은 높은 거래비용을 초래하는 반면, 영구배상은 높은 과오비용과 예상손해감소의 유인을 약화시키게 된다. 책임수준이 분명하고 배상액의 산정이 용이할 경우, 재판의 경우든 화해의 경우든 관계없이 분쟁 해결에 드는 거래비용이 감소된다. 따라서 배상액의 산정이 비교적 쉽고 기술혁신이 빠른 경우에는 영구배상에 비해 임시배상의 경우가 보다 효율적이다. 역으로 배상액 산정에 많은 비용이 들고 기술혁신이 미미할 경우는 영구배상이 상대적으로 바람직하다.

2) 환경재에 대한 소유권 확립의 효과

이제 환경오염과 같은 유해한 외부효과를 내부화하는 수단으로 민간부문이 스스로 해결책을 찾도록 도와주는 경우에 대해 살펴본다. 공해와 같은 외부효과가 문제가 되는 배경을 보면, 소유권이 애매하게 정의되어 있거나 바람직하지 않은 방식으로 귀속되어 있는 경우를 종종 보게 된다. 따라서 소유권을 분명하게 정의해주거나 소유권의 재배분을 통해 환경오염의 문제를 해결을 시도해볼 수 있다. 본 항에서는 우선 소유권 미확립에 따른 이른바 공유자원의 비극 문제를 소개하고, 이어 코즈정리와 연관지어 소유권 확립의 효과에 대해 살펴본다.

---

31) 예컨대 향후 3년까지 발생할 수 있는 손해를 $D_1 \sim D_3$로 놓고 할인율(이자율)을 r로 나타내면 장래손해흐름의 현재가치 V는 다음과 같이 계산된다.

$$V = \frac{D_1}{1+r} + \frac{D_2}{(1+r)^2} + \frac{D_3}{(1+r)^3}$$

(1) 공유자원의 비극

시장에서 환경오염과 같은 해로운 외부효과 문제를 해결할 수 있다면, 다시 말해 오염사고 야기자 스스로가 외부비용을 내부화할 수 있다면, 국가의 행정적 내지 사법적 개입이 불필요하게 된다. 그러나 현실에서 시장을 통한 환경문제의 해결은 매우 어려운데 그 대표적인 이유가 바로 환경에 관련된 외부효과는 앞서 살펴보았듯이 공공재적 성격을 갖는 공해(公害, public bads)라는 점이다. 즉, 사람들의 선호표출기피에서 오는 정보의 부족, 높은 거래비용, 무임승차자로서의 행위 등이 시장에서의 자발적 해결을 어렵게 한다.

이러한 환경오염의 공공재적 성격을 이해하는 좋은 예로 '공유자원의 비극(tragedy of the commons)'이라는 고전적 우화가 있다. 즉, 깨끗한 강물과 같은 환경자원을 시장에 맡기게 되면 사회적 관점에서 볼 때 과다하게 사용되어 결국 고갈된다는 것이다.[32] 환경오염과 같은 시장의 실패도 일종의 공유자원의 문제로 볼 수 있다. 깨끗한 물과 공기도 초원과 같은 공유자원이기 때문에 과다한 오염물질의 배출은 과다한 방목과 같은 현상이다. 즉, 환경오염사고로 인한 물적·인적 피해는 오늘날의 공유자원의 비극이라고 할 수 있다. 이러한 환경오염의 문제는 깨끗한 환경이라는 공유자원에 대한 소유권이 명확하기 부여되지 않아 발생한다고 볼 수 있다. 따라서 만일 '공유자원'에 대한 소유권이 확립된다면 환경오염의 문제를 어느 정도 해결할 수 있게 된다.

---

32) 대부분의 주민들이 양을 키워 생계를 유지하는 중세의 어느 마을에 있는 목초지는 공유지이므로 누구든지 양을 방목할 수 있었다. 목초지에 풀이 많고 양들이 적을 때에는 문제가 없었지만, 양들이 많아짐에 따라 점차 목초지의 풀이 고갈되어 결국 초원이 황무지로 변하여 그 마을이 황폐하게 되었다는 내용이다. Mankiw, *Essentionals of Economics*, 3rd Ed.(2004), p.231을 참고할 수 있다.

(2) 소유권 확립을 통한 환경문제의 해결

예컨대 어떤 마을에 맑은 물의 호수가 있으며, 마을사람들은 이 호수의 물을 식수원으로 사용하고 있다고 하자. 이때 호수의 소유권이 확립되어 있지 않으면 누구든지 이 호수의 물을 식수뿐 아니라 다른 용도, 예컨대 세탁이나 세차용으로 사용할 수 있으며, 수영을 하거나 낚시를 하고 또 생활폐수를 방류하여 수질을 오염시킬 수 있다. 하지만 만약 호수물의 소유주가 분명하다면 남의 호수물을 함부로 오염시키는 행위가 허용되지 않을 것이므로 식수원으로 사용가능한 수준의 수질을 보존할 수 있다. 예컨대 호수물의 소유주는 호수물 오염야기자의 행위를 아예 금할 수도 있을뿐더러 경우에 따라서는 이들과의 협상을 통해 제한적으로 오염발생 행위를 허용할 수도 있을 것이다.

이상의 논의는 호수물과 같은 환경재에 대한 소유권이 분명하게 확립되면 당사자 사이의 자발적 협상에 의해 사회적으로 바람직한 환경보호수준을 얻을 수 있음을 보여주고 있다. 이러한 관점을 경제학에서는 '코즈정리'로 이해한다. 우리는 이미 제9장에서 코즈정리를 제조물책임법과 연관해 살펴본 바 있다. 즉, 민간경제 주체들이 자원의 배분과정에서 아무런 비용을 치르지 않고 협상할 수 있다면, 시장기능이 (환경오염과 같은) 외부효과로 인해 초래되는 비효율성을 해소하고 자원을 효율적으로 배분할 수 있다는 것이다. 덧붙여 호수물과 같은 환경재에 대한 소유권을 누구에게 부여하든 그 결과에는 차이가 전혀 없다는 것이다.

이와 같이 정부의 개입이 없이도 이해당사자들의 자유로운 협상에 의해 환경오염문제가 해결될 수 있다는 주장은 상당히 매력적이다. 하지만 현실에서의 환경오염 문제는 코즈정리를 적용할 수 있는 전제가 성립되지 않는 경우가 대부분이다. 예컨대 현실에서 경험하는 공해문제에서는 다수의 이해당사자가 혼재하여 누가 가해자이고 피해자인지 판별하기가 곤란한 경우가 많다. 또한 환경문제를 둘러싼 분쟁에는 복잡하게 얽힌 여러 집단의 이해관계를 조정하는 데 막대한 거래비용이 요구되기 때문에 코즈정리에서의 '거래비용이 없다'라는 전제조건이 충족될 가능성이 별로 없다.

주요 참고문헌

제1부 불법행위법과 법경제학

구남수. 1997.「제3자의 채권침해로 인한 불법행위의 성립과 손해배상의 범위」. ≪판례연구≫ 7집. 부산판례연구회.

박세일. 2000.『법경제학』. 서울: 박영사.

이영준. 2003.『민법총칙』. 서울: 박영사.

이은영. 1983.「불법행위법의 일반론」.『사법연구 2: 불법행위법의 제 문제』. 서울: 삼영사.

이학수. 1996.「불법행위체계에 있어서의 인과관계의 위상과 그 인정기준에 대한 새로운 검토」. ≪판례연구≫ 6집. 부산판례연구회.

임건면. 2001.「민사법상의 손해의 개념」. ≪비교사법≫, 제8권 2호(통권15호). 비교사법학회.

쿠터·율렌(Cooter & Ulen). 2000.『법경제학』. 이종인 옮김. 서울: 비봉출판사.

細江守紀·太田勝造. 2001.『法の經濟分析 契約, 企業, 政策』. 東京: 勁草書房.

吉村良一. 2005.『不法行爲法』. 第3版. 有斐閣.

森島昭夫. 1995.「損害責任ルールに關するカラブレイジ理論」. 我妻榮追悼論文集.『私法學の新たな展開』. 有斐閣.

藤倉皓一郎. 1968.「不法行爲責任の展開: '損害負担'理論にかんする一考察」. ≪同志社法學≫, 20巻 1号.

Brown, John P. 1973. "Toward an Economic Theory of Liability." *Journal of Legal Studies* Vol.2.

Buchanan, John P. 1973. "Toward an Economic Theory of Liability." *Journal of Legal Studies*, Vol.2. No.2.

Calabresi, G. 1970. *The Costs of Accidents: A Legal and Economic Analysis*. New Haven: Yale University Press.

Coase, Ronald H. 1960. "The Problem of Social cost." *Journal of Law and Economics* Vol.3.

Cooter, Robert and Thomas Ulen. 2004. *Law and Economics*. 4th Edition. Massachusetts: Pearson-Wesley and Co.

Demsetz, H. 1972. "When does the Rule of Liability matter." *Journal of Legal Studies*, Vol.1.

Goldberg, Victor P. 1974. "The Economics of Product Safety and Imperfect Information." *Bell Journal of Economics*. Vol.5, Issue.2.

Gregory, Charles W. 1951. "Trespass to Negligence to Absolute Liability." *Virginia Law Review*, Vol.37.

Hamada, Koichi. 1976. "Liability Rules and Income Distribution in Product Liability." *American Economic Review*, Vol.66. No.1.

Landes William M. and Richard A. Posner. 1985. "A Positive Economic Analysis of Products Liability." *Journal of Legal Studies*(November).

McKean, R. 1970. "Products Liability: Implications on Some Changing Property Rights." *Quarterly Journal of Economics*.

Miceli, Thomas J. 2004. *The Economic Approach to Law*. Stanford University Press.

Oi, Walter Y. 1973. "The Economics of Product Safety." *The Bell Journal of Economics and Management Science*. Vol.4, No.1.

Posner, Richard A. 1982. *Tort Law: Case and Economic Analysis*. Little Brown and Co.

_____. 1992. *Economic Analysis of Law*. 4th Edition. Boston: Little-Brown and Co.

Terry, Henry T. 1915. "Negligence." *Harvard Law Review* Vol.29.

제2부 불법행위법의 경제분석

권순일. 2001. 「공동불법행위책임의 법경제학적 분석: 공동불법행위자 책임에 관한 판례를 중심으로」. 『사법과 법집행』. 서울: 법문사.

김경호. 2004. 「고의에 의한 불법행위와 과실상계」. ≪판례연구≫ 15집. 부산판례연구회.

김형배. 2002. 『민법학강의』. 서울: 신조사.

박세일. 2000. 『법경제학』. 서울: 박영사.

신도철. 2004. 「제조물책임보험의 경제적 분석」. ≪법경제학연구≫, 제1권 제1호.

이영준. 2003. 『민법총칙』. 서울: 박영사.

이종인. 1995. 「안전규제와 책임원리의 상호관계에 관한 경제학적 분석」. ≪소비자문제연구≫, 제16호.

_____. 1999.『생산물책임원칙이 제품 안전성에 미치는 효과에 관한 연구』. 박사학위 논문.

_____. 2005.『제조물책임과 제품안전성의 법경제학』. 한국학술정보(주).

조승현·고영남. 2002.『민법연습』. 한국방송통신대학교출판부.

쿠터·율렌(Cooter & Ulen). 2000.『법경제학』. 이종인 옮김. 서울: 비봉출판사.

平井宜雄. 1980.『現代不法行爲理論の一展望』. 東京: 一粒社.

新美育文. 1995.「不法行爲基礎理論の素描: 法と経済學理論」. 森島昭夫教授還曆記念論文集.『不法行爲法の現代的課題と展開』. 東京: 日本評論社.

前田陽一. 2007.『債權各論Ⅱ(不法行爲法)』. 東京: 弘文堂.

Brown, John P. 1973. "Toward an Economic Theory of Liability." *Journal of Legal Studies* Vol.2, No.2.

Calabresi, G. 1970. *The Costs of Accidents: A Legal and Economic Analysis*. New Haven: Yale University Press.

Cooter, Robert and Ulen, Thomas. 2004. *Law and Economics*. 4th Edition. Massachusetts: Pearson-Wesley and Co.

Coase, Ronald H. 1960. "The Problem of Social cost." *Journal of Law and Economics* Vol.3.

Demsetz, H. 1972. "When does the Rule of Liability matter." *Journal of Legal Studies*. Vol.1.

Haddock D. and C. Curran. 1985. "An Economic Theory of Comparative Negligence." *Journal of Legal Studies* Vol.14.

Terry, Henry T. 1915. "Negligence." *Harvard Law Review* Vol.29.

Kahneman, Daniel and Amos Tversky(eds.). 1982. *Judgment under Uncertainty: Heuristics and Biases*. Cambridge Univ. Press.

Landes, William M. and Richard A. Posner. 1985. "A Positive Economic Analysis of Products Liability." *Journal of Legal Studies* Vol.16.

_____. 1987. *The Economic Structure of Tort Law*. Cambridge: Harvard University Press.

Lee, Jong In. 2005. "Consumer Misperceptions. Product Liability Law and Product Safety." *International Journal of Human Ecology*. Vol.6. No.2.

Polborn, Mattias K. 1998. "A Model of an Oligopoly in an Insurance Market." *The Geneva Risk and Insurance Review*, Vol.23(1), pp.41~48.

McKean, R. 1970. "Products Liability: Implications on Some Changing Property Rights." *Quarterly Journal of Economics*.

Miceli, Thomas J. 1997. *Economics of the Law*. Oxford University Press.

_____. 2004. *The Economic Approach to Law*. Stanford University Press.

Oi, Walter Y. 1973. "The Economics of Product Safety." *The Bell Journal of Economics and Management Science*. Vol.4, No.1.

Ordover, Janusz. 1978. "Costly Litigation in the Model of Single Activity Accidents." *Journal of Legal Studies* Vol.7.

Polinsky, Mitchell A. and William P. Rogerson. 1983. "Products Liability. Consumer Misperceptions. and Market Power." *Bell Journal of Economics*. Vol.14. No.2.

Polinsky, Mitchell A. and Daniel Rubinfeld. 1988. "The Welfare Implications of Costly Litigation in the Thoery of Liability." *Journal of Legal Studies* Vol.17.

Posner, Richard. 1972. "A Theory of Negligence." *Journal of Legal Studies* Vol.1.

_____. 1973. "Strict Liability: A Comment." *Journal of Legal Studies* Vol.2.

_____. 1992. *Economic Analysis of Law*. 4th Edition. Boston :Little-Brown and Co.

Rose-Ackerman, Susan. 1992. *Rethinking the Progress in Agenda: the Reform of the American Regulatory state*. New york: Rree press.

Shapiro, Carl. 1991. "Symposium on the Economics of Liability." *Journal of Economic Perspectives*, Vol.5(3), pp.3~10.

Shavell, Steven. 1982. "On Liability and Insurance." *Bell Journal of Economics*. 13.

_____. 1984. "Liability for Harm Versus Regulation of Safety." *Journal of Legal Studies*. Vol.13

_____. 1987. *Economic Analysis of Accident Law*. Harvard University Press.

Spence, Michael. 1977. "Consumer Misperception. Product Failure and Producer Liability." *Review of Economic Studies*. Vol.44. No.136~138.

Ulen, Thomas. 1994. "Rational Choice Theory and the Economic Analysis of Law." *Law and Social Inquiry*. Vol.19.

제3부 불법행위법의 경제분석 응용 I

강창경·최병록·박희주. 1994. 『제조물책임법의 제정에 관한 연구』. 한국소비자보호원.

김일중. 1997. 「제조물책임법 도입에 관한 법경제학적 一考」. ≪소비자학연구≫, 제8권 제1호. 소비자학회.

김일중·장재호. 1998. 「한국의 제조물책임(PL): 판례를 통한 경제적 분석」. ≪경제학연구≫, 제46집 제2호.

이종인. 1994.「한국의 정부규제 현황과 소비자보호」. ≪소비자문제연구≫, 제14호.

_____. 2005.『제조물책임과 제품안전성의 법경제학』. 한국학술정보(주).

_____. 2009.「의료과오에 있어서의 배상책임에 관한 법경제학적 고찰」≪법경제학연구≫, 제6권 제2호. 한국법경제학회.

이종인·이번송. 2000.「제조물책임원칙이 제품 안전성에 미치는 효과」. ≪경제학연구≫, 제48집 제3호. 한국경제학회.

최병선. 1990.「소비자보호를 위한 정부역할 및 규제의 합리화」. ≪행정논총≫, 제28권 제1호. 한국행정연구소.

쿠터·율렌(Cooter & Ulen). 2000.『법경제학』. 이종인 옮김. 서울: 비봉출판사.

통계청. 1997.『1996년도 사망원인통계연보』.

한국소비자보호원. 1996.『제조물책임법의 경제적 효과와 입법방향』.

_____. 1998.『소비자 위해실태 및 안전의식 조사』.

國民經濟硏究協會. 1993.『歐洲における製造物責任制度の導入の影響調査報告書』. 東京: 國民經濟硏究協會.

宮村鐵夫. 1995.『PL制度と製品安全技術』. 東京: 朝倉書店.

安田火災海上保險(株). 1981.『美國における製造物責任』.

日本經濟企劃廳. 1997.『海外における製造物責任制度』.

日本通商産業省. 1996.「産業界における製造物責任法施行後の製品安全への取り組み現況についての調査結果」. ≪月刊生活行政情報≫, 第451號. 東京: 日本國民生活センタ.

Akerlof, George A. 1970. "The Market for Lemons: Quality uncertainty and the Market Mechanism." *Quarterly Journal of Economics* Vol.84, No.3.

Asch, Peter. 1988. *Consumer Safety Regulation: Putting a Price on Life and Limb*. New York: Oxford University Press.

Ashford, Nicholas A. and Robert F. Stone. 1991. "Liability. Innovation. and Safety in the Chemical Industry." Peter W. Huber and Robert E. Litan(eds.). *The Liability maze: The Impact of Liability Law on Safety and Innovation*. The Brookings Institution.

Beasley, James E. 1981. *Product Liability and the Unreasonably Dangerous Requirement*. Philadelphia: American Law Institute-American Bar Association.

Coase, Ronald H. 1960. "The Problem of Social cost." *Journal of Law and Economics* Vol.3.

Goldberg, Victor P. 1974. "The Economics of Product Safety and Imperfect Information." *Bell Journal of Economics*. Vol.5, Issue.2.

Graham, John D. 1991. "Product Liability and Motor Vehicle Safety." in Peter W. Huber and Robert E. Litan. *The Liability Maze: The Impact of Liability Law on Safety and Innovation*. Washington: The Bookings Institution.

Harland, David. 1998. "Recent developments in product and service liability law in the asia-pacific region." *Consumer law journal*, Vol.6. No.1.

Higgins, Richard. 1978. "Producers' Liability and Product-related Accident." *Journal of Legal Studies*. Vol.7.

Landes, William M. and Richard A. Posner. 1985. "A Positive Economic Analysis of Products Liability." *Journal of Legal Studies*. Vol.16.

Lee, Jong In. 2005. "Consumer Misperceptions. Product Liability Law and Product Safety." *International Journal of Human Ecology*. Vol.6. No.2.

Litan, Robert E. 1991. "The Safety and Innovation Effects of U. S. Liability Law: the Evidence." *Tort Law as a Regulatory System*. Vol.81. No.2.

Mankiw, N. Gregory. 2004. *Principles of Economics*. 3rd Ed. South-Western: Thomson Learning, Inc.

McKean, Roland N. 1970. "Products Liability: Implications on Some Changing Property Rights." *Quarterly Journal of Economics*. Vol.84, No.4.

Oi, Walter Y. 1973. "The Economics of Product Safety." *The Bell Journal of Economics and Management Science* Vol.4, No.1..

Priest, George L. 1988. "A Theory of the Consumer Product Warranty." *Yale Law Journal* Vol.90. No.6.

Swazey, Judith P. 1991. "Prescription Drug Safety and Product Liability." Peter W. Huber. and Robert E. Litan(eds.). *The Liability Maze: The Impact of Liability Law on Safety and Innovation*. Washington: The Brookings Institution.

Viscusi, W. Kip. 1991. *Reforming Product Liability*. Cambridge: Harvard University Press.

제4부 불법행위법의 경제분석 응용 II

김일중. 1997. 「한국의 안전규제」. 김정호 엮음. 『한국법의 경제학』. 한국경제연구원.

박세일. 2000. 『법경제학』(개정판). 서울: 박영사.

이상한. 1997. 「오염피해의 대가지불제도에 대한 경제학적 분석」. 김정호 엮음. 『한국법의 경제학』. 한국경제연구원.

이종인. 2009. 「의료과오에 있어서의 배상책임에 관한 법경제학적 고찰」. ≪법경제학

연구≫, 제6권 제2호. 한국법경제학회.

_____. 2009.「환경오염사고에 대한 경제학적 고찰: 한국과 일본의 불법행위책임 법리를 중심으로」. ≪법경제학연구≫, 제6권 제1호. 한국법경제학회.

이준구. 2004.『재정학』(제3판). 다산출판사.

정봉진. 2007.「미국의 no-fault 의료과오보험」. ≪인권과 정의≫, 통권 제370호. 대한변호사협회.

쿠터·율렌(Cooter & Ulen). 2000.『법경제학』. 이종인 옮김. 서울: 비봉출판사.

한국소비자원. 2009.『2008소비자피해구제 연보 및 사례집』.

小林秀之·神田秀木. 1986.『「法と経済學」入門』. 弘文堂.

宍戸善一. 2004.『法と経済學：企業關連法のミクロ経済學的考察』. 有斐閣.

吉村良一. 2000.「公害における過失責任·無過失責任」. ≪立命館法學≫, 3·4号 下卷 271·272号. 立命館大學.

_____. 2005.『不法行爲法』. 第3版. 有斐閣.

森島昭夫. 1995.「損害責任ルールに關するカラブレイジ理論」. 我妻榮追悼論文集.『私法學の新たな展開』. 有斐閣.

ジェフリー·ハリソン. 2003.『法と経濟: 効率性と社會的正義とのバランスを求めて』. 第2版. 上田純子譯. ミネルブァ書房.

福井秀夫. 2007.『ケースからはじめよう法と経濟學：法の隱れた機能を知る』. 日本評論社.

Cooter, Robert and Thomas Ulen. 2004. *Law and Economics*. 4th Edition. Massachusetts: Pearson-Wesley and Co.

Landes William M. and Richard A. Posner. 1987. *The Economic Structure of Tort Law*. Cambridge: Harvard University Press.

Mankiw, N. Gregory. 2004. *Essentionals of Economics*. 3rd Ed. Thomson Learning. Inc.

Miceli, Thomas J. 1997. *Economics of the Law*. Oxford University Press.

_____. 2004. *The Economic Approach to Law*. Stanford University Press.

Polinsky, Mitchell A. and Shavell, Steven. 2007. *Handbook of Law and Economics*. Volume 1. Amsterdam: North-Holland.

Posner, Richard A. 1992. *Economic Analysis of Law*. 4th Edition. Boston: Little-Brown and Co.

Rubin, Paul H. 1999. "Treatment Decisions: Tort or Contract?" *Regulation*. Vol.22, No.1.

Shavell, Steven. 1980. "Strict Liability versus Negligence." *Journal of Legal Studies*. 9.

판례 찾아보기

한국 판례

대법원 1993.7.27. 선고 92다15031 판결 285
대법원 1995.1.12. 선고 94다21320 판결 36
대법원 1996.1.26. 선고 94다5472 판결 29
대법원 1998.4.24. 선고 97다32215 판결 26
대법원 2001.2.9. 선고 99다55434 판결(서울고법 1999.7.20 선고 97454309 판결) 344
대법원 2001.3.23. 선고 99다48221 판결 295
대법원 2005.11.10. 선고 2005두8009 판결 319
헌법재판소 2003.12.18. 선고 2002헌가23 전원재판부 결정(증권거래법 제186조의 5 등 위헌제청 사건) 25

영미 판례

그린맨 대 유바전동공구사(Greenman v. Yuba Power Products Inc.) 사건 213, 214
맥퍼슨 대 뷰익자동차회사(MacPherson v. Buick Motor Co.) 사건 208, 210
미국 대 케롤예선회사(United States v. Carroll Towing Co.) 사건 114
박스터 대 포드자동차회사(Baxter v. Ford Motor Co.) 판례 211
버터필드 대 포레스터(Butterfield v. Forrester, 11 East 60, K.B. 1809) 사건 121
부머 대 애틀랜틱 시멘트사(Boomer v. Atlantic Cement Co.. Inc.) 사건 354
에스콜라 대 코카콜라병입회사(Escola v. Coca Cola Bottling Co.) 판례 212
윈터바텀 대 라이트(Winterbottom v. Wright) 판례 208, 209
팰스그라프 대 롱아일랜드철도회사(Palsgraf v. Long Island Railway Co.) 사건 33
핀토(Pinto) 자동차(Grimshaw v. Ford Motor Co.) 사건 142
헤닝슨 대 블룸필드자동차회사(Henningson v. Bloomfield Motors Inc.) 사건 211, 214

일본 판례

덴쓰과로자살사건(電通過勞自殺事件) 最二小判平成12年3月24日 민사판례집 제54권 제3호 (노동판례 제779호 13쪽) 36
오사카(大阪) 지방법원의 1991.3.9. 판결(平成3年3月9日判時1384号22頁判決) 339
일본최고재판소(最判) 昭和51年7月8日民集30卷7号689頁 판결 322
일본최고재판소(最判) 平成3年10月25日民集45卷7号1173頁 판결 325

인명 찾아보기

ㄱ

골드버그(Victor Goldberg) 71, 261
그래이엄(John D. Graham) 256, 258
그레고리(Charles W. Gregory) 67
긴스버트(Douglas Ginsburt) 52

ㄹ

랜즈(William M. Landes) 23, 72, 256, 261
로거슨(Rogerson) 72
루빈(Paul H. Rubin) 284

ㅁ

마리노(Anthony M. Marino) 171, 256
매킨(Roland N. McKean) 23, 70
모리시마(森島昭夫) 42

ㅂ

박세일 42
베커(Gary Becker) 49, 61
부케넌(John P. Buchanan) 70
브라운(John P. Brown) 51, 71
비스커시(W. Kip Viscusi) 72

ㅅ

사피로(Carl Shapiro) 161
셰블(Steven Shavell) 51, 72, 161
스티글러(George Stigler) 49
스펜스(Michael Spence) 256

ㅇ

액커먼(Bruce Ackerman) 51
에쉬(Peter Asch) 251
에임스(James Barr Ames) 66
오이(Walter Oi) 71
요시무라(吉村良一) 42
이번송 256
이종인 256

ㅋ

카너먼(Daniel Kahneman) 130
카르도조(Cardozo) 34
캘러브레이지(Guido Calabresi) 23, 49, 50, 52, 65, 67, 78
코즈(Ronald H. Coase) 23, 49, 50, 67
쿠터(Robert D. Cooter) 51, 145
큐렌(C. Curran) 123

ㅌ

테리(Henry T. Terry) 66
토브스키(Amos Tversky) 130

ㅍ

포스너(Richard A. Posner) 23, 49, 50, 52, 68, 72, 256, 261

폴린스키(Mitchell A. Polinsky) 51, 72

폴번(Mattias K. Polborn) 161

프리스트(George L. Priest) 256, 258

피구(Arthur C. Pigou) 50

ㅎ

하마다(Koichi Hamada) 72

핸드(Learned Hand) 114

허버트 경(Lord A. P Herbert) 129

헤독(D. Haddock) 123

홈스(Oliver Wendell Holmes) 65

히긴스(Richard Higgins) 72, 256, 260

용어 찾아보기

ㄱ

가변책임법리(可變責任法理, mutable liability rule) 205

강제이행 353

개별책임(several liability) 182

거래비용(transaction costs) 87, 119, 237, 359

결함(defects) 54

경제재(economic goods) 315

계약당사자관계(privity of contract) 99, 214

계약법(contract law) 20

고엽제 341

공동보험(共同保險, co-insurance) 160

공동불법행위(joint tort) 165, 181, 337

공동불법행위책임 182, 338

공리주의 66

공유자원 357

공유자원의 비극(tragedy of the commons) 356, 357

공적외부효과(公的外部效果) 352

공해(public bads) 352

과실상계 46, 94, 103, 122, 125

과실책임법리(過失責任法理, negligence rule) 40, 41, 99

구금형(imprisonment) 60

구매자책임(caveat emptor) 70, 96

구상(求償, contribution) 177

구상권(求償權) 160, 165, 174

금지명령(injunction) 353

급발진 사고 53

긍정적 외부효과(positive externality) 22

기대손해(expected damages) 87

기대손해비용(cost of expected damages) 88

기여과실책임법리(寄與過失責任法理) 100

기회비용(機會費用, opportunity cost) 263

ㄴ

내쉬균형(Nash equilibrium) 113

ㄷ

당사자주의(當事者主義) 335

대리책임(代理責任) 174

대위변제(代位辨濟, subrogation) 160

대위책임(代位責任) 174

대체재(substitute goods) 167, 170

도덕적 해이(moral hazard) 132, 160, 177

드램숍 법(dram shop law) 179

등효용수요곡선(constant utility demand curve) 194

ㄹ

리콜(recall) 142, 253

ㅁ
명령통제방식(command-and-control) 306
명시적 보증(expressed warranty) 211
무과실보상제도(no-fault compensation system) 95, 292
무과실책임법리(無過失責任法理) 54, 96
무차별곡선〔等效用曲線〕 27
무책임법리(no liability rule) 95
묵시적 보증(implied warranty) 211
미국법률협회(American Law Institute: ALI) 98, 117, 213
민법(民法) 19
민법전(民法典, civil codes) 42

ㅂ
반독점법(反獨占法, anti-trust law) 49
방어적 진료(defensive medicine) 281
방종(wanton) 140
배상액 산정(賠償額 算定) 31, 189
배출세(effluent charge) 331
벌금형(fine) 60
법률적 내지 상당인과관계(proximate cause) 32
법의 집행(law enforcement) 48
법적주의기준(法的注意基準, legal standard of care) 41, 94, 124, 148
법정채권관계 21
법학전문대학원(law school) 51
보상적배상액(compensatory damages) 196
보완재(complementary goods) 167
보조금 311
보증책임(warranty) 205
보증책임법리 210
보험금공제(保險金控除, deductibles) 160
부정적 외부효과(negative externality) 22
부진정연대채무(不眞正連帶債務) 325
부진정연대책무(不眞正連帶責務) 181
불법폐해(nuisance) 57, 171, 352
불법행위(不法行爲, tort) 19, 21, 275
불변책임법리(不變責任法理, immutable liability rule) 205
비경합성(非競合性, non-rivalry) 352
비대칭적 정보(asymmetric information) 240, 254
비배제성(非排除性, non-excludability) 352
비용편익분석(cost-benefit analysis) 116, 353

ㅅ
사건별 법리(case-by-case rules) 155
사고법(accident law) 19, 77
사고비용(costs of accidents) 77
사기(fraudulent) 140
사법(私法, private law) 20
사실적 인과관계(cause-in-fact) 32, 319
사용자책임(Vicarious Liability) 165, 174, 321
사적 배상책임(a private liability) 158
사적외부효과(私的外部效果) 352
사적한계비용(PMC) 306
사적한계수익(PMR) 306
사회적 규제(social regulations) 251
사회총비용(total social costs) 77
사회후생(social welfare) 168
산업안전보건법(OSHA법) 302, 304
산업재해(workplace accidents) 301
산업재해세 309, 310
산재부과금(injury charge) 309
상당설(相當說, proximity) 35
상당인과관계(proximate cause) 37, 319
상린관계(相隣關係) 167

상린권(相隣權) 353
생산자책임(strict liability) 172
생활방해(nuisance) 57, 171
생활방해청구권 328
서비스책임(service liability) 204
선호(preference) 126
소비자보호법 220
소비자잉여(consumer surplus) 196
소송외화해(settle out of court) 156
소유권(property rights) 20
손해배상(damages) 353
손해배상의무 22
손해배상채무(損害賠償債務) 19
손해배상청구권 328
수요의 법칙(law of demand) 194
시장실패 330
시장접근방법(market-based approach) 304
신고전학파 22
신법경제학(New Law and Economics) 50, 51
신호(signals) 127
쌍방주의(bilateral precautions) 132

ㅇ

안전규제 172, 251
안전기준(safety standards) 305
엄격책임(strict liability) 205
엄격책임법리(嚴格責任法理, strict liability rule) 39
업무상 과실치상죄 21
연대책임 175
영구배상(permanent damages) 355
오염허가권(pollution permits) 331
완전보상(perfect compensation) 108
외부효과(externality) 19, 22, 69, 83, 166, 282, 328
위자료(慰藉料) 31
위험기피(risk averse) 126
위험등가(危險等價, risk-equivalence) 191
위험등가치(危險等價値) 192
유보가격(留保價格, reservation price) 190
의료과오(medical malpractice) 258, 275, 276
의료과오위기(medical malpractice crises) 292
이행비용(enforcement costs) 68
이행성(transitivity) 126
인과관계(causality) 31, 38, 155, 252
일괄적 법리(wholesale rules) 155
일방주의(unilateral precautions) 132
임시배상(temporary damages) 355
임의대물보험(任意對物保險) 157
입증책임 56

ㅈ

자발적 교환의 미덕(virtue of voluntary exchange) 63
자유재(free goods) 315
재판 외 분쟁해결(Alternative Dispute Resolution: ADR) 252
적극손해배상(lucrum cessans) 58
절대책임(absolute liability) 212
정부의 실패(government failure) 251
제1종의 오류(type I error) 150
제2종의 오류(type II error) 150
제2차 불법행위 리스테이트먼트(2nd Restatement of Torts) 98, 117, 208, 213, 215
제조물책임법(product liability law) 44, 45
제조물책임보험(product liability insurance) 158, 216
제조물책임위기(product liability crisis) 216

제조자책임(producers' liability) 247
주의비용(cost of precaution) 88
중과실(重過失, gross) 140
지불의사액(willingness to pay) 194
집단소송(class-action suit) 335
집행오류(enforcement error) 142
징벌 배상액의 상한선 141
징벌손해배상제도 146
징벌승수(punitive multiplier) 144
징벌적 배상(punitive damages or exemplary damages) 139, 141

ㅊ

차액설(差額說) 25
채무불이행책임(債務不履行責任) 222, 275, 283
총사고비용의 최소화 88
최소비용회피자(the cheapest cost avoider) 68, 84, 118, 266
최적해(最適解, optimum solution) 89
최종청산가능자(last clear chance) 68
추정칙(推定則, the thing speaks for itself) 212

ㅋ

코즈정리(Coase theorem) 23, 50, 84, 229, 235, 261, 356

ㅌ

탐색비용(探索費用, search costs) 68, 238

ㅍ

판매자책임(caveat venditor) 70
피구세(Pigouvian tax) 331

ㅎ

하자(瑕疵) 203
하자담보책임 222, 328
학제연구(學際硏究, interdisciplinary study) 61
한계편익 89
한국소비자보호원 254
합리성(合理性, rationality) 126
합리적 인간(reasonable man) 128
해로운 외부효과(negative externality) 171
핸드 판사 공식(Hand's Rule) 93, 103, 113, 114, 192, 346
행위수준(activity level) 135, 136, 347, 350
행정규제(safety regulation) 166, 172
행정벌(行政罰) 61
행정비용(administrative costs) 88
현시선호이론(顯示選好理論, revealed preference theory) 193
협상비용(bargaining costs) 68
형법(刑法) 23
환경사고(environmental accidents) 327
환경세 부과 331
환경오염 327
환경재(環境財) 328
환경정책기본법(環境政策基本法) 343
효용(效用, utility) 27

이종인 | 李種仁 | Lee, Jong In

서울대학교를 졸업하고 연세대학교에서 경제학 석사, 캘리포니아 주립대학교에서 부동산도시계획학 석사, 서울시립대학교에서 경제학 박사학위를 받았다.
University of California(Berkeley)의 로스쿨과 동 대학의 동아시아연구소 및 히토쓰바시(一橋)대학 법학연구과에서 객원연구원, 국회 국가경쟁력강화특별위원회에서 연구원으로 일했으며, 서울시립대학교(법학전문대학원), 인하대학교, 강원대학교, 명지대학교, 건국대학교 등에서 경제학과 법경제학 강의를 해왔다.
현재는 한국소비자원 정책연구실에서 일하고 있으며, 건국대학교에서 겸임교수로 활동 중이다.
주요 논저로는 『법경제학』(번역서), 『제조물책임과 제품안전성의 법경제학』 등의 저역서와 법경제학과 부동산정책, 소비자정책 분야와 관련된 다수의 논문과 연구보고서가 있으며, 『법경제학 입문』, 『형사법의 경제학』, 『소비자와 시장경제』의 저술을 진행 중이다.

한울아카데미 1248

개정증보판 불법행위법의 경제학

지은이 | 이종인
펴낸이 | 김종수
펴낸곳 | 도서출판 한울

편집 | 최규선

초판 1쇄 발행 | 2006년 8월 1일
개정증보판 1쇄 발행 | 2010년 3월 31일

주소 | 413-832 파주시 교하읍 문발리 507-2(본사)
121-801 서울시 마포구 공덕동 105-90 서울빌딩 3층(서울 사무소)
전화 | 영업 02-326-0095, 편집 02-336-6183
팩스 | 02-333-7543
홈페이지 | www.hanulbooks.co.kr
등록 | 1980년 3월 13일, 제406-2003-051호

Printed in Korea.
ISBN 978-89-460-5248-2 93360 (양장)
ISBN 978-89-460-4268-1 93360 (학생판)

* 가격은 겉표지에 표시되어 있습니다.
* 이 도서는 강의를 위한 학생판 교재를 따로 준비했습니다.
강의 교재로 사용하실 때에는 본사로 연락해주십시오.